普通高等教育"十三五"旅游与饭店管理及会展策划与管理专业系列规划教材

总主编 刘住

会展项目策划与管理

主 编 张学梅 付业勤
副主编 冉 杰 孙根紧 万春林

西安交通大学出版社
XI'AN JIAOTONG UNIVERSITY PRESS

内 容 提 要

　　本书立足于会展项目的特点及其运作规律，分基础篇、项目策划篇、项目管理篇对会展项目策划与管理的基本原理及其实践技能进行系统阐述，并辅以案例分析。三篇之间自成体系而相互联系，将会展项目策划与项目管理有机结合在一起，有利于读者系统理解并掌握会展项目策划与管理的理论体系及其实践技能。

　　本书在内容编写和形式编排上注重系统性、针对性、科学性、实用性；选编了大量与教学有关的案例，保证资料的新颖性、可应用性。

　　本书可作为普通高等院校会展策划与管理、会展文化、旅游管理、电子商务、市场营销等专业的教学用书，也可作为会展从业人员的参考用书和岗位培训教材。

前言 Preface

近年来中国会展业保持了持续健康发展的良好势头。会展业规模不断扩大,经济效益继续攀升,场馆及配套设施建设日趋完善,会展业已从规模化发展逐步转向专业化、品牌化、国际化,并显示出强大的关联效应和经济带动作用,为促进国民经济发展发挥了积极作用。北京奥运会、上海世博会的举办,不仅显示了中国综合国力的提高,也使会展业获得了快速的发展。中国会展业的发展带动了高等院校会展业的发展,为满足普遍高等院校会展专业教学需要,我们组织编写了本书。

本书立足于会展项目的特点及其运作规律,分基础篇、项目策划篇、项目管理篇对会展项目策划与管理的基本原理及其实践技能进行系统阐述,并辅以案例分析。三篇之间自成体系而相互联系,将会展项目策划与项目管理有机结合在一起,有利于读者系统理解并掌握会展项目策划与管理的理论体系及其实践技能。在内容编写和形式编排上注重系统性、针对性、科学性、实用性。在教材的编写中选编了大量与教学有关的案例,保证资料的新颖性、可应用性。

本书由成都大学张学梅、海南师范大学付业勤担任主编,四川旅游学院冉杰、四川农业大学孙根紧、成都大学万春林担任副主编。参加编写的人员还有:成都大学廖涛、新疆师范大学王亚奇、四川旅游学院汪春蓉、四川交通职业技术学院陆明洁。

参加编写的人员分工如下:第一章、第四章由张学梅编写,第二章由陆明洁编写,第三章、第六章、第十三章由付业勤编写,第五章由王亚奇编写,第七章、第十四章由冉杰编写,第八章、第十章由孙根紧编写,第九章由汪春蓉编写,第十一章由廖涛编写,第十二章由万春林编写。最后由张学梅教授负责全书的统稿、修改和定稿。

本书可作为会展策划与管理、会展文化、旅游管理、电子商务、市场营销等专业的教学用书,也可作为从事会展工作人员的参考用书和岗位培训教材。

本书在编写过程中参阅了有关学者大量的相关著作,在此表示衷心的感谢。

由于编者的水平和学术能力有限,书中仍然有许多不足之处,恳请读者和专家学者批评指正。

编　者
2015 年 9 月

目录 Contents

第一篇 基础篇

第一章 会展与会展业 (2)
第一节 会展的概念及内容 (3)
第二节 会展业及其发展 (11)

第二章 会展项目策划 (20)
第一节 会展项目策划概述 (21)
第二节 会展项目策划的基本内容 (26)
第三节 会展项目策划的基本流程 (27)

第三章 会展项目管理 (36)
第一节 会展项目管理概述 (39)
第二节 会展项目管理的知识理论 (47)
第三节 会展项目管理的基本内容 (49)
第四节 会展项目管理的基本方法 (54)

第二篇 项目策划篇

第四章 会展项目市场调查与立项策划 (58)
第一节 会展项目市场调查 (59)
第二节 会展项目立项策划 (66)
第三节 会展项目的可行性分析 (71)

第五章 会展项目活动策划 (79)
第一节 会议活动策划 (81)
第二节 展览活动策划 (90)
第三节 其他相关活动策划 (95)

第六章　会展项目营销策划 (101)
- 第一节　会展项目营销概述 (103)
- 第二节　会展项目的宣传推广 (105)
- 第三节　会展项目的分类营销 (107)
- 第四节　会展项目的品牌策划 (119)

第七章　会展项目招商策划 (126)
- 第一节　会展项目招商策划概述 (127)
- 第二节　会展通讯与观众邀请函 (128)
- 第三节　会展项目招商方案 (132)

第三篇　项目管理篇

第八章　会展项目计划管理 (137)
- 第一节　会展项目计划概述 (139)
- 第二节　会展项目范围计划管理 (145)
- 第三节　会展项目进度计划 (149)
- 第四节　会展项目资源计划 (158)

第九章　会展项目组织管理 (165)
- 第一节　会展项目组织 (166)
- 第二节　会展项目经理 (172)
- 第三节　会展项目团队 (178)

第十章　会展项目运营管理 (183)
- 第一节　会展项目运营管理概述 (184)
- 第二节　会展项目的实施与控制 (185)
- 第三节　会展项目宣传媒介管理 (193)
- 第四节　会展项目配套服务管理 (195)
- 第五节　会展项目现场管理 (198)

第十一章　会展项目财务管理 (204)
- 第一节　会展项目财务管理概述 (205)
- 第二节　会展项目财务预算管理 (207)
- 第三节　会展项目利润管理 (211)

第十二章　会展项目沟通管理 …… (222)
第一节　会展项目沟通管理概述 …… (223)
第二节　会展项目沟通管理策划 …… (233)

第十三章　会展项目危机管理 …… (241)
第一节　会展项目危机管理概述 …… (242)
第二节　会展项目危机的引发与表现 …… (245)
第三节　会展项目危机应对与管理 …… (250)
第四节　会展项目危机的网络舆情管理 …… (256)

第十四章　会展项目评估 …… (264)
第一节　会展项目评估概述 …… (265)
第二节　会展项目评估的主客体和方法 …… (272)
第三节　会展项目评估的内容 …… (277)
第四节　会展项目评估的过程 …… (284)
第五节　会展项目评估报告 …… (286)

参考文献 …… (290)

参考答案 …… (294)

» 第一篇

基础篇

第一章 会展与会展业

学习要点

1. 了解展览业的起源及发展;了解展览的形式及特征。
2. 了解节事活动的形式及意义;了解奖励旅游的历史及作用。
3. 了解现代会展业的发展趋势。
4. 掌握会展的概念、内容和特点,展览的分类及特征,节事活动的特点。

案例导读

世界博览会的起源与发展

世界博览会,简称世博会,是一项由主办国政府组织或政府委托有关部门举办的有较大影响和悠久历史的国际性博览活动。参展者向世界各国展示当代的文化、科技和产业上正面影响各种生活范畴的成果。世界博览会分为两种形式,一种是综合性世博会,另一种是专业性世博会。

世博会的历史源远流长。早在公元5世纪,波斯举办了第一个超越集市功能的展览会。当时的波斯国王以陈列财物来炫耀本国的财力物力,以期威慑邻国。18世纪末,人们逐渐想到举办与集市相似但只展不卖的展览会,这一新的想法于1791年在捷克的布拉格首开先河。随着工业革命的到来,社会生产力的提高,科学技术的进步,国际交通的发展,举办世界性展览的条件逐渐成熟。到了19世纪中期,展览会上的展品和参展商超出了单一国家的范围。

第一届真正意义上的世博会是1851年在英国伦敦举办的伦敦万国工业产品大博览会,其主要内容是世界文化与工业科技,展期是1851年5月1日至10月11日,当时的英国是欧洲乃至全世界的头等强国。为了显示国家的力量与自豪,1851年英国政府耗用了4500吨钢材和30万块玻璃,在伦敦海德公园建成了一座长达1700英尺、高100英尺的"水晶宫"(后毁于第二次世界大战)。这座以玻璃装饰的钢结构建筑里,陈列了由维多利亚女王通过外交途径邀请来的10个国家的展品,包括当时令人瞩目的引擎、水力印刷机、纺织机械等。在160天里,前来参观的有来自世界各国商贸人员、社会名流和旅游观光人士共630万人次。这次展览意味着从简单的商品交换到新的生产技术、新的生活理念交流的重大转变。因此,伦敦博览会被确认为现代意义上的首届世博会。

自从首届世博会以来,现代社会的不少概念和活动方式都是从世博会中孕育形成的。如将许多商品汇集在一起交易的百货商店,组织观光游览的旅游活动,提供休闲娱乐的各类公园、游乐场、度假村、俱乐部等,都是首先从世博会开始,或从世博会中得到启发而形成的。由于世博会不同于一般的贸易促销和经济招商的展览会,它是全球最高级别的博览会,是各国动员全国力量,全方位展示本国社会、经济、文化成就和发展前景的最好机会,因此一直是世界各大国争相承办的大型国际活动。自英国首届世博会以来,国际大都市一直热衷于举办世博会。法国巴黎分别于 1855、1867、1878、1889、1900、1937 年举办了世博会。1855 年的世博会开创了外国首脑亲临会场的先河。1878 年的世博会展出了贝尔的电话、爱迪生的留声机。

1967 年的世博会则以各参展国的建筑风格搭建各国展馆。为庆祝法国大革命 100 周年的 1889 年世博会建造了一个主题塔,即著名的埃菲尔铁塔,至今成为法国和巴黎的象征,美国的纽约等城市则在 1853、1876、1893、1904、1915、1939、1962、1964、1982、1984 举办了 10 次世博会。截止到目前为止,已经举办了 44 届世博会。

举办世博会的目的往往是为了庆祝重大的历史事件或某个国家、地区的重要纪念活动,以展示人类在某一领域中,在政治、经济、文化和科技等方面取得的成就。举办世博会,不仅给参展国家带来发展的机遇,扩大国际交流和合作,促进经济的发展,而且给举办国家创造巨大的经济效益和社会效益、宣传和扩大了举办国家的知名度和声誉,促进了社会的繁荣和进步。

资料来源:世界博览会的起源与发展[N]. 国际金融报,2002-11-29(13).

案例分析

世博会最初以美术品和传统工艺品的展示为主,后来逐渐变为荟萃科学技术与产业技术的展览会,成为培育产业人才和一般市民的启蒙教育不可多得的一种场所。世博会的会场不单是展示技术和商品,而且伴以异彩纷呈的表演,富有魅力的壮观景色,设置成日常生活中无法体验的、充满节日气氛的空间,成为一般市民娱乐和消费的理想场所。全球融合就是全球化,这是经济文化发展的必然结果。举办世博会的意义在于,世博会是一个富有特色的讲坛,它鼓励人类发挥创造性和主动参与性。把科学性和情感结合起来,将有助于人类发展的新概念、新观念、新技术展现在世人面前。其特点是举办时间长、展出规模大、参展国家多、影响深远。因此,世博会被誉为世界经济、科技、文化的"奥林匹克"盛会。

第一节 会展的概念及内容

一、会展的概念

会展是什么?

学者说:会展是智者的峰会,是传播新思想、新观念的论坛。

市长说:会展是一项提升城市两个文明建设、利国利民的德政工程。

经济学家说:会展是经济发展的又一个新的增长点。

搭建商说:会展是"奢华",一掷千金三五天,是最短的装饰工程。

模特儿说:会展梳妆台,企业争先来,靓女靠打扮,产品靠会展。

建筑家说:会展场馆规模宏大、气派,是城市标志性建筑。

数学家说:会展的布展是排列与组合、平面与立体、黄金分割与数模运筹的应用。

美术家说:会展是生活中又一道五彩斑斓、丰富靓丽的色彩。

会展作为服务经济的产物,不同的人站在不同的角度对会展进行了定义与解释,让人眼花缭乱。那么,什么是会展? 会展能够给我们带来什么呢?

我国《辞海》对"展览会"的解释是:"用固定或巡回的方式,公开展出工农业产品、手工业制品、艺术作品、图书、图片,以及各种重要实物、标本、模型等,供群众参观、欣赏的一种临时性组织。"

美国《大百科全书》对"展览会"的解释是:"一种具有一定规模,定期在固定场所举办的,来自不同地区的有组织的商人聚会。"

英国《简明不列颠百科全书》对"展览会"词条的解释是:"为鼓舞公众兴趣、促进生产、发展贸易,或者为了说明一种或多种生产活动的进展和成就,将艺术品、科学成果或工业制品进行有组织的展览。"

从上述几种典型的、具有代表性的表述中我们不妨来诠释一下。所谓"会"与我们理解的开会、会议有所不同,它是为了实现某种目的集中在一起,进行交流——既是参展商的交流,也是观众的交流,更是观众与展商的交流。所谓"展"就是陈列,展示。所谓"览"就是参观、观看。那么展览或展览会,就是展览的参与者通过物品或图片的展示,集中向观众传达各种信息,实现双向交流,扩大影响,树立形象,实现交易、投资或传授知识、教育观众的目的。

现代意义上的展览已经摆脱了过去的"展览"就是展出、会议就是开会的孤立层面,而是将展览与会议、展会与各类经贸、旅游、艺术节相结合,以此提高展览的档次,增加其吸引力,创造其经济和社会效益。

会展是会议、展览、大型活动等集体性活动的简称,是围绕特定主题多人在特定时空的集聚交流活动。其概念内涵是指在一定地域空间,许多人聚集在一起形成的、定期或不定期、制度或非制度的传递和交流信息的群众性社会活动。其概念的外延包括各种类型的博览会、展览展销活动、大型会议、体育竞技运动、文化活动、节庆活动等。

狭义的会展指会议和展览会;广义的会展是会议、展览会、节事活动和奖励旅游的统称。会议、展览会、博览会、交易会、展销会、展示会等是会展活动的基本形式,世界博览会是最典型的会展活动。

①早期会展的概念,主要是将会议和展览简单地加和起来。即会展包含会议和展览。

②内涵扩大的会展概念,主要包括大型会议(如奥运会、世界妇女大会)、中小型会议(如论坛、高峰会议)、大型博览会(如世界博览会)、中小型展示活动(如汽车展、服装节等)。

③内涵和外延丰富的会展概念,主要包括各种类型会议、展览、博览会、奖励旅游及各种节事活动,如庆典活动、节庆活动、文化活动、体育活动、科技活动等,并引入了创意概念。

关于会展的定义很多,欧洲是会展的发源地,在欧洲,狭义的会展被称为C&E(convention and exposition)或者M&E(meeting and exposition);广义的会展就是通常所说的MICE(M:meeting;I:incentive tour;C:conventions;E:exhibition and events)。

二、会展的具体内容

(一)会议

1. 会议的概念

会议,是指人们怀着各自相同或不同的目的,围绕一个共同的主题,进行信息交流或聚会、商讨的活动。或者:会议是人们为了解决某个共同的问题或出于不同的目的聚集在一起进行讨论、交流的活动。其主要内容是与会者之间进行思想或信息的交流,会议往往伴随着一定规模的人员流动和消费。

一次会议的利益主体主要有主办者、承办者和与会者(许多时候还有演讲人),大型会议特别是国际性会议在提升城市形象、促进市政建设、创造经济效益等方面具有特殊的作用。

2. 会议的分类

(1)按会议的性质来划分,会议分为正式会议和非正式会议。

①正式会议。正式会议是指需要作出决定的工作会议,正式会议必须按照会议规范的要求召开,包括:合法召开、有明确的议程、有规范的议程。

②非正式会议。非正式会议可以是正式会次之前的协商会议,也可以是临时召开的"碰头"会议。非正式会议通常是用来解决特定的问题,而不是讨论整体性主题。非正式会议不一定要事先通知,可以随时召集。会议的结果可能是一个计划、一项解决方案,或者是关于召开正式会议的建议。

(2)按会议的参会人数来划分,会议分为小型会议、中型会议、大型会议、特大型会议。

①小型会议。参会人数较少,一般小于 100 人,少则三五人,多则几十人。例如:某个单位日常的工作例会。

②中型会议。参会人数一般在 100~1000 人之间。例如:学术年会。

③大型会议。参会人数一般在 1000~10000 人之间。例如:博鳌亚洲论坛等。

④特大型会议。参会人数一般在 10000 人以上。

(3)按举办单位来划分,会议分为公司类会议、社团协会类会议、共他组织会议。

①公司类会议。会议规模大小不一,小到几个人,大到上千人。公司类会议的数量极其庞大,但是由于很多公司并不愿意对外宣传内部会议,所以公司类会议的数量很难准确统计。公司类会议的主题通常是管理、协调和技术等,具体可分为销售会议、经销商会议、技术会议、管理者会议、董事会会议、股东会议等。

②社团协会类会议。社团协会类会议因人数和性质的不同而互不相同,规模从小型地区组织到省市协会乃至全国性协会等。社团协会大致可以细分为行业协会、专业和科学协会、教育协会、技术协会等。行业协会是会展业最重要的市场之一,因为协会的成员多为业内成功管理人员。社团协会类会议通常伴有展览会。

③其他组织会议。这类会议的典型代表是政府机构会议,其中,省市县级的中小规模的政府机构会议数量十分庞大,是一个非常可观的会议市场。

(4)按是否营利来划分,会议分为营利性会议和非营利性会议。

营利性会议主要由专业会议公司或一些营利性机构来策划和组织,例如行业培训会议、企业战略研讨会、营销高峰论坛等。非营利性会议主要是指政府工作会议、公司内部会议、学会或协会会议等。

(5)按举办形式来划分,会议分为常规会议、辩论会、网络会议、玻璃鱼缸式会议等。

①常规会议。常规会议就是一般意义上的会议,由会议主持人就事先拟定的会议议程组织会议。

②辩论会。辩论会是指两个人或两个团体就某一问题展开辩论。一方为正方,另一方为反方。辩论会可以向观众展示不同的观点和看法,通常会带来观念或过程的进步。任何具有两面性的问题都可以作为辩论会议的话题。例如,温饱是否是谈道德的必要条件?安乐死是否应该合法化?博彩事业的兴旺是否是社会进步繁荣的象征?旅游景区是否应该提高门票价

格来维持景区的运转?

③网络会议。随着现代科技的发展和广泛的运用,网络会议逐渐成为一种新的会议形式,网络会议的学名叫远程协同办公。网络会议是以互联网为平台实现多个用户在不同地点的数据共享的会议,用户在使用网络会议时不仅可以看到对方的视频画面而且还能与同事进行数据和文档的共享,网络会议可节约大量的会议费用。

④玻璃鱼缸式会议。这是一种非常独特的讨论会议类型。通常由6~8名与会者在台上或房子中央围成一个圈,圈子中间留有一个空座。其他与会人员只能作为观众,坐在周围旁听,不能发言,只有坐在圈子里的人才可以发言。如果有观众想发言,他必须走进圈子里,坐在中间的那个空座上,发言完毕后再回到原座位。玻璃鱼缸式会议通常有主持人参加,他可以参加"玻璃鱼缸"的讨论,也可以只负责维持会议按正常程序进行。听位于圈子里的与会者演讲,就像观看鱼缸或鱼箱里的鱼活动一样,所以人们给其取名为"玻璃鱼缸"会议。

(二)展览

1. 展览的概念

展览是指参展商通过物品或图片的展示,集中向观众传达各种信息,实现双向交流,扩大影响,树立形象,达成交易、投资或传授知识、教育观众等目的的社会公共活动。

2. 展览的起源

展览的起源尚在探讨和研究中,尚无统一、肯定的看法。大致有"市集演变"说、"巫术礼仪与祭祀"说及"物物交换"说等。

"市集演变"说认为:贸易性的展览无论在中国或外国,都由市集演变而来。欧洲是由城邦的传统市集发展演变而成,这一演变发生在15世纪,莱比锡市集演变为莱比锡样品市集(即莱比锡博览会)是贸易性展览起源的代表。"巫术礼仪与祭祀"说认为:展览作为一种艺术形式,来源于原始人的万物有灵观念,原始人对自然神和祖宗神的崇拜祭祀活动,是展览艺术的雏形和起源。"物物交换"说认为,展览的起源可以追溯到原始社会产生物物交换的初期,在物与物进行相互交换的初级方式中开始存在"摆"和"看"形式逐步从物物交换扩大到精神和文化的领域。

因此,展览是随着社会的经济、政治、文化的进步而产生发展的,是围绕着人们物质和精神两个方面的需要而存在和发展完善的。

3. 展览的发展

(1)萌芽期:在原始社会和奴隶社会,展览随着社会生产力的发展而发展。例如原始社会,生产力极其落后,展览只能是原始形态的展示,表现在宣传性展览上是很粗糙的岩画、文身、图腾崇拜;表现在贸易性展览上是物物交换的地摊和简单的叫卖,因此,出现了"敬天神、颂祖宗"的祭祀展览。展品较为丰富,有牲畜、酒食等;展具较为考究,有陶器、铁器,甚至还有铭文;展出时还有钟鼓音乐、歌舞染渲等,成为综合性的展示艺术活动。

(2)壮大期:到了封建社会,随着生产力的发展,宣传性展览便有大型洞窟绘画、华丽的壁画、武器陈列、绣像陈列(如麒麟阁功臣像、凌烟阁功臣图等)。宗庙和祭祀展览也更为丰富和隆重,次数也更为频繁。贸易展览就出现"列肆十里"的街市和庆会;尤其是庙会和集市,不仅定期举行,还伴有文艺表演(如歌舞、杂耍、戏剧等)。随着货币的发展和流通,这种贸易展览也由物物交换上升到货币结算,使展览起了质的变化。

(3)成长期:到了资本主义社会,生产力更加发展,也就出现了大型博览会,甚至是世界性的博览会。其规模和形式空前壮大,还到处出现各种不同类型的博物馆、陈列馆。随着科技的发展,展览在形式上、内容上都有了重大的革新和突破,例如融声、光、电于一体的综合表现手法,甚至出现列车展览、汽车展览、轮船展览、飞机展览(即把展品装在某一大型运输工具上,到处流动,供人参观),还有仅仅是放映录像,甚至采用电传交流的贸易展览等。

4. 展览的分类

(1)按展览性质来划分,展览分为贸易性展览、消费性展览和文化宣传性展览。

贸易性展览是通过陈列实物,展示产品,面向工商界举办的展览。消费性展览是为公众举办的,面向普通消费者的展览,消费性的展览基本上都展出消费品,目的是直接销售。文化宣传性展览主要是以宣传、教育为目的的展览,例如文物展、科普展、禁毒宣传等。

(2)按展览内容来划分,展览分为综合展览和专业展览。

综合展览指包括全行业或数个行业的展览,也被称作横向型展览,如工业展、轻工业展、农产品展等。专业展览指展示某一行业甚至某一项产品的展览会,如钟表展、服装展、机械展。专业展览的突出特征之一是常常同时举办讨论会、报告会,用以介绍新产品、新技术。

(3)按参展商(或者观众)的来源不同来划分,展览分为国际展览、国家展览、地区展览、地方展览,以及单个公司的独家展。

关于国际展览的认定,国际展览局在其公约中规定:有两个以上国家的企业参加的展览会即可称为国际展览。业界的普遍说法是符合以下条件之一即可称为国际展览,即:10%以上的参展商来自国外;4%以上的观众来自国外;国外直接或间接参展的净面积不少于总面积的20%;20%以上的广告宣传费使用在国外。国际展览联盟(UFI)则规定,符合下列条件之一的展会即可称为国际展览,即:20%以上的参展商来自国外;20%以上的观众来自国外;20%以上的广告宣传费使用在国外。2010年的上海世博会就属于国际展览。

(4)按展览的时间来划分,展览分为定期展览和不定期展览。

定期展览是指举办时间、地点固定的展览,定期展览一般有一年四次、一年两次、一年一次、两年一次等。例如,西部国际博览会就是每年的10月在成都举行。不定期展览则是视需要和条件举办,分长期和短期。长期展览可以是三个月、半年,甚至常设,短期展览一般不超过一个月。在发达国家,专业贸易展览会一般是三天。在我国,举办展会的季节一般是3—6月、9—12月。

(5)按展览场地来划分,展览分为室内展览、室外展览、巡回展览、网上展览。

室内展览多用于展示常规展品的展览,比如纺织展、电子展、服装展、食品展等。

室外展览多用于展示超大超重展品,比如航空展、矿山设备展。巡回展览主要是同一主题内容展览在几个地方轮流举办。网上展览是指通过网络将产品进行展示。

(三)节事活动

1. 节事活动的定义

"节事"一词来自英文"event",含有"事件、节庆、活动"等多方面的含义。国外常常把节日(festival)和特殊事件(special event)、盛事(mega-event)等合在一起作为一个整体,在英文中简称为 FSE(festivals & special events),中文译为"节日和特殊事件",简称"节事"。西方学者根据自己的理解,将文化庆典、文艺娱乐事件、体育赛事、教育科学事件、私人事件、社交事件等通通归结到节事范围内。

因此,节事是节庆、事件等精心策划的各种活动的简称,其形式包括精心策划和举办的某个特定的仪式、演讲、表演和节庆活动,各种节假日及传统节日以及在新时期创新的各种节日和事件活动。

2. 节事活动的内涵

节事活动的内涵,可从节事活动的目的、内容、形式、功能和实质等方面来描述。

(1)节事活动的目的。即达到节日庆祝、文化娱乐和市场营销的目的,提高举办地的知名度和美誉度,树立举办地的良好形象,促进当地旅游业的发展,并以此带动区域或经济的发展。

(2)节事活动的内容。要具有浓郁的文化韵味和地方特色,应根据当地的文化和传统特色来具体设计。

(3)节事活动的形式。要求生动活泼,具有亲和力,大多数的参与者都是想通过这一活动达到休闲和娱乐的目的。节事活动的编排严谨、环环相扣、切合主题。

(4)节事活动的功能。节事活动不仅是一种文化现象,更重要的是一种经济载体。节事活动应围绕经济活动的开展而作适当的调整。

(5)节事活动的实质。节事活动的实质是商业活动,举办期间大量的人流不仅使服务性行业收入迅速增长,还会促使交通、贸易、金融、通信等行业的发展。

3. 节事活动的特点

节事活动具有自身的一些特性,主要包括以下方面:

(1)文化性。节事活动与文化密不可分,它以一定的文化底蕴为依托并突出展现民族文化、地域文化、节日文化和体育文化的气息、色彩和氛围,节事活动实质上就是文化活动。文化性是节事活动的生命。

(2)地域性。节事活动都是在某一地域开展的,带有明显的地域性,可成为目的地形象的指代物。有些节事活动已经成为地域的名片,而少数民族节日更是独具地方特色。

(3)时效性。每一项节事活动都有季节和时间的限制,都是按照预先计划好的时间规程开展和进行的。

(4)体验性。节事活动实际就是亲身经历、参与性很强、大众性的文化、旅游、体育、商贸和休闲活动,是建立在大众参与和体验基础上的,具有强烈的认可度。

(5)多样性。节事活动的内涵非常广泛,其形式多元化,内容丰富多彩。

(6)交融性。节事活动的多样性和大众参与性决定了其必然有强烈的交融性。尤其是在现代社会,节事活动与会议和展览有机结合,带动当地经济发展。

(7)二重性。节事活动参与者的角色,一是该主题节事活动的参与者,二是该主题节事活动的旅游者。

(8)个性化。举办地必须有特别出色的节事活动产品提供参与者和旅游者挑选,否则一般很难成功。

(9)吸引性。节事活动本身必须具备强大的吸引功能,给参与者非常好的感知印象,在心理上产生非去不可的愿望。

(10)认可性。节事活动应该控制节事活动参与者的数量,保护当地旅游环境不受破坏,在当地居民承受能力之内,以当地居民认可并显示出友好的态度为准。

(11)大众性。节事活动的魅力在于人多,人们聚集在一起来感受节事活动的气氛。大众性是节事活动的前提。

(12)经济性。通过节事活动的开展,将产生大量的需求从而刺激消费,带动经济的发展。从本质上来讲,节事活动就是经济活动。

4. 节事活动的意义

节事活动具有强大的产业联动效应,可使旅游者在停留期间具有较多的参与机会。它不仅能给城市带来场租费、搭建费、广告费、运输费等直接的收入,还能创造住宿、餐饮、通信、购物、贸易等相关的收入。更重要的是,节事活动能会聚更大的客源流、信息流、技术流、商品流和人才流,对一个城市或地区的国民经济和社会进步产生促进作用。

节事活动除了具有提升举办国和城市的知名度和美誉度、扩大信息交流、增强对外合作、推动旅游发展、加快城市建设、促进地方经济发展等促进作用以外,还具有丰富人民精神生活、弘扬民族文化和扩大旅游市场、提升目的地旅游形象、降低目的地旅游季节性、调整旅游资源、提高管理水平等特殊作用。

5. 节事活动的类型

(1)按影响不同,节事活动可分为重大节事(mega-event)、特殊节事(special event)、标志性节事(hallmark event)、社区节事(community event)。

(2)按内容属性不同,节事活动可分为自然景观型、历史文化型、民俗风情型、物产餐饮型、博览会展型、运动休闲型、娱乐休憩型、综合型。

(3)按目标不同,节事活动可分为原生型、进化的原生型、商业化型、非本社区的单一文化型、多元文化型。

(四)奖励旅游

1. 奖励旅游的定义

根据国际奖励旅游协会的定义,奖励旅游(incentive travel)的目的是协助企业达到特定的目标,并对达到该目标的参与人士,给予一个尽情享受、难以忘怀的旅游假期作为奖励。其种类包括:商务会议旅游、海外教育训练、奖励对公司运营及业绩增长有功人员。需要指出的是,奖励旅游并非一般的员工旅游,而是企业业主提供一定的经费,委托专业旅游业者精心设计的"非比寻常"的旅游活动。用旅游这一形式作为对员工的奖励,会进一步调动员工的积极性,增强企业的凝聚力。

2. 奖励旅游的特点

(1)具有鲜明的企业文化特征。企业文化是企业员工在长期的生产经营活动中培育形成并共同遵守的最高目标、价值标准、基本信念以及行为规范。没有企业的经营活动也就没有企业文化的产生,而企业文化是为企业经营目标服务的。企业组织奖励旅游的目的是弘扬企业文化,树立企业形象,宣扬企业理念,提高企业经营业绩,因此旅游活动的安排要与公司的企业文化相适应,要将企业文化有机地融于旅游活动之中。即使是企业高层领导与受奖者共商企业发展大计,也总是围绕着企业文化这一主题展开。

(2)团队整体素质高,约束力强。参加奖励旅游的旅游者不同于一般的旅游者,他们是企业中创造业绩的人、对企业有贡献的人(包括企业品牌的重要消费者),并通过特定的资格审核,整体素质比较高。他们对企业目标、行业规范以及价值观念的认同感强,从而自觉遵守组织中共同的价值观和行为准则,受到领导和群众的认同和赞扬,在心理上会有备受尊宠的满足感。他们在参与奖励旅游的整个过程中,事事处处都表现出行动的一致性,随意性小。

(3)会、奖结合。在奖励旅游的日程中,根据企业组织该活动的意图与宗旨,要安排诸如颁奖仪式、主题晚宴、先进事迹报告、企业发展战略研讨、工作计划讨论等会议活动,做到会、奖结合。负责承办旅游活动的专业机构(如旅行社、旅游公司等)对整个日程安排与活动布置都必须作出精心策划和设计,要衬托出企业文化,要营造出满足员工成就感和荣誉感的氛围,既要能达到企业(单位)举办活动的目的并激发员工的积极性,又要能给参加者留下终身难忘的美好回忆。

3. 奖励旅游的历史

奖励旅游的历史可以追溯到20世纪二三十年代的美国,如今已有百分之五十的美国公司采用该方法来奖励员工。在英国商业组织给员工的资金中,有五分之二是以奖励旅游的方式支付给员工的。在法国和德国,一半以上资金是通过奖励旅游支付给员工。一般奖励旅游包含了会议、旅游、颁奖典礼、主题晚宴或晚会等部分,企业的首脑人物会出面作陪,和受奖者共商公司发展大计,这对于参加者来说无疑是一种殊荣。其活动安排也由有关旅游企业特别安排,融入企业文化的主题晚会具有增强员工荣誉感,加强企业团队建设的作用。更重要的是,常年连续进行的奖励旅游会使员工产生强烈的期待感,对于刺激业绩成长能够形成良性的循环。

4. 奖励旅游的作用

(1)有利于创建团队精神。企业(单位)中的员工平常有各自的岗位,上班时间各人干各自的工作,下班后各人有各自的家务或业余生活,很少有在一起谈心与交流的机会。企业(单位)组织奖励旅游的目的之一就是为员工提供在一起交流的机会和场所,让员工在旅游活动中住在一起、吃在一起、玩在一起,有困难大家帮、有欢乐大家享,增进彼此间了解,加深相互间友谊,从而增强企业(单位)凝聚力,促进团队精神的培育。

(2)有利于增强管理者和企业的亲和力。日常工作中,员工与管理者的接触比员工之间的接触更少。奖励旅游给员工和管理者创造了一个比较特殊的接触机会,大家可以在旅游这种较为随意、放松的情境中作一种朋友式的交流,让员工在交流中感受管理者的情谊、管理者的心愿、管理者的期盼,从而增强管理者和企业的亲和力。

(3)有利于延长奖励的时效性。奖励方式多种多样,既有物质奖励,也有精神奖励。发奖金、送奖品是一种最为普遍的奖励形式,但对受奖者来说,激励的时效较为短暂。一些研究管理问题的心理学家在经过大量调查和分析后发现,把旅游作为奖品来奖励员工、客户时,其所产生的积极作用远比金钱和物质奖品的作用要强、要好得多。原因是在旅游活动过程中营造的"荣誉感、成就感"氛围,使受奖者的记忆更持久,旅游活动过程中受奖者之间、受奖者与管理者之间通过交流增强的亲切感,能够激励员工更好地为企业服务。因此,这种奖励方式越来越受到企业、员工的重视与欢迎。

(4)有利于旅游产品的多元化发展。随着社会经济的快速发展,人们对旅游的要求也日益提升,传统的旅游产品已满足不了人们的需求,这就要求旅游业界积极拓展旅游产品,改善旅游产品结构,逐渐由单一的观光旅游向多元化发展。奖励旅游在诸多旅游产品中,效益高、前景好,已成为国际旅游市场的热点项目。推进我国旅游市场中奖励旅游产品的开发,有利于我国旅游产品结构的调整,有利于旅游产品的升级换代和多元化发展。

第二节 会展业及其发展

一、会展业的概念

会展业是会议业和展览业的总称,是一个新兴的服务行业,影响面广,关联度高。会展经济逐步发展成为新的增长点,而且会展业是发展潜力大的行业之一。在新时期,必须大力发展会展业,全面提升会展经济。

二、会展业的作用

会展业的地位和作用日益凸现,会展业涉及工业、农业、商贸等诸多产业,对结构调整、开拓市场、促进消费、加强合作交流、扩大产品出口、推动经济快速持续健康发展等发挥重要作用,在城市建设、精神文明建设、和谐社会构建中显示出其特殊的地位和作用,并日益显现出来。具体体现在:

(一)会展业能产生强大的互动共赢效应

会展业不仅能带来场租费、搭建费等直接收入,而且还能拉动或间接带动数十个行业的发展,直接创造商业购物、餐饮、住宿、娱乐、交通、通信、广告、旅游、印刷、房地产等相关收入;不仅能集聚人气,而且能促进各大产业的发展,对一个城市或地区经济发展和社会进步产生重大影响和催化作用。据有关统计表明,一个好的会展对经济拉动效应能达到1:9,甚至更高。

(二)会展业能获得优质资源

会展业汇聚巨大的信息流、技术流、商品流和人才流,意味着各行业在开放潮中,在产品、技术、生产、营销等诸方面获取比较优势,优化配置资源,增强综合竞争力。会展业发展可以不断创造出神话,博鳌效应就是其中的一个最典型范例,穷乡僻壤的博鳌建成国际会议中心后,以其良好的生态、人文、治安环境,吸引了众多海内外会议组织者、参会者、旅游者等。

(三)会展业能提升支持力度

各产业的发展,特别是制造业要生存和提升竞争力,需要相关服务行业的协作,加快新型工业化、新农村建设,更离不开会展业的支持和助力。其中会展是一项极其重要的服务内容,作为特殊的服务行业,会展经济能增强城市面向周边地区的辐射力和影响力。所以,会展经济有巨大的效能。

(四)会展业能增加就业机会

随着近年来办展活动的增多,会展业不仅能提供就业机会,而且还能拉动和促进就业。

(五)会展业能成为经济发展的风向标

会展紧扣经济,展示经济发展成果,会展经济的发展将直接刺激贸易、旅游、宾馆、交通、运输、金融、房地产、零售等行业的市场景气,大型和专业性会展往往是产品或技术市场占有率及盈利前景的晴雨表,推动商品贸易、投资合作、服务贸易、高层论坛、文化交流等各方面的发展与进步。

案例链接

2013年中国会展业发展概况

会展业是现代服务业的重要组成部分,也是连接生产与消费的桥梁和纽带,不仅能够促进供需对接、畅通流通渠道,对区域和行业经济发展也有强大拉动作用。

随着中国经济快速发展,中国会展业已经成为推动社会经济增长的新动力,各类展会汇聚人流、物流、资金流、技术流、信息流,有效拉动餐饮、住宿、交通、零售、旅游等众多服务业增长,在转变经济发展方式、优化产业结构、打造中国经济升级版中发挥着积极作用。商务部10月19日在上海国家会展中心发布的《中国会展行业发展报告2014》显示,2013年,我国会展业继续保持良好的发展势头。产业规模不断扩大,经济效益明显好转;专业化、国际化、市场化程度进一步提高;标准体系、行业组织建设取得突破性进展;会展设施建设速度加快,大型化趋势更加明显;会展就业人数持续攀升,会展业对经济的带动作用不断增强。

根据商务部相关统计和中国会展经济研究会行业调查,结合部分省市典型资料分析,2013年,我国会展产业发展呈现以下特征。

境内展览规模不断扩大经济效益明显好转

据商务部会展业典型企业调查统计,2013年,全国共举办各类展览7319场,同比增长1.8%;展览面积9391万平方米,同比增长4.5%,展览面积增长快于展览项目增长,单位项目规模扩大,展览效益向好。

据测算,2013年会展经济直接产值达3870亿元人民币,较2012年增长10.6%,约占全国国内生产总值56.8845万亿元人民币的0.68%,与2012年基本持平;占全国第三产业增加值26.2204万亿元人民币的1.5%,与2012年基本持平。会展企业经济效益明显好转,三项费用指标(管理费用、财务费用和销售费用)较2012年下降13.3%,亏损面大幅缩小,盈利面大幅扩大。

出国展览市场稳定新兴市场国家表现活跃

据中国贸促会统计,2013年,全国102家组展单位共赴75个国家实施经贸展览会计划1492项,比2012年减少2.4%,其中参加国际博览会1422项,占实施总量的95.3%,单独举办展览会70项,占实施总量的4.7%;全年出展项目净展出面积64.74万平方米,比2012年减少7.2%。参展企业约4.7万家,与2012年持平。

2013年,虽然欧美仍是我国出国办展的主要目标市场,但新兴市场国家表现更加活跃。出展项目数排名前10位的目的地国家分别为德国、美国、俄罗斯、巴西、阿联酋、印度、南非、土耳其、墨西哥和法国,其中新兴市场国家占7个,其展览项目数占全年总量的39%,参展总面积占全年总量的33.3%,参展企业数占全年总量的35.9%。

会展设施大型化趋势明显

会展业显著的经济社会效益使越来越多的地方政府对其予以高度重视,各地竞相投资建设会展场馆设施。截至2012年年底,全国已拥有5000平方米以上会展场馆316个,可供展览面积1237万平方米。2013年,全国在建会展场馆13个,面积154.49万平方米。建成后,全国会展场馆总数将达到329个,可供展览面积将达到1391.49万平方米。单体会展设施大型化趋势明显,在建、待建场馆单个平均面积均超过10万平方米,上海国家会展中心和天津国家会展中心室内展览面积更是高达 40 万平方米。

会展就业人数持续攀升

据统计,2013 年,会展行业带动就业人数比 2012 年增长 30.7%,按 2012 年 2125 万人次基数测算,目前会展行业带动社会就业可达 2777 万人次。会展行业带动就业效果显著,综合拉动效应日益凸显。

资料来源:付连英.中国会展业规模扩大效益好转[N].国际商报,2014-10-21(A8).

三、会展业的发展现状

(一)国外会展业发展现状

1. 欧洲会展业

作为世界会展业的发源地,欧洲会展业整体实力强,规模最大,其中德国是世界头号会展强国。德国拥有世界上最发达的会展业,德国因汉诺威、慕尼黑、杜塞尔多夫、法兰克福、科隆、柏林、莱比锡、纽伦堡、汉堡等会展城市而享誉世界。汉诺威是世界上最著名的"展览之都",其拥有实际上两个最大的博览会——汉诺威工业博览会和消费电子、信息及通信博览会(CeBIT),以及其他重要的博览会如欧洲机床博览会等。

目前,德国每年举办的大型国际展览约 150 个,展出总面积超过 650 万平方米,国际参展商近 40%;世界最重要的展览会有三分之二在德国举办,世界十大展览公司,德国占据 5 席;因展览活动产生的经济效益在 2005 年时达到 250 亿欧元。据德国展览业协会 2008 年对 23 个规模展览场馆的调查,2007 年德国投入 4 亿欧元用于场馆的维护和旧馆的淘汰更新,2008 年展览馆面积达到了 276 万平方米。

德国展览业发展的地域性也非常明显,展览公司多以地名来命名,体现了德国会展业发展的特点。德国的展馆全部由各州和地方政府兴建,展览公司由政府控股,实行企业化管理。如德国汉诺威展览公司由下萨州政府和汉诺威市政府分别控股 49.8%。德国汉诺威展览公司既是汉诺威展览中心的拥有者,又是 CeBIT 和汉诺威工业博览会等大型展览会的举办者。

2. 北美会展业

北美(主要是美国、加拿大)是世界会展业的后起之秀。美国著名的会展城市有奥兰多、奥斯汀、亚特兰大、巴尔的摩、波士顿、芝加哥、纽约、达拉斯、丹佛、底特律、拉斯维加斯等。美国大部分展览中心是公有的,具体有三种管理方式:①政府管理,即地方政府成立会议观光局(CVB)负责管理公有展览中心;②委员会管理,即地方政府成立单独的非谋利管理委员会管理公有展览中心(例如 MPEA——芝加哥都市码头展览机构);③私人管理,就是将公有展览中心的管理业务外包给私人展览公司。在运营过程中,各种类型的展览中心都会有专业的管理公司在各种权威行业协会协助下公平参与市场竞争,重视提高服务质量,进行自由的市场化运作。

美国国内有巨大的市场容量,这种市场化的运作模式是以长、短期展览相结合保证展览企业的续航能力,以规模较大的展览中心完善配套服务设施,以立足本地、立足美国、立足专业产品的市场理念和谨慎的经营合作态度求发展。美国会展产业对国民经济的贡献以及对地方经济的拉动作用十分明显。据美国展览研究所中心(CEIR)统计,2000 年美国平均每年举办的展览会达 13000 个,直接受益 120 亿美元左右,与展览会相关的社会综合消费约 1250 亿美元,展览会的经济带动比例是1:10。

3. 亚洲会展业

亚洲会展业的规模和水平仅次于欧美,比拉美和非洲强。其中新加坡曾被UIA评为世界第五大会展城市。新加坡、日本、阿联酋和中国的香港地区凭借其经济发展的巨大潜力和其广阔的市场,或凭借其发达的基础设施、较高的服务业水平、较高的国际开放度以及较为有利的地理区位优势分别成为亚洲的会展大国和地区。

(1)新加坡会展业的发展位列亚洲之首。

新加坡会展业起步于20世纪70年代中期。新加坡政府对会展业的发展十分重视,专门成立了新加坡会议展览局和新加坡贸易发展委员会,专门负责推广会展业,宣传新加坡的会展活动,吸引各国厂商到新加坡参展。同时,新加坡具备良好的会展举办条件:发达的交通(目前,新加坡有64家国际航空公司的航线,可直飞50个国家的154个城市)、通信等基础设施,较高水准的服务业,较高的国际开放度以及较高的英语普及率等。新加坡得天独厚的地理优势、良好的商业环境、完善的经济政策、显著的国际展览业地位、先进一流的展览场馆、灵活实效的展览业机构使其在国际会议城市之中,排名亚洲第一位,国际第五位。

(2)韩国在举办商务会议方面有着巨大的发展潜力。

韩国在会展业发展方面所做的努力与国家高层的支持是分不开的。早在1996年,韩国政府就颁布了会议促销法,以吸引外国人到韩国开会,并能方便地利用各种基础设施。目前韩国国家旅游机构——韩国观光公社(Korea National Tourism Organization)正在向着颁发会展行业许可证书方向努力。

由于韩国政府的大力支持和有力促销,韩国的会展业取得了明显的成绩。韩国在2001年世界主要举办国际会议国家中已被国际大会及会议协会(ICCA)排在第十四位,其首都首尔在世界主要举办国际会议城市中更是被国际会议协会排在第三位。同时这些数字也说明韩国在举办商务会议方面有着巨大的发展潜力。首尔已成为亚洲最受欢迎的会展城市之一。

(3)国际会展之都——香港。

香港借助四通八达的交通、自由充足的资金、旅游名城的人潮流和发展边界的信息流以及公开、公平、公正的展览环境和竞争秩序、规范化的管理和操作、设施优良的展馆和完善周到的服务,成为亚太地区重要的会展中心之一,赢得了"国际会展之都"的美誉。

4. 大洋洲会展业

大洋洲会展业发展水平仅次于欧美,规模小于亚洲。主要代表是澳大利亚。

澳大利亚的会展连带效应显著,无论是专业展览还是公众性展览,来自本土和海外的观众平均每人每天的消费达到500澳元。全澳每年举办大约300个大型展览,吸引大约500万观众。

5. 拉美国家会展业

拉美国家会展业发展较好的依次是巴西、阿根廷和墨西哥,其他国家的会展业基本处于起步阶段,规模很小。

6. 非洲会展业

非洲大陆与拉美类似。北部非洲以埃及为代表,南部非洲以南非发展最好。

纵观历史,一国会展业实力与发展水平是与该国综合经济实力和经济总体规模及其发展水平相对应的。发达国家凭借各个方面的优势在会展业中处于主导地位并向世界各地扩张。

(二)我国会展业现状

近年来,我国会展业继续保持良好发展势头。产业规模不断扩大,经济效益明显好转;专业化、国际化、市场化程度进一步提高;标准体系、行业组织建设取得突破性进展;会展设施建设速度加快,大型化趋势更加明显;会展就业人数持续攀升,会展业对经济的带动作用不断增强。我国会展产业发展呈现以下特征:

(1)境内展览规模不断扩大。据商务部会展业典型企业调查统计,2013年,全国共举办各类展览7319场,同比增长1.8%;展览面积9391万平方米,同比增长4.5%;展览面积增长快于展览项目增长,单位项目规模扩大,展览效益向好。

(2)会展设施建设方兴未艾。会展业显著的经济社会效益使越来越多的地方政府对其予以高度重视,各地竞相投资建设会展场馆设施。截至2012年年底,全国已拥有5000平方米以上会展场馆316个,可供展览面积1237万平方米。2013年,全国在建会展场馆13个,面积154.49万平方米。全部建成后,全国会展场馆总数将达到329个,可供展览面积将达到1391.49万平方米。单体会展设施大型化趋势明显,在建、待建场馆单个平均面积均超过10万平方米,上海国家会展中心和天津国家会展中心室内展览面积更是高达40万平方米。

(3)会展区域发展不平衡差距大。统计发现,我国会展发展不平衡现象依然存在,沿海与内地、东部与中西部发展差距仍然较大。根据会展场馆、会展企业、会展业绩等综合指标衡量,北京、上海、广州三大会展中心城市优势明显,重庆、南京、深圳、成都、杭州等城市发展加快,其他一些中西部城市发展则需假以时日。

综观区域分布,我国会展区域格局表现为:北、上、广位列前三甲,引领全国发展;东、中、西分布不均,东部地区主导地位明显;展会举办相对集中,七成以上展会聚集在十个会展强省,全国四分之三的展会集中在24个主要城市。按省级行政区划分析,2013年展览活动项目数量位居前十位依次是上海市798场、江苏省770场、广东省702场、重庆市581场、辽宁省527场、山东省504场、浙江省501场、北京市418场、河北省273场、河南省252场。这十个省的展览项目数量和展出面积均占全国总量和总面积的72%。

我国会展业存在的主要问题有:

(1)会展业结构层次混乱,分布不均。其主要表现为:一是区域结构混乱,即各省市的会展业发展水平相差明显,一些省市不注重自身的区位、资源条件及市场环境;二是从总体上看,各城市的展馆规模结构失衡;三是会展活动带来的收益结构不平衡,绝大部分会展活动一开始就没能与旅游等相关行业结合起来,在整体促销、配套服务等方面存在脱节问题。

(2)会展业的市场化程度低。目前,国内会展业市场化程度低,管理手段和方式不能完全适应市场经济发展要求,没有统一行业管理部门,从而造成了多头办展览、重复办展览、低层次办展览等现象的发生;没有部门全权负责国际、国内会议及展览界之间的横向交流与联系,这既不能提高会展业的国际化水平,也无法协调各地展会的内容、层次和频率;会展市场秩序混乱无序,行业法规亟待健全,制约了会展业的专业化和集约化进程。

(3)专业展览公司少,专业人才匮乏。目前的专业会展人才,尤其是项目策划等高素质人才等十分稀缺,许多会展主办者对会展经济没有全面的认识和了解,会展活动的组织者、管理者和从业人员的整体素质亟待提高,从而制约了会展业的办展水平和服务质量。此外,由于这些非专业化的展会组织者对会展经济理解深度不够,因而不懂得将会展活动与旅游等服务性行业结合起来,这不仅降低了会展活动运作效率,还会影响参展商和观众对举办地的满意度。

(4)展览总体服务水平不高。会展活动作为旅游市场的重要组成部分和经济活动的特殊表现形式,没有与旅游等行业实现有机融合,关联企业的参展商和观众提供的配套服务不完善、不超前,会展活动对关联产业的促进作用也明显不足。此外,为会展活动提供专业服务的行业相对滞后,单位主办者既是策划人员,又是具体实施人员,从展品征集、宣传促销到展场布置、活动安排,甚至为参展商提供住宿、饮食等服务均由同一批人承担,从而在很大程度上降低了会展效率和服务质量。

四、会展业发展前景

(一)国际会展业

随着经济全球化程度的日益加深,会展业已发展成为新兴的现代服务贸易型产业,成为衡量一个城市国际化程度和经济发展水平的重要标准之一。2004年全世界大型会展总数超过15万个,其中国际会议约7万多个,国际展览超过8万个,全球会展业直接经济收益高达2800亿美元,为世界经济带来的增长总额超过25000亿美元。

伴随着会展经济的全球扩张,许多国际会展业巨头竞争亚洲、非洲、拉丁美洲的发展中国家市场,国际会展业正在出现重心转移之势。在中国加入世贸组织的背景下,中国市场的广大以及中国成为世界新的制造业中心的潜在发展前景,使得来自国外的专业展市场需求空间较大。

近年来,国际会展项目更加注重展与会的结合,会展内容趋于专业化、品牌化。越来越多的展览公司和会议公司涌现,且呈现集团化趋势。信息技术开始应用在会展方面,与实物展览相结合也是现在国际会展发展的新趋势。

(二)国内会展业

从20世纪80年代以来,我国会展业经历从无到有,从小到大,以年均近20%的速度递增,行业经济效益逐年攀升,场馆建设日臻完善,已成为国民经济的助推器和新亮点。

全国以北京、上海、广州为一级会展中心城市,初步形成三大会展经济产业带,即包括北京、天津、烟台、廊坊等地的环渤海会展经济带,以上海为龙头、沿江沿海为两翼的长江三角洲会展经济带,以广交会和高交会为龙头的珠江三角洲会展经济带。随着会展业市场化程度的提高,会展城市内部场馆之间、会展城市之间的竞争日益明显。法制建设、品牌意识、现代化场馆建设、人才培养成为普遍共识。

未来若干年内,中国展览业将呈现以下六大发展趋势:

1. 市场总量快速增长

展览业的发展主要依托于市场和产业两大因素,中国既是世界上最大和最富有潜力的市场,同时也是门类齐全的产业大国。巨大的市场购买力,丰富的低成本高素质的人力资源,不仅能促使我国成为世界的制造业基地和加工中心,同时也为我国成为亚洲乃至全球的会展中心提供了雄厚的物质基础。

中国会展经济方兴未艾,目前每年以20%左右的速度增长,发展潜力还很大。2013年,中国国民生产总值占全球的1.3%,进出口总额占全球的7%,但中国展览业的年产值约为80亿元人民币,仅占全球展览业年产值的3%。随着中国国内生产总值的不断增长以及服务贸易的不断发展,今后中国会展业正面临难得的机遇,发展空间十分巨大。

2. 产业化进程加快

随着中国会展市场的快速扩大和对会展发展规律认识的加深,会展越来越被作为重要的服务产业看待。为了促进会展业的持续发展,中国从政府、企业和行业中介组织三个层面进一步推动会展业的市场化进程,政府主要运用经济的、法律的手段进行宏观调控和促进服务,进一步确立会展企业的主体地位,充分发挥中介组织的服务和桥梁作用,大力发展会展产业。

我国将加强部门之间协调,逐步建立健全展览业的行业管理体制。中国商务部将在内外贸结合的基础上,建立展览业的统一管理体制。对展览业的管理将从项目审批转向行业管理和政策调控,加快促进展览业的市场化。在管理方法上,商务部将建立与展览业相关部门的工作协调机制,与有关部门进一步加强沟通,协调制定发展政策。正确引导展览场馆和配套设施的建设,防止出现盲目建设。很多地方政府设立会展统一管理机构,根据展览行业发展所需的环境和配套设施要求,对交通、通信、旅游、商检、海关等展览业务所涉部门进行协调,使展览业与这些部门、行业在互动中协调共进。

商务部计划未来若干年内将重点支持100个品牌展览会,着力培育一批具有国际竞争力的"会展航母",并将进一步加强国际合作,支持有条件的企业赴境外单独或联合办展。

3. 专业化比重增加

我国的展会主题正由综合化趋于专业化,办展主体和办展方式也趋于专业化。

(1)展会主题由综合化趋于专业化。在过去相当长一段时期,我国会展追求的都是综合化,强调小而全,结果造成展会特色不鲜明、规模普遍小、吸引力不强。未来的行业性专业展会将会更有生命力。近年来,我国展览专业化程度不断提升,专业性展览会数量不断攀升,协会、企业办展以专业展为主,政府主导型展会也向专业化发展。

(2)展览分工专业化。计划经济体制下,展览从业人员没有明确分工,多种职能集于一身,同一批人既是展览组织者,又是展览管理者,也是展览项目的实施者,展览业缺乏科学的社会专业化分工协作,必然效率低下。未来展览业必须形成专业化分工协作的局面,会展配套服务公司的经营范围将进一步专业分工细化,展览评估、展览咨询、展览设计装潢都是颇有前途的行业。

(3)展览从业人员专业化。我国目前展览从业人员很多是半路出家,未来会展从业人员必须接受正规的会展教育培训,整体素质大大提高,特别是管理人员、项目经理的业务素质,需要有很高的工作热情、最好的服务精神、宽阔的思路、敏锐的洞察力、超前的预见性以及熟练的外语,熟悉现代国际展览业务,更多地参与国际竞争与合作。从业人员的总体知识水平就是展览业管理水平的体现。

(4)观众向专业化方向发展。组织观众工作将变得更加重要,高质量的观众对一个展览会的成功与否将起到关键作用。未来大多数专业展会观众为专业界的决策人士、贸易人员及科技人员等。

4. 展会项目数增速放缓

(1)新创展览项目逐年减少。一方面"十二五"期间展会数量的急剧膨胀,各行各业的展览会题材已经得到很大程度挖掘,新创展览项目越来越难,必然逐年减少,另一方面,展会的总数量作为基数不断增加,很显然,展览项目总量的增长速度必然逐年下降。

(2)展览项目竞争整合。由于市场竞争的原因,未来我国展览项目竞争整合在所难免,劣次展览项目加快淘汰,展览并购将现高潮。

国际展览业看待展览会并非局限于展销产品的概念,更多考虑的是树立产品形象或企业形象,追求一种长远、持久的品牌效果。世界上所有会展业发达国家,都重视会展的品牌效应,都拥有自己的品牌展会和会展名城。中国会展业实现品牌化经营也是必由之路。未来中国的展会将重新整合,有的展会在竞争中壮大发展,有的在竞争中消失,有的在竞争中合并,从而涌现更多的品牌。

5. 展馆面积继续扩大

我国展览业发展的最大特点就是硬件优先发展。近年来,全国掀起了展览场馆的建设高潮,展览业的硬件设施建设大有超前发展的态势,展览场馆建设档次高、面积大、科技含量高。尽管国家明确提出合理规划展馆布局,防止展馆建设过热,但是一些尚未建有展馆的城市仍然会想方设法建设展馆;一些城市已有展馆供不应求,需要对原有展馆进行改建、扩建,也会增加展馆面积。

6. 竞争更加剧烈

中国展览市场目前竞争激烈,表现在展览城市之间、展览企业之间、展览项目之间、展览人才之间的全方位竞争"白热化"。

(1)展览城市间的竞争。我国已有几十个城市定位在"会展中心城市"或"会展名城"上,这些城市纷纷在城市基础设施、会展软环境建设、品牌展会培植方面加大投入,展览城市之间剧烈的竞争不可避免,通过竞争将逐步形成合理的展览区域布局。

(2)展览企业的竞争。展览"蛋糕"毕竟有限,展览企业之间竞争日趋激烈。国内展馆总量过剩,布局失调。一方面北京、上海展馆供不应求,展馆租金不断上涨,令会展组织公司压力大增;另一方面一些中小城市展馆门可罗雀,产生巨额亏损,难以为继。近年来,外资展览公司进入中国设点,必然加剧国内展览业的竞争,进而提高我国展览业的整体发展水平。

(3)展览项目的竞争。中国展览项目数量急剧增加,相同主题展览会的数量越来越多,这些展览会项目之间的竞争非常激烈,竞争参展商,竞争采购商和观众,竞争各种办展资源。今后多数展览项目将重新整合,总体上将朝向大型化、专业化发展。

全国展览会展位价格水平总体仍然偏低,但由于企业参展将更加理性,展览市场竞争的结果,劣次展会和"形象展会"生存空间将越来越小,品牌展会不断涌现。由于展位价格充分反映展会质量水平和供求关系,品牌展会的展位供不应求,其价格可数倍于平均水平,同时拉动全国展会价格的总体水平上扬。

(4)展览人才的竞争。未来中国展览业的竞争,说到底是展览人才的竞争。越来越多的地方政府将制定鼓励展览业发展的政策,对于展览人才采取优惠的引进措施,有成功展览工作经验的高层展览专才是各地展览企业猎头的目标。各地高校纷纷设立会展专业,培养本地展览人才。展览企业重视员工在职培训,提高员工展览专业素质。

本章小结

本章介绍了会展、展览的概念和特点;阐述了展览业的起源及发展、展览的形式及特征以及节事活动的形式及意义、奖励旅游的历史及作用。通过本章的学习,要求掌握会展的概念、内容及特点;掌握展览的分类及特征以及现代会展业的发展趋势。

 复习思考题

1. 会展的内容有哪些?
2. 展览如何分类? 可以分成哪些类别?
3. 节事活动有哪些特征?
4. 奖励旅游的作用是什么?
5. 现代会展业的发展趋势有哪些?

 单选题

1. 最常见的定期展览是( )。
   A. 四年一次　　　　B. 两年一次　　　　C. 一年一次　　　　D. 半年一次
2. 展览业属于( )。
   A. 工业　　　　　　B. 服务业　　　　　C. 建筑业　　　　　D. 农业
3. 会展在城市经济的发展中起着重要的作用,一般认为,会展活动拉动经济的比为( )。
   A. 1∶10　　　　　B. 1∶9　　　　　　C. 1∶8　　　　　　D. 1∶6
4. 迄今为止已经举办了( )届世博会。
   A. 42　　　　　　　B. 43　　　　　　　C. 45　　　　　　　D. 44

 多选题

1. 会展的内容包括( )。
   A. 会议　　　　　　B. 展览　　　　　　C. 节事活动　　　　D. 奖励旅游
2. 会展业发展比较快的国家或地区主要有( )。
   A. 美国　　　　　　B. 加拿大　　　　　C. 韩国　　　　　　D. 新加坡
   E. 香港
3. 中国展览业将呈现( )六大发展趋势。
   A. 市场总量快速增长　　　　　　　　B. 产业化进程加快
   C. 专业化比重增加　　　　　　　　　D. 项目数增速放缓
   E. 展馆面积继续扩大　　　　　　　　F. 竞争更加剧烈

第二章 会展项目策划

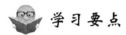
学习要点

1. 了解会展项目策划的概念、特点及作用。
2. 明确会展项目策划的内涵。
3. 熟知会展项目策划的内容和基本流程。

案例导读

成功的第16届中国(深圳)国际玩具及礼品展

第16届中国(深圳)国际玩具及礼品展于2008年10月24—27日在深圳会展中心成功举办。展会的专业程度、规模和质量都超越以往各届,成为奥运年中国最大的礼品、玩具及家具用品盛会,成为名家云集、新品荟萃的潮流盛宴。

据相关资料显示,全球75%的玩具都在中国生产,全球礼品市场的六成份额被中国制造占据,玩具市场的年增长率会达到40%以上,但目前中国玩具消费市场的规模只有100亿元人民币。第16届深圳秋季礼品展正是在这一背景下积极筹备的,主办方"励展华博"与行业权威媒体《玩具世界》强强联手,通过一系列改良升级措施强化深圳礼品展"行业助推器"的作用。

主办方对展会项目策划方案进行了全方位升级,首先针对2008年10月参展的各重点产业类别,如玩具、礼品、家纺、家具用品等行业,锁定目标买家,媒体进行多次推广;优化搜索引擎和关键字营销,令主办方"励展华博礼品展"网站的定位在行业展会中稳居第一;再次,特推出"邀请买家计划",使参展商能够提名希望在展会上会晤的买家。这些措施成为本次展会成功的强大助推力。

资料来源:深圳礼品展官方网站。

案例分析

对于会展项目策划,首先必须有创意,没有创意就绝不能叫做策划,套路性质的方案或者在纸上做一些表格充其量是个"安排"。策划而没有创意,项目也就没有灵魂,没有那些能够点燃自己和照亮他人的激情,像是白开水一般。其次,策划需要系统的实施步骤,没有亮点不能算是策划,但是仅仅有亮点也不行,要具备可实施性,要有布属,从内容到表现形式再到运作的流程,必须能够执行,即能够实施起来。策划有时候是很多元素的集合,有些甚至是一闪而过的历史机遇。但是再好的策划和创意,没有执行便什么也不是。这一案例表明,会展项目的成功举办离不开策划。成功的会展策划,会产生强大的市场效应,并使会展项目准确地达到预期的效果,形成会展效应。

第一节 会展项目策划概述

一、会展项目策划的概念

(一)策划

策划学是近几年新兴起来的学科。作为一种基础理论,策划学的研究和应用涉及众多行业和领域。会展策划是策划学众多分支之一,它依托会展行业经济的发展而发展,是策划学的理论和思维方法在会展行业的应用和实践。总体而言,会展策划学起步较晚,理论建设尚不成熟,但是对于会展行业发展来说,会展策划却有着重要的作用。会展项目的成功执行有赖于完善的策划。

在策划界有这么一句话:"人无我有,人有我优,人优我奇,人奇我变,人变我新,人新我创。"策划归根结底是要有好的创意,要突破,要创新。策划既是一门科学,又是一门艺术。策划的实质即在于创新,策划的提出是社会经济发展的需要,对优化市场竞争、促进经济发展具有重要的实践意义。正是在经济发展的推动下,策划逐步走向职业化。

我们可以这样认为:策划是一种脑力行为,区别于自然竞争;是对现有资料的汇总、分析、判断及展望;是关于未来的,而不是针对现在所发生的事情;是一整套切实可行的战略与战术相结合的思考。由此可以引出一个对策划的基本认识:运用自己的思维能力,通过概念和理念创新,整合各种资源,对未来活动作出综合统筹,以达到实现预期利益目标的过程。

(二)会展项目策划

会展项目策划,是指在会展活动开始的最初阶段就要进行的,有时甚至要贯穿于会展活动始终的一种优先的、提前的、指导的活动。比较流行的观点认为:会展项目策划是对会展进行管理和决策的一种程序,它是一种对会展项目的进程以及会展项目的总体战略进行前瞻性规划的活动。在会展的决策过程中,由于展会举办的机构不同、所针对的问题不同、展会项目的新旧不同等,决策的程序也不尽相同。

一般说来,一份完整的会展项目策划基本包括策划者、策划对象、策划依据、策划方案和策划效果评估等要素。策划者在整个会展运作实施过程中起着"智囊"的作用,策划者的素质直接影响着会展活动的质量水平;策划对象既可以是某项整体会展活动,也可以是会展诸要素中某一要素(如会展宣传项目、会展设计项目等);策划依据既包括策划者的知识结构、信息存储以及有关策划对象的专业信息,也包括会展项目立项的主客观条件等;策划方案是策划者为实现策划目标,针对策划对象而设计创意的一套策略、方法和步骤;策划效果评估是对实施方案可能产生的效果进行预先的判断和评估。

二、会展项目策划的内涵

(一)会展项目策划工作的服务对象是会展活动的主办方

先问一个问题:会展项目策划工作为谁提供服务?

回答是:会展项目策划工作只是为会展活动的主办方提供服务。

换言之,会展项目策划不可能游离于会展活动主办方之外而独立存在。因此,会展项目策划是会展活动主办方经营范围中不可或缺的内容。从事策划服务的专门机构提供会展项目策划服务,也必须接受委托人的委托,即接受会展活动主办方的委托才会开展相关策划工作。

会展活动的主办方主要包括政府、政治团体、社会组织和企业。政治团体指政党及特定的群众团体。在中国,执政党和参政党和工会、共青团、妇联,都有主办会展活动的需求。社会团体指行业协会、商会、专业学会、基金会等民间组织,它们不但由主办会展活动的需求,有的已成为中国会展市场的强势或知名的主办方。从事会展活动的,既有展览公司、会议公司、展览场馆经营公司,也有文化传播公司、广告公司和媒体公司。因此,会展项目策划工作就是为以上会展活动主办方提供服务的。

(二)会展项目策划工作的产品是会展及其配套活动

会展项目策划并不提供其他产品,只是提供展览会或会议及其配套活动。会展业是会议业和展览业的统称。策划展览会的项目和策划会议的项目并不相同,其主要细分产品见表2-1。

表 2-1 会展项目策划产品的细分

展览会主办方策划的主要产品	会议主办方策划的主要产品
(1)创办展览会项目 (2)购并展览会项目 (3)改造原有展览会项目 (4)展览会配套会议项目 (5)展览会其他配套活动(包括新闻发布会、开幕式、宴会、会后旅游、展览会现场表演等活动)	(1)创办会议项目 (2)改造原有会议项目 (3)会议配套展览会项目 (4)会议其他配套活动(包括新闻发布会、开幕式、文艺表演、会后旅游等活动) (6)承接会议的服务项目(包括会议场所、会场布置、接待酒店、会议现场等服务)

(三)会展项目策划产品的形态是会展活动的运作方案

向会展活动主办方提供可供组织实施的会展项目活动方案,是会展项目策划工作的主要任务。会展活动的组织实施方案,就是会展项目策划工作提供的服务性产品形态。在实际工作中,较为复杂的会展活动策划,尤其是接受主办方委托、由外包机构承担的会展活动策划,其策划方案必须有规范的文本。而由主办方自行策划的会展活动策划,其方案往往偏重于操作内容,并不强调方案文本的系统性和规范性。而许多中小型公司策划会展活动,方案往往是决策人或操作者口头表达的构想或思路,不太拘泥于形式上的文本。

三、会展项目策划的特点

(一)针对性

会展项目策划是具有针对性的活动,它是会展理论在会展活动中的具体运用。在进行会展项目策划时,应首先明确会展活动应达到什么目的,它是针对什么问题而举办的。譬如,有的会展项目以特定消费群体的生活方式为依据,具有鲜明的主题,这就要求在进行策划时必须围绕主题组织展品、开展活动;有的会展项目专业性很强,往往要求策划者具有深厚的专业素养,进行专业的市场细分,才能有的放矢地进行策划。

(二)系统性

系统性表现在策划时要对整个会展项目进行运筹规划,要针对会展项目的各个方面、各个环节进行权衡,使企业目标特别是通过参展而实现的企业市场营销目标具有一致性,使其在产品、包装、品牌、价格、服务、渠道、推销、广告、促销、宣传等方面保持传统一致性。系统性可以减少会展项目策划的随意性和无序性,提高效率。

(三)变异性

市场永远是千变万化的,会展项目策划也必须充分考虑到市场的变化。变异性强调对市场环境的适应性,它是为了更有效地实现既定的战略目标。据悉,由于"非典"的重创,中国会展业当年损失40亿元人民币,占会展全年收入的1/2。然而,当年的广交会开拓网络展览,其网上展览成交额达2.18亿美元,中国会展人首次学会了对危机说"不"。

(四)可行性

可行性是指会展策划方案在现实中要切实可行。没有可行性,策划案做得再漂亮也只是纸上谈兵。一般说来,会展策划方案必须经过分析论证才能实施。分析论证策划方案的可行性主要围绕策划的目标定位、实施方案以及经济效益等主要方面进行。

四、会展项目策划的作用

对于展会的组织者来说,会展项目策划是会展运作的核心环节;对于参展厂商来说,会展项目策划提供的是参展策略和具体计划。科学、合理和富有创意的会展项目策划方案对会展活动有以下作用:

(一)战略指导

战略指导作用是指会展项目策划能为会展项目的执行提供总体的指导思想。譬如在展览场地、展会规模、展会的主题及时间的安排、展会品牌、主要合作伙伴(行业)等方面,在项目策划方案中都要事先提出详细的预案。

(二)方案提供

决策是对未来行动方案的抉择,有好的方案才有好的决策。会展策划的目的就是寻求更合理、更经济、更有效的方案,为会展决策提供科学的依据。

(三)品牌塑造

会展项目策划是一项创新工程,它根据会展市场的需要,在保持自身优势和特色的基础上,在会展内容和形式上努力创造全新的亮点,提升竞争实力,从而塑造会展品牌形象。

(三)规划实施

会展项目策划能为会展活动提供具体的行动计划,一般来说,会展项目策划方案通过之后,在具体的实施过程中可以根据情况作适当调整,但项目运行的总体思路与要求是不会改变的,项目策划案是会展项目实施的主要依据。

(四)进程约束

会展项目策划能安排会展并制约会展活动的进程。尤其是大型的会展项目,所涉及的工作千头万绪,在会展项目执行的进程中,必须严格按照策划所提出的方案进行工作,这样才能确保会展项目的顺利进行。

(五)效果控制

会展项目策划能预测、监督会展项目活动的效果。某一会展项目在执行过程中是否达到预期的效果,通过对照项目策划案的相关要求就能够清晰地看出。会展项目策划一方面能对会展项目的最终完成效果进行控制,另一方面也可以对项目策划案本身的可行性、合理性进行检验。

(六)规范运作

规范运作作用是指会展项目策划能使会展运作趋于科学、合理、规范。

(七)效益提高

会展项目策划运用科学的方法,能大大减少会展活动的盲目性,有效地避免潜在风险,努力克服各种困难和挑战,从而提高会展活动的效率和效益。

五、会展项目策划的原则

会展项目策划是为综合性、大规模的会展活动提供策略的指导和具体的计划。它必须遵循市场经济的客观规律和会展活动的基本原则。

(一)借势原则

所谓借势,就是借助别人的优势为己所用,优秀的会展策划人要懂得"巧借东风为我用",以制订出符合会展活动所需要的策划方案,即"所谓借势在于烘云托月,借日生辉。"借势是"借力打力"的艺术,在实践中说法很多,如借助有利的政府政策、良好的区域优势、强大的外资力量等方法策划出对自己有利的会展活动。

1.借势政府政策

行业的发展与政府政策的支持息息相关,同样,展会的发展更是需要政府强有力的政策支持,最为重要的是,展会要学会利用政府的政策来发展壮大自己。深圳高交会就是一个充分利用了政府政策来办展的成功例子。

深圳是我国最早成立的经济特区之一,其创造的物质财富、精神财富以及对全国作出的贡献都很惊人。但是在1999年以前深圳没有高交会,当时深圳规模最大、最令当地人引以为豪的是荔枝节。然而荔枝节的文化内涵已经不能满足经济社会发展的实际需要,也不能全面展示深圳的经济成就。于是有关方面决定在深圳举办高交会,为海内外客商提供寻求项目、技术、产品、市场、资金、人才的便捷通道。自1999年首届举办以来,高交会得到了中国各级政府的高度重视和大力支持。每届展会参观人数超过50万人,产品与技术交易额超过130亿美元。深圳高交会以"国家级、国际性、高水平、大规模、讲实效、专业化、不落幕"的特点,成为中国高新技术领域对外开放的重要窗口,在推动高新技术成果商品化、产业化、国际化以及促进国家、地区间的经济技术交流与合作中发挥着越来越重要的作用。

2.借势区域优势

展会发展不仅要依托当地的产业优势,更重要的是要考虑到当地产业优势的辐射范围,即是否有一个或多个与区域发展相协调的行业展会所需要的产业链,该产业链能否依托该区域的经济长远发展。

全国糖酒商品交易会(简称"糖酒会")是由中国糖业酒类集团公司主办的大型全国性商品交易会,其规模大、效果显著,因而被业界誉为"天下第一会"。在糖酒会的历史上,成都无疑是申办城市中的大哥大、王中王。其举办糖酒会的领衔地位依然不可动摇,反而通过与其他城市的对比,更能彰显出成都的优势。首先,成都地处中国的西南,是西南地区的科技中心、商贸中心、金融中心和交通通信枢纽,是西南经济的大动脉。巨大的综合效益和优越的地理位置成为成都申办糖酒会重要的驱动力。其次,成都周围集聚了众多在全国首屈一指的酒类行业,拥有响当当的知名品牌酒,如水井坊、五粮液、泸州老窖、剑南春等。再次,成都是一个拥有4500年城市文明史、2300多年建城史的城市,是国务院首批公布的国家级历史文化名城。沉甸甸的历史文化孕育着城市的吸引力。所以,成都申办糖酒会,除了具有得天独厚的地理区位和经济区位外,其城市的旅游资源也是一块无形的招牌。而会展与旅游都是综合性十分强的产业部门,两者都涉及食、住、行、购、娱、游等方面。会展与旅游是一种相辅相成、良性互动的关系,成功的互动可使两者的功能不断提升。总之,以上三点是互相联系、互相支撑、互为依托,成都承办糖酒会的区位优势也将越来越突出。

3. 借势外资力量

如果说借政府政策、借区域优势策划展会还是就地取材的话,借外资、外企的力量策划展会就使得展会有了现代化的国际视野。借势外资力量的方法有很多,例如利用外资企业的技术力量、管理经验、资金注入等。国外会展公司与国内会展公司的合作共赢进一步加强,组建合作、合资会展企业,并在国内外共同举办展会。越来越多的境外展览公司参与到中国的会展产业之中,促进了中国会展业整体水平的提升。北京、上海、广州、深圳、成都、顺德等地都有国外展览公司的合资、合作项目进驻,并扩大了原有规模。而一大批国外知名品牌展会也纷纷移植中国,如美国的Nepcon、Semicon、Comdex China和德国的Electronic China等。

(二)效益性原则

会展策划的效益性是由会展的盈利性决定的,会展活动要取得良好的经济和社会效益是举办会展活动的一个主要目的,会展各方主体的目标在很大程度上是通过会展活动获取利润,可以说会展的效益是衡量会展策划是否成功的标准。第23届洛杉矶奥运会,美国政府及洛杉矶政府都表示不予提供经济援助,但是尤伯罗斯实行了一系列策划方案如出售电视转播权、以每千米3000美元卖出火炬传递权、提升开幕式和闭幕式门票价格等,成功地改写了奥运会亏损的历史,并盈利2.25亿美元。

(三)操作性原则

会展策划不但要为会展活动提供策略的指导,而且要为它们提供具体的行动计划,使会展活动能够在总体策略的指导下顺利进行。会展的实施是会展策划的直接目的,因此会展策划应该有充分的可操作性。会展策划的操作性原则要求在做策划方案时要结合市场的客观实际情况,以及企业、会展公司的具体情况、实施能力来进行,否则就是纸上谈兵。

(四)创新性原则

创新性原则应该贯穿企业策划的始终,会展是一个具有自身特色的特殊行业。它是一个开放性很强的活动,即从会展立项开始的调研工作,就需要与不同的组织合作和协调,例如向有关机构索取信息和数据,听取参展商的意见等;在准备工作中,会展机构要进行选址和融资工作;而在整个实施过程中,从营销到展会期间,也是要广泛开展社会资源的吸纳和整合。这种开放性决定了会展工作的不确定性,因此会展策划必须不断创新动态变化的形式,保证最终目标的实现。

(五)有效性原则

任何会展活动都应该产生一定的效果,而且不仅仅是有效,还必须达到预期效果或者超出预期效果。会展活动的效果不应仅仅凭借会展策划者的主观臆想来预测,而应该通过实际的、科学的会展效果预测和监控方法来把握。

(六)规范性原则

随着中国加入WTO,作为服务贸易的一部分,会展业将全方位对外开放,服务贸易壁垒将逐步被拆除,中国展览业将面临外国同行更为直接和激烈的冲击,会展经济将会以更快的速度和国际接轨。因而,尽快建立统一、公平、有序的市场体系,提高展览市场的透明度和规范度,是我国会展业亟待解决的问题。

会展策划的规范性原则要求,首先必须遵守法律的原则,在不违反法律法规的前提下展开会展策划。我国会展方面的法律规范主要包括国务院部委颁布的行政法规和其他一些规范性文件,如《中国加入世贸组织(WTO)服务贸易谈判中关于展示和展览服务中的承诺和减让》、《展会知识产权保护管理办法》以及国家工商行政管理局发布的《商品展销会管理办法》、《展览会的章程与海关对展览品的监管办法》等。其次,必须遵守伦理道德,在不违背人们的价值观念、宗教信仰、图腾禁忌、风俗习惯下进行策划。

规范性还要求会展策划必须遵循行业规范,做到管理规范、程序合理、操作有方、竞争有序,在深刻把握会展经济内在规律的基础上完成策划。

第二节 会展项目策划的基本内容

一、会展项目策划的意义

会展项目策划就是根据项目策划所选定的会展项目主题,确定会展项目所要完成的目标,并制定为实现这些目标的进度计划和预算安排。

从会展项目策划开始到实际举办有一段时间,在此期间内会发生很多意外和风险性事件,会展项目策划可以最大限度地减少不确定性,而且还可事先对风险性事件进行预测,并能够事先制定预防性措施。

总体来看,会展项目策划需要解决以下五个问题(即"3W2H"):

(1)何事(what),即会展项目目标,也就是该会展要实现什么样的目标,是项目经理和项目小组人员在工作过程中必须清楚的。

(2)如何(how),即工作分解结构图,通过工作分解结构图可以将会展项目目标分解为具体的可实现的任务。

(3)何人(who),即人员使用计划,其能主要决定何人在何时做何事,并在工作分解结构图中简单注明人员使用计划。

(4)何时(when),即进度表,它能决定会展项目的每一项工作在何时实施,需要多长时间,每项工作需要哪些资源。

(5)多少(how much),即预算,这里主要指会展项目的预算,预测这一项目需要多少经费。会展项目计划按照时间的长短可以分为战略式计划、战术式计划或作业式计划。

二、会展项目策划的内容

会展项目策划是一项综合性的工程,它所涉及的内容是多方面的,一般说来,依据会展项目策划需要解决的五个问题,会展项目策划主要包括会展项目的调查与分析、会展项目的决策与计划、会展项目的运作与实施、会展项目的效果评价与测定等。

(一)会展项目的调查与分析

市场调查是选定会展项目的重要依据。它是会展项目策划的基础,也是必不可少的第一步。

一般情况下,市场调查要依据本地、本区域的经济结构、产业结构、地理位置、交通状况和会展设施条件等特点,围绕市场进行调查。市场调查的主要内容包括会展环境的调查、会展企业情况的调查、会展项目情况的调查、会展市场竞争状况的调查以及参展商、支持协助单位等情况的调查。只有在充分了解市场潜力、市场限制以及市场动态等信息的基础上,才能有的放矢地进行策划。

(二)会展项目的决策与计划

作会展项目决定是一个决策的过程,应该掌握一定的决策策略。影响会展项目决策的要素有营销需要、市场条件、营销方式、内部条件等。而会展项目工作计划主要说明采取什么方法实施会展项目,研究如何最佳地利用资源,用尽可能少的资源获取最佳利益。一般来讲,通过制订项目工作计划,将工作分解,落实到各个部门,并明确部门职责,让相关人员都知道:①自己所负责的工作事项;②完成工作的时间期限;③与别人的协调关系,以使全体人员在计划的总体框架下有条不紊地完成会展工作。

(三)会展项目的运作与实施

会展项目的运作与实施是进行会展项目的中心环节,也是会展项目策划的中心之所在。在整个阶段,会展项目策划人员应当依据会展项目策划书的计划与安排进行广告宣传工作、组织招展招商工作、会展项目设计工作以及会展项目相关活动策划等具体安排会展项目的工作方案。

(四)会展项目的效果评价与测定

计划、实施、评估,是现代经营管理的三个步骤。会展项目评估则是对会展活动的目的、实施过程、展览(会议)环境、工作效果等方面,运用科学合理的技术手段,进行系统、客观、真实、深入的分析和评价,并作出其价值和效果的判断。会展项目的效果评价与测定是全面验证会展项目策划实施情况必不可少的工作。当整个会展项目策划、实施结束后,会展人员应及时进行评估,总结经验,寻找问题,并写出评估测定工作的总结报告,为以后会展工作准备可借鉴的历史参考文献,不断提高会展项目策划水平。

第三节 会展项目策划的基本流程

会展项目策划程序囊括了会展活动发生之前的谋划、构思、设计等创造性活动的全部过程,成为项目实际运作的指导,是会展项目管理决策理智化、效能化、科学化的前提依据和程序保证。

具体来说,会展项目策划包括主题定位、目标确立、方案设计以及方案论证四个阶段,会展项目策划流程见图2-1。

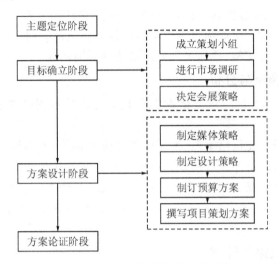

图2-1 会展项目策划流程示意图

一、主题定位阶段

会展主题的定位,需要对行业进行分析,掌握相关会展的举办情况以及参展商的潜在需求,界定主题选择的范围,分析可支配资源的现状、相关经验和远景战略目标需要等准备工作。

因此,会展策划既要从战略角度上进行现状的分析和深谋远虑地寻求最好的主题定位,又要善于发现焦点、亮点,以促使资源投入效益的最大化。

二、目标确立阶段

在准确地对会展主题进行定位之后,就要对信息进行定性和定量的加工,确立会展主题要实现的目标,这个目标既是制作策划方案的前提,又是论证并评价策划方案的衡量标准,还是策划方案实施控制和效果评估的依据。

策划目标的确立就是针对策划主题面临的机会和威胁进行分析,在与此相关的影响因素和约束条件下,明晰目标。与此同时,确立策划目标,还必须明确把策划问题解决到何种程度,最终达到何种目的,这就要求明确地表达策划目标。一是策划目标的定性表达要简洁易懂,使人易于明确领会其含义而不会产生模糊不清的感觉。二是要尽可能量化目标。会展策划只有紧紧围绕着策划主题和内外环境的限制因素,进行创造性的探索和构思,才能产生适应策划主题创新需要的策划目标,并沿此目标设想和设计策划方案。

(一)成立策划小组

会展策划工作需要集合各方面的人士进行集体决策,因此,首先要成立一个会展项目策划小组,具体负责会展策划工作。一般而言,会展策划小组应由以下几种人组成:

1. 业务主管

业务主管一般由总经理、副总理,或业务部经理、创作总监、策划部经理等人担任。在会展公司里,业务主管(贸易展示会经理)具有特殊地位,他是沟通会展公司与展会服务承包商、参展商的中介,一方面代表会展公司与展会服务承包商、参展商等洽谈业务,另一方面又代表展会承包商、参展商等监督会展公司一切活动的开展。

2. 策划人员

策划人员一般由策划部的正副主管和业务骨干来承担,主要负责编拟会展计划。

3. 文案撰写人员

文案撰写人员专门负责撰写各种会展文案,包括会展常用文书、会展业务社交文书、会展业务专用文书、会展业务推介文书、会展业务事务文书、会展业务合同协议书、会展业务法律文书等。文案撰写人员应该能够精确地领悟策划小组的集体意图,具有很强的文字表述能力。

4. 美术设计人员

美术设计人员专门负责进行各种类型视觉形象的设计。美术设计人员是策划小组很重要的组成部分。因为在整个会展策划过程中,诸如各种类型的广告设计、展示设计、展示空间设计等都需要美术设计人员的参与。美术设计人员必须具有很强的领悟能力和很强的将策划意图转化为文字、图画的能力。

5. 市场调查人员

市场调查人员负责进行各种复杂的市场行情调查,并能写出精辟的市场调查报告。

6. 公关及媒体联络人员

公关及媒体联络人员负责为会展公司创造融洽、和谐的公众关系氛围,以获得各方面的支持和帮助,同时还能够从公关的角度提供建议。要求熟悉各种媒体的优势、劣势、刊播价格,并且与媒体有良好的关系,能按照会展策划的部署,进行媒体规划,争取最佳的广告宣传效果。

在会展策划过程中,由业务主管负责,各方面人员需要通力配合,协调一致,共同做好策划工作。

(二)进行市场调研

市场调研是对商品和服务市场相关问题的全部数据进行系统计划、搜集、记录和分析的活动过程。以此为基础,会展市场调研可以理解为:会展活动中的相关利益者尤其是会展公司,利用特定的方法和手段,对会展活动相关的会展市场信息进行系统的设计、搜集、整理和分析,并得出各种市场调查数据资料和研究结果,从而为组织制定经营决策提供依据的活动。

一般来说,会展市场调研的提供者主要包括会展行业的专门机构、专业的市场调研企业以及企业的营销调研部。

会展市场调研的结果可以是直接的市场调查数据,也可以是最终的市场研究报告,在日常工作中后者往往居多。此外,会展市场调研必须根据明确的调查目的,采取特定的方法和手段,以保证调查结果的客观性和准确性。同时,会展市场调研的主要功能是为处在动态市场竞争环境中的会展公司制定营销决策提供依据。

会展市场调研这一概念包含两个层面,一是为会展本身提供资讯的调研,二是以展会为平台解决营销问题的调研。

1. 为会展组办方提供会展策划必要资讯的调研

行业展和商贸洽谈会往往担负重要的商业职能,要尽可能多地实现直接经济效益,因此会展组办方所需要的基础资讯主要集中于参展商的数量、级别、性质、需求等,多数行业展和商贸洽谈会都是定期举行,因此组办方对参展单位的满意程度、相关要求也非常在意。

为了成功举办展会,组办方必须自行完成或委托完成一些基本调查,主要包括以下几个方面:

(1)项目调研,即解决选择什么样的项目作为城市发展会展业基点的调研。

(2)主题调研,即展览会的名称、基本理念和具有延续性并相互独立的主题都应在相关调研的基础之上予以确立。

(3)参观人数预测。参观人数的预测直接影响场馆选择、门票定价、办展时间、预算等一系列重大决策。即便对于举办多年的固定展会,人数的预测仍非易事,诸多不确定因素都有可能导致预测的失误,如天气条件、突发事件、同类展会的竞争等。因此,参观人数并不能简单地根据往届实际参观人数进行预测,还是应该在会展筹备之前通过科学的定量调研予以预测。

(4)同类展会竞争者调研。同类展会竞争者不断涌现,就国内案例而言,最著名的一对竞争对手就是北京国际汽车展和上海国际汽车展。在相同的行业、相同的主题下,要想成功举办展会就必须对竞争展会的规模、具体参展商、展会时间、效果、满意度等进行详尽的调查研究,不仅要知己知彼,更要取长补短,避免恶性竞争。

(5)当地居民意识调研。部分长时间的展会将对场馆附近,甚至整个城市的普通市民的生活造成影响。特别是开闭幕式、论坛时频繁有重要领导甚至国家元首到来,对市民的工作、休息、学习、交通、餐饮、卫生、安全等方面都会造成影响。而当地居民的态度和认识将在很大程度上影响展会的效果,热情好客的当地居民不仅可以很好地配合组办者的各项安排,积极参与展会活动,为展会制造人气,同时也可以给参展商留下美好的印象。相反,居民的抵触情绪将给展会带来不必要的麻烦。因此,组办方会在基本调研中特别强调当地居民意识的研究,发现问题尽早想办法疏导、解释、宣传,以期营造出展会最佳的外部环境。

(6)环境影响调研。展会期间,交通工具和流动人员暴增,将在一定程度上影响城市环境,展会过程中大量宣传品从展会现场被带出,在相当大的范围内造成环境污染或卫生清洁工作的压力,展会期间的声光电污染也高于平常。撤展后,大量展会现场遗留的垃圾也增加了城市的环保投入。特别是大型展会,如世界博览会,相关的环境影响问题就更加严重。政府的有关部门要求展会组办方在展会申报时必须提交环境影响调研的预计结论以及解决方案,同时还有一些民间组织将对展会的全过程进行监督。

2. 为参展方提供会展选择与决策依据的调研

对于参展方而言,展会是有效实施营销计划的媒介平台之一。参展方必须在选择展会时遵守"恰当"原则,即恰当的地点、恰当的时间、恰当的价格、恰当的主题以及恰当的形式,参展方必然会选择能够在各方面实施有效控制的展会。

3. 会展评估调研

会展评估是对展览环境、工作效果等方面进行系统、深入的考核和评价,是展会整体运作管理中的一个重要环节。科学有效的会展评估应当以数据库为基础,通过建立数学模型实现客观公正的评估结论。而在实际工作中,会展评估则更多是流于形式,其真正的意义与作用并没得到各展会组办方以及会展行业主管部门的重视,其原因一方面是由于对展会评估的认识不够,另一方面也是因为缺乏专业的机构和人员。因此,会展评估应根据相关的会展调研来深刻地分析、评价当前的会展市场环境和走向,为今后会展项目的市场开发、运营管理提出相应的建议。

(三)决定会展策略

作出会展决定是一个决策过程,应该有相应的程序。在一般情况下,会展决策应考虑营销需求、市场条件、营销方式、内部条件等因素。

在充分地进行市场调研与预测之后,接下来,需要进行会展目标市场的定位与制订会展营销计划。以展览会为例,组织者在进行目标市场定位时需考虑以下因素:

1. 展览会的类型

组织者首先要明确自己所主办的是什么类型的展览会,因为政府主办的展览会、公益性质的展览会和商贸展览会在具体操作模式和策略的制定上有很大区别。

2. 产业标准

导致展览目标市场定位复杂的原因之一是一次展览会往往要涉及多个产业。如举办一次汽车展览会,组织者除考虑汽车生产企业外,还要努力吸引销售、运输等汽车需求较大的企业,甚至一些研究机构等。

3. 地理细分

由于不同地区的参展商和专业观众有着不同的需求特征及营销反应,所以地理变量经常被作为划分展览市场的依据。在进行地理细分时,展会组织者不仅要分析不同国家的参展商对展览会的个性化要求,而且要弄清参展商在本国的具体分布,这样才能行之有效地进行决策。

4. 行为细分

行为细分是指根据参展商的参展动机、购买动机、购买状态或对展览会的态度等进行划分,其中参展动机被认为是进行展览市场细分的最佳起点。

决定会展策略应该在充分掌握现有相关资料的基础上进行,如宏观政策环境、企业经营实力、会展市场竞争状况、顾客满意程度等。如从会展营销的角度来说,一份会展营销计划应包括会展营销现状分析、企业(或具体会议、展览会、节事活动)SWOT分析、营销目标的确立、市场营销组合策略、具体的行动方案、营销预算费用以及营销计划的执行与控制等。

三、方案设计阶段

确立策划目标之后,就可以运用创新技法谋划达到目标的有效途径,这就是设计并制作策划方案。而策划方案能否有效,还要经过对多种方案进行比较作出初步鉴别。这就必须制定多种可供决策者优选决断的策划方案。

从本质上说,策划是对资源优化的方法体系,一方面是从整体上进行合理规划,另一方面是细节设计,也就是具体的流程安排。整体规划是指在确定策划主题、确立策划目标的基础上,对策划方案未来的实施在方法上、资源利用上进行轮廓设想,制定出策划项目的研究计划书,其重点是运用创新技法从不同的角度和多种途径思考酝酿,大胆设想出各种可能的策划方案。

细节设计是以总体设计为基础进行细部加工,它以项目研究计划书为大纲,进一步探索细节,深化研究并进行反复修改。好的设计能让整个展会给观众留下深刻的印象。例如,在某个机械装备类的展会上,日本的小松公司别出心裁地展出了自己全世界最大的挖掘机,同时推出一个活动,参观者可以从一个阶梯进入那个挖掘机硕大无比爪子里面,并同这个巨爪合影。创意很新颖,很多人在好奇心的驱使下安静地留在小松公司的展台,排队等候这个合影机会。

(一)制定媒体策略

现代社会是一个信息社会,人与人之间、企业与企业之间都需要交流,而信息交流的主要载体便是各种各样的媒体。实施有效的媒体策略对会展活动组织者至关重要,会展组织者根据有限的广告预算以及举办会议或会展的需要和条件,来选择合适的媒体。在选择媒体的类型时需要综合考虑目标受众的媒体习惯、产品性质、信息类型以及广告成本等因素。

在市场经济的冲击下,中国传媒的市场化步伐越来越快。市场化程度的提高,带来了媒体的迅速成长或衰落,会展专业媒体也不例外。因而,在制定具体的媒体策略时,分析媒体在会展活动的成长策略至关重要。

若从提升城市形象的角度分析,在一次大型的国际会议或展览会中,城市政府面向媒体的主要工作包括以下三点:

(1)在会展活动开始之前,政府需要媒体对展会前期的准备工作、展会的特点及创新性等作大量宣传报道,具体方式有举行记者招待会,或组织专家学者讨论并在专门的媒体上发表声明,以吸引市民和潜在专业观众的注意。

(2)在展会举办期间,继续组织有关媒体尤其是本地的主流报纸或电视台对会展活动作进一步的宣传,以满足不同公众对活动关注的需要。

(3)活动结束之后,政府应该鼓励媒体对此活动的效应和成果等作出总结性的报道,以加深公众的印象,并达到提升城市形象的目的。

若从参展商与媒体的角度来说,在会展开幕之前,参展商除了可以通过直接邮寄等方式与客户联系并邀请对方光临自己的展台外,还要积极利用各种形式的媒体对本企业的参展活动作大量的宣传,可以在报纸、杂志或参展手册上刊登广告,也可以利用展会主办者发行的展会快讯,宣传和介绍企业参展产品,以吸引专业买家来洽谈。在会展期间,还可以通过别出心裁的现场表演、公关事件,或召开新产品推介会等,吸引媒体以及专业观众的广泛关注。

同时,为推广企业的品牌形象或提高产品的知名度,参展商必须与媒体保持良好的关系,并积极提供有价值的新闻,争取让媒体在展会期间对本企业给予更多报道。

随着会展活动的不断升温,不仅是大众媒体,专业媒体也跟着热起来。纵观现有的会展杂志、报纸及网站的竞争格局和特点可以发现,专业刊物正走向多元化,刊物定位也更加鲜明,媒体的形式丰富多彩,互联网正在被深入地应用,因而,在会展媒体筹略制定上,必须与时俱进,选择更加有效的媒体策略。

(二)制定设计策略

商业会展展示设计是以传达会展信息、吸引参观者为主要功能的有目的、有计划的环境、展台、展品设计,好的设计能提高展会的品位,吸引参展者、参观者,对产品营销也起着潜移默化的作用。

对于较大的会展,展示设计工作在开展前9个月就开始了。

从参展商的角度来说,设计不仅仅是一个展台设计的问题,在策划阶段就要考虑设计会展结构、取得会展公司的设计批准、制作会展宣传册等。

展台设计根据具体情况要求有不同的设计原则、功能区分,所以其设计原则也是千变万化的。这里以宣传材料的设计与制作为例。对于参展商来说,狭义的宣传材料主要指更稳重的文字资料,如宣传册页、新闻稿件等。而实际上,宣传资料不仅仅限于现场分发给观众或记者的资料,它还包括很多其他形式,如直接邮寄资料、产品介绍、VCD、纪念包(手提袋)、户外广告或展会的每日快讯等。

在宣传材料外观的设计上,必须要尊重整体的风格,同时,要能形成强大的视觉冲击力。外观设计主要是解决材料的形状和大小两个问题,并且要求设计富有人性化,便于人们携带。

(三)制订预算方案

开展会展项目,涉及资金的调度和使用以及项目收支结算。会展对项目的收支、盈亏要有初步的预算,以便进行财务管理。在制订策划方案时,必须要考虑企业的资金状况,资金的使用安排要合理。良好的财务管理和预算控制能力是筹办会展最重要的因素之一,如果预算安排得当,可以起到增加收益、提高效益的作用。在制定预算时必须要做到有计划、有步骤,并且不断更新信息。

制定一份会展项目预算成本费用一般包括以下几个方面的内容:

(1)场地费用,主要指展览场地或会议场地的租金、场地装备费用等。

(2)行政管理费用,主要包括公司行政管理人员的工资、行政办公费用等。

(3)宣传推广费用,包括广告宣传费用、资料设计和印刷费用、资料邮寄费用、新闻发布会费用等。

(4)招展和招商费用,如代理费、佣金等。

(5)相关活动经费,包括纪念品的费用、酒会的费用、接待费用等。

(6)其他不可预测费用。

举办一项会展项目的收入一般包括如下几个方面的内容:

(1)会务费或展位费收入。

(2)门票收入。

(3)企业赞助收入。

(4)其他收入。

(四)撰写项目策划方案

撰写项目策划方案就是将策划的最终成果整理成书面材料,即企划书,也叫企划案。其主体部分包括现状或背景介绍、分析、目标、战略、战术或行动方案、效益预测、控制和应急措施,各部分内容可因具体要求不同而详细程度不一。广义的会展项目策划方案可以涵盖经市场调查而产生的可行性研究报告、项目意向书、项目建议书以及广告策划书、宣传手册等,包括围绕某次会展的展前、展中、展后的所有策划文案。

会展策划书是表现和传送会展策划内容的载体,一方面是会展策划活动的主要成果,另一方面也是企业开展会展活动的行动计划。它的主要作用在于:第一,能够帮助会展策划人员整理信息,全面、系统地思考企业面临的各种问题;第二,帮助策划人员根据企业内外部环境找出企业开展会展活动存在的问题,并为企业寻找解决问题的方案及依据;第三,帮助会展策划人员与企业决策者进行沟通;第四,帮助企业决策者判断会展方案的可行性;第五,帮助企业管理者更有效地实施会展管理工作。

四、方案论证阶段

策划方案设计制作完成后,一个策划运作过程已基本完结。它是否切实可行、经济高效,还要进行论证和评价。这一阶段也可包括两个方面的工作:

一是论证和评价策划方案的总体创新性。因为策划对象总是发展变化的,组织的新问题层出不穷,因此论证和评价策划方案的总体创新性具有十分重要的意义。

二是论证和评价策划方案的细节实施性。因为仅有总体创新性,如果实施细节不确定,只是有笼统的、抽象的概念,则策划方案就无法实施。在此基础上还要对多个方案的原有分析预测结果进行逐一的鉴定和比较,权衡其利弊,从不同角度上选出几个最佳方案。

因此,策划方案的论证和评价,既有一个科学性的问题,也有一个可行性的问题。理想的论证可能完善策划成果,使策划成果变为现实,甚至可能在原有方案之上产生更奇妙的新因素。

此阶段要在充分论证的基础上,制订改进方案,整理研究成果,撰写出策划研究报告,以此在决策者对策划方案选择决断之后拟订实施计划。

本章小结

本章主要介绍了会展项目策划的含义、原则,以及会展项目策划的特点、内容及基本流程。会展活动,尤其是大型的博览活动是个复杂而系统的工程,成功而卓有成效的策划与管理起着至关重要的作用。

复习思考题

1. 会展项目策划有哪些具体的作用?
2. 进行会展项目策划应遵循哪些原则?
3. 会展项目策划的基本流程是怎样的?
4. 随着中国加入WTO,会展经济将会以更快的速度和国际接轨,目前我国会展业亟待解决的问题有哪些?
5. 有学者指出,只有当会展被认为是最有效的营销方式时才决定会展,为什么?
6. 会展项目策划是从事会展行业工作的必修课,但行业实际需要的策划师是有限的,如何理解会展人才的定位问题?

单选题

1. 会展市场调研能为处在动态市场竞争环境中的会展公司制定营销决策提供依据,其发生在会展项目策划的(　　)阶段。
   A. 主题定位　　　B. 目标确定　　　C. 方案设计　　　D. 方案论证
2. 会展如果预算安排得当,可以起到增加收益、提高效益的作用,其发生在会展项目策划的(　　)阶段。
   A. 主题定位　　　B. 目标确定　　　C. 方案设计　　　D. 方案论证

多选题

1. 下列准确描述会展项目策划基本原则的选项是( )。
A. 借势原则　　　B. 操作性原则　　　C. 目的性原则　　　D. 创新性原则
E. 有效性原则

2. 会展项目策划需要解决的"3W2H"指的是( )。
A. 何事　　　B. 如何　　　C. 何人　　　D. 何时　　　E. 多少

第三章　会展项目管理

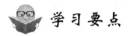

学习要点

1. 理解会展项目的概念、分类和特征。
2. 了解项目管理的概念、特征和过程,理解会展项目管理的概念和过程,掌握会展项目管理的时间安排方法。
3. 了解项目管理知识体系的组成部分,理解会展项目的知识体系。
4. 理解会展项目管理的组织管理、识别与选择、启动和可行性分析、项目报批、项目计划、实施与控制的全过程,重点掌握会展项目的利益相关者和项目经理等内容,了解会展项目管理的主要方法。

案例导读

中国进出口商品交易会的利益相关者识别

中国进出口商品交易会(China Import and Export Fair),又称广州交易会,简称广交会(Canton Fair),创办于1957年春季,是中国大陆目前历史最长、层次最高、规模最大、商品种类最全、到会客商最多、成交效果最好的综合性国际贸易盛会,有"中国第一展"之美誉。每年分春、秋两届在广州国际会议展览中心(琶洲展馆)举办。广交会是中国最重要的进出口双向交易平台,还可以开展多种形式的经济技术合作与交流,以及商检、保险、运输、广告、咨询等业务活动,来自世界各地的客商云集广州,互通商情,增进友谊。

参展商:广交会由49个交易团组成,有数千家资信良好、实力雄厚的外贸公司、生产企业、科研院所、外商投资/独资企业、私营企业参展。广交会贸易方式灵活多样,除传统的看样成交外,还举办网上交易会。

组织单位:主办单位为中华人民共和国商务部、广东省人民政府。承办单位为中国对外贸易中心。领导委员会由商务部、广东省人民政府、广州市人民政府领导以及各交易团团长、各展馆馆长、有关部门领导共同组成。

职能部门:包括大会秘书处、业务办公室、外事办公室、政治工作办公室、保卫办公室、新闻中心、卫生保障办公室、证件服务中心等。

案例分析

会展项目会涉及许多组织、群体或个人的利益,不管项目是直接涉及还是间接涉及,这些组织、群体或个人都是会展项目的利益相关者根据主体在会展项目中所承担的角色去命名和划分项目利益相关主体,是识别项目相关利益主体的基本方法。根据会展利益相关者识别方法以及广交会项目的具体情况对广交会利益相关者进行划分,见表3-1。

表3-1 中国进出口商品交易会的利益相关者识别

项目利益相关者	对项目的期望利益	对项目的影响	利益相关者的管理措施
国内外参展商	会展的规模、影响力、参展商和观众数量	参加会展、对会展评价和口碑	大力宣传推广,努力邀请其参加,提供良好交易和接待环境
国内外观众	门票价格、周边交通和服务设施	对会展秩序产生影响、对会展的评价和口碑	出售观众门票,安排专人维持秩序,提供接待服务
组织管理者	体现个人和团队成就,获得经济报酬	对会展影响贯穿项目始终	团队内部分工协作、有机协调,合理的经济和精神激励
场地出租者	获得经济报酬	租赁费用的高低、对场地使用的限制	争取较低价格,签订租赁合同防止生变
会展服务提供商	体现企业成就,获得经济报酬	会展服务的价格和质量	采取招投标方式招募,签订服务提供合同
会展行业协会	体现行业协会的组织领导能力,获得声誉口碑	会展的业内外沟通协调	做好公共关系工作,争取其大力支持
政府主办方	会展的声誉、影响力、成交金额、对经济拉动作用	决定会展能否启动、实施,决定资金投入大小	阐明会展的利益好处,争取政府在人财物方面的支持
政府承办方	会展的声誉、影响力、成交金额、对经济拉动作用	决定会展的对外宣传、协调工作是否到位	与其保持紧密合作关系,提供一定的利益好处
工商部门	会展项目和参展商符合工商法规规定	手续不全、无法参展	报名参加会展过程中邀请工商部门参与
税务部门	会展项目是否按税法规定缴纳税金	罚款或禁止参展	报名参加会展过程中邀请税务部门参与
海关商检部门	所有参展物品符合海关和检验检疫规定	参展物品无法入境通关	邀请函详细说明参展物品的海关和检验检疫注意事项

续表 3-1

项目利益相关者	对项目的期望利益	对项目的影响	利益相关者的管理措施
安保部门	会展举办期间不出现安全事故	有可能因安全问题缩小会展规模或中止会展活动	事先与公安部门协商安保事宜,密切联系、及时提供信息
出入境部门	境外参展商严格遵守我国出入境管理规定	参展商无法按期正常入境	邀请函详细说明我国出入境管理规定
举办地政府	会展对本地经济社会的影响和贡献	基础设施、交通秩序、安保服务、信息等公共产品的提供	阐明会展的利益好处,拉动本地经济发展、增加就业
交通部门	提高会展期间的运力	服务质量差、无法准点到达引发客人不满	采取招投标方式采购航空、公路、铁路、物流提供商
公交系统	在现场附近不出现拥堵现象、安全运营	为本地居民和普通观众提供市内交通运输服务	派专人负责现场交通疏导,提前向公交公司通报会展的举办时间、地点和交通管制信息
酒店住宿	会展举办期间提高入住率和消费金额	服务质量差引起客人不满	采取招投标方式采购不同星级酒店为会展提供接待服务
旅游景区	会展举办期间提高人气	旅游景区质量是会展设施和服务质量重要方面	将本地和周边最典型的景区串成精品旅游线进行推介
休闲娱乐	会展举办期间提高营业额	休闲娱乐服务是会展服务质量的重要方面	挑选优质企业作为项目的特约提供商
旅行社	为参展商和观众提供旅游组织、导游和票务	旅游旅行服务质量是会展服务质量的重要方面	挑选优质的旅行社作为会展的特约提供商
社区居民	改善本地基础设施状况和城市环境	为参展商和外地观众提供工作、生活和游览便利	保证信息公开、财务公开,保证居民正常生活不受影响,提供更好的居住环境
新闻媒体	采访报道的自由、充分有价值的新闻素材	宣传报道力度和对会展的评价	进行良好的沟通、保证记者采访的自由、便利和服务

资料来源:http://www.cantonfair.org.cn/cn/index.asp.
江金波.会展项目管理:理论、方法与实践[M].北京:清华大学出版社,2014.

第一节 会展项目管理概述

一、会展项目概述

(一)会展项目的概念

会展是包括会议、年会、奖励旅游、展览、博览会、大型体育赛事等在内的事件活动总和。因此,会展项目是以会展节事活动为对象和内容的项目形式,是从属现代服务业的项目类型,在项目的要素和特征上都与一般项目有较大不同。

(二)会展项目的分类

会展项目的分类必须融入会展活动的构成特征,根据会展活动的性质、主体、目的和规模,对包括会议、奖励旅游、展览、博览会、大型体育赛事等项目进行细分,得到会展项目的分类体系,见表3-2。

表3-2 会展项目的分类

项目大类	具体类型
会议项目	按组织形式:年会、代表会议、论坛、研讨会、讨论会、座谈会
	按会议内容:政治会议、商务会议、文化交流会议、学术会议、培训会议
	按主办主体:政府会议、企业会议、协会会议、非政府组织会议、国际组织会议
展览项目	按复杂程度:专业展、综合展(博览会)
	按展览性质:贸易展、博览会、宣传展
	按展览形式:现实展览、网络展览
	按展览行业:旅游展、工业展、农业展、服务业展、医疗展、汽车展、动漫展
	按展览规模:大型展、中小型展
	按展览范围:国内展览、出国展、国际展
	按盈利情况:营利性展览、公益性展览
节事项目	按举办规模:大型节事、中小型节事
	按复杂程度:单一性节事、综合性节事
	按节事时代性:传统节事、现代节事
	按节事内容:文化庆典、历史文化、文艺娱乐、文学艺术、民俗民风、宗教传说、特殊物产、优质产品、岁时节令、自然风光、体育比赛

(三)会展项目的特征

1. 类型的多样性

由于会展产业的广泛性,相对其他行业项目,会展行业的项目主题广泛、类型多样,涉及会议、展览、节事、体育赛事等不同类型的会展项目,而在每一大类的会展项目中,根据主题内容、组织形式、项目内容、主办主体、复杂程度、项目规模、涉及范围等的不同,划分成不同类型的会展项目。会展产业的主要构成,见图3-1。

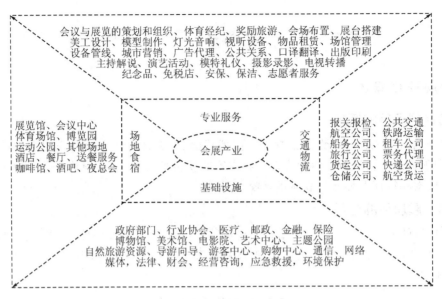

图 3-1 会展产业的主要构成

2. 服务的广泛性

由于会展项目的类型多样,涉及参展商、服务提供商、专业观众、普通观众,以及主办者、承办者、协办者、政府、行业协会、媒体、社区居民等利益相关群体,会展项目主办者需要为客户和利益相关者提供良好的服务,满足不同群体的不同诉求,为会展项目的成功举办创造条件。

3. 产品的体验性

由于会展产业属于第三产业现代服务业的重要组成部分,会展项目所生产的产品以无形的服务为主,不同于制造业项目、建筑业项目和科技项目,会展项目的产出物需要客户抵达会展项目现场、参与项目的运作过程亲自体验,给会展项目团队提出了更高的要求。

4. 项目的关联性

根据产业价值链理论和会展项目的运作实际,会展项目形成了独特的产业价值链。该产业链围绕特定主题,以所在地的产业经济、历史文化、地区影响、区位交通和基础设施为基础,依托展览馆、会议中心、运动场馆和博览园等设施,以人员流、物资流、资金流与信息流交织而成的价值链,见图3-2,将会展项目的主要参与者和相关参与者整合起来,形成战略联盟。由此,会展项目往往可以带动城市相关产业的发展,具有经济效益、环境效益、文化效益与社会效益。

二、项目管理概述

(一)项目管理的内涵

项目管理一般被认为始于20世纪中叶美国研制原子弹的曼哈顿计划和后来的阿波罗登月计划,是一种管理方法体系、一种公认的科学管理模式。项目管理已发展成为管理学的一个独立分支,同时也发展成一个新兴的专门性职业。美国项目管理协会(Project Management Institute,PMI)提出了项目管理的经典概念,即项目管理是运用各种知识、技能、方法与工具,为满足或超越项目有关各方对项目的要求与期望所开展的各种管理活动。

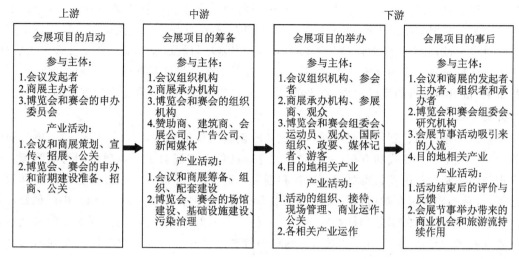

图 3-2 会展项目的产业价值链

项目管理的根本目的是满足或超越项目有关各方对项目的需求与期望。项目管理是为实现这一目标所开展的组织、计划、领导、协调和控制等活动。项目管理的根本手段是运用各种知识、技能、方法和工具开展各种管理活动。

(二)项目管理的特征

1. 普遍性

项目作为一种创新活动普遍存在于人类的社会、经济和生产活动中,人类现有的各种文化物质成果最初都是通过项目的方式实现的。现有各种运营活动都是各种项目的延伸和延续,人们的各种创新的想法、建议或提案或迟或早都会转化成项目,并通过项目的方式得以验证或实现。由于项目的普遍性,使项目管理也具有普遍性。在人类社会,小到个人的婚礼,大到阿波罗计划都是项目,都需要项目管理。同时,不管是企业、政府、社团、个人的项目都需要开展项目管理。

2. 目的性

一切项目管理活动都是为实现"满足或超越项目有关各方对项目的要求与期望"这一目的服务的。其中"有关各方对于项目的要求"是一种已经明确和清楚规定的项目目标,而"有关各方对于项目的期望"是一种有待识别、未明确的、潜在的项目追求。项目管理的目的性不但表现在要通过项目管理活动去保证满足或超越那些项目有关各方已经明确提出并清楚地规定出的项目目标,而且要通过项目管理去识别和满足、超越那些尚未识别和明确的潜在需要。

3. 独特性

项目管理既不同于一般的生产、服务的运营管理,也不同于常规的行政管理,有自己独特的管理对象、自己独特的管理活动和自己独特的管理方法与工具,是一种完全不同的管理活动。虽然项目管理也会使用一些一般管理的原理和方法,但是项目管理同时也由许多自己独特的管理原理与方法。例如,项目计划管理中所使用的关键路径法、工程项目设计管理中的三段设计法、项目造价管理中的全造价管理方法等都是项目管理自己独特的管理方法。

4. 集成性

项目管理的集成性是相对于一般运营管理的专门性而言的。在一般运营管理之中,分别有生产管理、质量管理、成本管理、供应管理、市场营销管理等各种各样的专业管理,它们是针对一个企业或组织的不同生产、经营活动所开展的管理,这种专业管理是由于一般运营的重复性和相对确定性,运营管理的详细分工而形成的。但是项目管理要求的主要是管理的集成性,虽然项目管理也有一定的分工要求,但是项目管理要求充分强调管理的集成特性。例如,对于项目工期、造价和质量的集成管理,对于项目、子项目的集成管理等都是十分重要的。

5. 创新性

创新性一是指项目管理是对于项目所包含的创新之处的管理,二是指任何一个项目的管理都没有一成不变的模式和方法,都需要通过管理创新去实现对于具体项目的有效管理。项目管理的创新特性是由项目本身的独特性和创造性造成的,任何一个项目都有不同于其他项目之处,这种不同要求在对项目的管理过程中不断地开展创新活动。同时,项目中的创新和创新过程也是项目管理的对象和核心内容之一。相对于一般运营管理而言,创新工作和创新过程的管理是最为复杂、最为困难和最需要创新的管理。因此美国项目管理协会将项目管理定义为"实现创新的管理"。

(三)项目管理的过程

1. 项目的开启

项目的开启是指定义一个项目阶段的工作与活动、决策一个项目或项目阶段的开启与否,或决定是否将一个项目或项目阶段继续进行下去等。这是由一系列决策性的项目管理工作与活动所构成的项目管理具体过程。

2. 项目的计划

项目的计划是指拟定、编制和修订一个项目或项目阶段的工作目标、工作计划方案、资源供应计划、成本预算、计划应急措施等。这是由一系列计划性的项目管理工作与活动所构成的项目管理具体过程。

3. 项目的实施

项目的实施是指组织和协调人力资源及其他资源,组织和协调各项任务与工作,激励项目团队完成既定的工作计划,生成项目产出物等。这是由一系列组织性的项目管理工作与活动所构成的项目管理具体过程。

4. 项目的控制

项目的控制是指制定标准、监督和测量项目工作的实际情况、分析差异和问题、采取纠偏措施等管理工作和活动。这些都是保障项目目标得以实现,防止偏差积累而造成项目失败的管理工作与活动。这是由一系列控制性的项目管理工作与活动所构成的项目管理具体过程。

5. 项目的结束

项目的结束是指制定一个项目或项目阶段的移交与接受条件,并完成项目或项目阶段成果的移交,从而使项目顺利结束。这是由一系列文档化和移交性的项目管理工作与活动所构成的项目管理具体过程。

三、会展项目管理

(一)会展项目管理的概念

会展项目管理是按照项目管理的基本理论、方法和技能,结合会展项目的特殊性,在会展实践中的运用;是会展项目管理者按照会展运营规律,对会展项目进行的计划、组织、控制、沟通和激励的管理过程和方法体系。会展项目管理的客体是会展项目全过程的所有工作、任务与活动,即会展项目的管理对象;会展项目管理的主体是会展项目的管理者,多为会展项目的组织者和承办者;会展项目的管理目标是满足会展项目投资方、供应商、项目团队、参展商、观众等主体利益的最大化;会展项目管理的手段是在一般项目管理专业管理手段的基础上,突出服务性项目管理的特征,围绕项目的成本、进度、质量、合同、风险等,运用的专门化知识、技能、方法和工具。

(二)会展项目管理的过程

1. 项目的分析

项目的可行性分析是对会展项目的市场结构和前景进行分析,并选定最优的项目运作方案,包括:①研究目标市场。了解某一产业的市场规模、市场构成,根据现有同类会展项目的定位,确定本项目的范围以及潜在的参展商和观众。②明确项目定位。了解本项目在消费者心目中的地位,了解目标客户群体希望把会展项目做成怎样的形式和状态,会展项目的发展目标及其在同类会展项目中的差异化优势。③估算成本收益。了解投入会展项目的成本的回收期限,对会展项目的经济可行性进行分析。④拟定初选项目。研究项目的可行性,选择最优方案和制订项目运作方案。⑤撰写可行性研究报告。包括项目简介、技术性要求、财务预算、项目市场前景与目标市场分析、管理技术方法、人力资源分析、结论。

2. 项目的规划

项目规划是在项目策划和可行性分析的基础上,拟定会展项目实施的策略和步骤。①进行项目的总体设计。包括明确会展项目的参展商和观众结构及发展定位和预期规模、设计适当的组织机构、策划会议主题和框架内容等,保证会展项目各项工作按预定计划完成。②拟订招展计划。招展计划书包括会展项目的概况、特色介绍、目标市场定位、财务预算、可采用的市场推广方法。③制订专业观众组织计划。该计划与针对参展商的招展计划相辅相成,主要面向观众这一会展项目客户群体。④编制财务预算。了解可能发生的成本和可能获得的收入,从而保证会展项目各项资金支出需要、计算会展项目未来的经济潜力。

3. 项目的实施

会展项目的实施主要是对会展项目规划实施的过程,包括开展招展招商活动、组织会议论坛、处理文宣材料、进行现场管理、为参展商和观众提供配套服务。会展活动正式开始后,项目人员应根据工作流程表开展每一项工作;前一天会展活动结束后,相关负责人及时对当天的工作进行总结,同时布置次日的工作任务和流程。在项目计划执行中,管理人员应根据实际情况对计划进行调整。

4. 项目的评价与善后

在项目结束后,对会展项目进行评估,评估的目标有二:一是为参展商和观众选择会展提供依据,二是为会展项目改进产品和服务以及打造会展品牌提供建议。具体内容包括:①评估会展活动的质量。邀请权威中立的第三方机构进行评估,形成一套公认的评估体系,评估体系内容包括:会展的展出面积、参展商数量及增长率、观众结构、数量及增长率、参展商和观众的意见、感知评价、投诉和投诉处理情况、专业观众结构、代表的购买群体及其在行业中的地位、主流媒体和专业媒体的评价等。会展评估结果要进行统计有利于预测未来的发展情况,坚持使用统一的标准,保证评估工作的连续性、准确性等。②向相关群体表示感谢。相关群体包括政府领导、演讲嘉宾、支持单位、协办单位、参展商和观众等。③改进产品和服务。对会展项目进行评估的目的就是提高会展项目的服务质量和价值。

(三)会展项目管理的时间安排

会展项目管理的时间安排是对会展项目管理过程结合会展项目实际情况进行的细化。不同性质、不同规模的会展项目,策划活动的时间安排也不一样。小型会展活动一般提前一年开始策划,大型国际会展活动往往要提前两年甚至三年开始筹备。这里以大型会展活动为例,介绍会展项目的时间安排。

1. 会展开始前两年

①预订饭店,考察饭店设施及服务,并与饭店洽谈、签订协议;②确定场馆使用面积,并与场地负责人洽谈、签订合同;③制作工作进度表;④搜集邮寄名单,寄发会展宣传资料、报名表等;⑤定期召开筹备会议,落实各项工作进度及决议;⑥制作筹备策划书,包括会展的意义、宗旨、内容、工作进度及预算等;⑦制订营销计划,说明如何推广本次会展活动;⑧选择合适的专业会展公司;⑨初步确定会展主题及拟邀请人员名单;⑩决定报名费及相关费用;⑪搜集举办地的旅游和休闲娱乐场所资料。

2. 会展开始前一年半

①草拟会展通告,含邀请函、会展主题及日期、地点等;②印刷并寄发会展通告,针对可能参加的人士,初步告知会展的举办日期、地点、报名费及摊位费等;③确定会展举行期间的论坛形式及内容,为邀请演讲人等作准备;④初步确定与会展活动相配套的社交活动,如酒会、晚宴、开幕式和闭幕式等;⑤确定各类印刷品的印刷时间,并与设计印刷公司协调,印刷参展手册、宣传册、报名表、名牌和邀请卡等;⑥网站设计,委托专业公司制作会展活动主页,以便参展商和观众等上网浏览或网上报名。

3. 会展开始前一年

①草拟会展说明书及合同;②收集参展商名单;③招展工作正式开始;④印刷并寄发宣传手册及名单;⑤确认演讲人和嘉宾是否接受邀请,并提供论坛题目;⑥选制会展纪念品、资料袋、奖牌等,确认数量、交货期等;⑦向政府有关部门报备本次会展的举办时间;⑧联络并确定会展活动的视听音响、灯光设备、旅行社、交通、餐饮、会场布置等服务的供应商。

4. 会展开始前半年

①检查会展的各项准备工作;②安排会展期间的会议议程并挑选论坛的支持人;③寄发通知函给申请参展者,告知其参展申请是否被接受,以及会展的时间地点;④寄发通知给所有的受邀主持人,并提供参考资料,介绍会展的参展商构成、演讲人背景等。

5. 会展开始前三个月

①发布新闻;②邀请出席开幕式和闭幕式的嘉宾,如需嘉宾致辞,应书面告知时间、地点、

③规划和招聘现场工作人员,主要在报到处、接待处工作;④草拟会展期间的活动手册,含议程、演讲人、主持人、开幕式和闭幕式;⑤安排接机事宜,如车辆、接机人员、通关安排、下榻宾馆等;⑥会展现场布置规划,如机场欢迎牌、会场、报到处、酒会、晚宴场地等;⑦报到处使用规划和流程;⑧确认酒会、茶点、午餐、晚宴等各项餐饮安排。

6. 会展开始前两个月至一个月

①报名参展工作结束,统计、评估参展商;②与饭店核算已预订房间数;③现场接待工作人员培训;④印制会展节目手册、参展商名册,在报到时领取;⑤印制其他物品,如胸卡、证书、邀请卡、餐券等;⑥落实参展议程、论坛演讲人、主持人、视听设备、开幕式和闭幕式嘉宾及流程、酒会、晚宴等各个环节;⑦组织参展协调会,安排摊位位置、进场、撤场等事宜;⑧检查场馆的各项准备工作。

7. 会展开始前三天到会展开始

①召开新闻发布会,准备新闻通稿及相关资料、安排新闻发言人;②现场接待工作人员预演,筹委会主要委员到场;③报到相关资料装袋;④检查会场、展览现场等场所布置;⑤报到处和秘书处的资料准备和安放;⑥各项节目、表演彩排;⑦布置灯光、音响、麦克风、电脑、投影仪等;⑧参展商进场,报到、领取资料;⑨检查餐饮安排,再核实用餐数量和菜单;⑩展览会正式开始,根据流程表,落实开展每一项工作,每日闭馆后,对当日工作及问题进行总结,并及时改进,同时预习第二天的工作流程。

8. 会展结束后

①统计参展商及观展人数,如参展商总数、来源地区和行业;②整理、分析相关资料并归档;③与饭店核对总住房数,收集账单、支付账款;④财务结算;⑤给协助单位、主要参展商、演讲嘉宾等相关人员寄发感谢信;⑥征求参展商和专门观众的意见及建议;⑦召开总结大会,报告收支情况、总结经验、解散筹委会;⑧会展文集编撰出版;⑨薪资清册;⑩结案并开始准备下一届会展活动。

案例链接

会展项目管理:"互联网+"时代的价值考量

刚刚熟悉"+互联网"模式,又进入"互联网+"时代的中国会展业,再次面临着新一轮市场环境的变革。不可否认,在新的市场环境体系下,如何有效地运用"互联网+",成为诸多会展企业、会展组织方面对的困惑。与此同时,随着中国会展经济的快速发展,一些国际资本觊觎中国市场,也加大了中国会展市场的不确定性。中国会展企业面临着严峻的竞争环境。传统会展项目如何在现今的市场环境下,对会展项目的运营成本进行有效控制,是会展企业关心的重点。

在北京举办的2015中国会展项目管理论坛上,中国会展经济研究会会长袁再青表示,有效进行项目管理,将更好地提升会展项目的自身价值。中国项目管理研究院副院长马旭晨表示,会展业作为快速发展的行业,在管理上还有很大的上升空间。

以互联网思维整合会展业

"近两三年来,互联网的迅猛发展更大程度地促进了会展业多媒体融合发展。"成都天意天映数字科技传媒有限公司总经理、东和会展企业联盟常务理事周晓华在会上介绍说,智能化和可视化成为会展项目管理的新技术、新手段,会展活动正在通过便捷的操作系统进行视觉化的表达。

周晓华认为,进入数字多媒体技术时代,会展服务也发生了翻天覆地的变化。尤其是在体验经济环境下,无论是前期创意还是"一站式"体验服务客户都需要。

与此前传统展会的观众不同,互联网时代的观众需要更新鲜、更刺激的体验,这给会展服务提供方带来了更大的挑战。近年来,随着亚太地区会展业的快速发展,为会展项目提供更好的"一站式"体验服务,已不再是一件轻而易举的事情。

换句话说,随着多媒体技术的发展,会展项目管理成为一个新课题。会展项目管理者不仅要懂管理,还要精通互联网、多媒体技术,并利用互联网思维打破常规模式,以面对日新月异的市场变化。

提倡契约化管理

更为激烈的是,随着互联网技术的渗透,会展企业在全面转型的同时,还要面对跨界竞争的现实。

曾参与北京展览馆、北京中国国际展览中心(老馆)、杭州奥体会展中心等多个展馆设计的北京建筑设计院有意扩展会展产业链业务。据北京建筑设计院副总工程师、东和会展企业联盟常务理事刘明骏介绍,展馆设计在整个会展产业链上仅占2%。

据介绍,近20年来,北京建筑设计院设计了400万平方米的场馆。但长期以来,在业务发展上过于保守。未来,将有意向展会组展和展台设计搭建细分领域外延。

在刘明骏看来,北京建筑设计院融入会展业,打通会展产业链的每一个环节,将为会展业注入新的活力。他提出,会展业的咨询服务不妨尝试契约化管理。

对此,有业内人士提出质疑,会展业如何实施契约化管理?

上述业内人士表示,契约实质上有三个特征:一是具有有效的法律形式。一般通过书面达成协议,有时也通过口头达成协议。二是具有明确的权利、义务。即契约双方之间通过能够做什么和不能够做什么的权利和义务互相制约,一方的权利对于另一方而言就是义务。三是具有相应的制约形式。契约一般都有法律责任条款将双方予以制约,若一方违反则要对另一方予以补偿,使另一方不能因他方违约而遭受损失。

上述业内人士强调,契约化管理是将契约的基本内容引入到政府行政管理中来,使政府行政管理具有契约色彩。

会展项目管理是大事

与商业展项目管理不同,政府主导型展览项目如何进行有效管理,在当下是一个紧迫性的问题。

"讨论会展项目管理对于我们来说非常适时。"北京世界园艺博览会事务协调局(以下简称北京世园博览事务局)副局长王春城如是说。

据北京世园博览事务局有关负责人介绍,2019北京世界园艺博览会(以下简称2019北京世园会)主题为"绿色生活美丽家园",由中国政府主办、北京市人民政府承办。

作为世界最高级别的A1类博览会,世园会自1999年在中国昆明举办后,时隔20年再次回到中国北京,是继2008年北京奥运会和2010年上海世博会之后我国举办的级别最高、规模最大的专业类世博会。

2019北京世园会选址在北京市延庆县,位于八达岭长城脚下,被称为"长城脚下的世园会",将于2019年4月至10月举办。届时,预计官方参展单位(包括国家和国际组织)不少于100个,其他参展单位(国内省市区和国内外企业)不少于100个,参观者不少于1600万人次。

据王春城介绍,2019北京世园会是政府搭台、撬动市场、企业唱戏,以市场行为为主的大型活动。该项目将于2015年完成整体规划和顶层设计,2017年至2018年200个花园基本建成。

据悉,除门票外,2019北京世园会还将设计更多的二次消费项目,以此回收项目投入的成本。

资料来源:兰馨.会展项目管理:"互联网+"时代的价值考量[N].中国贸易报,2015-06-30.

第二节 会展项目管理的知识理论

一、项目管理的知识体系

项目管理的知识体系是在项目管理中所要开展的各种管理活动、所要使用的各种理论、方法和工具,以及所涉及的各种角色的职责和它们之间的相互关系等一系列项目管理理论与知识的总称。项目管理知识体系包括许多方面的内容,这些内容可以按多种方式去组织,从而构成一套完整的项目管理知识体系。这套知识体系与一般运营管理知识体系一样,可以分成多个不同的专业管理或职能管理方面。项目管理的知识体系分别是项目集成管理、范围管理、时间(工期)管理、成本(造价)管理、质量管理、人力资源管理、沟通(信息)管理、风险管理和采购管理,这九个方面分别从不同的管理职能和领域,描述项目管理所需要的知识、方法、工具和技能。

(一)项目集成管理

项目集成管理是在项目管理过程中为确保各种项目工作能够很好地协调与配合而开展的一种整体性、综合性的项目管理工作。开展项目集成管理的目的是要通过综合与协调去管理好项目各方面的工作,以确保整个项目的成功,而不是某个项目阶段或某个项目单项目标的实现。这项管理的主要内容包括项目集成计划的编制、项目集成计划的实施和项目总体变更的管理与控制。

(二)项目范围管理

项目范围管理是在项目管理过程中所开展的计划和界定一个项目或项目阶段所需和必须要完成的工作,以及不断维护和更新项目的范围的管理工作。开展项目范围管理的根本目的是要通过成功地界定和控制项目的工作范围与内容,确保项目的成功。这项管理的主要内容包括项目起始的确定和控制、项目范围的规划、项目范围的界定、项目范围的确认、项目范围变更的控制与项目范围的全面管理和控制。

(三)项目时间管理

项目时间管理是在项目管理过程中为确保项目按既定时间成功完成而开展的项目管理工作。开展项目时间管理的根本目的是要通过做好项目的工期计划和项目工期的控制等管理工作,确保项目的成功。这项管理的主要内容包括项目活动的定义、项目活动的排序、项目活动的时间估算、项目工期与排产计划的编制和项目作业计划的管理与控制。

(四)项目成本管理

项目成本管理是在项目管理过程中为确保项目在不超出预算的情况下完成全部项目工作而开展的项目管理。开展项目成本管理的根本目的是全面管理和控制项目的成本(造价),确保项目的成功。这项管理的主要内容包括项目资源的规划、项目成本的估算、项目成本的预算和项目成本的管理与控制。

(五)项目质量管理

项目质量管理是在项目管理过程中为确保项目的质量所开展的项目管理工作,主要内容包括项目质量规划、项目质量保障和项目质量控制。开展项目质量管理的根本目的是要对项目的工作和项目的产出物进行严格的控制和有效的管理,以确保项目的成功。这项管理的主要内容包括项目产出物质量和项目工作质量的确定与控制,以及有关项目质量变更程序与活动的全面管理和控制。

(六)项目人力资源管理

项目人力资源管理是在项目管理过程中为确保更有效地利用项目所涉及的人力资源而开展的项目管理工作。开展项目人力资源管理的根本目的是要对项目组织和项目所需人力资源进行科学的确定和有效的管理,以确保项目的成功。其主要包括项目组织的规划、项目人员的获得与配备、项目团队的建设等内容。

(七)项目信息管理

项目信息管理是在项目管理过程中为确保有效地、及时地生成、收集、储存、处理和使用项目信息,以及合理地进行项目信息沟通而开展的管理工作。开展项目信息管理的根本目的是要对项目所需的信息和项目利益相关者之间的沟通进行有效的管理,以确保项目的成功。这部分主要内容包括项目沟通的规划、项目信息的传送、项目作业信息的报告和项目管理决策等。

(八)项目风险管理

项目风险管理是在项目管理过程中为确保成功地识别项目风险、分析项目风险和应对项目风险所开展的项目管理工作。开展项目风险管理的根本目的是要对项目所面临的风险进行有效识别、控制和管理,是针对项目的不确定性而开展的降低项目损失的管理。这部分主要内容包括项目风险的识别、项目风险的定量分析、项目风险的对策设计和项目风险的应对与控制等。

(九)项目采购管理

项目采购管理是在项目管理过程中为确保能够从项目组织外部寻求和获得项目所需各种商品与劳务的项目管理工作。开展项目采购管理的根本目的是要对项目所需的物质资源和劳务的获得与使用进行有效的管理,以确保项目的成功。这部分主要内容包括:项目采购计划的管理、项目采购工作的管理、采购询价与采购合同的管理、资源供应来源选择的管理、招投标与合同管理和合同履行管理。

二、会展项目管理的知识体系

会展项目管理的知识体系来源于管理学特别是项目管理学、艺术学、经济学、社会学、旅游学和人类学等相关学科。会展项目管理知识体系以项目管理为基础,通过不断借鉴各领域的管理经验和工具,以提升会展项目运作管理的水平。根据斯沃斯(Silvers,2006)等提出的事件管理知识体系(event management body of knowledge,EMBK),参照项目管理知识体系的定义,建构会展项目管理知识体系(MICE project management body of knowledge,MPMBK),见图3-3。项目管理是知识体系中的集成管理平台,其他管理活动都在项目管理的平台上运行,包括会展项目的研究策划、计划、组织筹备、现场管理和展后工作等管理步骤。

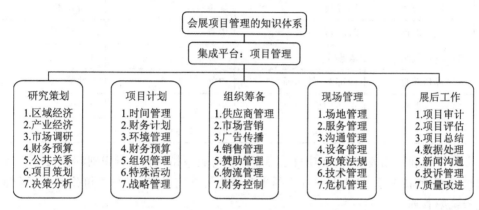

图3-3 会展项目管理的知识体系

第三节 会展项目管理的基本内容

一、会展项目的组织管理

(一)会展项目的组织

会展项目的组织一是指会展项目的组织机构部门,二是指具体实施会展项目的管理团队。会展项目的组织是为完成会展项目的任务,从不同机构和部门抽调而来的相关专业人员所组建的临时性特别组织。组织的职责是负责会展项目的规划、组织、指挥、协调和控制等工作,对会展项目的范围、费用、时间、质量、风险、人力资源和沟通等进行管理。

由于会展项目的使命、目标、资源条件和环境各有不同,导致其组织结构也会不同,会展项目组织结构按照从面向功能到面向活动的程度划分,可分为职能型、矩阵型、项目型等类型,适用于不同类型的会展项目,见表3-3。

(二)会展项目的利益相关者

一个项目会涉及许多组织、群体或个人的利益,这些组织、群体或个人都是这一项目的利益相关者。会展项目的相关利益主体是指参与会展项目或者其利益受会展项目成败影响的个人或组织。会展项目管理者必须全面识别出项目的相关利益主体,分析、确认和管理好项目相关利益主体的需求和期望,才能使项目获得成功。

我国现阶段会展项目的利益相关者主要包括核心利益层的政府、办展企业、参展商、观众、次核心利益层的场馆企业、展台设计、运输搭建企业、行业协会等,以及边缘性利益层的旅游景区、饭店、休闲企业、公共交通和社会公众等。

表 3-3 不同会展项目类型的组织结构特征及其影响因素

		职能型组织	矩阵型组织	项目型组织
特征	全职人员比例	基本上没有	少数到半数	半数以上到全部
	组织的独立性	完全不独立	较为独立	独立
	项目经理权限	很少或没有	中等权力	很高或全权
影响因素	所使用的技术	标准技术	复杂技术	全新技术
	规定项目时间	时间短	中等	时间长
	项目具体规模	规模小	中等	规模大
	内外部依赖性	内部弱、外部强	内外部均中等	内部强、外部弱
	项目的重要性	重要性低	中等	重要性高
项目具体案例		公司会议、学术会议	商贸展览会	世博会、奥运会

对会展项目利益相关者，会展项目管理者需要对利益相关者进行识别、明确其参与会展项目的层次、确定利益关系、发现利益冲突的来源和化解冲突，最终将利益相关者导入会展项目系统进行统筹管理。

（三）会展项目的人力资源管理

会展项目人力资源管理的内容包括会展项目的人力资源规划、开发、工作分析、合理配置、适当激励、团队建设、人员能力提高及其人员督导、绩效考评等。人力资源管理的根本目的是发挥项目团队成员的积极性，实现既定的项目目标和提高项目效益。本章节重点对与会展项目管理关系最为紧密的项目团队和项目经理问题进行具体介绍。会展项目的主要人才需求及工作职责见表 3-4。

表 3-4 会展项目的主要人才需求及工作职责

人才类别	工作职责
会展总负责人	负责会展项目的计划、组织、管理工作，策划、组织、安排、开发、选址、预算，监督会展项目管理的全过程
会展经理	会展项目的宣传推广、招展、销售、促销，参展商管理等
会展工作人员	协助会展经理工作，为参展商服务，编制参展商名单、登记审核参加者资格、进行现场服务
会展策划师	会展营销方案的策划、销售和运营管理等相关活动，会展项目的市场调研，会展项目的立项、招商、招展、运营管理方案策划、项目销售及现场运营管理
会展设计师	根据品牌特色和客户要求进行选展和布展，包括现场观察展位的位置，构思展位主题、会展形式、设计制图，安排现场布局，指挥安装人员，会展礼仪企划等
会展项目经理	由资深的业内人士担任，承接会展项目、负责项目的组织实施
客户/销售经理	会展项目的咨询、销售、后续服务以及相关商务联系接洽工作

(四)会展项目的团队

会展项目团队是围绕会展目标的实现而建立的、介于组织和个人之间的一种临时性的项目组织。会展项目团队解决了会展项目管理所需的人力资源,而且使来源各异的团队成员短时间内融合形成整体,建立起会展项目发展的有效平台。相较于一般项目的团队,会展项目团队的人员来源更加广泛,涵盖来自国内外的政府、企业、高校、研究机构、行业协会、非政府组织等部门的人员,还有为数较多的志愿者等。

(五)会展项目的经理

1. 会展项目经理的内涵

项目经理是会展项目团队的核心人物,其能力、素质和工作绩效直接关系项目的成败。项目经理的根本职责是确保会展项目在项目预算的范围内顺利举行,使主办方、参展商和观众满意。项目经理在整个项目管理中处于核心地位。

会展项目经理在项目利益相关者之间扮演着项目利益协调人和促进者的角色,不但要协调项目主办者和会展项目客户的利益,还要协调会展主办者/客户与项目团队的利益,以及项目团队、主办者/客户和项目其他利益相关者之间的利益关系。在协调这些项目利益相关者之间利益的同时,项目经理还需要促进和增加项目的总体利益,努力追求项目利益的最大化,从而使所有项目利益相关者都能够从项目中获得更大的利益。会展项目经理与利益相关者的关系,见图3-4。

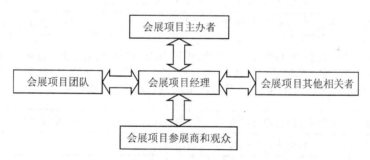

图3-4 会展项目经理与利益相关者的关系

2. 会展项目经理的职责

根据会展项目的运营过程,会展项目经理的职责主要包括四个方面:①制订会展项目计划。具体内容为确定会展项目的目标,制订会展项目计划,确定会展项目所需要的资源并进行风险预估,制定会展项目的规章制度和标准作业流程,建立会展项目的管理信息系统。②授权组建会展项目团队。具体内容为组建会展项目小组,建立会展管理机构,制订会展项目管理责任矩阵,促进组织内外部的有效沟通,调配各种资源。③督导会展项目活动的全过程。具体内容为指导会展项目计划的各项活动,提供阶段性的进度报告及相关信息,定期评价项目进展、调整组织机构,处理冲突、化解矛盾、减少风险,促进项目团队建设、对成员工作进行监督指导,协调解决职能部门与项目小组之间的问题。④控制会展项目的全过程及项目结束后的评价。具体内容为确定项目活动的优先级、对会展项目的范围变更及其他变更进行评价,监控会展项目的成本、进度和质量进展,在会展项目结束后对会展项目的举办成果、不足等进行总结和评价。

3.会展项目经理的权力

一定的权限是会展项目经理履行职责的先决条件,会展项目经理的权力以制度和合同的形式确定下来。会展项目经理的权力具体包括职位权力和非职位权力。职位权力是会展项目经理在岗位上履行职责所行使的合法权力,这种权力为组织规章制度赋予。会展项目经理的职位权力相对较弱,主要有资源支配权、会展项目具体活动内容的决策权、工作鉴定权力等。会展项目经理的非职位权力是会展项目经理凭借资深的品质、作风、知识、能力、业绩以及榜样等因素形成的个人权力,相较于职位权力具有更大的感染力、影响力和号召力。

4.会展项目经理的要求

会展项目管理对于会展项目经理的要求,可以从会展项目经理的基本素质和工作能力两个方面进行归纳总结。会展项目经理的任职要求见表3-5。

表3-5 会展项目经理的任职要求

要求维度	具体内容
基本素质	道德素质:高度的事业心、责任感强,工作作风好,为人正直诚实
	创新素质:识别新生事物、果断决策勇气、革新现状的胆识
	知识素质:项目管理、心理学、系统论、信息技术、外语、市场营销、会计学、财务管理、金融学、国际贸易、法律、中文写作
	能力素质:组织管理、风险预防、危机应对、社会活动、公共关系
	身体素质:①生理素质:身体健康、精力充沛;②心理素质:性格开朗、抗压性强
工作能力	项目管理能力:项目管理中的启动、计划、实施、控制、结束五个步骤的能力;范围管理、进度管理、成本管理、质量管理、人力资源管理、风险管理、沟通管理、采购管理等方面的内容;能使用Project2000项目管理软件、会展信息系统管理软件
	公共关系能力:熟悉项目的人际关系网络、掌握人际关系技能、建立客户关系
	情境领导能力:指令、授权、教练、支持的能力
	谈判沟通能力:充满自信、保持良好形象、随机应变、语言组织与演讲
	战略决策能力:运筹谋划、总揽全局、良好的预见性等

二、会展项目的识别与选择

①会展项目的提出。会展项目来源于会展市场的各种需求、行业发展需求和当地政治经济发展需求。具体而言,会展项目一般源于实体商品、服务产品、高科技产品等展示的需要,进出口贸易的需要,以及各级政府宣传推广的需要。②会展项目的识别。会展项目的识别是根据市场需求,从众多备选项目方案中选择一种最可能满足需求的方案的过程。会展项目的识别开始于会展项目需求(问题或机会的产生),结束于项目说明书的发布。③会展项目的选择。对于可能满足市场需求的会展项目进行比较分析,最终选择那些投入小、收益大的会展项目。对于会展项目的筛选和选择应秉持可行性、利益性、创新性、灵活性、信息性等原则。考虑会展项目的时代因素、产业因素、市场因素和项目举办者自身的条件。

三、会展项目的启动与可行性分析

会展项目启动,是会展项目正式获得主办者授权开始成为新的项目。会展项目启动前需要明确会展项目的目标和范围、对会展项目服务与产品质量的要求、组织会展项目团队。会展项目启动时要召开项目启动的专题会议,介绍会展项目的概况、项目目标和项目的起止时间,发布项目评审报告。

会展项目的可行性研究,是在会展项目投资决策前,在对会展项目的内部实力和外部环境进行综合分析的基础上,形成多种可能的操作方案,并对这些方案进行比较论证,说明各个方案的优势和劣势,最后确定会展项目方案的科学分析方法。会展项目可行性研究的最终成果是可行性报告书,包括会展项目的背景、项目概况、市场分析和预测、资源条件分析、项目建设规模和产品方案、项目选址、技术方案、设备方案和工程方案、项目的原材料供应、施工图纸、环境影响评价、节水节能措施、安全卫生与消防、组织机构和人力资源配置、项目实施进度、投资估算、融资方案、财务评价、国民经济评价、社会评价、风险分析、可行性研究结论与对策建议等内容。

四、会展项目的报批

经过可行性分析的会展项目还需要向政府部门提交立项申请,经备案或审批才能真正启动。开展会展项目的单位需要具有一定的资格。立项申请一般要提前向商务、科技、工商和外交等部门报批,提交的材料包括项目申请报告、申请表、项目可行性报告、法人登记证书原件复印件等。

五、会展项目的计划

会展项目是错综复杂的庞大系统,需要考虑的细节和问题举不胜举,需要在项目开始前制订详细可行的执行计划,以指导和规范项目团队的工作,同时利用计划检查和监督各部门的工作,保证项目按期圆满实现。会展项目计划是会展项目未来行动过程的预定路线,是根据项目策划选定的主题,确定会展项目目标,制订为实现该目标的进度计划和预算安排。作为项目管理的重要职能,会展项目计划贯穿会展项目的全过程。会展项目计划包括会展项目的目标、工作分解、项目工作地点、人员使用计划、项目进度计划、项目费用预算等。

六、会展项目的实施与控制

会展项目控制是对会展项目的管理活动及其效果进行衡量和校正,以确保会展项目目标及其计划的实现。会展项目控制以一定的标准为依据,定期或不定期的控制会展项目,发现会展项目与标准的偏离,并采取必要的措施进行解决的过程。会展项目控制的目标包括确保会展项目的成本控制在预算范围内、确保会展项目的进度保持在计划范围内、确保会展项目的质量达到计划目标、针对偏差采取必要的措施。

第四节　会展项目管理的基本方法

一、制度管理法

制度管理法是根据国家的各种法律、法规、条例等，将会展项目中比较稳定的和具有规律性的管理事务，运用立法和制度形式规定下来，以保证会展项目正常进行的管理方法。制度管理法的特征包括：①强制性，必须遵守、执行，违者必须受到惩罚；②权威性，制度本身高度规范，任何人都必须遵守；③稳定性，不因人、因地而异或朝令夕改，具有一定时期的固定性；④预防性，通过行为规范，制约人的行为，起到预防的作用。

二、行政管理法

行政管理法是根据各级行政组织的行政命令、指示、规定和制度等有约束力的行政手段来管理会展项目的方法。针对会展项目，主要是各级贸易促进会、商务部门等行政组织制定相关规定和制度，在项目管理的全过程进行贯彻，特别是在会展项目的立项审批阶段，发挥着重大作用。该方法也具有强制性、权威性、垂直性等特征。

三、成本核算法

成本核算法是从成本效益的角度，采取成本核算为预算约束，对会展项目进行管理的方法。会展项目作为经济实体，具有明确的资金资源条件边界，面临严格的预算约束，必须及时核算产品实际总成本和单位成本，借以考核成本计划的执行情况，综合反映会展项目的经营管理水平。会展项目成本核算的费用包括场地租金、营销推广费用、展品运输费等直接费用，以及管理费用、人工工资、贷款利息等间接费用。

四、项目全生命周期管理法

项目全生命周期管理法是以项目生命周期为依据，从项目的启动策划、项目的计划准备到项目的实施控制，再到项目的后续评估的全过程，对会展项目进行管理。启动阶段的管理方法又可细分为可行性研究法、财务评估法，计划阶段的方法包括工作分解结构、甘特图、网络图法，实施控制阶段的方法包括关键路线法、计划评审技术、条线图、进度安排表、里程碑系统等，质量控制法有因果图法、控制图法、相关图法、直方图法等。项目全生命周期管理法是多种管理方法在项目周期的综合应用。

五、定量管理法

定量管理法是通过对管理对象的数量关系进行研究，遵循其数量的规律性，利用数量关系与定量模型进行管理的方法。会展项目的质量标准、资金运用、物资管理、人员组织都具有数量标准，定量管理一般用于资源分配、时间管理、质量标准和效益测评等领域。

六、目标管理法

目标管理法是将会展项目要达到的目标，同会展项目各项管理工作和参与会展项目的各成员的任务和职责结合在一起的管理方法。目标管理法根据会展项目的总方针,确定会展项目的总目标,然后将目标层层分解,逐级展开,通过上下协商,制订出各部门、各单位直至每个工作人员的目标,最后用指标再到分目标,用分目标保证总目标,从而建立起一个自下而上展开、层层保证的目标体系,形成一种全员参与、全程管理、全面负责、全面落实的管理体系。会展项目的目标管理有利于工作人员明确目标与责任,主动、自觉地行动,也有利于管理者对工作人员实际贡献进行客观评价。

 本章小结

本章介绍了项目管理和会展项目管理的概念、特征、过程;系统论述了项目管理以及会展项目管理的知识体系;按照会展项目的逻辑顺序,介绍了会展项目的组织管理、识别与选择、启动和可行性分析、项目报批、项目计划、实施与控制的全过程;最后对会展项目管理的方法进行说明。

 复习思考题

1. 根据会展项目的概念、分类和特征,对上海世博会、广州亚运会和西安园艺博览会以及中国进出口商品交易会等大型会展项目进行分析,着重了解这些大型会展项目的构成、特征,分析其对当地旅游业发展的影响。

2. 运用会展项目的管理过程和时间安排方法,对上海世博会、广州亚运会和西安园艺博览会以及中国进出口商品交易会等大型会展项目进行分析,了解这些成功举办的会展项目在会展项目管理过程中的经验。

3. 论述项目管理的知识体系,思考项目管理的知识体系如何更好地与会展项目策划、运营管理实践相结合。

4. 运用会展项目利益相关者理论,对具体会展项目的利益相关者进行研究,识别这些会展项目主要的利益相关者、明确其参与会展项目的层次、确定利益关系、发现利益冲突的来源和化解冲突、探索利益相关者的管理策略。

5. 结合个人实际,思考成为一名优秀的会展项目职业经理人应具有哪些素质、知识与能力要求,并应该从哪些方面进行努力。

 单选题

1. 项目是人类社会特有的一类经济、社会活动形式,是为创造特定的产品或服务而开展的一次性活动,以下活动不属于项目的是( )。
 A. 策划一次家庭聚会 B. 检修火箭发射塔
 C. 建造古埃及金字塔 D. 国足备战亚洲杯

2. 项目包括一次性、目的性、( )、制约性等特征。
 A. 技术性 B. 复杂性 C. 系统性 D. 独特性

3. 项目群、项目、任务、( )、工作单元共同构成了项目的树状结构层次。
 A. 项目库 B. 工作表 C. 工作包 D. 工作集

4. 会议项目按主办主体包括政府会议、( )、协会会议、非政府组织会议、国际组织会议。

A. 企业会议　　　　　　　　　B. 商务会议

C. 培训会议　　　　　　　　　D. 代表会议

5. 在项目管理过程中所开展的计划和界定一个项目或项目阶段所需和必须要完成的工作，属于会展项目的（　　）。

A. 时间管理　　　　　　　　　B. 集成管理

C. 范围管理　　　　　　　　　D. 成本管理

多选题

1. 会展项目所使用的技术、（　　）、项目具体规模、（　　）、（　　）是区分不同会展项目类型的组织结构的影响因素。

A. 规定项目时间　　B. 项目的内容　　C. 内外部依赖性

D. 项目的承办者　　E. 项目参与者　　F. 项目的重要性

2. 会展项目具有（　　）、项目关联性强等特征。

A. 主题类型多样　　B. 服务对象广泛　　C. 项目涉外性强

D. 产品体验性强　　E. 项目持续时间长　　F. 项目规模不一

3. 属于会展项目计划中的主要内容有（　　）、时间管理和环境管理。

A. 财务控制　　B. 财务计划　　C. 危机管理

D. 项目审计　　E. 财务预算　　F. 组织管理

4. 会展项目的利益相关者包括核心利益层的（　　）、办展企业、（　　），次核心利益层的（　　）、展台设计、行业协会等，以及边缘性利益层的旅游饭店、公共交通和（　　）等。

A. 政府部门　　B. 环保团体　　C. 参展企业　　D. 场馆企业

E. 高等院校　　F. 社会公众　　G. 电信部门　　H. 宗教团体

5. 会展项目管理基本方法主要包括（　　）等。

A. 财务管理法　　B. 制度管理法　　C. 成本核算法　　D. 精细管理法

E. 定量管理法　　F. 目标管理法　　G. 时间管理法　　H. 循环管理法

第二篇

项目策划篇

第四章 会展项目市场调查与立项策划

学习要点

1. 了解会展项目市场调查的含义和意义。
2. 掌握会展项目市场调查的过程、内容和方法。
3. 掌握会展项目立项策划的含义和内容。
4. 掌握会展项目的市场环境分析、市场竞争力分析、财务分析、风险分析、执行方案分析。
5. 掌握会展项目立项可行性研究报告的撰写。

案例导读

中国—东盟博览会开幕式创新

自2004年中国—东盟博览会落户广西南宁,每届博览会的开幕式都以独特的创意、深刻的文化内涵和象征、恢宏的场面吸引了中国及东盟各国友人乃至全世界人们的眼球,成为中国—东盟博览会树立品牌、扩大影响力的独特"名片",给人们带来了一次又一次的惊喜,让社会各界津津乐道。

办好博览会开幕式是一件不容易的事,历届博览会的开幕式为何能取得这样的效应? 其作用何在?

由中国和东盟10国政府共同主办的中国—东盟博览会,承载着推动中国与东盟国家友好合作、促进中国—东盟自由贸易区建设的时代使命。中国—东盟博览会从诞生的那一天起就注定了它不仅仅是一个简单的经济展会。因此,对博览会开幕式的要求非常高。中国—东盟博览会、中国—东盟商务与投资峰会指挥中心指挥李金早要求每一届博览会的开幕式都要遵循"不断创新,不落俗套,充满文化内涵,体现11国共办,同时还要突显当年主题"的原则进行创意策划。

历届博览会开幕式执行导演说:"开幕式的创意需要不断超越。这对于承办方来说是一个极大的挑战,具有相当的难度"。广西博览局一贯的苛刻工作要求和对开幕式创意中具体细节和实际操作性的高标准审核,常常将创意团队就开幕式的十几个甚至几十个创意都"枪毙"掉了,之后创意团队还得继续进行寻觅更优创意方案的"智慧长征"。

经过对无数创意策划的否定,"水"的核心创意终于浮出水面:中国和东盟的9国共有一片海水,大海把我们联系在一起,唯一的内陆国老挝也在有"东方多瑙河"之称的湄公河流域,湄公河的上游是我国的澜沧江,同时流经好几个东盟国家,江河湖海把我们和东盟各国联系在一起,"水"是能够让中国与东盟各国实现共鸣的最佳元素。水善融合,能够积小水成巨流,是中国与东盟当前合作共赢最贴切的象征。

再从中国及东盟各国的文化传统看,"水"是财富,可以滋养万物。正如"合作之泉"的铭文:"上善若水,水利万物而不争;善凝聚而不散,生死相依,荣辱与共;善包容而不骄,滋润万物,广济天下……"水融合起来可以产生很大的推动力和凝聚力,这就形象地体现了"10+1>11"的核心概念。于是便有了首届中国—东盟博览会上"合作之泉"的创意:中国与东盟10国江河之水共汇一处,成合作之泉,意蕴中国—东盟自由贸易区建设将会水到渠成,生生不息;中国—东盟博览会将会风生水起,商机如潮。

此后的历届博览会开幕式都延续了"水"的意象,用各种富有文化内涵同时又符合当届主题的形式来呈现。

第一节博览会各国领导人将采自11国母亲河之水汇集一起,喷出11根巨大水柱,托起希望之星,寓意11国的力量凝聚在一起,产生巨大推动力。

第二届博览会的开幕式上,随着剪彩嘉宾按动水晶球,水由小水流汇成巨流,"10+1>11"的巨型背板缓缓合并,11国共盖"合作印鉴"。

第三届开幕式的主题是"珠联璧合",珠成于水,暗含水元素。"珠联璧合"寓意博览会这一平台把美好的事、美好的人联系在一起。11名青春焕发的15岁少女分别向各国领导人献上一颗明珠,象征中国—东盟建立对话关系15周年。

第四届博览会开幕式上,中国和东盟各国领导人在主席台上共同推动加速推进器,巨轮造型的舞台波涛滚滚拉开了"同舟共进,扬帆远航"的帷幕,同时也暗合了当年的重点主题——"港口合作"。

"第五届博览会的主题是信息通信,于是我们采用了"桥"和"虹"的寓意象征,水汽凝集而成虹,"水"的意象仍然保留。"主创人员说:"当今的信息通信无非是通过现代信息技术打破障碍和阻隔,实现沟通,让11国共办的博览会成为联结四海的'金桥',沟通促进友谊合作,产生财富。博览会开幕式主题——"金桥飞架",同时也是中国与东盟友好合作的形象写照。

案例分析

独特的创意、深刻的文化内涵和象征、恢宏的场面使得历届中国—东盟博览会开幕式吸引了中国及东盟各国友人乃至全世界人们的眼球,成为中国—东盟博览会树立品牌、扩大影响力的独特"名片"。

资料来源:林涌泉,肖亚群.5届中国—东盟博览会开幕式:创新!独树一帜放异彩[N].广西日报,2008-10-28.

第一节　会展项目市场调查

一、会展项目市场调查的含义和意义

(一)会展项目市场调查的含义

会展项目市场调查是指以科学的方法,系统地收集、调研、记录、整理、分析有关会展产品、服务及市场等信息,进行客观的测定及评价以协助解决有关会展经营决策问题,并作为各项经营决策的依据。

(二)会展项目市场调查的意义

(1)会展项目市场调查有助于会展企业了解会展市场态势和发现市场机会。会展企业通过市场调查,可以及时了解会展市场发展态势,掌握会展营销环境、会展市场需求状况等有关信息,把握有利于企业自身发展的市场机会。会展项目市场调查本身作为一种管理工具,强调会展企业要时刻了解市场动向,把握机会,及时发现会展营销中的失误,随时改进会展营销活动,以更好地满足参展企业的需求。

(2)会展项目市场调查可以充实与完善会展市场营销信息系统。会展项目市场调查,是对会展市场相关营销信息进行广泛深入的调查与分析的过程。因为会展项目市场调查是一项基础性的长期工作,可以系统、持续地搜集大量有价值的信息。这些信息被输入到会展市场营销信息系统后,可以使营销信息系统的内容日益充实与完善,从而可以更好地为会展企业及区域会展业的发展服务。

(3)会展项目市场调查有助于会展企业进行科学决策。市场信息收集的过程就是一个系统的、有目的的市场调查过程,它主要是通过各种市场调查手段,有目的地、系统地收集、记录和整理有关的市场信息和资料,客观地反映市场态势,为全面认识市场、进行市场分析和预测,从而为办展机构进行科学决策提供依据。

二、会展项目市场调查的内容

会展项目市场调查的内容包括:产业状况、市场条件、主办城市的环境状况、相关法律法规、相关会展的状况等。

(一)产业状况

产业发展状况和产业的性质是影响一个展览会是否成功举办的重要因素之一。收集相关产业的有关信息主要是为了从产业的角度分析产业对举办会展可能产生的影响,以及产业给展览会提供的可能发展空间等,为制定切实可行的会展举办策略奠定坚实的基础。

策划举办一个展览会需要收集的产业状况主要有以下方面:

1. 产业生命周期

一个产业的发展要经过投入、成长、成熟和衰退四个阶段。处于投入期的产业由于刚刚起步,企业有限,市场不大,举办展览会往往较难获利;处于成长期的产业,由于市场扩张快,企业数量不断增多,市场对该产业的产品和该产业对相关设备的投资需求较大,企业赢利性好,较适合举办展览会;处于成熟期的产业,由于市场竞争激烈,企业数量较多,很多企业在为自己的产品寻找销路,也比较适合于举办展览会;处于衰退期的产业,由于企业数量在不断减少,企业赢利性较差,市场容量收缩,较难举办展览会。

可见,要策划举办展览会,首先要调查拟举办会展的产业生命周期。如果选择不当,即使展览会有一两届侥幸举办成功,会展的发展前景也很难保证。

2. 产业分布状况

了解产业的分布状况非常重要,因为这与会展的招展和宣传推广策略的制定密切相关,是制定会展招展招商和宣传推广策略的基础。了解产业的分布状况,包括:该产业的产品产地分布、每个产地在该产业的产品生产中所占的份额、该产业的产品销售地方分布、每个销售地在该产业的产品销售中所占的份额、每个地方生产和销售的产品的种类和特色以及档次等。

3. 产业规模

产业规模主要是指该产业的生产总值、销售总额、进出口总额、从业人员数量等，这些信息是策划举办展览会时需要参考的重要数据。例如，了解产业的生产总值和销售总额可以为预测会展的规模提供依据，了解产业从业人员数量可以为预测会展的到会专业观众数量提供参考。由于产业规模对会展规模会产生直接的影响，产业规模的增减会影响到会展规模的增减，所以，在收集产业规模的相关数据时，不仅要收集产业规模的现有数据，还要对产业规模在未来的增减趋势作出预测，以便为会展制定长期发展策略提供参考。

4. 产业链

随着产业内分工不断向纵深发展，传统的产业内部不同类型的价值创造活动逐步分离成由一个企业为主导的多个企业的活动，这些企业围绕服务于某种特定需求或产品进行特定产品生产（及提供服务）所涉及的一系列互为基础、相互依存的共同创造价值的上下游链条关系就是产业链。产业链信息是会展题材创新、发展和拓展的基础，目前，会展的举办已经开始从综合型向专业型转变，专业化的特色会展逐渐成为趋势，例如：广州家具展、北京汽车维修展等。

5. 厂商数量

一般而言，适合举办展览会的产业都是那些主要以"看样成交"为主的行业，以及那些对产品的外观设计和款式比较看重的行业。如果产品主要是看说明或图纸成交，则该产业举办展览会的空间就较小。另外，产业的产品销售渠道模式及其成熟度对举办展览会的影响也比较大。比如，如果某产业产品的批发渠道比较发达，大型批发市场较多，则在该产业内举办展览会就会遇到很大的困难。

6. 技术含量

产业技术含量主要是指该产业的产品以及生产设备所需要的技术的难易程度以及它们的体积大小和重量等。了解这些信息，对于即将举办的展览会的场地选择有着十分重要的参考意义。由于各地的展览场馆在展馆室内高度、场地承重、展馆进出通道等方面的技术数据不一样，其对展品的要求也不相同。例如：对于那些技术含量较高的展品，需要在布置展馆展区时提供较宽的通道和公共空间，以便参展企业进行产品现场演示；对于一些体积较大的展品，则应选择在进出通道较大、室内高度较高的展馆里举办会展；如果展品较沉重，则应选择地面承重量较大的展馆举办会展。

（二）市场条件

策划举办一个展览会需要收集的市场信息主要有：

1. 市场规模

市场规模是指某项产品或服务的市场产出总量和销售总量。市场规模的大小决定其会展规模的大小，如果市场规模太小，举办该产业题材的会展就会失去市场基础，会展就很难举办成功。市场规模的变化直接影响到会展规模的变化，因此，了解市场规模不仅要了解现有的市场规模，而且还要预测未来市场规模的发展趋势。

2. 市场竞争态势

市场竞争态势是指行业内部企业之间的竞争关系，以及政府对该行业的控制力和影响力。市场竞争态势对企业的参展意愿会产生重要的影响。不同的市场竞争态势对展览会的影响不一样。高度垄断产业内的企业,通过参加展览会这种方式来营销自己产品的积极性就较小,在该产业内举办展览会的难度就较大;自由竞争产业内的企业,通过参加展览会这种方式来营销自己产品的积极性较大,在该产业内举办展览会较容易。

3. 经销商数量和分布状况

除生产企业外,各种经销商也是展览会重要的潜在客户。他们既可能是参加展览会的参展商,也可能是参观展览会的专业观众。准确掌握某一产业的经销商的数量和分布状况十分重要。

4. 市场发展趋势

市场发展趋势直接影响到展览会未来的发展前景。了解某一产业的市场发展趋势,就是要在了解该市场现状的基础上,对该产业市场的未来发展趋势作出科学的预测,以此了解在该产业举办展览会的发展前景如何,并为展览会的未来发展作出预测和规划。

5. 行业协会状况

产业内是否存在行业协会和行业协会在产业内的影响力如何,对展览会的成功举办有较重要的影响。如果产业内存在行业协会,则意味着该产业内有较统一的行业规范和行业管理,产业内的企业行为和市场行为会受到某些条例的约束;反之,市场会较为无序。另外,如果行业协会在产业内有较大的号召力,则行业协会对某一展览会的评价或看法会对企业的参展意愿和参展行为产生较大的影响;反之,其对企业的参展意愿和参展行为的影响就会微不足道。

(三)主办城市的环境状况

主办城市的环境状况包括:

1. 主办城市展览业发展情况

展览业的发展主要包括会展成熟度和会展市场的规范程度。会展成熟度是指该城市一年办展的次数和规模;会展市场的规范程度是指该城市是否建立了完善的会展管理制度和会展管理机构。城市展览业的发达程度决定了办展机构的办展效率和办展成本。

2. 产业特色

产业特色是指该城市的产业结构特点,即该城市的主导产业及主导产业的竞争力分析。城市主导产业是举办会展的基础,如果是政府积极扶持的主导产业,那么对于产业内企业交流、对外市场开拓、吸纳投资、促进产业优化升级等都会有积极的推动作用。

3. 会展基础设施

会展基础设施是指展馆设施、交通运输便利程度、生活服务能力、商务服务能力、办展成本等基础条件。办展基础条件好,则举办展会的效果就好;反之,举办展会的积极性就差。

4. 自然条件

自然条件是指主办城市的气候、旅游资源、地理区位等。旅游资源是吸引办展的一个重要的因素。

5. 国际化程度

国际化程度是指办展城市在发展方向、定位等方面,是否学习和借鉴国际通行的规则,并与国际接轨。城市的国际化程度是展会吸引国内外参展商的关键因素,国际化程度高的城市,如北京、上海、广州等都是国内会展业领先的城市。

(四)相关的法律法规

无论是产业还是市场,它们都不同程度地受到国家相关法律法规的影响和约束。

国家的法律法规对举办展览会的影响体现在三个方面:一是通过对国内外企业参展意愿和参展行为的影响来间接影响展览会;二是通过对展览会组织方式等的约束来直接影响展览会;三是通过对会展举办单位的市场准入的限制来影响展览会。策划举办一个展览会,需要了解的有关法律法规包括:

1. 产业政策

产业政策是指政府对产品的销售、使用和生产等方面的规定,如国家对香烟、酒等销售方面"专卖"的规定,以及对药品在生产和使用方面的规定等。这些规定对展览会的举办、企业的参展意愿和参展行为等都会产生直接或间接的影响。

2. 产业发展规划

产业发展规划是指国家和地方政府对某一产业的发展所作的长远和宏观规划。这种规划在某种程度上决定着该产业在今后较长时期内的发展状况和发展趋势。一般来说,在以新兴产业和政府规划为重点发展的产业举办展览会,其发展前景比较看好。另外,产业发展规划与政府的产业政策密切相关,它不仅从宏观上影响着展览会,也从会展的具体操作方式上影响着展览会。

3. 市场准入规定

市场准入规定包括两个方面:一个是对举办展览会的企业或机构的资格审定,另一个是国家对外资进入该产业的政策规定。前者对企业能否举办展览会将产生直接的影响,后者不仅影响到海外企业的参展意愿和参展行为,而且也同样影响到国内企业。

4. 知识产权的保护

很多参展企业会在会展上或在会展前发布新产品,推出新设计,如何保护这些新产品和新设计的知识产权,是会展主办者所必须要考虑的问题。如果会展上大量出现侵犯知识产权的展品,不仅会引起参展企业之间的纠纷,也会影响会展的声誉,对会展的发展较为不利。

5. 海关有关规定

海关有关规定主要是指针对某一产业的货物进出口政策、货物报关规定和关税等,这些规定对海外企业参加展览会会产生重大影响。货物进出口政策直接影响海外企业的参展意愿,例如,如果一国禁止或限制某类产品的进出口,那么海外企业不管是参展还是参观展览会的意愿都将非常低;货物报关规定直接对展览会的具体操作产生影响,例如,报关手续复杂,展览会的筹备期就会提前;关税水平的高低对海外企业参展的影响也较大,较高的关税会阻碍企业参展,较低的关税则会吸引海外企业参展等。

6. 其他规定

由于举办会展会涉及多种产业,因此,政府对交通、消防、安全等其他有关行业的规定,也会对展览会产生这样或那样的影响。因此,在策划举办展览会之前,对这些规定也要有所了解。

(五)相关展览会的状况

办展机构在策划举办展览会时,一定要对该行业内的现有会展的情况有所了解。了解这些信息，一方面，可以为办展机构决定是否在该产业内举办展览会提供决策依据；另一方面，当决定在该产业内举办展览会时，也可以为其制定竞争策略提供参考。

在策划举办一个展览会时，至少应该收集到相关展览会的下述信息：

1. 同类展览会的数量和分布情况

办展机构要弄清楚国内和全世界范围内即将要举办主题相同的展览会的数量，搞清楚这些展览会的地域分布情况。同主题的展览会的分布离计划举办的展览会的地域越远，对策划举办新展览会越有利，反之，越不利；同主题展览会的数量越多，对在该产业中策划举办新展览会越不利，反之，越有利。

2. 同类展览会之间的竞争态势

同主题的展览会之间会存在这样或那样的竞争关系。弄清楚同类展览会之间的基本竞争关系，对是否策划立项举办新会展和为新展览会制定竞争策略具有十分重要的意义。

3. 重点展览会的基本情况

重点展览会是指那些规模和影响都较大、行业口碑较好，或者是与拟举办的新展览会有直接的竞争关系的展览会。除了要了解同主题的所有展览会的数量和分布情况以外，对该主题的一些重点展览会的基本情况要作进一步的了解。对于这些会展，办展机构对其组展机构、办展时间、办展频率、办展地点、会展规模、参展企业数量及分布、观众数量和来源、展品范围、展会定位等情况都应该有比较详细的了解。

三、会展项目市场调查的过程

会展项目市场调查的过程包括：

(一)确定调查的目的

确定调查的目的包括两个方面：一是调查对象的确定，二是调查要解决问题的确定。不同的调查对象对调研的要求不同，不同的数据说明的问题不同，明确了调查的目的就要形成调研目标，目标要尽可能的切实可行，从而形成初步的假设。

(二)生成调研设计

调研设计是指实现调研目标（或调研假设）要实施的计划。调研人员需要建立一个回答具体调研问题的框架结构。调研设计的质量与调研成本和信息质量成正比。调研设计质量越高，获取的信息越精准，错误越少，成本越高；反之，调研设计质量越低，获取的信息越不精准，错误越多，成本越低。所以，考虑到会展项目市场调查的特殊性质，调研设计应当以有效性原则为基本准则。

(三)选择调研方法

调研人员根据调研项目的目标选择观察法、询问法或实验法。

(四)样本选取

不同的调研手段对样本的要求不同，会展调研中样本的选取应该根据实际情况灵活选择。

(五)收集数据

数据大多是由市场调研公司、现场服务公司从展会现场收集得来的，同时，展会的主办机构掌握有大量的免费公开信息，很容易获得。

(六)分析整理并加工数据

通过使用专门的方法对收集到的数据进行分类、比较、计算等,加工生成会展策划所需要的信息。

(七)撰写调研报告

根据分析加工后的数据撰写市场调研报告,一般调研报告要求清晰、明了。当然,如果调研报告是提供给政府部门做宏观决策用的,就应当详尽丰富了。

(八)跟踪

跟踪是指对调研成果的应用情况进行跟踪,一方面可以督促和帮助委托方,另一方面可以有效地提高调研服务的水平。

四、会展项目市场调查的方法

一般常用的市场调查方法包括观察法、询问法、实验法。

(一)观察法

观察法是指通过观察人们的行为,来获取所需要信息的方法。观察法包括两类:

1. 非参与观察法

非参与观察法是指将受访者视为局外人,从旁边进行观察,调查员本身不参与其活动,获取市场信息的调查方法。调查员可以分布在展会的不同位置,根据之前统一的要求进行现场观察,并在印制好的记录单上予以记录。记录单可以是封闭式量表,也可以是开放式表格。调查员的观察不应打扰参会者的行为,最好能够避免引起参会者的注意。此外,可以安装一些被允许的装置进行机器观察,例如:流量计数器、条码识别仪、录像机、现场检测仪等。

2. 参与观察法

参与观察法是指调查员与受访者一起参与调查活动,获取市场信息的调查方法。这种观察法对调查员的要求较高。

(二)询问法

询问法是最为广泛使用的调研手段,通过这种方法可以收集到广泛的信息。询问法又分为以下几种:

1. 问卷调查法

问卷调查法是指通过发放调查问卷获得市场信息的一种调查方法。问卷调查法是市场调查中最为常用的方法,包括个别访谈法、集体访谈法、电话访谈法、邮送法、留置法、计算机访问法等。问卷调查法依赖于问卷的设计和使用,所以问卷设计尤为重要,问卷设计的质量直接影响到市场调查的信息的可靠性。

随着网络的发达和我国使用网络人口的增加,网络问卷调查成为方便、快捷、低成本的一种调查方法。会展项目市场调查的网上操作主要是网上会展搭载的调研、门户网站会展频道搭载调研、推送电子邮件调研等。

2. 小组访谈法

小组访谈法是指通过有针对性地与来自四面八方的经销商、消费者等进行某些主题的充分讨论,获取定价、销售手段、产品性能等市场信息的调查方法。

3.深度访谈法

深度访谈法是指针对参会的重要官员、学者、企业高管以及参观者进行的一对一的深度访谈,从而获取市场信息的调查方法。

(三)实验法

实验法是指在展会中设置实验区域,请消费者现场实验产品的功效,获取市场信息的调查方法。实验法一方面可以起到宣传促销的作用,另一方面还可以为参与观察的调研员提供条件进行观察记录。

前述几种市场调查的方法可以获得一手资料,但是,二手资料的获取也是会展调查的重要组成部分。二手资料一般来源于会展主办方、参展商、行业管理部门或行业协会以及会展项目管理系统。

第二节　会展项目立项策划

一、会展项目立项策划的含义

会展项目立项策划,就是会展公司根据掌握的各种相关信息,对即将举办的展会活动的相关事宜进行初步的规划,设计出展会活动的基本框架,提出拟举办展会的主题、内容、形式、措施等。

二、会展项目立项策划的内容

会展项目立项策划的内容,是指对拟举办的展会活动提出具体的方案,含项目活动的整体规划、运作策略、实施办法等,具体包括:

(一)展会的名称和地点

展会的名称通常包括基本部分、限定部分和行业标志三部分。基本部分一般用来表明展会的性质和特征,常用"某某展会""某某博览会""某某交易会""某某赛"等表示;限定部分一般用来说明展会举办的时间、地点、地域范围等,常用"某年""某季""某届"等表示;行业标志一般用来表明展会的展览题材和展品范围等,常用"服装""文化""五金""农业""轻工业"等表示。例如,"2015年中国西部文化产业博览会",基本部分是:博览会;限定部分是:2015年、中国西部;行业标志是:文化产业。展会的地点即展会举办的国家、城市、展馆等场所。

(二)展会举办机构

展会举办机构是指负责展会的组织、策划、招展和招商等事宜的相关单位。展会举办机构可以是具有独立法人资格的企业、行业协会、政府部门和新闻媒体等。一般展会的举办机构按在举办展会中作用的不同,分为以下几种:

1.主办单位

主办单位是指拥有展会并对展会承担主要法律责任的办展机构。主办单位在法律上拥有会展的所有权。在实际操作中,主办单位有三种形式,即:

(1)拥有会展权并对会展承担主要法律责任,并负责会展的实际策划、组织、操作与管理的单位。

(2)拥有会展权并对会展承担主要法律责任,但不参与会展的实际策划、组织、操作与管理的单位。

(3)名义主办单位,即既不参与会展的实际策划、组织、操作与管理,也不对会展承担法律责任。

究竟会展需要哪种形式的主办单位,或者是三种都需要,在策划举办会展时,要根据实际需要作出安排。

2. 承办单位

承办单位是指直接负责展会的策划、组织、操作与管理,并对展会承担主要财务责任的办展机构。

3. 协办单位

协办单位是指协助主办或承办单位的展会策划、组织、操作与管理,部分地承担展会的招展、招商和宣传推广工作的办展机构。

4. 支持单位

支持单位是指对展会主办或承办单位的展会策划、组织、操作与管理,或者是招展、招商和宣传推广等工作起支持作用的办展机构。

(三)展会主题

展会的主题是指会展项目的灵魂,是贯穿于整个展会所反映的社会生活内容的中心思想,即展会的主题思想。

例如:2014年第十五届中国西部国际博览会的主题是"改革引领发展 创新开辟未来";2014中国(上海)国际信息消费博览会的主题是"信息消费、引领转型升级";中国2010年上海世界博览会的主题是"城市,让生活更美好(Better City, Better Life)";意大利2015年米兰世界博览会的主题是"给养地球:生命的能源"。

(四)办展时间

办展时间是要确定何时举办展会,展览周期多长等。一般是根据市场对目标展品需求的变化,选择适当的时间举办展会;国际上一般专业展会的展期为3天;展览周期一般是根据市场需求、展品生命周期、展会题材所处的行业、气候因素等来确定。

(五)展会定位

展会定位就是展会举办机构根据自身的资源条件和市场竞争状况,通过建立和发展展会的差异化竞争优势,使自己举办的展会在参展企业和观众的心目中形成一个鲜明而独特的印象。简言之,展会定位就是清晰地告诉参展企业和观众,展会"是什么"和"有什么"。

(六)展品范围

展品范围根据展会的定位、展会主办方的优劣势和其他因素来确定。展品范围可以包括一个或几个产业,或者是一个产业中的一个或几个产品大类。一般而言,"博览会""交易会"的展品范围较广。

(七)展会规模

展会规模是指展会的展览面积、参展单位数量、参观展会的观众数量、展会成交金额等。例如:2014中国(上海)国际信息消费博览会,参展方数量600个,会场面积3万平方米,参观人数 60000 人。中国 2010 年上海世界博览会,参展方数量 240 个国家地区组织;会场面积 5.28 万平方米;参观人数:7308.44 万人。意大利 2015 年米兰世界博览会,参展方数量 166 个国家地区组织;会场面积 100 万平方米,参观人数预计达到 8000 万人。

(八)参展计划

一个好的参展计划是在一定的投入下取得最大参展效益的前提。参展计划一般包括以下方面:

(1)展出目标。确定参加展会的目的或预期要达到的目标。

(2)选择展会。确定要参加的一个或多个展览会。

(3)展出重点。确定所参加的展览会要宣传或展览的重点项目。

(4)资金安排。安排用于展览会的资金计划。

(5)人员安排。安排参展项目的管理人员、工作人员以及各自的分工责任。

(6)相关活动。确定在展会期间要开展的各种活动。

(7)时限要求。按展览会的时间确定各项工作的起止时间。

(8)筹备工作。确定与所参加的展览会配套的资料准备、展品制作、运输等工作。

(九)招展策划

招展策划是指展会主办方对招展活动方案进行策划,是展会整体策划中最基础的工作,也是展会筹备过程中最重要的环节之一。其他包括建立目标参展商数据库、确定招展价格、制订招展方案。

1. 建立目标参展商数据库

目标参展商就是指展会举办机构认为有可能来参加展出的企业或其他单位,通常是展会题材所在行业及其相关行业的企业。目标参展商是展会招揽展出者的目标范围。

建立目标参展商数据库就是通过行业企业名录、商会或行业协会、政府主管部门、专业报刊、同类展会、外国驻华机构、专业网站、电话黄页等收集目标参展商的信息,包括:企业名称、地址、联系电话、传真、网址、E-mail、联系人(包括联系人的姓名、职务、国籍、年龄、性别、兴趣爱好、忌讳等)、企业生产产品的品种和种类、企业的目标市场、企业的规模、企业的信誉等级等。

2. 确定招展价格

招展价格就是指展会的展位出售价格。也就是展会举办方为参加展会的参展商和会议代表制定的一个合适的价格,以便在邀请参展商和会议代表时报价。确定招展价格要考虑市场竞争、价格目标、展会的价格弹性、行业状况、展区和展位具体位置差异等因素,一般遵循"优地优价"原则,即那些便于展示和观众流量大的展位的价格要高一些。同时遵循供求规律,当供不应求时展位价格就上涨,当供过于求时展位价格就下降。

在实际操作中,给予参展商一定的价格折扣是常见的一种促销策略。

3. 制订招展方案

招展方案是对展会招展工作的总体部署和全面规划,是展会策划的核心。制订招展方案,包括:分析产业分布和特点、划分展区和展位、确定招展价格、编制发送招展函、招展分工、招展代理、招展宣传推广、展位营销办法、招展预算编制、招展总体进度计划等。

(十)招商策划

招商策划包括邀请展会观众、编制展会通讯、制订展会招商方案。

1. 邀请展会观众

展会招商就是邀请观众到展会来参观。一定数量和质量的观众是展会成功的关键。展会观众一般分为专业观众和普通观众。专业观众是指从事展会上所展示的某类展品或服务的设计、开发、生产、销售或服务的专业人士以及该产品的用户。普通观众是指那些主要是为个人和家庭目的而参观会展的普通大众。展会观众还可以划分成有效观众和无效观众。有效观众是指到会参观的专业观众以及展会参展商期望的其他观众,专业观众往往能为参展企业带来大量的订单。无效观众是指在展会零星采购和参观的观众。有效观众越多,展会的效果越好、越成功。因此,保证专业观众的数量和质量是举办展会努力追求的目标。

2. 编制展会通讯

展会通讯是办展机构根据展会的实际需要编写的、用来向展会的目标客户通报有关情况的一种宣传材料,通常是一本小册子或一份小报。展会通讯印制好后,可以通过邮局直接寄给目标观众,也可以在展会现场作为宣传用品免费发放。

3. 制订展会招商方案

展会招商方案是为展会邀请观众而制订的具体执行方案,是在充分了解展会展品需求市场的基础上,合理地安排招商人员在适当的时间里通过合适的渠道进行展会招商活动,是对展会招商活动进行的总体安排和把握,目的是保证展会开幕时能有足够的观众到会。展会招商方案是展会整体策划方案的核心。我国大多数展会是既对专业观众开放又对普通观众开放的。

案例链接

第十二届西湖博览会策划案

一、缘起与背景

中国杭州西湖博览会(Hangzhou Xihu Expo)源于1929年的西湖博览会。第一届西湖博览会是中国会展史上一次规模较大、影响深远的展销会。同时,它也是浙江经济走向世界的尝试。

西博会作为"发展会展业和招商引资的平台,精神文明建设的载体,老百姓和中外游客的节日",坚持"国际化、市场化、专业化、品牌化"的方向,充分发挥杭州市的资源优势和产业优势,坚持"在广博中求精专",把众多的专业展览、会议、活动组合成一个综合性博览会。

西博会以"同聚西博,共享文明"为口号。

西博会实行全方位开放,积极推进国际化进程,面向国际招商,发展跨国交流与合作。一直以来,上万家新闻媒体的几万名中外记者聚焦浙江省、杭州市,使西博会成为"杭州走向世界,世界了解杭州"的大窗口。

西博会以人文关怀为特色,关注生活方式的改善、生活品质的提高,促进科技知识、创新思维、策划观念、设计思路、营销理念、品牌形象的传播,成为美好生活的倡导者、科技创新和知识创新的平台、合作交流和投资贸易的载体、人才集聚的高地。

二、博览会宗旨

1929年6月6日至10月10日,为了纪念北伐之胜利,"争促物产之改良,谋实业之发达",浙江省在杭州市举办首届西湖博览会。

西湖博览会的宗旨是:提倡国货,奖励实业,振兴文化。此后几届的博览会也很好继承和发展了这一宗旨。

本届西博会按照"突出重点、打造精品、彰显特色、扩大影响"的总体要求,围绕"创新发展、和谐城市、品质生活"的主题,共安排100多个展览、会议、活动等精彩项目,力争实现贸易成交100亿人民币。

本届西博会注重办会品质的提升,形成了"四季共唱,办会品质不断提升;参与世博,国际水平显著提高;筹备休博,特色品牌进一步打响"的总体特色。通过全年四个季节打造精品核心项目,提升品质,打响品牌;借助上海世博会的国际大平台,积极参与世博会,大力提升西博会国际化水平,加快助推杭州城市国际化;注重与第二届休博会的结合,着力培育休博会项目,以本届西博会项目为基础,围绕杭州休闲产业的特色和特点,整合资源,培育休闲产业博览会、休闲发展论坛、美食文化节等一批具有品牌影响力的休闲会展活动项目。

三、博览会有关事项

(一)会展名称

中国杭州西湖国际博览会

(二)会展主题

创新发展、和谐城市、品质生活

(三)博览会举办时间、地点、范围和规模

时间:2010年10月16日至11月6日

地点:中国杭州

范围:展览项目、会议项目、节庆项目

规模:参会人次1000万(专业客商达到5万)

(四)主办单位

中国杭州西湖博览会组委会办公室;杭州市发展会展业协调办公室;杭州市会议展览业协会。

(五)承办机构

杭州西湖国际博览有限公司

(六)会展定位

西博会着重定位于"发展会展业和招商引资的平台,精神文明建设的载体,老百姓和中外游客的节日",坚持"国际化、市场化、专业化、品牌化"的方向,充分发挥杭州市的资源优势和产业优势,坚持"在广博中求精专",把众多的专业展览、会议、活动组合成一个综合性博览会。

(七)举办频率

自2000年恢复办展(第二届)以来,每年一届,一般在10月份。

(八)办展价格

西湖博览会博物馆免费,开放时间:9:00—17:00,周一闭馆。各种具体展会按具体定价。

(九)初步预算

外资10亿美元,内资120亿人民币。

四、主要项目(部分,开幕至闭幕)
(一)展览项目
2010 中国国际丝绸博览会暨中国国际女装展览会(10月)
中国工艺美术大师作品暨国际艺术精品展览会(10月)
2010 第十二届浙江国际家具展览会(10月)
第 31 届(2010)中国浙江国际自行车、电动车展览会(10月)
中国(杭州)国际循环经济产业博览会(10月)
中国(杭州)文化创意产业博览会(10月)
(二)会议项目
第二届杭商大会(10月)
2010 国际友城市长峰会(10月)
第三届城市会展高峰论坛(10月)
第 69 届世界铸造业大会(10月)
2010 大学创新创业教育论坛(10月)
第十届金融外包国际论坛(10月)
(三)节庆项目
中国杭州第三届宜居生活节(9月至10月)
杭州市第六届电子竞技节(9月至10月)
2010 富春江运动节(9月至10月)
2010 杭州西湖国际博览会旅游节(9月至10月)
"潇洒桐庐"旅游文化节(9月至11月)
第十二届中国杭州西湖国际博览会开幕式文艺晚会(10月)
资料来源:第十二届西湖博览会策划案[EB/OL]. http://www.docin.com/p-531195402.html.

第三节 会展项目的可行性分析

会展项目的可行性分析是进行会展项目策划的重要前提,会展项目的可行性分析包括会展项目市场环境分析、会展项目市场竞争力分析、会展项目可行性研究报告的撰写等内容。

一、会展项目的市场环境分析

会展项目的市场环境分析是指根据会展立项策划提出的会展举办方案,在已经掌握的各种信息的基础上,进一步分析和论证举办会展的各种市场条件是否具备,是否有举办该会展所需要的各种政策基础和社会基础。

(一)宏观市场环境

宏观市场环境是指能对会展项目举办产生影响的各种社会因素,这些因素可能会给办展机构举办会展带来市场机会,也可能会给其造成市场威胁。办展机构在策划举办一个会展时,必须对它加以密切关注,并及时对其作出适当的反应,以便有效地识别和抓住市场机会,避开和减少市场威胁。

宏观市场环境所涉及的因素是办展机构本身以外的市场因素,是不可控因素,具体包括:

1. 社会经济环境

社会经济环境是指那些能对企业参展和观众到会参观产生影响的各种经济因素,如社会经济发展水平,市场规模的大小,产业利润率的高低,产业结构状况,产业进出口状况,会展举办地的住宿、餐饮、交通、旅游资源等配套设施的完备程度等。这些因素从侧面影响着企业参展和观众到会参观的意愿。

2. 人口环境

从量的角度看,人口数量是市场规模的重要标志,从人口的地理分布、结构、受教育程度、宗教信仰、人口密度及变动的趋势可以分析判断出市场需求的特点和发展趋势,这一点对展销会等注重现场零售的会展有重要的意义。对于专业贸易类的会展来说,更要注重该展会展览题材所在产业及其相关产业的从业人员数量和结构构成,因为从这里能预测参展专业观众的数量,而拥有一定数量和质量的专业观众正是专业贸易类会展的生存之本。

3. 社会文化环境

社会文化环境包括三大类,即物质文化、关系文化、观念文化。它们分别代表人们对物质生活、社会关系和意识形态等方面的要求、认识和看法。社会文化环境对企业参展和观众到展会参观会产生较大影响。社会文化环境对会展的举办产生巨大的影响。

4. 政治法律环境

政治法律环境是由那些具有强制性的和对举办会展产生影响的法律、政府部门和其他组织机构所构成。举办一个会展涉及的行业和社会面非常广,因此,会展业会受到比其他行业更加严厉的法律管制。例如:政府对举办展会的场地的消防、安保,产品的进出口,广告宣传,举办会展涉及的行业的有关法律等均有严格的要求。

5. 科学技术环境

科学技术的发展会对企业的经营活动和经营方式产生重大影响。首先,科学技术的发展和推广可以给一些企业提供新的有利的发展机会,例如,开拓新的展览题材。其次,科学技术的发展和推广也可以给一些企业的生存与发展带来威胁,轻者冲击,重则淘汰。另外,在塑造会展服务的外部环境方面,科学技术的发展也能发挥巨大作用,例如互联网的发展极大地改变了会展的经营策略和竞争模式。

(二)微观市场环境

微观市场环境是指对办展机构举办会展构成直接影响的各种因素。这些因素包括办展机构内部环境、目标客户、竞争者、营销中介、服务商和社会公众等。和宏观市场环境一样,微观市场环境所包括的各因素也可能会给办展机构举办会展带来市场机会,或者对其造成市场威胁。

1. 办展机构内部环境

办展机构内部环境是指办展机构内部所具备的各种条件,包括资金、人力、物力(办公设备和通信工具),以及所掌握的信息资源和与之相联系的社会资源等。通过对办展机构内部环境的客观分析,准确地分析它们在拟举办的会展所在产业以及它们本身所具有的办展优势和劣势,并对这些优势和劣势进行客观的评估,分析办展机构是否具有举办该会展的能力。

2. 服务商

服务商是指受办展机构的委托、为会展提供各种服务的机构,包括展品运输代理、负责展位搭装的展位承建商、提供旅游服务的旅行社、提供住宿服务的宾馆酒店,以及提供会展资料印刷和观众登记的专门服务商等,这些服务商是办好一个会展必不可少的组成部分。在举办会展时,参展商和观众很多时候都将这些服务商提供的服务看成是会展本身的一个有机组成部分。

3. 营销中介

营销中介是受办展机构委托的或者是协助会展进行宣传推广和招展招商的那些中介组织和单位,包括会展的招展代理、招商代理、广告代理和其他营销服务机构等。好的营销中介能很好地分担和完成办展机构的宣传推广和招展招商等营销工作,能更好地协助办展机构成功地举办会展。分析营销中介,目的是要甄别那些候选的中介组织的资质、信誉和实际营销能力,以保证它们能为会展提供最好的营销服务。

4. 目标客户

目标客户是指会展的潜在参展商和观众。从类别上看,会展的目标客户包括消费者市场客户、生产者市场客户、中间商市场客户、政府部门和国际市场客户五大类。这些客户可能是参展商,也可能是观众。参展商和观众都是会展的服务对象,两者都不可偏废。会展的最终目的是要满足目标客户的需求。因此,在分析会展的目标客户时,不仅要分析他们的数量和分布,还要注意分析把握他们的需求及变化,并以此作为会展举办的起点和服务核心。

5. 竞争者

竞争者是指与拟举办的会展有竞争关系的其他同类会展。一个主题的会展往往不止一个。会展要举办成功,必须要比其他同类会展更能有效地满足参展商和观众的需求。一般而言,每个会展项目都会面临四类竞争:第一类是欲望竞争,即参展商和观众想要满足各种需求之间具有可替代性,他们可以选择参展,也可以选择不参展;第二类是类别竞争,即能满足参展商和观众的各种需求的不仅仅是举办会展,其他的营销形式也可以具有此功能;第三类是展会之间的竞争,即参展商和观众能在可以满足他们需求的同类主题的不同展会之间进行选择,他们可以选择本展会,也可以选择其他同类展会;第四类是品牌竞争,即参展商和观众凭借展会本身的品牌和办展机构的品牌对参加展会作出选择。因此,对竞争者的分析,要从竞争者的数量、规模和竞争力以及竞争者对展会的影响程度等方面来分析具有竞争关系的展会,以及这些展会的办展机构。

6. 社会公众

社会公众是指对会展实现其目标具有实际或潜在影响的群体。一个会展所要面临的公众有六种:一是媒体公众,即专业和大众报纸、杂志、广播、电视、网络等,它们具有广泛的影响力,对会展的声誉具有重要的影响;二是政府公众,即指负责管理会展和商业活动的有关政府部门;三是当地民众,即指会展举办地的居民、官员、社团组织等;四是市民行动公众,即指各种知识产权保护组织、消费者保护组织、环保组织等;五是办展机构内部公众,即指办展机构的全体员工;六是金融公众,即指那些可能影响办展机构获取资金能力的机构和组织,如银行、投资机构等。

前述六类社会公众均具有影响一个展会实现其目标的能力,因此,分析社会公众可为举办会展提供宽松的市场环境。

微观市场环境的构成要素与会展本身密切相关,在分析这些要素时,要善用资源、整合资源,使各种资源优势互补,最大限度地挖掘资质优良的资源,壮大办展队伍,并最大限度地降低办展成本。

(三)市场环境评价

在对市场环境的各种因素进行分析的基础上,办展机构要根据市场调查获取的有关信息,对市场环境进行整体分析和综合评估,以预防在举办该会展时可能受到的威胁,抓住可以利用的机会。

在掌握有关信息和对未来的环境变化趋势作出一定的预测后,就可以对市场环境进行整体分析和综合评估。对市场环境进行整体分析和综合评估常用的是SWOT分析法。SWOT分析法就是把办展机构所面临的宏观和微观市场环境各要素环境综合起来进行分析,得出市场环境对办展机构举办该会展所形成的优势(strengths)、劣势(weakness)、机会(opportunities)和威胁(threats),并将这四个方面结合起来研究,以寻找到适合办展的可行战略和有效对策。

SWOT分析法的步骤为:

(1)整理和分析收集到的各种信息,并根据这些信息对环境的变化趋势作出预测;

(2)详细地分析办展机构内部和外部的各种环境要素,列出市场环境对办展机构举办该会展所形成的机会、威胁、优势和劣势;

(3)将市场环境对举办会展进行SWOT综合分析,确定可以选择的战略和对策。

通过以上步骤,SWOT分析法为办展机构提供四种可以选择的对策,如表4-1所示。

表4-1 SWOT分析法四种战略对策表

		内部环境	
		优势(S)	劣势(W)
外部环境	机会(O)	SO战略 依靠内部优势 利用外部机会	WO战略 改进内部劣势 利用外部机会
	威胁(T)	ST战略 依靠内部优势 回避外部威胁	WT战略 克服内部劣势 回避外部威胁

(1)SO战略。这种战略是指利用办展机构的内部优势去抓住外部市场机会。例如,如果某办展机构办展经验丰富并且资金雄厚(即内部优势),而某产业尽管有会展存在,但该会展市场覆盖面不广(即外部机会),那么,如果其他条件具备,该办展机构就可以利用本战略进入该产业举办会展。

(2)ST战略。这种战略是指利用办展机构的内部优势去回避或减少外部威胁。例如,如果某办展机构的品牌优势十分明显(即内部优势),但与之有合作关系的会展服务商却不尽如人意(即外部威胁),那么,该办展机构就可以利用本战略,通过寻找更好的会展服务商进入该产业举办会展。

(3)WO战略。这种战略是指利用外部机会来改进办展机构的内部弱点。例如,如果从市场分析得出结论,某产业举办会展的市场机会巨大(即外部机会),而某办展机构内部策划和招展招商等人才缺乏(即内部劣势),那么,如果其他条件具备,该办展机构就可以利用本战略,利用社会和其他单位的策划和招展招商等人才,为本办展机构进入该产业举办会展服务。

(4) WT 战略。这种战略是指克服办展机构的内部弱点,避免外部威胁。例如,如果某办展机构计划举办的会展与另一已经存在的会展有冲突(即内部劣势),而大部分参展商和观众又认同该已经存在的会展(即外部威胁),那么,如果其他条件具备,该办展机构就可以利用本战略,重新对计划举办的会展进行定位,用新定位吸引参展商和观众。

在对市场环境进行整体分析和综合评估后,就可以形成针对市场环境的分析结论和分析报告,供办展机构最终决定是否进入某一产业举办会展作决策参考。

二、会展项目市场竞争力分析

会展项目市场环境分析是从计划举办的会展项目外部因素出发,分析举办该会展的条件是否具备;会展项目竞争力分析则是从举办的展会项目本身出发,分析该会展是否有发展前途。

1. 会展项目竞争力

会展项目竞争力分析是从会展本身出发,分析该会展与同主题的其他会展相比是否具有竞争力。会展的竞争优势来源于诸多方面,但是就某一个主题已定的会展而言,会展定位的号召力、办展机构的品牌影响力、参展商和观众的构成、会展价格和会展服务等因素,对会展的竞争优势具有决定性的影响。

(1)会展定位的号召力。会展定位是通过细分会展市场,找准目标参展商和观众,并清晰地让参展商和观众知道并认同该会展"是什么"和"有什么"。会展定位要能尽量反映展览主题所在产业的发展趋势,抓住该产业的热门话题,体现该产业的亮点和市场的特点,这样,该会展定位的行业号召力就大;否则,行业号召力就小。

(2)办展机构的品牌影响力。办展机构的品牌对参展商和观众具有很大的影响,他们会基于对办展机构的品牌认同而认同他们举办的会展。办展机构的品牌影响力会延伸到其举办的会展上,形成会展的品牌效应,提高会展的档次、规格和权威性,扩大会展的影响。

(3)会展价格。会展价格的高低直接影响着企业参展成本的大小,因此,在其他条件一定的情况下,参展企业会选择那些价格较低的会展参展。

(4)参展商和观众的构成。一个会展要有强大的竞争力,就离不开该会展展览的主题所在行业里有代表性的企业对会展的大力支持,离不开该产业产品的大用户到会参观。因此,参展商和观众的数量和质量决定了会展的质量和规模。

(5)会展服务。会展服务包括会展筹备和会展举办过程中办展机构为该会展的参展商和观众提供的各种服务,也包括会展的服务商和营销中介单位为参展商和观众提供的服务。会展服务是会展竞争力的主要组成部分。会展服务越周到、会展的竞争力就越大,会展的生命力就越强。

2. 会展项目发展空间

会展项目发展空间是指办展机构依据已经掌握的各种信息,根据会展项目立项策划提出的办展方案和会展定位,从会展的长远发展出发,分析会展项目是否有发展空间。一般包括以下空间:

(1)产业空间。产业的发展现状和发展前景是举办一个专业贸易性质的会展所依托的产业基础。产业规模大、发展前景好,政府支持,那么举办会展的行业空间就大。

(2)市场空间。市场空间是指市场结构状况、市场规模大小和市场辐射力的强弱,这是举办会展的市场基础。市场结构合理、市场规模大及市场辐射力强的话,举办会展的市场空间就大;反之,市场空间就小。

(3)政策空间。政策空间是指会展举办地对会展业发展的政策、对展览主题所在产业的政策以及对与会展业有关的行业政策。如果会展举办地的政府鼓励发展会展业,扶持会展主题所在行业,那么,举办会展会比较顺利。

(4)地域空间。地域空间是指会展举办地域和辐射力。展览主题所在行业比较发达的地区、交通比较便利、基础设施完善、信息灵通、服务业发达的城市举办会展的地域空间就大;反之,地域空间则小。

三、会展项目执行方案分析

会展项目执行方案分析是分析计划执行方案是否完备,是否能够保证该会展目标的实现,主要分析以下几个方面:

(1)会展基本框架方案分析。会展基本框架方案包括会展名称、展品范围、举办时间、会展频率、举办地点、办展机构、会展主题、会展定位等。分析会展项目执行方案,就是对构成会展基本框架的各种因素从总体上进行评估,从系统的角度分析各种因素是否协调、方案是否可行。

(2)招展、招商和宣传推广方案分析。招展、招商和宣传推广方案是会展项目的三个重要的执行方案,对会展目标的实现具有重要的意义。招展方案直接关系到参展企业的数量;招商方案直接关系到参观观众的数量;宣传推广方案关系到会展的社会影响力,并间接影响参展企业和参观观众的数量。

(3)会展进度计划方案分析。会展进度计划是指对会展从筹备到会展结束的整个期间内的各项工作进行统筹安排。它明确规定了办展机构在什么时间应该做什么事情、到什么时候应该完成任务、达到什么目标。

(4)现场管理和各种活动安排方案分析。现场管理计划是对会展开幕现场、会展展览现场进行管理的安排以及在会展举办期间举办的各种活动的安排。要做到现场管理计划周密、可控,相关活动必要和可行,现场管理和相关活动和谐。

四、会展项目财务分析

会展项目财务分析是从办展机构财务的角度出发,按照国家现行的财政、税收、经济、金融等规定,在筹备举办会展时确定的价格的基础上,分析测算举办该会展的费用支出和收益,并以适当的形式组织和规划好举办会展所需要的资金。会展项目财务分析包括:

(1)会展项目财务分析预测。就是在对计划举办会展的总体了解的基础上,对相关市场和执行方案进行充分调查,收集并预测项目财务分析所需要的各种基础数据。

(2)制订资金计划。根据财务分析和预测,筹措和安排举办会展所需要的资金投入量,为展位的前期资金投入提供保障。

五、会展项目风险分析

风险是指某一行动的结果所具有的不确定性。会展项目风险分析是指办展机构在举办会展的过程中,由于一些难以预料和无法控制的因素的作用,使办展机构举办会展的计划落空,或者是即使会展如期举办,但办展机构有蒙受一定经济损失的可能性。会展项目风险包括:

(1)经营风险。经营风险是指办展机构经营方面的原因给举办会展带来的不确定性。例如:会展的定位不明确、宣传推广没有按计划进行、招展不力、招商困难、人才结构不合理、会展安全问题、火灾隐患等问题。这些都会给会展举办机构带来不利的影响。

(2)系统风险。系统风险是指那些对所有会展都会产生影响的风险,例如:自然灾害、战争、瘟疫等。这些风险是不可抗拒的风险,对于这类风险,会展举办机构很难克服,只能采取一些措施进行预防和规避。

(3)财务风险。财务风险是指办展机构筹集资金给办展机构在财务上带来的不确定性以及办展机构举办会展的资金回收的不确定性从而给企业带来的风险。

(4)合作风险。合作风险是指办展机构各单位之间、办展机构与展馆之间、办展机构与各服务商和各营销中介之间,在合作合同方面有争议的法律风险。

六、会展项目立项可行性研究报告撰写

在对会展项目进行了上述评估之后,就可以形成会展项目立项可行性研究报告。可行性研究报告一方面是评估会展项目可行与不可行的依据和说明,另一方面也是为会展项目立项策划的具体执行方案提供改进依据和建议。

会展项目立项可行性研究报告具体包括:
(1)会展项目立项的背景和意义;
(2)国内相关会展现状与发展趋势;
(3)会展项目的市场分析与发展前景;
(4)会展项目实施主要内容和预期目标;
(5)会展项目现有资源的优劣势分析;
(6)会展项目实施方案的可行性论证;
(7)会展项目进度安排及具体内容;
(8)会展项目的经费来源、使用计划及还款能力分析;
(9)会展项目的经济、社会效益分析;
(10)举办该会展项目存在的问题、改进的建议。

本章小结

本章介绍了会展项目市场调查的含义和意义,阐述了会展项目市场调查的过程、内容和方法,以及会展项目立项策划的含义和内容。通过本章的学习,要求掌握会展项目的市场环境分析、市场竞争力分析、财务分析、风险分析、执行方案分析以及掌握会展项目立项可行性研究报告的撰写要求。

复习思考题

1.会展项目市场调查有什么意义?
2.会展项目市场调查的内容有哪些?
3.会展项目市场调查的方法有哪些?

4. 会展项目立项策划的内容有哪些?
5. 会展项目的市场环境宏观环境因素和微观环境因素有哪些?
6. 会展项目市场竞争力分析包括哪些方面?
7. 会展项目执行方案从哪些方面分析?
8. 简述会展项目财务分析的内容。
9. 简述会展项目可能产生的风险。
10. 会展项目立项可行性研究报告如何撰写?

多选题

1. 会展项目市场调查的内容包括(　　　)。
   A. 产业状况　　　　B. 市场条件　　　　C. 主办城市的环境状况
   D. 相关的法律法规　　　　　　　　　E. 相关展览会的状况
2. 会展项目市场调查一般常用的方法有(　　　)。
   A. 观察法　　　　B. 询问法　　　　C. 实验法　　　　D. 问卷法
3. 会展项目立项策划的内容包括(　　　)等。
   A. 展会的名称和地点　　　　　　　B. 展会举办机构
   C. 展会主题　　　　　　　　　　　D. 办展时间
4. 会展项目招展策划的内容,包括(　　　)。
   A. 建立目标参展商数据库　　　　　B. 确定招展价格
   C. 制订招展方案　　　　　　　　　D. 确定展会主题
5. 会展项目的宏观市场环境包括(　　　)。
   A. 社会经济环境　　B. 人口环境　　　C. 社会文化环境
   D. 政治法律环境　　　　　　　　　E. 科学技术环境
6. 会展项目的微观市场环境包括(　　　)。
   A. 办展机构内部环境　　B. 服务商　　　C. 营销中介
   D. 目标客户　　　　　　E. 竞争者　　　F. 社会公众
7. 会展项目的风险主要是(　　　)。
   A. 经营风险　　　　B. 系统风险　　　　C. 财务风险　　　　D. 合作风险

第五章　会展项目活动策划

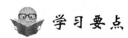 学习要点

1. 了解会议策划的内容。
2. 掌握展览活动策划的流程。
3. 明确节事活动策划的步骤。
4. 掌握奖励旅游策划的流程。

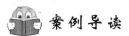 案例导读

中外知名会议——APEC

APEC是亚太地区最具影响的经济合作官方论坛,成立于1989年。1989年1月,澳大利亚前总理霍克访问韩国时建议召开部长级会议,讨论加强亚太经济合作问题。1989年11月5—7日,澳大利亚、美国、加拿大、日本、韩国、新西兰和东南亚国联盟6国在澳大利亚首都堪培拉举行亚太经济合作会议首届部长级会议,这标志着亚太经济合作会议的成立。1993年6月改名为亚太经济合作组织。

APEC会议宗旨:保持经济的增长和发展;促进成员间经济的相互依存;加强开放的多边贸易体制;减少区域贸易和投资壁垒,维护本地区人民的共同利益。

APEC会议精神:APEC的大家庭精神是在1993年西雅图领导人非正式会议宣言中提出的。为本地区人民创造稳定和繁荣的未来,建立亚太经济的大家庭,在这个大家庭中要深化开放和伙伴精神,为世界经济作出贡献并支持开放的国际贸易体制。在围绕亚太经济合作的基本方针所展开的讨论中,以下7个词汇出现的频率很高:开放、渐进、自愿、协商、发展、互利与共同利益,被称为反映APEC精神的7个关键词。

主要议题:APEC主要讨论与全球及区域经济有关的议题,如促进全球多边贸易体制,实施亚太地区贸易投资自由化和便利化,推动金融稳定和改革,开展经济技术合作和能力建设等。近年来,APEC也会介入一些与经济相关的其他议题,如人类安全(包括反恐、卫生和能源)、反腐败、备灾和文化合作等。

合作方式:APEC采取自主自愿、协商一致的合作方式。所作决定须经各成员一致同意。会议最后文件不具法律约束力,但各成员在政治上和道义上有责任尽力予以实施。

工商参与:APEC工商咨询理事会成立于1995年,是工商界参与APEC合作的主要渠道。理事会的主要任务是,就如何为APEC贸易投资自由化和经济技术合作创造有利的工商环境提出设想和建议。理事会由各成员选派的3名工商界代表组成,主席由当年APEC会议

东道主担任。理事会每年召开4次会议,理事会设有常设秘书处,位于菲律宾马尼拉。理事会较为活跃,为APEC合作发挥了积极的推动作用。

运作:亚太经济合作组织是经济合作的论坛与平台,其运作是通过非约束性承诺、开放对话、平等尊重各成员意见,不同于世界的其他政府间组织。世界贸易组织及其他多边贸易体要求成员签订具约束性的条约,但亚太经济合作组织与此不同,其决议是通过全体共识达成,并由成员自愿执行。

APEC现有21个成员,分别是中国、澳大利亚、文莱、加拿大、智利、中国香港、印度尼西亚、日本、韩国、墨西哥、马来西亚、新西兰、巴布亚新几内亚、秘鲁、菲律宾、俄罗斯、新加坡、中国台北、泰国、美国和越南,1997年温哥华领导人会议宣布APEC进入十年巩固期,暂不接纳新成员。此外,APEC还有3个观察员,分别是东盟秘书处、太平洋经济合作理事会和太平洋岛国论坛。

组织结构:APEC共有5个层次的运作机制。

领导人非正式会议:自1993年至2014年共举行了22次,分别在美国西雅图、印度尼西亚茂物、日本大阪、菲律宾苏比克、加拿大温哥华、马来西亚吉隆坡、新西兰奥克兰、文莱斯里巴加湾市、中国上海、墨西哥洛斯卡沃斯、泰国曼谷、智利圣地亚哥、韩国釜山、越南河内、澳大利亚悉尼、秘鲁利马、新加坡、日本横滨、美国夏威夷、俄罗斯符拉迪沃斯托克、印度尼西亚巴厘岛、中国北京。

部长级会议:包括双部长会议及专业部长会议。双部长会议每年在领导人会议前举行一次,专业部长会议定期或不定期举行。

高官会:每年举行3次或4次会议,由各成员指定的高官(一般为副部级或司级官员)组成。高官会的主要任务是负责执行领导人和部长会议的决定,审议各委员会、工作组和秘书处的活动,筹备部长级会议、领导人非正式会议及协调实施会议后续行动等事宜。

委员会和工作组:高官会下设4个委员会,即贸易和投资委员会、经济委员会、经济技术合作高官指导委员会和预算管理委员会。贸易和投资委员会负责贸易和投资自由化方面高官会交办的工作,经济委员会负责研究本地区经济发展趋势和问题,并协调结构改革工作,经济技术合作高官指导委员会负责指导和协调经济技术合作,预算管理委员会负责预算、行政和管理等方面的问题。各委员会下设多个工作组、专家小组和分委会等机制,从事专业活动和合作。

秘书处:1993年1月在新加坡设立,为APEC各层次的活动提供支持与服务。秘书处负责人为执行主任,2010年起设固定任期,任期3年。

案例分析

APEC成员通过成功策划此类型的大型会议,不仅对外可以展示和宣传自己,而且还会进一步提高举办地的城市水准,改善投资环境,抓住会议带来的可观商机,推动对外经济合作,让经济界、企业界从中获益,使当地的经济发展跨上一个新台阶,促进亚太地区经济一体化发展。

资料来源:徐静.会展概论[M].北京:北京大学出版社,2013.

第一节　会议活动策划

一、会议活动概述

(一)会议的概念

自从有了人类组织,就产生了会议。当今社会,会议已成为现代社会开展政治活动、经济活动、文化活动和其他活动的重要方式之一。

美国会议行业委员会(CIC)对会议的定义是:会议是指一定数量的人聚集在一个地点,进行协调或执行某项活动。开会的基本目的是信息分享与达成协议。

所谓"会"是聚合的意思;所谓"议"是指商量讨论。因此我们可以说,会议是人们怀着各种不同的目的,有组织地聚集在一起的议事活动。

会议的规模、种类、时间根据情况各不相同。全世界每天都有许许多多的人参加着各种各样的会议。如政治性大会、会谈、座谈会、研讨会、研习会等。

案例链接

国际大会及会议协会和国际协会联合会对国际会议统计标准的规定

总部设在荷兰的阿姆斯特丹的国际大会及会议协会(International Congress and Convention Association,ICCA)创建于1963年,是全球国际会议最主要的机构组织之一。国际大会及会议协会对国际会议的统计标准作出如下规定:国际会议至少有20%的外国与会者;会议至少能吸引50位出席者;会议必须定期举行,一次性会议不能列入统计范围;会议要在至少3个不同国家之间轮流举办。

而另一个主要国际会议组织——国际协会联合会(UIA)对国际会议统计标准的规定是:国际会议出席人数至少为300人;代表国籍至少为5个国家;外国出席人数至少占40%;会议期至少为3天;上述统计不包括国内会议和宗教、政治、商业和体育等会议。

资料来源:张红.会展概论[M].北京:高等教育出版社,2003.

(二)会议的要素

会议的要素涉及会议利益主体,主要包括主办者、承办者、与会者。

1.主办者

会议主办者是指对会议活动的组织、管理、协调负主要责任的机构或者个人。其主要任务是根据会议的目标和规划制订具体的会议实施方案,并为会议活动选择和提供必要的场所、设施和服务,确保会议正常进行。

一般情况下,会议的主办者即承办者。主办者通常包括具有领导和管理职权的机关、会议活动的发起者、特定组织的成员、通过一定的申办程序获得主办权的组织。会议的主办者一般可分为公司、协会或非营利性机构(如政府机关、公众团体)等。但有时也有所不同。如2001年APEC会议的主办者是中国政府,但具体承办者则是上海市政府。承办者要对主办者负责,具体职责由主办者决定或协商谈判确定。现代会议的主办还往往涉及相关协助者或赞助者。

2. 承办者

具体落实会议组织任务的机构或个人称为会议承办者。会议承办者既可以来自主办者内部，也可以来自主办者外部。承办者对主办者负责，具体职责由主办者决定或协商谈判确定。

内部承办者往往是来自会议主办组织中的成员，通常会设立一个秘书处或筹划委员会，专门处理会议的筹备、管理和策划工作。秘书处或筹划委员会要负责确定会议目标、为会议选址、定义与会人群、确定会议时间、调配资源、安排人员、批准预算等。

外部承办者通常是会议或相关行业中的专业人士，如专门提供会议承办服务的会展公司或旅行社。随着会议中介服务的发展，越来越多的主办者将会议委托给中介公司筹办，这样，会议中介公司就成为具体承办者。此外，会议的承办涉及为会议提供各种服务和物资的供应商，其中包括酒店、会场、旅行社、航空公司、公关组织、印刷公司、货运公司，甚至电工等。会议的主办者将这些服务项目承包出去，这些机构也就成了具体的承办者。

3. 与会者

与会者是指参加会议活动的对象，通常又称为会议成员、参加者或注册者。与会者是会议活动的主体，是会议活动成功与否的重要因素。与会者数量的多少决定了会议规模的大小，与会者的人数越多，会议的规模越大。

与会者的类型包括正式成员、列席成员、特邀成员、旁听成员，如贵宾就是会议的特邀成员，会议通常借贵宾的知名度来扩大会议的影响，贵宾可以是官员、影视明星或公众名人，贵宾通常会受到特殊的对待。

二、会议活动的策划

(一)了解会议活动策划的内容

1. 确定会议目标

在确定会议目标时要符合下列要求：

(1)会议目标要明确切实。

(2)时机条件要成熟。

(3)明确会议各项目标之间的关系，如总目标和具体目标之间的关系，主要目标和次要目标之间的关系，不要互相矛盾。

2. 确定会议的规模

会议规模主要与以下几个因素相关，要充分考虑各因素的重要性：①会议的效果；②会议的效率；③会议场地情况；④会议举办的成本。

3. 确定会议地点

会议地点要经过详细的考察和计划，通常应考虑如下影响因素：

(1)要能够营造良好的气氛。营造良好气氛的一个有效做法就是在会议场所布置一些绿色植物和花卉。绿色植物多为一年四季常青的灌木类，一般放在会场的主台后面或背景前，以及会议场地周围。花卉一般放在绿色植物的前面、主台桌子的前面、主台桌面上和场地通道周围及场地周围等处。

(2)会议的设施和服务。会议场馆从会议的容量、接待能力、通信设施到设备包括电梯、音响、空调、照明、同声翻译等都要满足会议所必需的条件。

(3)交通便利情况。如果大多数与会者都乘火车或飞机,会议举办地最好在距离铁路主干线、火车站或飞机场不是很远的地方,如果距离远的话则需要主办者提供完善的地面交通。

(4)会议地点要带有浓厚的政治和经济色彩。如2001年上海的APEC会议,除了会议的内容外,更多的是参会者对上海的印象唐装、夫人游览等活动的喜爱,达到了向世界推销上海的目的。

4. 确定会议参加对象

会议参加对象一般根据会议的目的、性质、议题以及议事规则来确定,具体来说又有以下四种情况:

(1)会谈、谈判、国际多边会议等,由发起者、主办者和成员之间根据议题协商代表人选。

(2)协会和学术会议,由协会会员和学术界有关人士自己决定是否出席会议。组织者通过精心策划议题、挑选会址和提供方便条件等吸引与会者。

(3)纵向性会议和部分横向性会议由会议的组织者或领导者决定。

(4)如果是法定会议,则根据组织章程或议事规则确定。

5. 确定会议的时间

会议时间主要是会议的起讫时间和会期的长短。主要考虑的因素有以下三点:

(1)会议的时机是否成熟,议题是否能够完成,尽量压缩成本。

(2)各项准备工作是否能完成,是否有充足的时间提交相关材料。

(3)是否符合当地的民族风俗和宗教习惯等。

6. 策划会议的日程、议程和程序

(1)策划会议日程。会议日程是指会议各项活动(包括辅助活动)的时间安排,一般要落实到单位时间。

(2)策划会议议程。会议议程是指会议主要活动的安排顺序,由会议的领导者和主办者确定,会议中由主持人掌握。

(3)策划会议程序。会议程序是指一次具体会议活动的详细顺序和步骤,是会议议程的具体化和明细化。

7. 策划会议的公关与宣传

会议公关与宣传是会议取得成功的重要保证。通过会议公关和宣传,可以及时传递会议信息,提高会议知名度,创立会议品牌,并能争取到社会各方面的支持和赞助。

(1)会议公关和宣传的方法。会议公关和宣传的方法主要有媒体沟通法、内部宣传法、气氛渲染法等。总之在会议策划时要关注到每一个环节,不可忽视了联络细节。

(2)会议公关和宣传的时段。会议公关和宣传的时段主要分为会前、会间和会后三个时段。

8. 会议发言的策划

在策划会议发言形式和发言人的选择以及发言的顺序等方面要考虑周全。发言注意事项如下:

(1)发言要符合会议的目标和议题。

(2)要尊重与会者的发言权。

(3)精选发言内容,注重发言者的能力素质。
(4)要控制发言人数和限制一定的时间。
(5)要合理安排发言顺序。通常有几种选择:按照报名时间先后确定、按身份高低确定、按姓氏笔画确定以及随机确定等。

(二)熟悉会议策划的要求

1. 会议目标和任务的策划要求

会议的目标是会议组织者的期望,而会议的任务则是在会议目标下所完成的具体工作。目标清晰、任务明确,会议才能发挥应有的功能。其具体要求首先是提出的目标和任务要切实,其次是处理好目标层次之间的关系。

2. 会议议题的策划要求

(1)高效。议题对会议的效率有直接的影响,为此要做到:
①凡拟提交会议讨论的议题必须是必要的并且是需要立即讨论的;
②一次会议的议题要适量,避免因议题过多导致会议时间冗长、会议效率下降;
③分清议题的主次轻重,明确中心议题或主要议题;
④准备一定要充分;
⑤相关的议题集中或归并讨论,避免或最大限度地减少重复讨论。

(2)服从于会议目标和任务。会议的目标决定会议的议题,反过来,任何一种会议目标都必须通过会议的具体议题来体现。也就是说,会议的议题应当根据会议的目标和任务来确定,与会议目标和任务无关或者偏离会议目标的议题应当舍弃。

(3)准确。议题的表述要清楚准确,避免含混或产生歧义。议题的内容必须与会议的权限相符,不能超出会议的职权范围。

3. 会议性质和参加对象的策划要求

(1)会议性质的策划要求。

会议的性质要根据会议的目标、任务、议题来确定。会议性质的策划要求主要有:
①会议的职权。会议的性质不同,其职权也不同。会议组织者一定要遵守会议的职权原则,正确处理会议议题与会议职权之间的关系,避免出现越权越位的情况。
②会议的功能。不同性质的会议,其功能也各有侧重。有的会议侧重于决策,有的会议侧重于研讨,有的会议侧重于联络感情,等等。会议的组织者应当根据会议的目标,并在考察各种会议功能的基础上,确定会议的性质类型。

(2)确定参加会议对象。

会议的参加对象应当依据会议的目的、性质、议题以及议事规则来确定。确定会议对象应注意的问题有:
①合法性。合法性即会议对象的确定必须符合法律、法规、规章以及组织章程、议事规则的有关规定。
②必要性。必要性即明确必须或应当参加会议的单位和个人,不能遗漏。
③明确性。明确性指会议对象的职务或级别必须明确,有的会议是正职干部才能出席,有的会议需要分管领导人员参加。
④代表性。与会者是否具有代表性,是会议能否真正发扬民主、集思广益的关键因素。因

此,代表大会、调查会、听证会等,应充分考虑参加对象的代表性。

4. 会议时间的策划要求

会议时间的策划涉及两个方面的问题:一是指什么时候召开会议最为合适,二是会期的长短。

(1)时机原则。会议的时间主要是一个准确把握会议召开时机的问题。具体包含三个方面:第一,解决问题的时机必须成熟;第二,时机成熟的会议应当及时召开;第三,选择合适的会议时间。

(2)需要原则。会期的长短要依据会议的实际需要来确定。

(3)成本和效率原则。会议时间的长短与会议的成本和效率密切相关,适当、合理地压缩会议的时间,是降低会议成本、提高会议效率的有效手段。

(4)协调原则。会议活动往往是领导人的主要活动形式,安排会议,特别需要注意协调领导人之间参加会议的时间,以免相互冲突。

(5)合法合规原则。由法律法规以及由组织章程或议事规则明确规定会期的,应当严格按规定的会期召开,非特殊情况不得提前或推迟。

5. 会议地点的策划要求

会议地点的策划包括两方面的含义:一是选择合适的地方;二是选择合适的场馆。

策划会议地点应综合考虑的问题主要有:

(1)会议的举行地是否具有足够的接待能力。

(2)会场是否适中,会场过大或过小都会影响会议的气氛和效果。

(3)保密会议的场馆是否符合保密的要求。

(4)会议的场馆是否能够确保安全。

(5)会议内的设备是否能够满足会议的实际需要。

(6)会议举行地是否具备必需的通信设施以满足新闻采访和报道及时的要求。

(7)交通是否方便,与会者是否能顺利抵达。

(8)环境是否适宜。会场的环境包括空气质量、气候影响、噪声大小等因素。应当尽量选择气候适宜、环境幽静的会场,保证会议取得满意的效果。

(9)规格是否适当。会场规格主要体现在会场的装潢水平、设施和服务功能上,直接影响会议经费的支出。要切实从会议本身需要出发,提倡节约简朴,反对奢侈铺张。

6. 会议名称和编组的策划要求

(1)会议名称的策划要求。

会议名称是指会议活动的正式称谓,是会议活动基本特征的信息标识。凡举行会议都应当事先确定会议名称。策划会议名称一般采用揭示会议主要特征的方法。主要有:揭示会议主题特征;揭示会议主办者特征;揭示会议功能特征;揭示与会者身份特征;揭示会议出席范围特征;揭示会议时间和届次特征;揭示会议地点特征或揭示会议方式特征。

一次会议的名称所揭示特征的多寡,应当根据会议的实际情况来确定。会议目的要求不同,会议名称所揭示的特征也各有侧重。

此外,正式场合、正式文件、会议记录应当用会议全称,以示庄重。会议简报和报道可以使用简称,但必须是规范化、习惯性的简称。

(2)会议编组的策划要求。

会议编组有利于提高会议活动的机动性,并使每个与会者都能获得发言的机会以利相互交流。常用的编组方法有以下几种:按与会者所在单位编组;按与会者所在的行业或系统编组;按与会者所在的地区编组;按议题编组;按界别编组;按法定规划编组和混合编组。

编组还要注意的问题主要有:组的数量和规模要适中;会议的领导要参加各组的讨论,并尽可能分散到各组;为了加强对各组的领导,应当指派组织和协调能力较强的人担任组长,并建立组长或召集人会议制度;法定性代表大会的代表团团长应当根据有关规定由代表民主选举产生;会议的领导机构可向各小组或代表团派出联络员,以便及时沟通会议动态。联络员工作由会议秘书处统一管理和协调。

(三)掌握会议的现场管理策划

会议现场工作是指从会议现场布置开始,包括会议举行期间到最后台议闭幕这段时间,对所有会议事务的组织管理工作。

1. 会议主题策划

会议主题策划主要包括这样几方面内容:

(1)会标的设计策划。会标是显示会议名称的标志,位于会场中与主席台处于同一方位的适当位置。具体规格可按下列公式进行计算:

$$会标每个字的规格=(台口宽度-间隔)\div(字数+2)$$

(2)会徽的设计策划。对于有会徽的会议,在布置主席台时,要将会徽挂设在台幕上。

(3)台幕的设计策划。主席台的台幕一般用紫红色或墨绿色面料做成。

(4)主席台的布置。会场中最重要的是主席台,它的布置要有一定的规则。一是要对称,即主席台的座位布局要对称;二是要简化,尽量减少在主席台上就座的人数,不要放置过多的花卉和旗帜,以免加重视觉负担;三是要考虑到会议的规模;四是对主席台的布置必须注意台口和台深的问题,台口是指主席台的横向宽度,台深是指主席台的前沿到底幕的距离;五是要将主席台稍微垫高一些,离代表席近一些;六是座谈会、研讨会等一般不设主席台。

(5)桌签的制作。会议桌签是在会议活动中标明桌号和就座人身份的标签会议。

(6)座签的制作。会议座签是在会议的各席位上标明就座人姓名的标签,会议座签一般是在一些有较高级别的领导人参加的会议上,为主席台就座人员标明座次及引导与会人员就座时使用的。

(7)与会人员坐席安排。即会议室布局。

2. 会议室的布局策划

在确定会议室面积的时候要考虑到很多因素,如预期出席会议的人数,所期望的会议室布局,所需要的视听设备的数量和种类,可能需要多少空间来放置衣架和摆放资料桌,旁边会议室内的活动类型等。

会议室的基本布局决定座位的摆放类型,注意一定要提供足够的座位。通常会议室的布局有课堂布局、U形布局、中空方形和圆形布局、变形布局及圆桌布局等几种。

3. 会场的装饰布置策划

会场的装饰布置通常是指会场的旗帜、花卉、灯饰、工艺品的陈列等,一般多用于一些对会议的现场气氛有特别要求的会议,如一些庆祝会、表彰会、联欢会、纪念会等。

4. 布置会场所需的时间策划

会议服务应提前做好工作时间表,因为确定每间会议室的大量座位布局需要服务人员花费多长时间是非常重要的,很多会议计划最终失败都是由于计划人员没有考虑到布置和收尾所需要的时间。在时间表中,要主要列出各种布局在最大客容量时所需的布置时间、会场收尾的时间、需要的工作人员数等内容。

5. 会场视听环境的布置策划

视听空间要做到 2∶8 原则,即代表面对屏幕,第一排平视的高度不低于屏幕的 2 倍,最后一排不高于屏幕的 8 倍。同时考虑以下几个因素:

(1)会场的听觉环境。

在会议进行过程中,会场内外各种声响的汇合会给人造成持续和综合性的影响,因此要努力给会场创造良好的听觉环境,主要是讲话人的音量控制和环境音响控制。

(2)视听设备与会场的容量。

若根据视听设备来考虑会议室座位的话,那么其容量与一般的容量应有所不同。通常介绍的座位数量是以最大容量计算的,并没有考虑到舞台或视听设备所需要的空间。

(3)座位安排对视听的影响。

席位的设置分两种情况:一种是不设主台场地。一般来说会议席位设置的原则是"右手边为上为主为大,左手边为下为次为小":距离主位越近其席次和席位就越高,反之亦然。另一种是设主台场地。

一般来说,会议只要存在两席以上的,就可以分出主席和次席。其设立原则是:面向正门口的位置为主席位。席位牌一般为长方形,上面横向书写文字。例如课堂形、剧院形的座位安排能够获得较好的视听效果,而圆形座位安排的缺点是无法让每一位与会者清楚地看到投影。

6. 其他服务细节的策划

不同类型的会议由于内容要求不同,还会需要一些特殊的用品。由于涉及的用品很多,因此办会方必须与会议组织者充分沟通,开列一个用品准备清单,以免遗漏物品影响会议的正常举行。

(1)讲台。大型的全体大会会场通常需要为发言人准备讲台,讲台既可以是固定的,也可以是可移动的。搭建讲台的材料多种多样,确切的大小和构造要根据使用者的多少和活动量而定。

(2)烟灰缸或"请勿吸烟"标志。

(3)水杯和水。如果是小型会议,参会人数较少,可以在会议室的角落里放置一两台饮水机和一次性纸杯,让与会者自行取水;如果参会者人数很多,可在每个人面前摆放一瓶矿泉水或水杯等。

(4)文具。应准备笔和纸张,就会场整体而言,纸张应统一摆放,规格质地也要统一。

(5)展示方向标志。如果是庆典性会议、招待性会议、研讨会等形式的会议,会场比较大或很难找,就需要用方向标示来指引方向。

(四)熟悉会议餐饮服务策划

会议有时需要安排早餐、午餐、晚餐、茶点休息、酒吧、招待会、自助餐等。要分别对待各项餐饮活动,确保细节安排。对每次活动都应填写餐饮单(宴会订单),列出所需的全部信息,以确保进展顺利。记住,无论其他方面如何成功,与会代表们都会记得那些槽糕的食物,因此会议的餐饮服务是一个非常重要的环节。

1. 团体菜单制作策划

为方便起见,可制作团体菜单,为提供服务或自助式的早、中、晚餐提供建议。

2. 特殊要求策划

在主题会议中,会议组织者经常要求特殊的菜单、装饰、服装和娱乐以展现主题。

在呈现主题菜单时,要考虑自身的能力,要推荐酒店的特色菜。成功举办主题宴会可以大大提高会议主办酒店的声誉。

3. 做好茶歇服务策划

对于持续时间较长的会议,应提供茶歇服务。条歇服务的主要注意事项如下:

(1)根据参会人数制定茶歇服务所需茶点数量的预算。人数的统计越精确越好,以方便厨房备餐。

(2)茶歇服务的时间通常持续10~30分钟。茶点应在会议预定结束前15分钟准备好,在茶歇尚未开始前就打开20%左右的饮料。

(3)为了避免拥挤,应将茶点摆放区域内各个食品台分隔开来。

(4)每75~100人设一张食品台。

(5)茶点通常是咖啡、茶及其他饮料或食物。

(6)提供完第一天的茶点服务后,应注意统计消耗量和剩余量,以便预测第二天的茶点种类和数量。

4. 其他注意事项

(1)注意饮食供应的速度,避免午餐时间排长队。这可以通过把不同的会议时间错开、提供充足的午餐供应点以及安排较长的供应时间等措施来应对。

(2)对活动期间可能出现的天气状况要早有准备,根据天气的情况提供适宜的食物。

(3)在提供新颖的食品时就要考虑到食物的味道一定要与外观一样好,否则还是采用稳妥保守的菜为好。因为人们一般会抱怨做得很差的有趣食物,而不会去抱怨外观做得很好的乏味食物。

(4)要注意可能会有特殊状况,譬如出现紧急医疗问题等。

(五)熟悉会议安全策划

会议具有人数众多、人员构成复杂、活动内容丰富等待点,因此,其安全保卫工作就显得尤为重要。

1. 会议防盗管理

对于盗窃事件,酒店应立足于防范,做到以防范为主,主要从加强员工教育、加强内部管理和配备安全设施等三方面入手。

2. 突发事故的处理

酒店会议期间常见的突发事件有客人报失、停电和食物中毒等事故,对此类事故一定要妥善处理。

3. 会议保密管理

会议根据其内容重要程度一般可分为绝密会议、机密会议和秘密会议等。会议的保密工作应重点做好以下几项工作：①制定保密纪律；②技术保密；③文件保密；④会场保密；⑤新闻、宣传报道的保密等。

(六)掌握会后评估策划

会议评估主要是收集有关会议目标实现情况的过程,有效的会议评估可以获得已结束的会议质量的信息,更重要的是可以通过对会议的总结分析获取经验教训,从而进行有针对性的培训和提高,确保以后举办会议质量的提升。评估的程序包括以下三个方面：

1. 了解会议评估的方法

对会议的评估可以分阶段进行。尤其是大型会议,在会议进行到一定阶段,大会结束或某个分会、活动结束后立即对刚刚过去的事件进行评估,就会取得较好的效果。通常使用的会议评估方法主要有以下几种：

(1)面谈。面谈即会后邀请部分调查对象有针对性地进行面对面的谈话,这种方法只能对会议进行定性评估。

(2)现场观察。现场观察是指在会议现场和活动过程中派人观察会议和活动的进行情况,观察与会代表的反应,从而作出对会议的评估。

(3)问卷调查。问卷调查是最常用且最有效的会议评估方法。问卷设计者把要评估的各方面问题列举出来,给出选项由被调查者选择,最后再由被调查者提出意见、建议。

(4)总结会议。这种方法是会议结束后,要求会议工作人员对自己在会议的整个过程中所做的工作及观察到的问题作述职报告进行总结,这种方法可以从侧面了解会议情况。

2. 认识会议评估的目的

(1)检查会议目标是否实现。

(2)落实与会者参会的满意度。

(3)评估会议的成功与不足。

(4)准备会议的总结报告资料。

3. 掌握会议评估的内容

(1)会议的议程和内容。注意会议主题与议题是否得当,会议议程安排是否合理,会议发言人选择是否合适,会议的论文水平以及会议讨论是否充分等。

(2)会议的各项活动如会议附设展览活动的服务和参展效果、表演活动对渲染气氛所起到的效果、各项宴会酒会是否得当、参观游览和访问活动安排是否合适。

(3)会议场所设施、服务和环境。考虑会议场所的音响效果是否良好,会议的环境质量,包括温度、湿度、照明度是否适宜,同声翻译设备的质量和翻译内容的准确程度,指引系统是否到位,饮水、茶歇服务的质量等。

(4)会议住宿、餐饮的服务质量。

(5)会议举办地的环境水平、居民是否好客、旅游景点的吸引力、举办地印象如何。

(6)会议宣传促销和接待工作的成效及会议接待工作的质量。

(7)与会人员的评价。包括对会议的总体印象、与会者的参会价值是否实现、与会者是否愿意参加下一次的会议。

(8)会议主办方的总体评价。如：会议的总体印象如何,会议是否达到预期成效。

可以根据会议的类型和性质选择相应的会议评估的重点内容。

第二节 展览活动策划

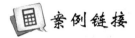

首届北京旅游商品博览会成功举办

由北京市旅游发展委员会主办,我公司承办的2012北京旅游商品博览会于2012年12月28日至31日在中国国际展览中心成功举办。这是北京首次举办的以旅游商品为主题的专业展会。4天的展会期间,来自全国12个省市自治区和香港、台湾地区的1135家参展单位展出了2万余款商品,吸引了超过10万观众到场参观,累计销售和签约金额超过40亿元。同时,博览会期间还举办了"北京礼物"旅游商品大赛颁奖仪式和"北京礼物"旅游商品发展论坛等主题活动,8家企业利用本次博览会的平台举办了专场推介或新品发布活动。

本次展会既是北京市贯彻落实十八大"加快建立扩大消费需求长效机制"指示精神的积极举措,也是优化产业结构、拉动经济增长的积极尝试。展会主题突出,着力于为全国旅游商品企业搭建交流合作、展示交易的平台,着力于促进旅游商品产业转型升级,提升旅游购物消费占旅游总收入的比重,更着力于把北京打造成全国旅游商品研发、设计、生产、经营的中心。

展会采取市场运作模式,充分调动市场活力,发挥专业承办商优势,深入拓展招商渠道、加强宣传推广,四天的时间内吸引了超过10万观众到场参观,现场购买商品总额达1.2亿元,很多商家携带货品售罄,房山区3家企业每天补货依然供不应求。除了普通观众外,来自全国各地的1100名专业买家积极洽商订货,与参展商签约订单共计5.5亿元。其中,津巴布韦一家公司当场定购价值五百万元的20套旅游木屋,另一家木屋企业仅一单就签订了占地300亩地的旅游景区木屋供货合同。展会期间,还举行了多场签约仪式,3家"北京礼物"运营商以及118家参展企业分别与合作伙伴达成意向,协议总金额32.6亿元。因此,本届展会直接收入和间接收入共计超过40亿元,充分发挥了博览会促进交易、拉动消费的效用,经济效益和社会效益都十分显著。

本届博览会展品涉及旅游纪念品、工艺美术品、公务礼品、商务礼品、休闲礼品、户外露营产品、都市工业品、文化创意产品、电子科技产品等多个领域。参展企业共计1135家,展会面积近2万平方米,特装比例约50%,吸引了伊朗、泰国等国家,上海、天津、山西、河北、甘肃、新疆等12个省市地区以及北京14个区县的旅游部门或行业协会组团参展。

本届博览会通过举办以下配套活动,充分体现了为全国优秀旅游商品企业搭建交流合作、展示交易平台的办展目的:

一是举行了韩美林大师受聘"北京旅游艺术顾问"仪式。为了"北京礼物"品牌承载的文化内涵更足,艺术特色更加鲜明,博览会期间,我委聘请"国宝级"的著名艺术大师韩美林担任北京旅游艺术顾问,为"北京礼物"产品设计、研发给予指导,为旅游和文化融合发展献计献策。

二是多家企业利用博览会平台发布最新产品。北京老舍茶馆有限公司、洛阳牡丹瓷股份有限公司、北京恒美瑞文化发展有限公司等多家企业利用本次博览会搭建的绝佳平台,举行了新品发布活动,现场互动展销,获得了非常好的宣传推广效果。

三是举办了多场主题推介活动。幻想神州、王相文画马工作室等企业举办了专场推介活动,加强了交流,促进了销售,反响热烈。

四是举行了非物质文化遗产展演,弘扬我国传统文化。为传统工艺品搭建了展示平台,延伸了市场销售渠道,获得了各位手工艺大师的好评和感谢。

展会以促进展示交易、加强合作交流为宗旨,力求服务于观众,服务于展商,通过展会平台促进旅游商品产业发展,拉动首都经济增长。展会着力于旅游商品产业链的融合与衔接,真正发挥了平台效应,通过本次博览会,展示了行业最新发展成果,探讨了未来发展模式,对旅游商品产业转型升级发挥了积极作用。

资料来源:首届北京旅游商品博览会成功举办[EB/OL]. http://www.jejavei.com/index.php?m=content&c=index&a=show&catid=8&id=139.

一、展览活动策划的概念

展览策划就是对展览的整体战略与策略的运筹和规划,具体而言是指针对展览战略、计划、实施并检验展览决策的全过程所作的预先的考虑与设计。展览策划不是具体的展览业务,而是展览决策的形成过程,是将展览目标具体化的过程。

二、展览策划的程序

对于展览的组织者来说,展览的具体策划工作可分为五个阶段,如表5-1所示。

表5-1 展览策划的五个阶段

阶段一	阶段二	阶段三	阶段四	阶段五
12个月前	10个月前	8个月前	当前	结束当月
构思酝酿	可行性研究	立项	实施	总结
*市场调查	*初步设计	*策略方针	*计划组织	*双向分析
*概念生成	*可行论证	*明确主题	*协调管理	*综合评估
*确定需求	*比较剖析	*编制预算	*系统运作	*统计验收
*提出构想	*定性定量	*决策方案	*全面控制	*总结报告

(一)阶段一与阶段二:酝酿研究阶段

这两个阶段的主要任务是在市场调查、环境分析等基础上提出展览构想,然后进行可行性分析与研究。这一阶段的工作是展览策划的基础性工作。

会展市场是瞬息万变的,而会展市场调查本身作为一种管理工具,它强调会展企业在整个营销过程中时刻都要注意了解市场动向,把握机会,及时发现会展营销中的失误,随时改进会展营销活动,以更好地满足参展企业的需求。

因此,会展企业通过市场调查,有助于会展企业了解会展市场态势和发现市场机会,有利于会展企业进行科学决策,可以充实与完善会展市场信息系统,涉及产业环境调查、市场需求、同类展会以及相关法律法规方面的调查。

(二)阶段三:立项策划阶段

1. 主题确定与报批并设立组织机构

展览会主题的确定必须经过深谋远虑,根据经验并结合现实来完成。主题必须要有市场需求性、时效性、创新性。组织者根据制订的会展策划方案,及时向主管部门申报并等候批准。目前国内的主要展览会如果是面向全国招展的,必须到中央主管部委或相关行业协会报批;如果是面向全省(或自治区、直辖市)招展的,必须到省级主管厅或相关协会报批。一旦批文下达,即刻开始会展组委会的筹备工作。

与国际性会议设立的组委会形式大致相同,展览组委会也要设立秘书处统一协调工作。秘书处下设广告招商部、招展部、布展搭建部、新闻部、财务部、后勤部、接待部等。和国际会议不同的是,展览的招展部和布展搭建部的责任重大。大型的展览会对组织工作技术含量要求非常高,会议的安排和接待通常可以借助饭店的设施和人员优势配合完成,展览会的布展搭建工作必须由组织者自行完成。布展工作将直接面对不同的参展商,根据其预算和地方特色精心设计。布展工作的范围不仅仅局限于展馆内部场地,展场外部空间也需要充分的考虑和规划。因为对广告商的回报往往体现在室外的广告阵地上。展场外部布展的工作量非常大,不可有任何闪失。

2. 制定展览预算

在制定展览预算方面,重点考虑以下几个方面:

(1)参展展品成本。

(2)直接投入的成本。主要表现在场地租借费上,场地租借费特指标准展台的租赁费或空地的租金,这是最直接最大的费用支出。包括展台设施支出;参展商可能需要展览组织者提供用电、用气、给水或排水、垃圾清理、压缩空气使用、冰箱、电话机、传真机或票类预订及其他公共服务等附加服务费用;购买必要保险的费用;清洁服务费用;专业服务费用;参展经理的考察费用以及其他不可预见费用。每次展览会应预留15%的额外经费,用以应付一些无法控制或不能预先估算的支出。

(3)人员酬劳费用。包括临时性雇佣产品展示人员和客户接待人员所需的费用和正式的展台工作人员的薪酬,还有一定的劳务费和工作人员产生的其他费用。

(4)其他支出费用。包括:①综合性广告支出;②参展商手册印刷费用;③专门印制说明书费用;④公关费用支出;⑤招待活动和正式招待会费用;⑥新闻报道的制作费和宣传费;⑦展览会贵宾邀请费用;⑧不可预见费用。应当留出20%的预算作为应付意外情况开支,这样在计划过程中如果遇到好的新思路、新建议也可积极采纳。

3. 展览场馆的租赁与现场策划

展览场馆的租赁非常紧俏,很多知名的场馆如上海的新国际博览中心、上海展览中心、国际展览中心等在每年三、四、五月和九、十、十一月的会展旺季,早在一年前已被预订。展馆往往会要求组织方在开展前一个月将全部场地租金付清,另外还需支付进馆押金。

如何有效地利用现有场馆,尽量多地安排展位,克服展馆现有设施的制约因素,需要组织者聘请专业的策划专家现场指导,充分利用展场面积做到疏密有致,合理布局。另外,展馆内必须开辟专门的新闻中心、展商休息区、用餐区域、邮政和货运办公区域等,以便尽量利用边角面积,最大限度地控制成本。

4. 招展工作和赞助工作的策划

展览面积一旦确定,整体布展格局一旦形成,即刻开始招展和赞助工作。招展工作,主办单位和承办单位必须完成较大比重,同时可以选择其他会展招展代理去开发其他客源。赞助工作也一样,既然展览是市场化运作,就应该按照市场游戏规则来和优秀的广告公司、咨询公司形成策略联盟。当然,作为招展代理商,必须严格遵守主办单位的规章制度,积极获得主办方和承办方的技术支持,在招到展台的第一时间得到承办方的展位确认。

(1) 招展宣传策划。

招展宣传实际包括宣传和联络两种方式。宣传是一种单向的信息传递,即组织者单方面地向潜在的参展商传达展览信息。宣传的主要方式包括:在公开的和内部的媒体上刊登新闻、刊登广告,直接发函等,宣传的对象是全体潜在的参展商,包括未知的潜在参展商。联络是一种双向的信息交流,即组织者与潜在的参展者之间双向地交流信息。联络的主要方式包括电话联系、召开会议、登门拜访等。宣传和联络的目的都是让潜在参展者知道展出项目,激发他们的参展兴趣。

(2) 组团管理。

参展管理工作俗称"组团",是展览运作的组成部分,贯穿展览会的全部过程。管理分两个阶段,即筹备管理阶段和展台管理阶段。组团管理工作的形式之一是召开会议。开会的目的包括:鼓舞士气、培养集体观念和互助合作精神;布置工作、明确任务;检查工作、发现问题;互通情况、相互借鉴学习等。

会议包括筹备会、检查会和动员会。筹备会是会展前的第一次会议,是为展览筹备工作召开的会议。如果是国际展览会应不迟于开幕前6个月召开;如果是国内展览会,应不迟于开幕前3个月召开。组织者方面最好是最高领导参加并主持会议,项目经理或协调人主讲。组织者的展品运输、宣传联络、设计施工、行政后勤经理以及会计等具体负责人应当参加会议并就各部门工作提出要求。

检查会是第二次会议,是展览筹备工作的检查会议。此次会议可以在展览会开幕前一至两个星期,展览人员前往展馆之前或到达展馆后,现场筹备工作开始之前召开。这次会议的目的是检查准备工作是否完成,做最后补救和调整,详细说明展览现场筹备工作,包括展台搭建、展品运输、展台布置等工作的安排,详细说明展台人员行程、住宿、膳食、市内交通等安排,检查展台人员是否合适。

动员会是第三次会议,是展览会开幕前的动员会议。此次会议可以安排在开幕前一天下午或晚上,最晚在开幕当天的早晨召开。会议地点可以在展览人员驻地或展馆。展览工作人员必须全体出席会议,这次会议是筹备工作结束,展台工作开始的会议。会议内容包括:检查展台施工、布置情况,回答、解决任何未解决的问题等。

5. 参展指南与会刊的制作

参展指南是将所有会展信息和咨讯告诉展商的书面材料;参展商应该在确定参展之时收到组委会的参展指南。该书的内容包括此次展览会的概况、展馆的具体技术参数、各类回执表格、各类信息咨询方式、参展搭建咨询等。

会刊是刊登所有参展商信息及现场查询展位的信息名录,一般每个参展企业都拥有一定的版面,用来简单介绍本企业产品的性质和特色;会刊同时又是广告赞助商刊登企业形象宣传的重要版面,所以会刊制作的精良程度和会刊印制的页数多少都从一个侧面反映了此次展览会招展情况的好坏和广告赞助的多少。

6.招展书和赞助商手册的设计制作

招展书的文字要着重体现出此次会展的规模和效应,组委会提供参展商的优惠条件和利益回报,文字要求精炼,图案要求精确。招展书应附有各类参展信息反馈表,如参展证件登记表、展台楣板文字登记等。

赞助商手册应由专门的广告公司设计,图文并茂,内容主要是明确此次会展的规模和层次,特别是媒体的宣传途径和力度是赞助的卖点所在。所以,编写赞助商手册时要格外慎重,特别要注意如下四个方面:

第一,赞助商手册的编写一定要站在客户的立场去分析。

第二,赞助企业的品牌形象能够在多少场合以何种形式出现(曝光率)。企业的品牌标识出现的频率等都必须为客户考虑清楚,要清楚地为客户算一笔账。

第三,企业赞助的费用将用于组委会制作各类证件、门票、资料袋、广告牌、彩旗等,因此,在参展商手册上要提到企业的品牌标识等。

第四,品牌的受众面带给企业的社会效应也必须在赞助商手册中陈述清楚,给投资者以信心。

(三)阶段四:策划的实施阶段

这一阶段的主要工作是会展现场管理工作。展览会的现场搭建分成标准展台搭建和特殊展台搭建。组委会指定的搭建公司作为展览会主场搭建公司,承担整个展馆标准展台的搭建工作。整个展馆的排线、地毯铺设、水电供应都由主场搭建公司负责完成。特殊展台或展区的搭建可以由参展商自行选择合适的搭建商进行特殊装修,既可选用组委会指定的主场搭建公司,也可选择其他搭建公司。当然,该搭建商必须具备展场认可的展览搭建资质,并向秘书处申领施工证方可进场搭建。

特殊搭建商在用电、用水等方面的具体要求,可直接向组委会指定的主场搭建公司提出申请,由其出面进行协调并进行现场管理。搭建商在进馆之时,必须向场馆交纳搭建押金。

总之,展览会现场有大量的组织工作要做。布展工作是整个展览工作最重要、最关键的阶段,所有展览筹备工作都是为了这个阶段。

(四)阶段五:总结阶段

这一阶段的主要工作是组委会评估总结工作。

每次展览会举办结束后,都应该及时进行评估总结,每个部门都要针对本部门的工作表现进行分析。既要看到此次会展的成功之处,更应认清不足所在。同时,及时调整策略,为下一届招展工作打好基础。

评估总结是展览制作的组成部分,是对展览总体环境和参展整体工作的评估与总结。它的作用和意义在于为判断此次展览工作的效率和效果提供标准和结论,并为提高以后展览工作的效率和效果提供依据和经验。展览评估总结工作的目的主要是总结经验、发现问题、改进工作、提高效率。

总结会上,财务部应提交一份会展收支情况报告,财务部部长应对会展收支作详细说明。盈收结果能够很客观地说明会展的成败情况。

第三节　其他相关活动策划

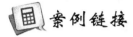

青岛国际啤酒节

第22届青岛国际啤酒节于2012年8月11日—26日举行。经过多年探索和创新,青岛国际啤酒节已成为国内规模最大的酒类节事活动,在国内外具有较高的知名度和美誉度,被誉为堪与德国慕尼黑啤酒节媲美的亚洲最具影响的啤酒盛会。

青岛国际啤酒节自1991年开办以来,就吸引了国内外多家啤酒厂商参节,首届就有来自中国内地、日本、美国、加拿大、德国、新加坡、中国香港等国家和地区的啤酒厂商前来展销。随着青岛国际啤酒节的不断成长与成熟,参节啤酒厂商也越来越多。每年都赢得近50个世界知名啤酒品牌加盟,也吸引了近400万市民和游客参节。

一、节事活动策划

(一)节事活动策划的步骤

1. 确定节事活动主题

节事活动的主题是节事活动策划的源头。比较成功的节事活动如中国金鹰电视艺术节,简称金鹰节,即原"中国电视金鹰奖"评选活动,以中国电视金鹰奖的评选颁奖为主要活动内容,是唯一以观众投票为主要方式产生的全国性电视艺术综合大奖,也是中国第一个以国产电视艺术作品作为评奖和交流对象的电视艺术节庆活动。首届电视金鹰奖评选活动于1983年在云南省昆明市举行。自2000年第18届开始,改称为"中国金鹰电视艺术节",由中国文学艺术界联合会、湖南省人民政府、中国电视艺术家协会、湖南省广播电视局联合主办,湖南电广传媒股份有限公司承办,每年的第四季度固定在湖南省长沙市举行。

金鹰节的举办,不仅吸引了大量国内单位、企业、群众踊跃参加,而且愈来愈受到国外传媒的重视,其国际知名度与日俱增。

2. 定位节事活动

节事活动的定位,就是在多种节庆活动的图表上为即将举办的节庆活动寻找一个合适的坐标,作总体的科学的框架设想,这个设想的主要内容有市场定位、宗旨定位等。

3. 制定节事营销预算

预算就是实现节事目标所需要的资金计划。在制定节事预算时通常需要考虑到几方面因素:广告、印刷品、邮费、公共关系、促销、营销费用、应付意外突发事故的储备资金、间接成本(管理费用)、其他等。

营销活动的费用在预算的整个开支中所占的比例最大,因此需要仔细研究每一项的价格,确保不会对整个节事活动的开支底线造成负面影响。

4. 组织节事活动

节事活动的组织工作千头万绪,只有提纲挈领,才能收到事半功倍的效果。一般说来,应重点抓好以下四方面的工作：

①联办单位和参与单位的分工协作。大型节事活动的组织工作是系统工程，做好联办单位和参与单位的组织工作，非常重要。

②艺术演出和体育表演的组织。艺术演出和体育表演是节庆活动必不可少的内容，也是提高亲和力和吸引力的主要手段。组织国内外一流水平或高水平的艺术团体和体育队伍献艺，邀请拥有各种特技绝活的民间艺人表演，动员当地广大公众参与，才能为节事活动增光添彩。

③后勤保障体系的组织。后勤保障体系涉及交通运输部门、商业部门、文化部门、环境卫生部门、金融部门、公安部门及其他服务部门，较为复杂。节事活动的对象除了当地的居住者以外，很重要的一个组成部分是旅游者，旅游者十分重视经历和体验，这就要求各类从业人员树立"以人为本"和"服务至上"的观念，提供高质量的服务。对后勤保障体系的组织，不仅仅是落实人员、物质，还要落实思想效育和到位的服务。

(二)节事活动策划书的基本结构和内容

1. 策划书的基本结构

(1)标题：节事活动策划书的标题通常由两部分组成，即策划的对象名称和文种，如"上海旅游节策划方案"。

(2)文头：在标题下方依次排列策划书的名称、策划者的姓名、策划书完成的日期、策划书的目标等内容。

(3)名称：策划书的名称可以与标题相同，策划者的姓名除了策划者的名字外，策划者隶属的单位、职位均应写明。策划书完成的日期也包括修改的日期。策划书的目标写得越明确具体越好。

(4)目录：策划书的目录务必要能使人了解策划书的全貌。

(5)正文：正文由策划书的前言和策划书文本两个部分组成。前言包括策划的缘起、宗旨、背景资料、问题点和节事活动创意的关键等，也可加入序文。

(6)活动背景：活动背景应根据策划书的特点在以下项目中选取内容重点阐述，内容有基本情况简介、主要执行对象、近期状况、组织部门、活动开展原因、社会影响及相关目的动机。

(7)序文：序文是把策划书所讲的概要加以整理，内容简明扼要，让人一目了然。

(8)宗旨：宗旨主要是对策划的必要性、社会性、可能性等问题的具体解说。

2. 策划书的内容

策划书文本的内容是方案最重要的部分，内容应具体，可操作性强，避免空洞枯燥或强词夺理等。具体包括以下内容：

(1)市场背景及可行性分析。分析市场需求、市场热点，说明活动的内在优势、劣势、外部机会及威胁等因素，对其作好全面的分析(SWOT 分析)，将内容重点放在环境分析的各项因素上，对过去现在的情况进行详细的描述，并通过对情况的预测制订计划。如环境不明，则应该通过调查研究等方式进行分析加以补充。

(2)活动的目的、意义。活动的目的、意义应用简洁明了的语言将要点表述清楚。在陈述表白要点时，该活动的核心构成或策划的独到之处及由此产生的意义(经济效益、社会效益、媒体效应等)都应该明确写出。活动目标要具体化，也需要满足重要性、可行性、时效性的要求。

一般的节事活动目的分为创建提高知名度、增加现场销售、传达信息、诠释品牌理念、展示活动特色等。

(3)活动的基本要素。活动的基本要素包括名称、主题、时间、地点和规模等。

①名称:节事活动的名称要包含活动的时间(届次)、地点和内容等信息。

②主题:一个好的主题对展览活动而言是一面旗帜,是对活动内容的高度概括,是整个策划的灵魂。要为广大公众接受,就必须选好主题,应避免重复化、大众化。所以策划者应提出具有创意的节事活动主题和节事活动宣传口号,并详细阐释节事活动主题的内涵。

③时间:除了固定的纪念日,日期的选择一般较为灵活,但策划时首先要将日期确定下来,以便进行具体的时间安排。

④地点:选择地点时必须考虑公众分布情况、活动性质、活动经费及活动的可行性等诸多因素。

⑤规模:估计参与者的人数。

(4)组织结构及任务分配。织织结构及任务分配指节事活动策划实施的工作组织结构的构成及人员组成与分工。

(5)宣传推广计划。针对节事活动主题,需要媒体如报纸、广播、电视、网络等的配合,拟订宣传推广计划。

(6)活动开展。作为策划书的正文部分,活动开展的表现方式要简洁明了,使人容易理解,但表述方式要力求详尽,写出能设想到的每一点东西,避免遗漏。在此部分中,不仅局限于用文字表述,也可适当加入统计图表等。对策划的各工作项目,应按照时间的先后顺序排列,绘制实施时间表有助于方案核查。人员的组织配置、活动对象、相应权责及时间地点也应在这部分加以说明,执行的应变程序也应该在这部分加以考虑。

(7)财务预算。财务预算指针对节事活动方案和宣传计划,分别计算出节事成本价和门票等对外报价。节事活动必须进行周密的预算,使各种花费控制在最小规模内,以获得最佳的经济效益。在预算经费部分,最好绘制表格。

(8)风险预测、解决方案和备选方案。内外环境的变化,不可避免地会给方案的执行带来一些不确定性因素,因此,当环境变化时是否有应变措施,损失的概率是多少,造成的损失是多大等也应在策划中加以说明。

(9)评估与总结。效果评估指是否达到节事活动的预期效果,以及主题与产品和目标受众是否一致,对他们是否有足够吸引力。

(10)活动负责人及主要参与者。节事活动应注明组织者、参与者姓名、嘉宾、单位,小组策划应注明小组名称、负责人。最后要注明组委会联络方。

总之,专业的策划应该是具体的,策划书也重在操作思路、运营手段和应变能力。此外,还要求策划人能将眼界拓宽,把握策划主线,能将外部资源整合进自己的设计框架之中,从而丰富自己的策划内容,建立多层次、多角度的策划体系。

(三)节事活动的承办

节事活动的承办是落实策划和构思的过程,也是出成果、出效果的阶段。节事活动承办的关键工作有三方面:一是建立节事活动筹委会或筹备小组,以便统筹全局、统一事权;二要制订一个总体方案,确定节事活动的时间、地点、活动内容、组织方法、经费预算、应急方案等;三是排出行动计划倒计时工作进度表,使承办工作有条不紊地进行。此外,筹办国际性节事活动还需要特别注意一些问题。

(四)节事活动的效果评估

节事活动结束后要及时对节事活动举办的效果进行评估。节事评估包括两部分：第一部分为衡量，也可以称为量度或计量，指针对数量和所得数据的计算和比较；第二部分为判断，指对一切不能量化的因素或环节采取研究判断的手段。衡量是客观的，而且一定要有确定的衡量标准；判断是主观的，而且也不能用某种硬性标准来直接加以判断。评估必须把客观的衡量与主观的判断结合在一起。

二、奖励旅游策划

奖励旅游的历史可以追溯到20世纪20年代的美国。如今已有50%的美国公司采用该方法来奖励员工。在英国商业组织给员工的资金中，有2/5是以奖励旅游的方式支付给员工的。在法国和德国，一半以上资金是通过奖励旅游支付给员工的。

奖励旅游的策划包括以下流程：

1. 了解奖励旅游市场需求，开展市场营销

奖励旅游是会展业的一个细分市场，了解这一市场的构成和需求，对于奖励旅游公司应针对性地推出受市场欢迎的产品至关重要。面对不断发展壮大的奖励旅游市场，任何一个奖励旅游公司都不可能面对所有的市场，所以必须要根据自身的特点和优势，在科学的市场细分上，选样一个或几个作为自己的奖励旅游细分市场。奖励旅游市场的构成和需求情况因地而异，奖励旅游公司需要仔细地对不同地区的客源市场进行调查研究和分析，以便有效地开展市场营销工作。

在开发奖励旅游产品之前，奖励旅游策划者几乎无一例外地要亲自到目的地访问，察看当地的酒店、景区、餐厅和接待人员。策划者不仅要求事事达到标准，还要求所有的细节都得到足够重视。他们本人或代表会亲自去旅游一次，作为最终的保证。

2. 确定实现奖励旅游的工作目标

对奖励旅游活动的完整策划，第一步便是帮助开展奖励旅游的企业制定实现奖励旅游的工作目标。要根据客户提出的要求和其实际的经营情况来拟定一个合适的目标，这一目标将是今后选择奖励旅游参加对象的基础，而且需要奖励旅游对象为之努力奋斗。目标的制定应该既富有挑战性，又具有可行性，能让奖励旅游对象达到或超过。同时，奖励旅游举办者要有清晰的财务预算，所以需要将目标量化。此外，目标还要明确达到的时间限制，这一期限不宜过长，绝大多数为3~6个月，几乎没有长达1年以上的。需要指出的是，对于奖励旅游者而言，奖励旅游活动的持续期限不是指旅游的开始到结束，而是从奖励旅游计划宣布就开始了，包括他们为争取参加奖励旅游所需要的达标时间。所以，如果工作目标的时限太长，人们容易遗忘、失去兴趣，或者变得心烦意乱，从而降低奖励旅游的效用。

3. 制定绩效标准

绩效标准是用来确定奖励旅游对象是否具备参加奖励旅游活动资格的指标，是根据企业目标的预定完成情况和奖励旅游对象为实现这一目标应作的贡献来拟定的，在企业中最常见的是制定生产和销售定额。在制定绩效标准时，应注意标准不宜过高，并保证公平性，尽量使奖励旅游的激励面和受益面更宽更广。

4. 进行内部沟通与宣传

专业性的内部沟通与宣传对于奖励旅游活动的成功实施十分必要。如果客户的奖励旅游对象中无人意识到这个奖励旅游活动的存在或者无人为之欢欣鼓舞,那么提供这样的奖励旅游项目就是毫无价值的。因此,应该选择恰当的时机,以隆重的形式,如召开动员大会宣布奖励旅游计划,并鼓励企业全体成员积极投入到争取奖励旅游资格的活动中。奖励旅游策划者还要与奖励旅游对象保持经常性的沟通,随时把奖励旅游计划的最新进展告诉他们,并与其进行充分、热烈的商讨,从而赢得他们的热情支持与配合。

5. 制定工作进度时间表

奖励旅游的方案和日程设计必须周密,应制定一个明确的准备工作进度表。奖励旅游活动的旅游时间安排不应使客户的正常经营活动感到过分的紧张。另外,时间的选择既要利用淡季价格,又要顾及奖励旅游参加者的愿望。当然,这样的要求有时会有冲突,所以奖励旅游公司必须有足够的灵活性并善于作出妥协。

时间表上必须要预留充足的准备时间,团队越大,所需的准备时间就越长。例如,希望订包机就要考虑航空公司调配额外班次的时间,在旅游目的地机场已达饱和的市场上,谈判包机至少需要1年时间。以下是成功举办一次奖励旅游活动所需的最低限度的时间:小型专项研讨会为几个月,中型新品发布会为半年,大型培训班为1年,国际协会举办的大型会议为2～3年。

6. 严格选择旅游目的地

奖励旅游对目的地的选择总体要求很高,在目的地选择时所考虑的重要因素与会议、展览目的地有所不同。奖励旅游目的地不仅要具有方便的交通条件和高档次的旅游接待设施,而且还要有上乘的服务水准和优美的自然环境,尤其是必须拥有特色鲜明的旅游资源或旅游吸引物。奖励旅游目的地通常要求有广泛的吸引力和某种自我促销性,也就是通常不需要促销,就能受到大众的欢迎。

7. 提出奖励旅游活动方案

活动方案和日程的设计应该考虑以下因素:
(1)客户开展奖励旅游活动的目的。
(2)客户的特性和背景,特别是企业文化特征。
(3)客户和奖励旅游参加者对活动行程及内容的特殊要求。
(4)依据绩效标准确定的每次奖励旅游活动的团队人数。
(5)客户的奖励旅游预算。
(6)突发事件处理方案。

8. 审核与批准奖励旅游方案和日程

通过与客户的反复讨论和协商,完成奖励旅游方案的预算审核和可行性论证,最终达成共识,使奖励旅游活动方案和日程安排获得客户的批准。奖励旅游公司和客户双方还应根据实际情况的变化,及时对原方案进行调整。

9. 实施奖励旅游活动计划方案

奖励旅游执行阶段的成功关键取决于周密、细致的旅游接待服务工作,做好各方面协调也很重要。奖励旅游公司在整个旅游活动期间,应派专业代理人员随团工作,负责指导当地接待企业做好服务,并充当接待企业与奖励旅游团的联络人。

10. 提供完善的奖励旅游后续服务

奖励旅游公司在奖励旅游活动结束后,要进一步做好后续服务工作,如回收企业物品,运送礼品,按客户要求提交评估报告等,并及时收集客户和奖励旅游者的反馈信息,改进产员和服务质量,争取下一次合作机会。

本章小结

本章首先介绍了会议的基本概念及要素,并重点介绍了会议活动策划的具体内容;其次阐述了展览活动策划的概念及流程;最后对节事活动策划的步骤、节事活动策划书的结构和内容以及奖励旅游策划的流程进行了详细介绍。

复习思考题

1. 简述会议的要素。
2. 简述展览策划的五个阶段。
3. 制定展览预算时要考虑哪些问题?
4. 简述奖励旅游的策划流程。

单选题

1. 会议的(　　)制约着会议的主题和议程,决定会议的性质,并影响着会议的方式和结果。
   A. 规模　　　　　B. 目的　　　　　C. 场地　　　　　D. 预算
2. 举办接待国际、国内会议及展览等其他大型活动选择的会议地点类型是(　　)。
   A. 饭店　　　　　B. 会议中心　　　C. 大学　　　　　D. 度假村
3. 会场视听空间要做到(　　)原则。
   A. 2∶8　　　　　B. 3∶7　　　　　C. 4∶6　　　　　D. 5∶5
4. 与国际性会议设立的组委会形式大致相同,展览组委会一般也要设立(　　)统一协调工作。
   A. 招商部　　　　B. 招展部　　　　C. 接待处　　　　D. 秘书处
5. (　　)是在选择展会的办展场馆时对展馆最基本的要求。
   A. 保证人流的畅通、方便和安全　　　B. 展馆形象
   C. 展馆性质　　　　　　　　　　　　D. 配套设施
6. 关于展会的办展机构,(　　)直接负责展会的策划、组织、操作与管理,承担主要财务责任。
   A. 主办单位　　　B. 承办单位　　　C. 协办单位　　　D. 支持单位

多选题

1. 会议场所选定时,用来评估特定场地对特定会议的适宜性的实地考察是(　　)。
   A. 熟悉场地　　　B. 场地检查　　　C. 现场询问　　　D. 联络视察
2. 会议时间的策划遵循的原则有(　　)。
   A. 时机原则　　　B. 需要原则　　　C. 协调原则　　　D. 合法合规原则

第六章 会展项目营销策划

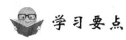 学习要点

1. 认识会展项目市场营销的概念;理解会展项目市场营销的任务;基于会展项目的产业性质和构成内容,识别会展项目营销的对象和具体内容。
2. 认识会展项目宣传推广的目的和要求,能够结合会展项目具体案例,分析会展项目宣传推广的主要内容,能够运用会展项目宣传推广的主要方式。
3. 全面掌握包括城市会展项目营销、会议项目营销、展览会项目营销、节事项目营销在内的会展项目分类营销的概念、对象、方法和策略等内容,在明确各会展项目营销方法的基础上,加深对会展产业的理解。
4. 理解会展品牌的概念、构成,能够对会展品牌进行定位分析,掌握会展品牌战略的主要思路和对策。

 案例导读

世界博览会的营销模式分析

自1851年英国伦敦举办第一届万国工业博览会以来,世博会已举办超过40届,其营销模式经历了不断发展的过程。随着市场营销在经济活动中作用日益突出,世博会营销活动及营销模式对于其成功举办起到日益重要的作用。世博会营销模式的发展历程亦是一部由简单到复杂、从单一到多元的市场营销发展缩影。

世博会营销模式的第一阶段:政治导向下的政府主导

19世纪中期到20世纪20年代被称为前工业时代,以第二次产业革命和世界市场、国际分工的初步形成为标志。英国和其他先进国家相继发生并完成产业革命,实现机械化初期的规模化生产。市场主要是卖方市场,产品销售主要是把产品从生产地运送到市场。在整个世界市场处于供不应求的状态下,营销还处于生产观念阶段。这一时期世博会主要展示农业、工业和艺术产品,主办国都是二战前综合实力强大的国家,举办世博会的目的大多是为了庆祝重大历史事件或举行重大纪念活动,并展示本国国力。在当时的政治、经济和生产力水平下,世博会营销模式可归结为"政治导向下的政府主导"的初级营销模式,营销方式是直接单一的政府权力和政府首脑营销。例如,在伦敦举办的第一届世博会是由英国皇室任命艾伯特王子组织管理,并由维多利亚女王通过外交途径向各国发出参展邀请。1893年芝加哥世博会是由芝加哥市长组织世博会前期筹备工作。

世博会营销模式的第二阶段:政府主导下的市场营销

20世纪20年代至70年代,这一阶段由于爆发第二次世界大战,世界各国经济发展遭受严重打击。二战后,欧美、日本等国家经济经过短期恢复后,进入高速发展时期。以电子计算机的发明和使用为标志的第三次产业革命,全面提升了社会生产力,生产社会化程度有了很大提高。同时,产品出现过剩,市场处于供过于求的状态,市场营销开始以销售为中心。与此相对应,市场营销观念经历了从生产到促销再到营销的重大飞跃。世博会的营销也由最初的只注重生产、展示转变为关注销售、以市场为中心的市场营销阶段。例如1970年的日本大阪世博会动用18个广播频道和5个闭路电视台,印制7万份目录导引和1万份盲文目录指南,配备5个语种的引导人员参与推广。这届世博会吸引了6400多万观众,实现盈利10亿美元。营销模式也从前工业时代的"政治导向下的政府主导"转变为"政府主导下的市场营销"模式。市场化运作已经在这个时期的世博会中体现出来,市场细分和差别定价在世博会营销中得以广泛运用。总体而言,这个阶段的世博会营销模式除了沿袭上一阶段的政治权力模式外,增加了许多营销的渠道和方式,比较突出的是"促销"营销模式占据很大比重。

世博会营销模式第三阶段:市场主导下的多维营销

从20世纪70年代初起,由于科学技术发展,社会政治、经济情况变迁,市场营销进一步与消费经济学、管理学、心理学、社会学、信息学和系统论等理论结合,形成一门综合性的经营管理学科。1977年,G.L.休斯塔克在美国《市场营销杂志》上提出"服务营销"概念,反映了发达国家70年代后期以来产业结构日益服务化对市场营销的影响。80年代,菲利浦·科特勒提出"大市场营销"和"直销"的新营销理念,从战术营销转向战略营销。80年代后期到90年代初,社会营销、服务营销、全球营销、关系营销、绿色营销等新观点不断涌现,引起广泛关注并开始引入实践。90年代后,随着信息技术的快速发展和营销理念的变迁,市场营销开始了以顾客为中心的服务理念营销,世博会的营销模式也进入一个多元化的阶段。在此期间,政府角色逐渐由台前走向幕后,主导作用弱化,企业开始在其中发挥越来越突出的作用,多维营销模式有了长足发展。以2000年汉诺威世博会为例,1995年春德国政府向185个国家和9个国际组织发出邀请,为汉诺威博览会争取更多的参加者。国际咨询理事会在全世界以Expo2000世界展览会使者身份出现。Expo2000汉诺威有限公司不断通过电视、报刊等各种媒体,将汉诺威2000年世博会的有关情况作详尽说明。同时,市场细分、差别定价等促销手段被广泛运用,采取学生票、下午票和晚场票降低票价等措施,收到较好的效果。

案例分析

世博会营销模式经历三个不同的发展阶段,分析这些营销模式将为包括世博会、奥运会和世界杯在内的大型会展项目营销提供借鉴。大型会展项目的营销模式是多方利益交织下的大市场营销。

世博会等大型会展项目的"大市场"营销模式是通过网络等高科技手段,在政府、社会组织、企业和公众之间实现无障碍沟通和协调,让各方面的积极性和优势都得以充分发挥,达到各个利益团体和公众的多赢。科特勒对大市场营销如此界定:为了成功进入特定市场并在那里从事业务经营,在策略上协调运用经济、心理、政治和公共关系手段,以博得外国或当地若干参与者的合作和支持。他提出的大市场营销是由11Ps构成的开放、互动系统(见表6-1)。

表 6-1 大市场营销理论在世博会营销中的运用

营销策略	具体运用
产品(product)	会展项目本身即是整体产品,包括建筑工程、展示工程、装饰装修、设备租赁、场馆运营管理、标识系统设计、办公用品、人力资源、物流服务、安保服务、信息服务、公关广告、法律服务、餐饮服务、商务服务、文艺演出、酒店住宿、旅游服务等产品
价格(price)	由会展项目的投资、租金、招展、广告、人力成本、物流费、代理费、耗损费、水电费、管理费、税金、利润、市场竞争、关税等决定
渠道(place)	授权代理机构招展,与赞助单位、协办单位和支持单位等合作招展,企业内部成立部门招展
促销(promotion)	广告宣传、人员推销、公共关系、销售促进、直接销售、新闻发布会、同业集会、网络新媒体等
调查(probing)	政治法律环境、经济环境、社会文化环境、科学技术环境、自然地理环境、市场的规模与构成、参与动机、竞争对手、同类项目、产品服务、价格、分销渠道、促销方式等
细分(partitioning)	根据市场宏观环境、企业和举办地条件、产品服务特点、需求状况、项目生命周期和市场竞争状况等进行细分
优先(prioritizing)	优先考虑或选择会展项目能够满足其需要的客户和目标公众
定位(positioning)	根据会展项目的市场规模和发展趋势,采取特色定位、功能定位、参展企业类型定位、利益定位和竞争定位等策略
政治权利(political power)	会展项目营销必须考虑项目所在地和所在行业的政策法规、政治局势、社会稳定状况、与政府关系、国际外交关系等政治性因素
公共关系(public relations)	公关对象包括会展项目参与者、赞助商、重要贵宾、当地政府、行业协会、新闻媒体等
公众(people)	认识会展项目的利益相关主体和目标公众,满足其需要,获得其好感

资料来源:孙瑞红,叶欣梁.上海世博会营销模式分析研究[J].旅游科学,2004(4):28-33.

第一节 会展项目营销概述

一、会展项目营销的概念

会展项目营销是负责会展项目的政府或企业在不断变化的会展项目内外部环境中,为促进会展项目的理念、产品、服务的交换而开展的一系列创造性活动,以满足会展项目利益相关者需求的过程。会展项目营销通过精心策划具有鲜明主题、能够引起轰动效应、具有强烈新闻价值的独立或系列的营销活动,实现更有效的品牌传播和销售促进目标。会展项目营销是集广告、促销、公关和推广等活动于一体的营销体系,也是建立在品牌营销、整合营销、关系营销、社会营销和网络营销基础上的全新营销模式。

二、会展项目营销的任务

(一)营销分析

在会展项目营销的分析任务方面,包括会展项目营销环境、市场规模与构成、参与者购买消费行为、竞争对手、同类项目、产品服务、价格、分销渠道、促销方式等的调查分析。

(二)营销计划

在会展项目营销的计划预测和决策方面,包括会展项目营销推广的形势概况,会展项目的优势、劣势、机会和挑战的确定和评价,会展项目营销的目标制定和营销策划,会展项目短期和长期营销计划的制订等。

(三)营销执行

会展项目营销的组织和执行方面,包括全员营销观念培养、营销导向组织机构的建立、营销人员的选择和培训、营销部门与其他部门的沟通合作、新产品服务的开发、价格制定、营销渠道建立、促销活动开展、营销信息系统的建立。

(四)营销控制

会展项目营销的控制和评价方面,包括会展项目营销的数据分析、归纳和总结,对会展项目营销的绩效进行考评,评估市场营销活动的有效性,评估营销人员的工作业绩,采取必要的纠偏措施。

三、会展项目营销的对象

从产业性质来讲,会展属第三产业范畴,但与第三产业中一般行业的营销相比,会展项目营销的内容更加复杂,主要是由于会展项目的关联性强、影响面大,涉及多个利益相关者。例如,举办一次大型国际会议,会议举办城市需要在世界范围内宣传会议的组织、筹备和进展情况;对于一次商业展览会而言,展览公司、组织者、承办者、参展商和政府等各方面,都需要采取营销推广活动。根据会议、展览会和节事活动等的运行规律,对会展项目营销的对象进行归纳。会展项目营销与政府、会展企业、会展服务公司、参展商(与会者)、观众和媒体等利益相关者都有着密切联系。会展项目营销的对象见表6-2。

表6-2 会展项目营销的对象

营销主体大类	营销对象	具体营销主体	营销目标	营销内容
举办地	活动组织者	城市(会展和节事举办地)	吸引更多、更高档次的会议、展览会或节事活动在本地举办	安全、便利、舒适、友好的会展和节事项目举办环境

续表 6-2

营销主体大类	营销对象	具体营销主体	营销目标	营销内容
组织者	参加者、观众或买家	会议组织者	争取更多的会议业务和与会者	大力宣传自己非凡的会议策划和组织能力或者宣传会议的价值和品质
		展会组织者	争取政府的积极支持；吸引更多的参展商和专业观众，同时塑造展会品牌	强调展览会对当地经济的促进作用；突出展览会能给参展商或专业观众带来独特利益
		节事组织者	争取政府的大力支持；塑造节事品牌，吸引更多企业和观众参加	强调节事本身对当地社会经济的促进作用；突出节事的特色和价值
供应商	组织者、参加者或买家	会展场馆	吸引更多、更高档次的会议或展览项目	功能完善的场馆设施、先进的管理和优质的服务
		会展设计与搭建	争取更多的设计和搭建业务	较强的资金和技术实力，丰富的设计和搭建经验
		其他服务商	扩大业务量	优质服务
参加者	观众或买家	参展商	吸引更多专业观众，加强交流、促进销售	新产品、新技术、新服务等

第二节　会展项目的宣传推广

一、会展项目宣传推广的目的

(一)广而告知

向目标对象及潜在参展商和观众发布会展项目的简介、组织机构、时间、地点、主题、参展内容、提供服务内容和参展须知等基本信息。

(二)积极说服

在告知的基础上，通过广告、新闻发布会等手段，说服目标对象建立对本项目的信任和兴趣。还要鼓励其他潜在对象积极参展、参观，扩大参展商和目标观众的范围。

(三)强化意识

通过有计划地开展宣传推广，可以使目标参展商和观众在参展、参观之后，进一步加深对本项目的认识，不断强化其主动关心和参与项目的意识，从而不断提高会展项目的知名度和美誉度。

(四)培养忠诚

一旦会展项目拥有较多忠实的目标参展商和观众,这个项目必将成为行业内最具影响力的标杆会展活动。目标参展商和观众对会展项目品牌的忠诚度越高,就越倾向于参加。

二、会展项目宣传推广的要求

(一)主题突出

主题是会展项目策划的灵魂,也是吸引公众的根本,会展项目策划的主题来源一般包括社会文化、节日文化、地理物产文化、人文精神文化、历史名人文化、时尚文化、品牌文化和商业文化等。

(二)娱乐吸引

策划会展项目重视娱乐氛围的设计和营造,引导公众积极参与,策划符合公众心理需求的活动,会展项目才能得到公众和社会的认可。

(三)文化厚重

策划和宣传推广会展项目应讲究文化性,从主题思想、活动形式到现场气氛和赠送礼物都突出文化色彩,给公众文化的体验。

(四)奖励刺激

在项目活动进行中,通过利益刺激,设计有吸引力的奖品、奖金,引导公众出于获利目的参与到活动中来。

(五)情节起伏

项目情节设计安排符合主题思想、活动品味和宣传推广需要,同时具有趣味、高潮迭起、煽动感情,以欢快的现场气氛和富有感染力的情节抓住公众。

三、会展项目宣传推广的内容

(一)基本信息

会展项目的基本信息通常设计成广告或编辑成册,采用直接邮寄、电子邮件等方式进行宣传推广。基础信息的内容主要有:会展项目的时间、地点、交通、住宿、接待事宜、时限;会展项目组织机构的主办、承办、协办、支持、顾问单位的强大阵容,以显示会展项目的实力;回顾历届会展活动的丰硕成果、行业和社会评价,突出会展项目不断成长的趋势;会展活动的宗旨、主题与范围;参展、观展等的参与办法;详细的服务清单和价目表。

(二)相关活动

会展项目的相关活动有高峰论坛、竞赛、参观旅游、新品展示发布等,以衬托主题,积聚人气,丰富会展项目内容,增进行业联系,树立品牌形象。相关活动的推广内容包括活动名称、时间、地点、内容、流程、参与者、相关价值。

(三)会展品牌

会展项目品牌推广应建立在深入的市场调研和分析的基础上,深入了解观众、赞助商等利益相关者动机,并体现会展项目的特殊性,最终增强会展项目的品牌价值与吸引力,培养客户忠诚。品牌推广需要建立良好的市场信誉、争取广泛的社会支持、建立亲密的客户关系、增加亲身体验机会等。

四、会展项目宣传推广的方式

在会展项目宣传推广的过程中，不能只采取单一媒体、单一渠道和单一方式，也不能是多种媒体的简单叠加，而要充分考虑各种媒体、渠道和方法的优缺点，取长补短、综合使用，见表6-3。

表6-3 会展项目宣传推广的主要方式

名称	介绍
广告推广	媒体广告包括报纸、杂志、网站、电视、电台等形式，户外广告主要在机场、码头、车站、商业街和广场等人员密集场所，采用海报、灯箱、路牌、横幅和彩旗等形式
软文推广	在电视、电台、报纸、杂志、网站等媒体上刊登各种有关会展项目的评论、报道、特写、侧记和图片等，软文一般采取有偿新闻的形式
新闻报道	会展项目主办单位借助新闻媒体，通过新闻发布会、网站链接、网站直播、微博直播等方式，在项目开始前通报项目的亮点、范围、筹备情况、主题活动和嘉宾邀请情况，在项目进行中实时播报会展项目的动态和相关新闻，在项目结束后介绍效果、收获、成交金额、参与参观人次、行业未来发展等
直接邮寄	目的性最强、最容易计量的宣传推广方法。直接向参展商和观众邮寄招展书宣传手册、邀请函等
公关活动	利用论坛、会议、评奖、比赛、文艺演出、公益活动等非营利性服务活动，与参展商、观众和公众沟通情感
人员推广	项目主办方人员直接与目标群体联系来宣传推广，包括直接拜访、电话、传真、电子邮件、即时通讯、微博和微信等媒介方法
机构推广	项目主办单位通过著名办展机构、政府主管部门、商会、外国驻华机构、新闻媒体等联合推广会展项目
展会推广	举办或参加相关展会和推介会，这些展会目标客户集中、费用低、效果好
网络推广	通过新闻网站、论坛、博客、微博、微信等网络媒体突破时空限制与客户交流

第三节 会展项目的分类营销

一、城市会展项目营销

（一）城市会展项目营销的意义

城市会展项目营销的核心内容是宣传城市优良的办会、办展环境。广义的会展发展环境包括当地的安全状况、产业基础、市场潜力、场馆设施、旅游接待条件、土地及税收政策等，内容十分庞杂。而这些问题是单个企业解决不了的，也是企业没有权利和义务做的。由此看来，与旅游目的地整体营销类似，城市会展营销也属于一种准公共产品，主要由政府或行业协会组织完成,但在此过程中也可以寻求企业参与。

就城市会展项目整体营销而言,可采用政府主导模式,其基本内涵是由政府主管部门/行业协会牵头,组织本市主要的会议服务公司、展览企业或会展场馆等,在全国甚至世界范围内,大力推广本城市的会展发展条件及办展水平,以吸引更多的会展组织者和参展商。参加整体促销活动的企业需要缴纳适当费用,政府主管部门应出台详细、公平合理的行动实施办法。

世界上会展发达的城市都很注重开展会展整体营销,其中不乏优秀案例,如法国巴黎的专业展览会促进委员会、美国商务部的品牌展览会促进计划、日本神户的国际会议优惠计划等。这些城市都有一个共同点就是都很重视城市会展官方网站建设,这种网站是会展目的地营销系统(Convention & Exposition Destination Marketing System,CEDMS)的雏形。

(二)城市会展项目营销的对象

城市会展业的发展需要政府部门、行业协会、会展公司、会展场馆和市民等多方面的支持,因而城市会展业整体营销的对象和内容也十分复杂。因此城市会展业整体营销应综合考虑城市会展业发展中所涉及的各种利益主体。在某一特定时期内,城市营销的重点对象依不同的有效目的而定,见表6-4。

表6-4 城市会展项目整体营销的对象

营销对象	营销内容	营销目标
国际组织/会展公司	综合办会/办展环境,组织和接待国际会议和展览会的能力;会展产业发展的优惠政策	吸引更多的会议和展览会在本城市举办
参展商、与会者/观众	服务设施、城市特色及良好的综合接待环境	吸引更多的人来本城市进行商务旅行活动
旅游者	都市景观、都市文化、大型会议或展览会	大力推进都市旅游的发展
投资者	产业发展政策、投资环境、城市服务	吸引资金和先进技术
周边城市	辐射作用	与周边城市开展实质性合作
竞争城市	竞争优势、合作前景	开展错位竞争与合作
上级政府	产业发展潜力、产业贡献率	争取上级政府的支持
城市居民	基础设施、生活环境、就业保障、城市管理;会展业对社会经济的贡献,对人居环境的改善和生活水平的提高	吸引未来居民尤其是高素质人才;争取市民对会展业的支持

(三)城市会展项目营销的方法

1. 整体营销

会展整体营销可参照旅游目的地整体营销模式,在组织机构上由当地旅游局牵头(具体负责和客源地旅游管理部门联系,邀请旅游中间商及媒体记者,合理支配促销经费,并全程规划、组织促销活动),旅游企业自愿参加;在资金来源上,当地财政承担绝大多数,参加促销的企业缴纳一部分。这种旅游地整体营销模式与法国国际专业展促进委员会(Promo Salons)的操作模式一脉相承。通过这种模式,城市可以将会展整体营销的市场运作和政府主导有机结合起来。操作时的具体问题应根据自身情况灵活处理。如除了举行以城市会展业的总体情况为主题的说明会外（这部分费用由政府承担），还可策划品牌展览会的专场推介会，费用则由展会主办者或企业支付。

2. 事件营销

事件一般指有较强影响力的大型活动，其范围相当广泛，包括国际会议或展览会、重要体育赛事、民俗传统或旅游节事，以及其他能产生较大轰动的活动。事件不仅是大会展营销的主要组成部分，更是一种新兴而且有效的营销理念。事件营销（event marketing）的实质就是地区或组织通过制造有特色、有创意的事件来吸引公众注意，并让其对自身品牌或产品产生好感。会展城市可从以下三个方面开展事件营销：①举办节事活动。精心策划和组织旅游、文化等方面的节事活动，并在当地以及主要营销对象所在地的媒体上进行宣传报道，以期在短期内提高城市的知名度。②利用重要事件。即抓住每一次在当地举办的大型活动的机会，提高城市建设水平、改善居民生活质量、增加就业，大力宣传城市形象。③制造公共事件。精心策划各类公关活动，通过举办公益慈善活动和科教文体卫等各领域活动，不断引发轰动效应，引起媒体和公众的关注。

3. 网络营销

会展城市可借鉴旅游目的地营销系统的经验和原理，开展会展营销活动。建构会展目的地营销系统，以会展整体营销活动所涉及的利益主体之间的关系为依据，其基本宗旨是在城市行业主管部门/协会、目的地会展企业、专业会议/展览组织者、参展商以及专业公众之间，建立起联系、沟通和交易的桥梁，并且每种利益主体都能在网站系统上找到自己需要的信息或发布自己需要传达的信息。另外旅游目的地营销系统和会展目的地营销系统应互相融合，将旅游与会议、节事活动、展览等捆绑在一起作为城市整体产品推向市场。

案例链接

2015"互联网＋会展"发展现状及趋势分析

"我想，站在互联网＋的风口上顺势而为，会使中国经济飞起来。"2015年3月5日，李克强总理在政府工作报告中首次提出制订"互联网＋"行动计划，并正式确立其为国家战略。互联网已经逐渐跳出一个行业的范畴，正成为国民经济的一大新引擎。

"互联网＋会展"：改写传统会展模式

会展业是现代服务业的重要组成部分，也是连接生产与消费的桥梁和纽带，不仅能够促进供需对接、畅通流通渠道，对区域和行业经济发展也有强大拉动作用。随着全球会展业的不断发展，会展业对区域经济带动作用愈发明显。

而随着互联网和移动互联网的大潮来临，每一个传统行业都将被改写，会展业也不例外，基于"互联网＋会展"诞生的网络会展正极大地助力会展行业经济提速。目前，全国正形成以长三角、珠三角、环渤海"三足鼎立"的会展业发展格局。传统吸引会议、展览和场地预定的方式正在逐步被改变，会展行业正迎来全面拥抱互联网的时代。

行业发展现状

近年来，我国会展业继续保持良好发展势头。产业规模不断扩大，经济效益明显好转；专业化、国际化、市场化程度进一步提高；标准体系、行业组织建设取得突破性进展；会展设施建设速度加快，大型化趋势更加明显；会展就业人数持续攀升，会展业对经济的带动作用不断增强。

境内展览规模不断扩大。据商务部会展业典型企业调查统计,2013年,全国共举办各类展览7319场,同比增长1.8%;展览面积9391万平方米,同比增长4.5%,展览面积增长快于展览项目增长,单位项目规模扩大,展览效益向好。

据测算,2013年会展经济直接产值达到3870亿元人民币,较2012年增长10.6%,约占全国国内生产总值568845亿元人民币的0.68%,与2012年基本持平。占全国第三产业增加值262204亿元人民币的1.5%,与2012年基本持平。会展企业经济效益明显好转,三项费用指标较2012年下降13.3%,亏损面大幅减少,盈利面大幅提升。

资料来源:2015"互联网＋会展"发现现状及趋势分析[OB/OL]. http://www.askci.com/chanye/2015/06/02/104745oxz3.shtml.

(四)城市会展项目营销的战略

1. 形象战略

城市实施形象营销战略应达到三个必须:形象定位必须明确;形象塑造必须具有系统性、统一性和发展性,因为城市形象涉及经济、文化、市政建设、教育等诸多因素,而且在一段时期后要重新得到提升;形象营销必须寻找突破口,以期在公众心中形成独特的销售点。

2. 环境战略

从营销对象的角度来分析,环境分为硬环境和软环境,前者主要包括地理区位、自然资源和城市基础设施,后者内容则较丰富,包括城市管理水平、投资环境、社会安全、市民素质等。这些要素共同构成城市的环境吸引力。从城市自身的角度来分析,城市营销要想成功,必须掌握内在和外在环境的变化以及环境中存在的机会。

3. 品牌战略

与传统的城市管理理念相比,城市营销的最大创新之处在于把城市当做一种产品来经营。产品的开发与销售必须讲品牌效应,城市同样如此。公众评价一座城市,大多是从它的一个或几个代表性事物出发,而这些事物往往会对城市的声誉形成深远的影响。但必须强调的是,这里的品牌是指城市的核心价值和品牌定位,即城市必须提炼出与众不同的价值观念,能够给大众带来独特的感受。

4. 广告战略

广告宣传对城市整体形象塑造十分有效。然而,由于城市营销的内容十分庞杂,所以在特定时期内将面向不同的对象,广告策略应该有具体的营销目标,且画面清晰,广告词重点明确,具有高度概括性,能够给受众强烈的视觉和听觉冲击。此外,广告宣传必须具有统一性和持续性。

5. 差异战略

城市能够向目标群体提供一种区别于竞争对手的、独特的环境条件和服务的营销战略。城市差异化战略则侧重于注意城市的外部,根据目标市场需求的差异性以及市场竞争状况来建立城市的优势。这是差异化战略意义的根本所在。当一个城市向市民和外来者提供独特的、有价值的城市产品时,城市就把自己同竞争对手区别开来。

6. 政策战略

各类优惠政策尤其是经济政策是城市营销的重要筹码。深圳能在短短30年时间从一个边陲小镇发展到今天的规模和层次,在很大程度上要得益于中央政府赋予的一系列特殊政策。政策主要包括产业政策、投资政策、房地产政策、人才政策等诸多内容,每一种政策都能影响特定的营销对象。

7. 事件战略

大型事件对城市社会经济发展有着巨大的关联带动作用,更重要的是它有可能迅速提升城市在国内乃至国际范围内的形象。这些事件主要包括体育赛事、会议或论坛,以及各类节事活动和展览会。目前大小不一的各种事件已成为中国各类城市营销中最常见的战略。

二、会议项目营销

(一)会议项目营销的内涵

根据会议举办者身份,会议可分为公司会议、协会会议和非营利性组织会议。公司会议在我国也十分普遍,主要类型包括销售会议、技术会议、新产品发布会、分销商会议、管理层会议、培训会议、股东会议和奖励会议等。协会是西方会议市场最主要的客源,地方性、全国性乃至国际性协会每年都要举办各种会议。具体来说,协会会议包括年会、专门会议、研讨会和专题讨论会、董事会和委员会会议。非营利组织主要包括为达到某种共同目的而建立,包括政府机构、SMERF团体、工会组织和医药团体,结构类似协会,有会员但不营利,也举办年会和其他会议。而政府机构会议、社交团体会议、军人和其他团体会议、教育会议、宗教会议、联谊会议、医药会议都是非营利性组织会议的重要组成部分。

会议营销关注如何把会议推向市场,把会议本身作为产品进行营销的行为。会议营销是会议策划者以与会者的需求为出发点,有计划地组织各项经营活动,为与会者提供满意的项目安排和配套服务,从而实现会议目标的过程。

(二)会议项目营销的市场定位

1. 明确吸引市场的因素

成功的会议依靠多种因素来吸引与会者,除会议主题和演讲人水平外,会议的议程、策划与安排、会场设施、人员、现场布置,以及会议外的娱乐安排等都是导致会议成功的重要因素。美国《成功的会议》杂志(*Successful Meeting*)(2003)对661名业务经理/主管进行调查,了解吸引其参加会议的因素。会议成功举办的影响因素见表6-5。

表6-5 会议成功举办的影响因素

最佳吸引因素	比例	成功的原因	比例	失败的原因	比例
高质量的教育	93%	精心策划的议程	97%	不相关的会议内容	96%
完善的配套服务	78%	有用的信息	96%	较差的音响效果	93%
理想的目的地	73%	先进的技术/视听设备	79%	与听众不相适应的信息	89%
著名的演讲人	68%	听众高度的参与	79%	与会议不配套的信息	88%
充足的休闲时间	35%	优秀的餐饮服务	55%	会议不按时开始或结束	73%
		丰富的娱乐安排	37%	演讲人没有围绕主题	72%
				缺乏听众参与	68%
				没有自由时间	53%

2.分析市场特征

把握各种会议的特征,不仅有利于会议公司寻找目标市场,提供有针对性的产品和服务,而且还能了解会议市场的发展方向。常见会议类型的主要特征见表6-6。

表6-6 常见会议类型主要特征比较

会议类型	代表	主要特征
协会会议	年会、地区性协会会议、研讨会、专业会议、理事会会议	周期性明显(平均每年一次);要求举办地交通便利;会议计划的时间长;会议地点经常变化,而且要求较高;会员资源参加会议;持续时间一般为2~4天
公司会议	销售会议、战略研讨会、新产品发布会、培训会议、股东会议	周期性明显;计划时间短;与会者人数可以预计;会期一般较短;常伴有小型展览活动;需要安排大小不同的会议室
奖励旅游会议	奖励分销商、优秀员工奖励旅游	对会议设施的要求不如正式会议高;一般不超过1周;往往设有专门的旅游经理;必须认真安排食宿、会议及各种游乐活动
工商企业类会议	营利性会议,如财富论坛、企业家论坛、工商界人士高峰会	与时代和社会热点联系紧密;与会嘉宾层次较高;参加会议的费用较高;与会期较短

3.选择目标市场

在了解到会议的吸引力因素和不同类型会议的特征后,确定目标市场就变得重要起来。因为选择目标市场是会议公司制订营销计划的基础和前提。会议公司选择目标市场,主要分为三种情况:①针对会议公司已经获得的市场。②对现有市场进行详细的营销调研和科学的市场细分,进而选择占有优势的市场。③为选定的市场提供有竞争力的服务。一旦选定目标市场,会议公司就必须考虑如何针对各个市场的特定需要来确定自己的定位。恰当的市场定位将可以使公司将有限的资源使用在最有竞争优势的领域,并进一步扩大这种优势。

4.确定营销对象

不同类型会议所涉及的营销对象和营销重点各不相同。会议主要的买家是与会者(会议贡献者和会议影响者),另外还包括政府、公众和媒体。如果是营利性会议,赞助商营销也非常重要。对赞助商来说,要购买的会议其实是会议活动这一事件所附带的新闻价值或有助于提升企业形象、宣传企业产品的种种利益,这和与会者的利益大不相同。因此会议营销者要注意协调好相关利益关系。另外,会议组织方邀请演讲人或嘉宾的行为,也可视作一种会议营销工作,要吸引其出席会议,必须充分展示该会议能够给他们带来何种利益与价值。

(三)会议项目营销的促销策略

1.直接邮寄促销

直接邮寄促销在树立会议形象、提升人们对会议的认知、激发目标社区对会议的关注等方面最为有效。而且,如果客户名录准确无误,直接邮寄将成为成本最低的方法。因此,会议公司的一项重要工作就是建立和维护客户名录数据库。对客户名录的维护,既可由企业自己完成,也可外包给从事名录维护的专业机构。

2. 电话促销

由于具有成本相对较低、反馈快等优点,电话营销一直是会议公司的主要营销手段之一。合理有效地运用电话来开展营销,能使会议公司享有诸多优势。首先,电话营销成本比人员登门拜访低很多,且每次联系所花时间也较少;其次,通信技术的普及使得与客户联系越来越容易,营销人员通过电话筛选潜在客户或与客户进行预约,能有效降低会议公司成本。

3. 广告促销

协会或会议公司在进行广告设计时,最贴近本公司且成本最低的莫过于自己主办的出版物。但会议营销人员还应该精心挑选其他媒体,并把它们整合到整体营销计划中,以优化广告效果和节省成本。在媒介类型上,除印刷广告外,还可选择诸如电视、电话以及包括互联网在内的电子媒体,另外还有路牌、街头横幅等户外广告。另外还有一些常被忽视的广告媒介,如协会杂志和各类函件,被称为"入户广告",只要有空间就能够在任何时间投向任何地方;成员宣传册;会议计划手册,为即将举办的会议所做的封底广告;关于会议公司的法律文件或其他活动的新闻发布;非相关活动宣传册,如对于某位演讲人或筹款人的系列报道;分会和会员通信与杂志;信笺和信封,事先印刷好的或不干胶贴纸;成员名录,包括联盟团体;协会的互联网网址;关于会议的闭路电视节目;打进总部电话的记录信息等。

4. 网络促销

在会议公司和会议型饭店的营销活动中,互联网成为日益重要的工具。潜在的会议参与者和社会公众通过互联网可直接得到有关会议组织和服务的各种信息。会议公司或会议中心可通过网络建立自己的高品质形象。尤其是对于提供会议场地的饭店,将不再单纯依赖宣传册等传统方式;利用互联网,可进行图解式的介绍,展示声像结合的彩色形象,甚至还可以提供饭店"虚拟入住游"。近年来,随着微博、微信等网络新媒体的兴起,会议产品的网络新媒体营销成为网络促销的主流方式。

5. 公共关系促销

对于会议营销者而言,公共关系的目的在于向受众传递信息,影响受众的观点并激发其参加会议的兴趣。虽然公关关系和宣传资料、广告都是为了达到同一目的,但三者之间存在极大的差别。例如,广告或直接邮寄效果的测算比较简单,但公共关系的效果却难以量化;广告是会议组织者在向受众宣传自己,而公共关系是要激起别人对组织和会议的某种态度或想法;广告的设计、投放时间、投放地点和相关信息,受目标对象的影响很大,但在公共关系中,营销人员的主动性更强。公共关系的作用范围既包括强化自身的优势,也涉及扭转失败的局面。它可以被设计成强调过去会议的成功,进而在竞争中胜出,也可用来转变过去的失败对组织造成的负面影响,集中全力重新争取观众。这种努力可以是内部公关活动,也可以是面向目标市场的外部公关活动。

6. 媒体促销

媒体促销主要针对营利性会议。一般来讲,协会、社团和其他非营利性组织的会议往往不需要花费很多工夫来处理媒体事务,而媒体也往往对非营利性会议比较支持。对于公司的培训、销售等营利性会议来说,营销人员面临的最大挑战就是如何使媒体认识到会议的"新闻价值",这种价值可以是某一社会效益,也可以是本次会议对特定群体的重要性等。媒体促销主要包括选择合适的媒体、吸引媒体注意、与媒体建立联系和媒体成功对会议进行宣传报道四个步骤。

三、展览会项目营销

(一)展览会的内涵

展览会是一种联系买家和卖家的理想纽带,人类社会发展史上没有哪种营销手段能像展览会那样在短时间内集中一个行业内主要的生产厂家(参展商)和买主(专业观众和中间商)。因此,展览会营销一方面要靠"展"来吸引专业观众,另一方面要靠"览"和服务来吸引参展商,这就是推广展览会的基本原理。展览会的成功并不在于展览会管理的本身,而是在于如何成功、有效地把买卖双方组织到一起,增加他们参加和参观展览会的兴趣和价值,即促进和提高买卖双方的信息交换率和交易成功率。

从一般的工业品的参展运作的角度来分析,展览会的基本流程可描述为产品设计(市场调研、确定展览会主题)——→产品生产(专业观众组织、租赁场馆、员工培训与配备)——→产品销售(招展、展览会推广)——→产品消费(展会现场管理与服务)——→售后服务(答谢客户、展览会评估)——→产品改进(更新数据库、调整薄弱环节、新一轮营销)。

另外,展览会属于一种特殊的大型活动,对活动组织者来说,大型活动是赞助商或组织机构举办的非常规性的一次性或不经常发生的活动;对于活动参观者来说,大型活动是为人们提供的非正常选择范围内或非日常经历的娱乐、社交或文化经历的机会。因此,无论如何一个展览会都应尽可能发展成为规模适中、影响力广的品牌展会,否则将会被市场淘汰、被参与者抛弃。

(二)展览会项目营销的特点

1. 综合性

综合性主要体现在两个方面:①营销内容丰富,一般包括展览会的规模、特色和配套服务等;②营销推广方式多样,为了使一个展览会的效果达到预期,往往需要把几种营销手段组合起来使用,使参展商和观众从不同途径获得有关展览会的信息。

2. 复杂性

展览会营销的复杂性主要是指营销对象的类型各异、参差不一。为了推广一个展览会,主办者需要面对的受众至少包括政府部门、参展商、专业观众和媒体,关系十分复杂。而且,对于不同的受众,展览会组织者所要突出的营销内容也不尽相同,对营销工具的选择也要作相应调整。展览会项目对不同受众的营销情况见表6-7。

表6-7 展览会项目营销的对象

营销对象	营销对象特征	营销目标	备注
政府相关部门	掌握公权力,能有效组织社会力量	获得政策、资金等方面的支持	政府起扶持产业发展和制定行业规范的作用
参展商	自主经营、对展览会有选择权	吸引对方参展	
专业观众		吸引对方参展	
赞助商	希望能够通过展览会赞助来实现特定的商业目的	为展览会争取赞助资金	潜在和现实参展商都可能成为赞助商
新闻媒体	能够影响公众的思想和观点	鼓励宣传报道	媒体策略在展览会营销中越来越重要

3. 品牌性

没有品牌的展览会犹如一个没有名称的产品,是无法向市场推广的,也不可能生存和发展下去。对于展览会而言,品牌是由展览会标志和缩写名称(一般为英文首字母缩写)组成,并要在展览会举办地或国际相关机构注册,以获得商标保护。如法国爱博展览集团主办的国际食品展由会标和SIAL组成其品牌,中国服装工业协会主办的国际服装服饰博览会名称缩写为CHIC等。只有通过多种手段反复地宣传同一展览品牌,才能给参展商、专业观众和媒体留下深刻的印象。

4. 人本性

在各行各业竞争都异常激烈的今天,追求"以人为本"或人本主义已成为现代企业经营管理的重要哲学。从展览会组织者角度来看,以人为本就是为参展商和专业观众创造理想的交流平台,并提供各项专业化的配套服务;为媒体记者营造良好的新闻采访和信息发布环境;为一般观众提供舒适的参观环境和完善的餐饮、交通等服务。唯此,展览会才能得到各类公众的心理认同。

(三)展览会项目营销的组合策略

1. 产品策略

产品策略营销组合策略的首要内容,涉及展览会的定位、竞争力分析、组合分析、品牌化、实体化和新产品开发策略等内容。①展览会的定位。应建立在展览市场细分和目标市场选择的基础之上,其直接表现为产品和服务的差别化,前提条件是进行深入的客户分析、竞争对手分析、企业优劣势分析和环境分析。展览会定位的主要步骤包括:确定定位层次、分析目标客户、描绘价格—质量二维定位图界定目标客户主要特征、定位选择评价、实施定位策略。②展览会竞争力分析。展览会竞争力影响因素主要包括品牌知名度、观众组织、展览会主题、市场化程度、展览会规模和配套服务水平等。③组合分析。研究影响展览公司产品格局的因素,主要包括展览公司的综合实力、定位和未来发展趋势。④品牌化。真正意义上的品牌展览会至少符合以下七项标准:权威协会和代表企业的坚强支持、努力寻求规模效应、代表行业发展方向、提供专业的展览服务、获得国际展览业协会(UFI)的资格认可、媒体合作和品牌宣传、长期规划不急功近利。⑤实体化。即展览公司将产品的定位和形象,通过标志、品牌设计、宣传资料、展会现场布置和工作人员制服等有形要素体现出来。⑥新产品开发策略。对于展览公司而言,展览会的创新包括新主题、展览会内涵的拓展、产品和服务改善、服务项目的增加、展览会风格的改变,这些创新都能不同程度地给参展商和专业观众带来新的价值和利益。

2. 价格策略

价格策略的内容包括价格制定程序、明确定价目标、主要的定价方法。其中价格制定程序与一般工业产品的定价原理和程序相似。展览公司的定价目标有六种:获得预期的投资收益率、追求利润最大化、提高市场占有率、适应价格竞争、维持生存和保护环境。定价方法包括成本导向定价法、需求导向定价法和竞争导向定价法。

3. 促销策略

可供展览公司使用的促销方法和技巧很多,常用的有直接邮寄、广告宣传、网络营销、召开新闻发布会、与相关协会合作、参加相关展览会或用展位与媒体进行置换等。

4. 分销策略

分销渠道主要有四类：展览公司的项目小组、展览会所属行业的协会/商会、专业媒体代销、专业代理机构。另外，随着展览会和会议越来越紧密的融合，各种形式和规格的论坛已成为展览会的重要补充，有的甚至已处于主导地位。论坛的分销渠道有专业媒体、行业协会或组织，以及专业代理机构等。

5. 人员策略

展览会是一种服务性产品，其质量主要取决于服务提供者的综合素质和教育水平。因此，展览公司要充分考虑员工，尤其是一线员工的作用。为开发和运作一个展会，展览公司各个部门和很多员工都要为之付出努力，但作用却不尽相同。

尤德(V. C. Judd,1997)提出一种评估不同员工在服务中所发挥作用的方法，可供展览公司借鉴，见图 6-1。接触者与参展商或专业观众保持定期接触，他们通常与传统营销活动有关，在展览公司中扮演项目经理、项目组成员、公司业务代表等，在营销中占有重要地位；影响者虽然包含在传统的营销组合中，但其很少或基本不与客户接触，主要包括展览项目开发人员、市场研究人员等；改变者一般不直接参与传统的营销活动，但他们也需要了解营销战略，以便更好地面对客户、满足其需求，其典型的工种为电话总机接线员、接待人员等；支持者主要指那些支持性部门的员工，不怎么接触客户，也与传统的营销活动无关，但其行为能够极大地影响展览公司的营销行为，如来自人力资源部、财务部、采购部、工程部等的人员。

	涉及营销组合	不涉及营销组合
经常或定期接触客户	接触者	改变者
不经常或不接触客户	影响者	支持者

图 6-1 展览公司人员类别及对客户的影响

另外，要注意在展览企业内部实施内部营销，首先是企业内每一个部门和员工都必须被给予关注和得到良好的服务；其次是企业全体员工都在企业的使命、战略和发展目标的框架下共同工作，所有员工都要为营销活动作贡献。只有内部营销和外部营销结合，才能形成良好的关系营销局面，使员工成为企业和参展商或专业观众之间交流、互动的桥梁。

6. 过程策略

服务由一个个操作环节构成。如果人员在操作过程出现明显失误，人员因素就将大打折扣。因此展览公司对服务过程的管理，将保持和提升服务质量。展览会的服务策略包括四种：①将展览会的过程分成若干步骤，识别哪些步骤可能会因为选择偏差而造成重大失误。②根据复杂性和偏差对展览会过程进行分析，努力使误差保持在理想的范围内。③营销人员积极主动地影响运作部门的决策。④推进全面质量管理，提高参展商和专业观众的满意度。

7. 顾客服务策略

展览公司的对客服务目的是为了建立与现有顾客或潜在市场之间的联系，以维持长期的优势关系，并强化其他要素组合。展览公司对客服务应贯穿于参展前、参展中和参展后的全过程,见图 6-2。

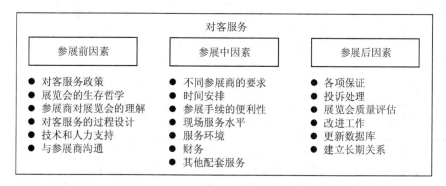

图 6-2　展览会的对客服务框架

四、节事项目营销

(一)节事营销的概念

节事又称节庆,是不同国家、不同民族、不同区域在长期生产和生活实践中产生的一种特定的社会现象,是在特定时期举办、具有鲜明地方特色和群众基础的大型文化活动。节事活动是该地区或民族历史、经济以及文化现象的综合体现。

节事营销是节事活动组织者从参与者或参观者的需求和动机出发,开发主题鲜明、特色突出的节事产品,制订相应的沟通计划,并有计划地组织各项经营活动,从而实现节事活动目标的过程。节事营销者关注的是如何把节事活动推向市场,把节事本身作为产品销售出去。

节事活动在举办期间能聚集大量的人流、物流、资金流和信息流,运作流程复杂,涉及主体众多,所以节事活动营销具有主体的综合性、内容的系统性、对象的参与性、手段的综合性等特点。

(二)节事项目营销的主体

节事活动营销的主体主要包括节事活动的组织者和参节商。其中,节事活动组织者是节事活动的发起者,是整个活动的执行者及事后事务的处理者,在节事活动中处于主导地位;参节商是直接参与节事活动的赞助、协助节事活动举办的企业或个人。其参与的主要目的是借助节事活动平台,宣传企业或组织品牌,扩大产品销售,挖掘潜在客户。

(三)节事项目营销的对象

从产业关联角度,将节事活动的核心营销主体分为节事城市、节事组织者、参节商、节事场地和旅游企业,每种主体的营销对象都有不同,见表 6-8。

(四)节事项目营销的市场定位

任何一个节事活动都难以满足所有客户(参节商)和消费者(观众)的多样化需求,所以节事举办者需要对市场进行细分,然后在此基础上,根据本活动的特点以及自身的资源条件和资金实力,选择一个或多个目标市场。把握不同类型节庆活动的特征,有利于准确有效地进行市场定位与细分,寻找到合适的目标市场,提供有针对的产品和服务。常见的节事活动类型见表 6-9。

表 6-8 节事项目营销的对象

营销主体	营销对象	营销内容	营销目的
节事城市	节事组织者、市民	宣传优越的活动举办环境以及丰厚的综合收益	吸引更多、更高档次的节事活动在本城市举办;争取市民的广泛支持和参与
节事组织者	参节商、观众、政府	节事活动项目使参节商达到推广产品、增进销售的目的;提升参节观众体验和价值	吸引更多的参节商参节、观众观看和参与、政府支持
参节商	观众、其他参节商、媒体	宣传组织形象;推广自身产品、服务和技术等	吸引新客户和新的合作单位以及树立本组织形象
节事场地	节事组织者、媒体	功能完善的设施和良好的配套服务	吸引更多高档次节事在本场所举行,提高场地的知名度
旅游企业	节事组织者、参节商、观众	良好的住宿条件、旅游资源、线路、服务	吸引节事组织者与本企业合作;吸引参节商和观众在事前、事中、事后购买本企业的旅游产品

表 6-9 节事项目的主要类型

类型	主题	特征	举例
历史文化型	独特的历史文化	周期性明显(平均每年一次),季节性不强,地点一般较固定,要求举办地交通便利,常伴有研讨会	运城关公文化节、曲阜孔子文化节、浙江国际黄大仙文化旅游节、四川江油李白文化节、浙江宁海徐霞客开游节、巴西狂欢节、西班牙奔牛节
文学艺术型	展示文学艺术活动	专业性强,周期性明显,参加人群较专业,活动主题性倾向明显,要求举办地交通便利	南宁国际民歌节、长春电影节、中国旅游艺术节、中国摄影艺术节、绍兴国际书法节、浙江青田石雕文化旅游节
民俗民风型	反映地方风貌、特色民俗	地方特色明显,地点在一定区域内较固定,大众性、周期性明显,有的伴有小型展览会	宁波中国梁祝婚俗节、三亚天涯海角国际婚庆节、浙江东浦酒文化节、浙江中国开渔节、潍坊风筝节、中国吴桥杂技节、傣族泼水节
宗教传说型	朝拜、祭祀、纪念宗教人物	宗教性明显,仪式、程序庄严,参节人多为宗教人士,地点一般在宗教性质的旅游景区	五台山国际旅游月、九华山庙会、藏传佛教雪顿节
特殊物产型	宣传某地的某种特殊物产	季节性强,地址一般在郊区,活动内容丰富,场地要求广阔	神农架高山牡丹节、洛阳牡丹花会、中国武昌鱼国际文化节、北京顺义西瓜节
优质产品型	宣传优质产品	伴有小型展览会、产品销售与展览,大众性明显,影响力广	青岛国际啤酒节、大连国际服装节
岁时节令型	结合某季节举办	季节性强,艺术性强,地点在特定城市,参节者目的性强	哈尔滨国际冰雪节、哈尔滨国际冰雕节、神农架避暑节、吉林国际雾凇冰雪节

续表 6-9

类型	主题	特征	举例
自然风光型	宣传自然风光、良好的风景地	宣传为主,综合展示地区旅游资源、风土人情、社会风貌等,伴有小型展会	张家界国际森林节、云南罗平油菜花旅游节、北京香山红叶节、青岛海洋节、桂林山水旅游节、重庆三峡国际文化节
体育比赛型	体育赛事	综合性极强,关注度高,以体育活动为主题	奥运会、亚运会、全运会

(五)节事项目的市场营销组合

节事项目营销实际上是一个运用市场营销组合,通过为参节者创造价值,为观节者创造体验,来实现组织者工作目标的过程。和传统的市场营销一样,节事活动营销组合也可以概括为4Ps,但节事活动的特殊性又决定了其所包含的内容与传统的营销组合有很大区别,见表6-10。

表6-10 节事营销组合与传统营销组合的对比

	传统营销组合	节事营销组合
产品	企业提供给目标市场的货物、服务的集合,包括产品的效用、质量、外观、式样、品牌、包装和规格,还包括服务和保证等因素	包括提供的娱乐活动、服务标准、餐饮设施、开展社交活动的机会、消费者参与活动、销售礼品、活动组织者与消费者之间的交流、节事活动在目标市场的品牌形象;节事活动产品可分为主体产品(与节事活动名称直接相关的主题活动)、支撑产品(依托节事活动开展的经贸活动)、辅助产品(满足人们节事活动之外食住游购等需求)三类
价格	企业出售产品所追求的经济回报,主要包括基本价格、折扣价格、付款时间等	参与者和观众所具有的并愿意支付的价值;在需求较低时采用折扣价格、促销价格,对某些目标市场采用让步价格等
促销	企业利用各种信息载体与目标市场进行沟通的传播活动,包括广告、人员推销、营销推广与公共关系	电视、广播、报纸、杂志等广告;礼品销售、公共关系、传单和小册子、赞助商计划等促销组合
分销	包括分销渠道、储存设施、运输设施、存货控制,代表企业为使其产品进入和达到目标市场所组织、实施的各种活动(途径、环节、场所、仓储和运输)	节事分销渠道一是指节事活动的地理位置;二是指节事活动举办地各种环境因素的组合

第四节 会展项目的品牌策划

一、会展品牌的基本内涵

(一)品牌

美国市场营销学会(1960)指出品牌是一种名称、术语、符号或设计,或是这些要素的组合运用,目的是借以辨认某个或某群销售者的产品和服务,并使之与竞争对手的产品和服务区别开来。菲利普·科特勒(1979)定义品牌是销售者向购买者长期提供的一组特定的特点、利益和服务。品牌包含品牌属性、品牌利益、品牌价值、品牌文化、品牌个性和品牌使用者六个方面的含义,其中,品牌价值、品牌文化和品牌个性,构成品牌的基础。

(二)会展品牌

会展品牌是使会展项目与其他会展项目相区别的特定资源,是会展项目主办者通过精心策划和长期投资,逐步被市场和客户认可,具有很高知名度和客户忠诚度的一种很难被竞争者复制的资源,是会展项目主办者最重要的资产之一。

形成会展品牌需要有权威协会和行业领导者的强力支持,会展项目代表行业的发展方向,会展项目主办者需要努力寻求规模效应,与有影响力的媒体合作、进行强有力的品牌宣传,提供专业化的会展服务,参展商和观众的忠诚度高,拥有良好的公共关系和第三方认证,需要会展项目主办者长期规划、不急功近利。

会展品牌的价值,主要体现在会展品牌能让参展商和公众认出或记起会展项目,全面深入地理解会展项目的内涵和个性,提高会展项目产品服务的价格,形成持久的竞争优势,影响新客户留住老客户,给参展商和观众足够的理由和信心,缩短参展商和观众的决策过程、提高满意度,促进会展项目的做强做大。

案例链接

从20世纪70年代到今天,恐怕民间各种论坛有千千万万,为什么达沃斯能够30年不衰,且越来越有价值?为什么一个世界顶级论坛不是在美国、英国而是在瑞士这样一个小国取得成功?瑞士洛桑管理学院的一个普通教授——施瓦布有什么魔力,能吸引全球的顶级政商大佬们对于达沃斯——这样一个天高路远、人烟稀少(仅有一两万人)、像《林海雪原》中夹皮沟一样的冰雪小镇趋之若鹜?

考察之后才搞明白,正是因为瑞士和施瓦布的独特性成就了达沃斯。为什么这么说呢?首先,瑞士的中立立场为达沃斯的聚会营造了一个非常融洽、平等的氛围和环境。在地缘政治关系复杂的欧洲,中立的瑞士是一个超脱的存在,各方都能接受。而且作为一个弱小的国家,要想在大国的夹缝中立足,保持中立成为它的生存原则。不仅是达沃斯论坛,许多国际会议、国际组织都选择了瑞士,所以论坛在瑞士的成功有它的必然性,是一种特殊的多元文化哺育了它。

其次由于论坛的民间性、非营利性,建立了公信力,反而成为无冕之王。它提供了一个中立的沟通平台,能够化干戈为玉帛,很多在别的场合不可能见面的人都愿意来这个地方,很多在别的场合不好说的话可以在这个场合说。

还有,因为这个平台是开放的,能够海纳百川。施瓦布说这个平台是平等的、非正式的、发人深省的。他不仅这么说,也是这么做的。这样做短期的效果看不出来,但是长期下来就能看出效果。三十年来,达沃斯的影响从空间上不断扩展,先欧洲,后西方,最后到全世界;从论题上,先从企业管理到世界经济,从世界经济到世界政治,最后到人类发展的方向,能量越来越大,各种各样的人都有这种需求,需要这个平台。因为作为官方的论坛有排他性,作为企业的论坛容易追求短期行为,而一个真正成功的论坛,其价值就像茶壶的茶垢,是需要养的,时间越长积淀越多就越有价值。

达沃斯能够走到今天,跟施瓦布这个人有很大关系,他爱好马拉松滑雪,说明他是一个耐力型的选手,他的成功在于坚持把这件事情做下来,相信同时有很多人在做类似的论坛,但能冒出来的不多。他着眼于长线,不像我们一些人总是希望一拳头就打出个油井来。达沃斯论坛这个品牌培育了三十年,不断沉淀和积累才达到今天的境地,急功近利不可能走到今天。

施瓦布又是一个出色的战略家,他能够把握时代的脉搏,不断为达沃斯注入新的活力,这是他为什么很早就来中国寻求合作的原因,也是达沃斯有持续吸引力的原因。"小演员需要大舞台,小舞台需要大演员",施瓦布从一个小舞台做起,但因为他擅长发现、扶持潜力股,放大潜力股。促使很多曾经的小角色成长为大演员,像微软、时代华纳。最后大演员和大舞台之间相互捧场,由此形成了一流的平台、一流的角色。

由于达沃斯设置了一个权利和财富的高门槛,使入门的人解除了戒心,不仅使重量相当的商人们聚会在一起,缩短了生意的距离,而且权贵想认识商界人士,商人想结交权贵,大家都在这里碰头了,而世界顶级人物的聚会对媒体来说,也是一个吸引世界目光的机会。由此形成一个类似于"骡马大会"的超级名利场,所有人在这里各取所需。

施瓦布还是一个成功的"风险投资家",一个超级活动家,一个优秀的服务人员,三十年来老是能赶上一波波浪潮。经济上关注那些新兴产业,互联网、IT产业,他的目光敏锐而且长远,这些长线越到后来越看出其价值。他由此开辟了一个时代,一个非营利的民间的不依附任何政府组织的独立机构、一个开放性的平台,最后成长为一个"经济联合国",话题慢慢从管理到经济,到哲学,到社会,到宗教,充分体现了与时俱进,从而实现达沃斯的成功。

施瓦布创造的达沃斯传奇对于中国有许多值得思考和借鉴之处。达沃斯作为一种现象很值得我们研究,从中可以体会出很多东西,但是很遗憾,现在很多人只是看表象,没有人去挖掘后面的东西。

资料来源:达沃斯品牌成功之路[EB/OL]. http://blog.sina.com.cn/s/blog_6a517adc0100kn5f.html.

二、会展品牌的主要构成

(一)品牌名称

会展品牌中可以被读出声音的部分,是品牌形成的基础。在会展市场竞争白热化的当今,给会展活动取个好名称意义重大。会展名称基本要素包括:时间(年份、届数),举办地(国家、城市),行业,会展性质(博览会、展销会、贸易展览会、节庆事件等)。会展名称让参展商、观众等一目了然地知晓会展项目的历史、市场范围、产品服务内容、所属行业的内容等。会展冠名需要考虑市场覆盖、全球化、竞争者与合作者等因素。

(二)品牌标志

会展品牌中的图形记号,可以被识别但不能用语言表达的部分,是某种符号、图案或其他独特的设计。标志能准确传递信息又容易被识别,是会展品牌的重要组成。会展标志设计需要具有美学素养、文化内涵、战略眼光以及国际化和本地化相结合的艺术创作能力。

(三)品牌主题

主题是会展项目差异化的重要手段。成功的主题往往可以得到更多参展商和观众的认同。会展主题具有阶段性特征,其设计、提出、衍生和淘汰与会展市场、行业和客户关系密切。

会展主题是一定时期内会展市场发展趋势和关注热点的综合体现。

(四)品牌知名度

(1)国际知名度。会展品牌的国际知名度是会展品牌在全球市场的知晓情况,主要衡量指标有国际认证体系(国际协会认证的会展项目、第三方机构认证的会展项目),国际营销渠道(国际销售网络及代理商分布、国际市场的广告投放数量),会展项目的国际参与度(国际参展商和观众的国别数及其比例)。

(2)行业知名度。行业知名度是指会展项目在特定行业或相关行业的知晓率和影响力。主要衡量指标有行业权威机构的推荐和支持程度,行业领先企业的支持、参与程度,行业专业媒体全程支持并广泛报道,新产品、技术的发布平台,在会展项目进行期间举办行业论坛。

(3)目标客户知名度。目标客户知名度是指会展品牌对参展商和观众的影响力。衡量指标有参展商和观众作出决策的考虑时间、连续参展和参观的时间、观众停留时间。

(五)品牌联想

品牌联想是会展项目的参展商和观众能记忆与该会展品牌相关的事情,包括由该品牌联想到的会展项目类别、项目品质、项目服务、项目价值和顾客利益等。会展项目主办方要努力营造积极的品牌联想,强化会展项目的差异化竞争优势,提高目标参展商和观众参展的兴趣和热情。

(六)品牌忠诚

品牌忠诚是会展项目被参展商和观众关注和反复参加的程度。具体表现在愿意支付比其他会展更高的参展费用、愿意投入更多的资金装修展台、愿意提前确定参展和参观计划、参展人员数量多且层次高、高层领导愿意出席活动、愿意花更多时间参加会展、安排新产品和新技术在会展上首次亮相、愿意成为会展参展商等。

三、会展品牌的定位分析

会展品牌定位是会展企业在市场定位和产品定位基础上,对特定品牌在文化取向及个性差异上的战略决策,是建立适应和吸引目标市场的品牌形象的过程。会展品牌定位分析需要从市场需求、外部环境、自身情况和竞争环境等方面着手。

(一)市场需求分析

进行会展项目品牌定位时,首先要进行市场需求分析,包括参展商和观众的需求分析。对于参展商来讲,需求主要有获得签署订单的机会、展示形象、交流信息技术、扩大人脉、调查市场信息等;对于观众来讲,参观会展的需求包括了解市场行情、满足感官享受、调研新技术、寻找商业机会等。

(二)外部环境分析

会展品牌的建立要适应外部形式和需求的变化,从而建立优势、发挥优势,铸就会展的品牌优势。品牌定位的外部环境分析包括会展项目的政治法律环境、经济环境、社会文化环境、科学技术环境、自然地理环境等。

(三)自身情况分析

建立会展品牌需要客观审视自身的资源优势,包括会展项目举办地情况和会展项目相关举办主体的情况。会展项目举办地的优势可从区位优势、交通优势、产业优势、社会发展优势、历史人文优势和旅游资源优势等方面寻找。会展项目相关主体的情况,需要对所在地政府、相关企业、行业协会、会展项目的主办方、承办方、协办方、赞助商和媒体等进行调研分析。

(四)竞争环境分析

建立会展品牌进行的竞争环境分析包括与会展项目同类型的其他项目,也包括与会展项目不属于同一类别但具有替代效应的会展项目,特别对于节事节庆和大型体育赛事来说,这一类型会展项目就更为重要;同时会展主办方还要特别注意对参展商等相关客户的市场竞争对象进行关注,帮助客户进行竞争情报的搜集与报送,为客户创造利益和价值。

四、会展品牌的战略管理

(一)树立品牌思维

会展项目在品牌建构和管理过程中,应树立品牌战略,从短期的价格竞争转向追求附加值及无形资产的长期竞争,用品牌营销战略与品牌管理理念抢占会展市场的制高点。主办者应从会展项目的策划、管理到产品服务改进,从会展项目的开发、培育到项目的合作或并购,都贯穿品牌管理理念,提高会展项目的品牌价值和品牌形象。

(二)整合相关资源

会展项目主办者要充分利用相关资源,发挥不同利益主体对会展项目运作中各环节的作用。会展项目主办者应通过积极参与、广泛合作或寻求代理等方式,开发和利用政府、行业协会、业内领导企业、第三方机构和媒体的支持。

(三)重视市场研究

会展品牌要想获得市场认可,必须通过研究市场,获得可靠信息,通过了解市场的规模、构成、参与动机、购买消费行为、满意度等情况,以期满足客户需求、为客户创造价值、带来赢利。

(四)推进品牌扩张

会展品牌扩张主要通过品牌移植和品牌拓展。一方面,为了提高国内会展项目的质量和规模,越来越多的主办方开始考虑将国外品牌移植到国内,而一些跨国会展公司为抢占中国市场,也开始将在本国获得成功的品牌移植到中国。另一方面,国内会展品牌也尝试近区域拓展甚至走出国门。

(五)建构品牌网络

在全球范围内建设代理商网络,或是实现公司自身的海外扩张,包括成立子公司、与当地企业合资或合作、设立代表处或办事处等,将会展公司的全球化扩张和会展品牌的移植合而为一,从而培育和壮大会展品牌。

本章小结

本章介绍了会展项目市场营销的概念、任务和对象;对会展项目市场营销最重要的任务会展项目宣传推广进行全面介绍;根据会展产业的构成要素,重点分析了会展各主要类型营销的概念、对象、方法和策略等内容;最后,对会展项目营销中的品牌管理进行介绍,重点结合会展项目的实际情况,分析了会展品牌的内涵、主要构成、品牌定位和品牌管理。

复习思考题

1. 根据会展产业特征,对会展项目营销对象进行分析,并提出每种营销对象对应的营销主体、营销目标和营销内容。

2. 结合广交会和珠海航展等具体案例,设计会展项目的宣传推广方案,包括宣传推广的主要内容、使用的媒体和方式。

3. 为西安、成都、重庆等西部会展中心城市进行城市会展整体营销设计,包括进行会展发展的内外部环境分析、营销对象和主体确定、会展营销方法与战略选择等。

4. 搜集各类会议项目营销的典型案例,分析其成功的主要因素,并注意比较各类会议项目营销的差异。

5. 分析国内外知名度较高、运作成功的会展品牌,分析其在品牌构成、品牌战略管理中的关键因素。

单选题

1. 根据时间和逻辑顺序,会展项目营销任务包括营销分析、(　　)、营销执行和营销控制等过程。
   A. 营销评价　　　　B. 营销计划　　　　C. 营销激励　　　　D. 营销促进

2. 会展项目营销对象可从会展项目的举办地、组织者、(　　)和参与者四个方面进行分析。
   A. 供应商　　　　B. 批发商　　　　C. 零售商　　　　D. 分销商

3. 在电视、网站等媒体上刊登各种有关会展项目的评论、报道、特写、侧记和图片等的会展项目宣传推广方式是(　　)。
   A. 广告推广　　　　B. 媒体推广　　　　C. 公关推广　　　　D. 软文推广

4. 根据会议举办者身份,会议可分为公司会议、(　　)和非营利性组织会议。
   A. 协会会议　　　　B. 销售会议　　　　C. 新品发布　　　　D. 公司年会

5. 在展览公司中扮演项目经理、项目组成员、公司业务代表等,在营销中占有重要地位的是(　　)。
   A. 改变者　　　　B. 影响者　　　　C. 接触者　　　　D. 支持者

多选题

1. 会展项目相关活动的推广内容包括会展项目的活动名称、时间、地点、(　　)。
   A. 项目主办者　　B. 项目内容　　C. 项目流程　　D. 项目承办者
   E. 项目参与者　　F. 项目赞助商　G. 项目价格　　H. 项目价值

2. 展览会的基本流程可描述为(　　)、产品生产、(　　)、(　　)、售后服务、(　　)六个环节。
   A. 产品流通　　B. 产品设计　　C. 客户服务　　D. 产品销售
   E. 战略决策　　F. 产品消费　　G. 产品改进　　H. 招商招展

3. 展览会项目营销的过程策略包括(　　)、(　　)、分析偏差、(　　)、影响部门决策和(　　)等内容。

A. 识别偏差　　　　　B. 分解过程　　　　　C. 控制偏差　　　　　D. 避免偏差
E. 全面顾客满意　　　F. 全面质量管理　　　G. 客户管理　　　　　H. 部门沟通协调
4. 展览会项目营销的产品策略是营销组合策略的首要内容,涉及展览会的(　　)、竞争力分析、(　　)、(　　)、(　　)和新产品开发策略等内容。
A. 项目定价　　　　　B. 项目定位　　　　　C. 市场分析　　　　　D. 组合分析
E. 品牌化　　　　　　F. 虚拟化　　　　　　G. 实体化　　　　　　H. 营销组合
5. 品牌包含品牌属性、(　　)、(　　)、品牌文化、(　　)和(　　)六个方面的内容。
A. 品牌联想　　　　　B. 品牌忠诚　　　　　C. 品牌利益　　　　　D. 品牌价值
E. 品牌个性　　　　　F. 品牌主题　　　　　G. 品牌使用者　　　　H. 品牌资产

第七章　会展项目招商策划

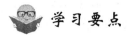
学习要点

1. 明确会展项目招商的目的,能区别对待会展项目招商与宣传推广。
2. 掌握会展通讯与观众邀请函的编写。
3. 了解会展项目招商方案的基本内容。

案例导读

会展项目招商渠道急需规范

会展的主办者,为了增强展会的号召力,往往委托多家招商公司同时进行招商,这在客观上就形成了渠道竞争,通过这种竞争,可以促使落后一方采取积极措施迎头赶上,形成良性竞争的局面,并成为改善渠道运作效率的催化剂,这是多数会展主办者的初衷。

但是,由于中国的会展项目招商公司大多数是半路出家,其来源大多是广告公司、装饰装修公司等一些传统行业,从而导致会展项目招商从渠道建立之初,先天就带来了一些传统渠道竞争的恶习,比如为争夺客户而恶性低价、以次充好假冒伪劣、违规招商欺上瞒下,以至今天的会展市场上怨声载道。

中国会展项目招商的渠道之乱主要表现在如下几个方面:

首先是主辅渠道之乱。会展的主办者往往有自己的招商部门,但是为了推广项目,会委托一些招商公司,这就客观上形成了直销渠道和经销渠道,这两种渠道势必会在一定空间范围内追求地位平等,追求市场控制力对等,从而使招商公司无法确定自己的地位,双方的渠道都在不断地为提高自己在各自市场中的发言权而斗争。

其次是渠道目标之乱。从表面上看,直销渠道和经销渠道都是为了会展项目的成功运作而共同努力,但是这两种渠道却是不同的利益主体,追逐的利益点各有不同。招商公司以营利为目的,而主办方的招商部门则侧重于开发参展商市场。双方并没有一个统一的目标,无法形成统一的凝聚力;加之直销渠道为开发市场执行特殊政策时,同各渠道成员之间并未进行良好的沟通,从而进一步引发市场的混乱。

最后是渠道内部之乱。会展主办方委托的招商公司往往由于在区域市场运作中存在渠道规划不尽合理,终端过于密集和交叉等问题,从而导致渠道为争夺客户使用价格策略打压对手,产生内部冲突。渠道内部之乱对于会展项目极具杀伤力,因为各招商公司往往是直接与最终客户联系,对于客户的重复争夺极可能引致客户反感,结果导致客户离开。

同一个会展项目,参展商可能会收到来自不同招商公司的邀请,人人都宣称自己是正宗的,让参展商也变得无所适从起来,最大的可能就是放弃。招展渠道的混乱,短期看也许仅仅是些许利润的损失,而长期如此,必然损害会展项目本身的可信度,最终伤及整个会展品牌。好的会展品牌往往具有强烈的凝聚力和号召力,如果失去了品牌,会展项目也就走到尽头了。

案例分析

事实上,渠道之乱,由来已久。早期的渠道冲突没有现在这样激烈,因为市场比渠道覆盖面要大得多,任何一条渠道都在赚钱。渠道在会展项目招商过程中是必需的,规范的会展市场环境需要渠道的竞争和不断的重新洗牌,不管对渠道如何规划和管理,渠道之间的竞争和冲突始终客观存在,这是竞争激烈的市场环境中的正常摩擦。但是目前所表现出的渠道的冲突却反映出目前渠道运作的不规范,对会展产业危害甚大。

很显然,招商过程中的种种渠道冲突,会展的主办方是难辞其咎的。因为渠道冲突是渠道竞争力的来源,主办方需要在招商过程中引入竞争机制,这是无可非议的,但同时主办方又需要避免过分的冲突,这显然是一个矛盾的两个方面,但会展主办方往往在后者的处理上显得能力不足。

如果要想早日结束会展项目招商的渠道之乱,就需要会展产业从树立和稳定会展项目品牌的高度出发,提出更富有建设性的解决之道,而这份责任并不是一家或者几家会展企业能够胜任的。渠道的规范有赖于行业自律的强制规范和国家在产业发展上的宏观指导,从规范招商的角度而言,会展行业的自律组织的诞生应该是众望所归。

资料来源:会展招商渠道急需规范[EB/OL]. http://news.xinhuanet.com/expo/2005-11/29/content_3850496.htm.

第一节 会展项目招商策划概述

参展商和观众是会展腾飞的两翼:参展商是会展存在的根基,没有参展商会展也就失去了存在的基础;观众是会展发展的翅膀,没有观众会展也就没有发展的后劲。会展招展策划完成之后,如何确保会展有足够数量和质量的观众到会参观及有较高的知名度是会展项目招商要考虑的重点问题。

一、会展项目招商的概念

会展项目招商就是邀请观众到会展来参观。观众对于会展来说至关重用,有一定数量和质量的观众是会展成功的关键因素。

一般来说,会展项目招商所邀请的观众主要分为"专业观众"和"普通观众"。一些特殊观众可以称为"专业观众"。所谓"专业观众"是指从事会展上所展示的某类展品或服务的设计、开发、生产、销售或服务的专业人士以及该产品的用户。与"专业观众"相对应的是"普通观众"。有些展览会对观众的要求比较严格,如广交会就只邀请专业观众参加,普通观众不允许入场。

有的会展还将观众划分为"有效观众"和"无效观众"。所谓"有效观众"是指到会参观的专业观众以及会展参展商所期望的其他观众。"无效观众"则是会展参展商所不期望的观众。尽可能多地邀请到"有效观众"对参展商来说意义很大,因而,许多参展商总是在这方面做足文章。

二、会展宣传推广与会展项目招商的关系

会展宣传推广与会展项目招商关系密切。在展览业的实际操作中,很多时候都是将会展的招商方案和会展的宣传推广方案合二为一,作为一个方案加以策划和实施。

(一)联系

(1)两者互相影响,互相促进。在具体实施过程中,尽管会展宣传推广各阶段的主要目的不同,但它对会展项目招商都有影响,在很多时候还能直接促进会展项目招商;尽管会展项目招商的主要目的是吸引更多的观众到会参观,但从某种意义上看,其招商的具体过程也是间接地对会展进行宣传推广的过程,有时候它还是直接的会展宣传推广。

(2)两者互相补充。会展宣传推广与会展项目招商在具体实施时经常是互相补充的。有些渠道如果进行会展宣传推广往往成本过大,这时可以用会展项目招商活动来弥补,通过招商活动来间接地对会展进行宣传;反之,有些渠道通过会展宣传推广比仅仅进行会展项目招商效果更好,这时,通过会展宣传推广来进行会展项目招商更能吸引观众。

(3)两者共同为会展成功举办服务。尽管各自的具体目标不同,但会展宣传推广与会展项目招商的共同服务对象是相同的,那就是促进会展的成功举办。所不同的只是,会展宣传推广是从招展、招商、树立会展形象等多方面来促进会展的成功举办,会展项目招商则主要是从吸引更多的观众到会参观这一方面来起促进作用。

(二)区别

会展宣传推广与会展项目招商又是有重大区别的两个范畴,在策划其各自的方案和具体实施其方案时不能混为一谈。

(1)任务不同。会展宣传推广的目标不仅仅在于会展项目招商,它是为了整个会展服务的,它最为核心的任务有三个,会展项目招商只是其中之一;会展项目招商最核心的任务只有一个,就是吸引更多的有效观众到会参观。

(2)实施步骤不同。会展宣传推广是一个连续的整体,系统性很强,在具体实施时应根据会展筹备的实际需要,分阶段、有步骤、有计划地实施,并且各个实施阶段的重点目标有所差别。会展项目招商的阶段性较弱,在具体实施中,其主要目的也始终不变,那就是吸引更多的观众到会参观。

(3)实施渠道不尽相同。会展宣传推广的渠道主要借助于一些公开的媒体如报纸杂志和网站等。会展项目招商除了借助于这些公开的媒体外,还有其他的专项渠道如直接邮寄、合作营销和人员推广等。从总体上看,会展宣传推广的渠道基本都可以用于会展项目招商,但会展项目招商的渠道却不一定都适用于会展宣传推广。

第二节 会展通讯与观众邀请函

一、目标观众数据库

所谓目标观众,主要是指"专业观众"和"有效观众"。这些观众可能是该会展展览题材所在行业的人士,也可能是与该题材所在行业有关联的行业的人士。会展项目招商是在了解了

上述观众所在行业、观众的基本数量、需求特征和分布状况的前提下进行的。因此,建立一个完整实用的目标观众数据库,对会展项目招商具有十分重要的作用。

会展目标观众的范围比会展目标参展商的范围要广,其涉及的行业也要多。在进行会展项目招商时,不能把目标观众的范围仅仅局限在会展展览题材所在的行业,还要考虑其相关行业和其产品的各种用户所在的行业。如体育用品博览会的目标观众除了体育行业以外,还有众多的健身休闲产业、房地产行业和各种会所等。

目标观众数据库是将已经掌握的所有目标观众的有关信息按照一定的规则而建立的数据库,它是在掌握了大量目标观众信息的基础上建立起来的。会展目标观众的信息可以通过以下渠道来收集:

(1)通过行业企业名录收集。使用时要注意不要仅仅局限于展览题材所在的行业,还要收集相关行业的信息。

(2)通过商会和行业协会收集。包括展览题材所在行业及其相关行业的商会或者协会。

(3)通过政府主管部门收集。

(4)通过专业报刊收集。包括展览题材所在行业的专业报纸和杂志以及其他相关行业的专业报纸和杂志。

(5)通过同类会展收集。

(6)通过外国驻华机构收集。

(7)通过各种专业网站收集。

(8)通过各地的电话黄页收集。

收集目标观众的信息,除了要收集他们的名称、地址、联系电话、传真、E-mail 和网址等基本信息外,还要注意收集他们的产品需求倾向。收集到上述信息后,就可以着手建立目标观众数据库了。

建立目标观众数据库也要遵循一些基本原则:第一,数据库要有一定的数据量,这样在以后招商时才会有足够的目标客户来源。第二,分类科学合理。第三,数据真实可靠。第四,便于查找和检索。第五,可以及时修改。另外,数据库的用户界面要友好、简洁、一目了然;数据库要适合在局域网上使用,支持多用户同时使用;对数据库基本的修改要有一定的权限限制,不能人人都可以对数据库的数据加以修改。

会展目标观众的身份不是一成不变的,它有时还是会展潜在参展商的一个重要来源。有些人在这一届可能是会展的观众,但下一届可能就是会展的参展商,当会展越办越好时,这种转变就尤其明显。因此,目标观众数据库既是会展项目招商时目标观众的重要来源,也是会展招展时目标参展商的潜在来源。在建立目标观众数据库时,要充分考虑到这种转变,不要将目标观众数据库和目标参展商数据库截然分开,而要让它们两者之间保持某种联系,以便对它们加以充分利用。

二、会展通讯

在会展的筹备阶段,会展的目标参展商和目标观众往往很想了解会展的筹备进展情况如何。例如,会展的目标参展商希望了解会展将会邀请什么样的专业观众到会参观,会展的目标观众则希望知道有哪些企业带着什么样的产品来参展。如何才能将上述信息及时准确地传递到需求者手中呢?制作会展通讯是解决这一问题的常用手段。

会展通讯,又叫会展快报,也叫会展特刊,是根据会展的实际需要编写的、用来向会展的目标客户通报会展有关情况的一种宣传资料,它常常是一本小册子,或者是一份小小的报纸。会展通常以直接邮寄或 E-mail 的方式将它及时地邮寄给其目标客户(即会展的目标参展商和目标观众)。

会展通讯的邮寄有赖于会展目标观众数据库和目标参展商数据库的建立和完善。如果没有这两个数据库,会展通讯的邮寄就会出现困难。

会展之所以要及时编制和向目标客户直接邮寄会展通讯,是因为会展通讯有以下五个方面的重要作用:

(1)可以及时准确地向会展的目标客户传递会展的有关信息,与目标客户保持经常的联络和信息沟通。

(2)可以扩大会展宣传推广的范围和渠道,建立会展良好形象。会展通讯一般是通过直接邮寄向目标客户发送,针对性非常强,有效率极高,宣传效果明显。

(3)可以促进会展招展。会展通讯里有关当地市场和会展项目招商内容的通报往往能对促进企业参展产生积极的作用,而对已经参展的行业知名企业的通报则能对其他企业参展产生积极的示范作用。

(4)可以促进会展项目招商。通过会展通讯,及时地告诉会展的目标观众有哪些企业已经参展,会展将展示哪些产品,有哪些新产品将在会展上首次亮相,这对吸引观众到会参观有较大的帮助。

(5)可以为会展目标客户提供良好的信息服务。会展通讯的内容往往不仅仅只包括会展的有关情况,它常常还包括会展展览题材所在行业的国内外市场信息和行业动态。

要切实地起到上述作用,会展通讯就必须要包含较为实用和较为丰富的内容,否则,会展通讯就将会流于形式,不会受到会展目标客户的欢迎,也起不到其应有的作用。会展通讯要包含的内容见表 7-1。

表 7-1 会展通讯包含的内容

包含的内容	描述
会展基本内容	会展名称、举办时间和地点、办展单位、会展 Logo、会展特点和优势等,上届会展的总结和展览现场的有关图片等
市场信息和行业动态	本会展展览题材所在行业国内外市场状况、行业动态和发展趋势等
展览情况通报	除了通报所有参展企业名单外,一般还会将一些行业知名的企业参展情况重点通报
招商情况通报	包括招商的渠道、招商宣传推广、招商措施和招商效果等
宣传推广情况通报	包括各种宣传推广渠道、办法和时间安排,用以增强客户参展和观众参观的信心
相关活动情况通报	告诉目标客户会展期间将举办一些什么样的相关活动
参展(参观)回执表	包括参展(参观)申请人的单位名称、地址、联系人、联系办法,参展(或感兴趣的)产品介绍、办展单位的联系办法和联系人等

会展通讯一般是分期编印。根据会展进展的实际需要,会展通讯的编印具有一定的阶段

性,并不是每一期的会展通讯都必须包含上述内容:在会展筹备的初期,会展通讯的内容要偏重于能促进会展招展的有关信息;在会展筹备的中后期,会展通讯的内容要偏重于能促进会展项目招商的有关信息;在会展已经成功举办并开始筹办下一届会展时,会展通讯里就必须包含有对上一届会展进行总结的内容。

会展通讯通过直接邮寄发送到目标客户并对他们的参展(参观)决策产生影响,为此,必须要促使客户在拿到会展通讯时愿意看、能够看,否则,会展通讯即使是邮寄到客户手中,客户也会将它当做垃圾宣传物一样扔掉,这样,会展通讯就起不到任何作用。因此,在编印会展通讯时要做到:

(1)具有知识性、时尚性和趣味性。会展通讯的内容切忌死板,对于各种信息的提供不要像记流水账,让人读起来索然无味。会展通讯要富有趣味性,让人读起来不会味同嚼蜡;尽管会展通讯是为会展服务的,但会展通讯的内容不能只局限在有关会展的信息上,会展通讯还必须及时传递相关行业的动态和市场方面的信息,使客户在接受行业动态和市场信息时了解会展。

(2)外观美观大方。会展通讯的制作要符合会展的定位和档次,外观看起来要赏心悦目、美观大方,整体版式设计要便于邮寄,文字字体和编排要便于阅读。

(3)内容短小精悍,信息真实可靠。会展通讯里的各种文章不应冗长,内容要简洁流畅,短小精悍,所传递的各种信息要经得起推敲,要做到真实可靠。

三、观众邀请函

观众邀请函是根据会展的真实情况编写的、用来进行会展项目招商的一种宣传单张。观众邀请函是专门针对于会展的目标观众,尤其是那些专业观众而设计和发送的。观众邀请函一般也是通过直接邮寄或 E-mail 的方式发送到目标观众手中。观众邀请函的发送也有赖于目标观众数据库的建立和完善。观众邀请函的主要作用在于邀请专业观众到会参观,其发放的针对性非常强,效果往往也很好。观众邀请函主要包括以下内容:

1. 会展基本内容

会展基本内容包括会展的名称、举办的时间和地点、办展单位、会展的 Logo、本会展的简单介绍如会展的特点和优势等。

2. 会展招展情况

会展招展情况包括展出的主要展品、参加展出的新产品和会展招展情况,一般还会将一些行业知名的企业参展情况进行重点通报。

3. 会展期间计划举办的相关活动

列举会展期间举办的相关活动的时间、地点和主题,以方便观众提前安排时间与准备。

4. 参观回执表

参观回执表包括参观申请的联系办法和联系人等,方便观众预先登记。

观众邀请函的内容比会展通讯更简洁、更集中,其所有的内容都在于吸引观众到会参观。因此,对会展的特点、优势、展品和参展企业的介绍就成为观众邀请函最为主要的内容。当然,如果是会展已经举办过几届,那么对上届会展简短的总结也常常是观众邀请函所包含的内容。

观众邀请函也是会展进行直复营销的有力武器,它在邀请观众到会参观的同时,也直接扩大了会展的宣传推广,间接地帮助着会展的招展工作。因此,观众邀请函也常常被用来作为进行会展宣传推广的一种有力武器。

第三节　会展项目招商方案

会展项目招商方案是为会展邀请观众而制订的具体执行方案,它是在充分了解会展展品的需求市场的基础上,合理地安排招商人员在适当的时间里通过合适的渠道而进行的会展项目招商活动,是对会展项目招商活动进行的总体安排和规划,目的是力求保证会展开幕时能有足够的观众到会参观。会展项目招商方案邀请的重点观众是那些符合会展需要的专业观众,不过,如果会展因为需要一定数量的普通观众到会参观也对普通观众开放,这样会展项目招商的对象就还要包括普通观众。为此,招商方案的内容要兼顾到这两类观众的招商。会展项目招商方案常要包含以下内容:

一、制订招商方案的依据

制订招商方案的依据包括:会展展品的主要消费市场的地域分布状况和需求情况、展览题材所在行业及其相关产业在全国的分布状况、相关产业在各地区的发展现状、各有关产业的企业结构及分布情况等。这部分内容一定要符合各有关产业的实际情况,否则,以此为依据制订的会展项目招商方案就会与实际情况严重脱节,没有可操作性。

二、招商分工

会展项目招商分工涉及的内容有两个方面:办展单位之间的招商分工和本单位内部招商人员的安排及其分工。

1. 各办展单位之间的招商分工

办展单位每招到一个参展商就会给它带来直接的经济效益,和招展不同,办展单位招到观众往往不能直接给它带来经济效益。会展项目招商工作经济效益的这种隐形性和间接性使一些会展常常出现"重招展,轻招商"的错误倾向。当会展是由几个单位联合举办时,这种现象更为突出,结果使得会展开幕后到会观众不理想,会展展出效果不能令人满意。

为避免出现上述不利局面,当会展是由几个单位联合举办时,必须明确会展的招商工作是由谁来负责;如果会展的招商工作是由各办展单位共同来负责的,就必须明确各办展单位之间的招商分工。各办展单位之间的招商分工,包括明确各单位必须共同遵守的招商原则,对各单位负责的招商地区(或行业)和重点目标观众的划分,对招商费用的预算和支付办法的规定,对重点目标观众的邀请和接待的安排等。

对各单位的招商分工必须合理,并经常进行协调。由于会展项目招商效益具有间接性,如果招商分工不合理,有些单位就会缺乏招商的积极性,这将严重影响会展的整体招商效果,由于招商效果具有隐形性,如果会展的招商工作不进行经常性的协调,各单位之间的招商工作就会出现步调不一致的混乱局面。总之,对各单位的招商分工一定要结合各单位的招商实力,充分发挥各单位的优势,做到优势互补,圆满做好会展的招商工作。

2. 本单位内招商人员及其分工安排

不管会展的招商工作是由几个单位共同负责,还是只由本单位一家负责,有招商任务的单位都要对本单位的招商人员及其分工作出安排。

首先,要确定主要负责招商的人员的名单,明确其主要任务是进行会展项目招商而不是招展;其次,要明确各招商人员负责招商的地区范围和重点目标观众;再次,要制定各招商人员的信息沟通和工作协调办法;最后,对重点目标观众要制定统一的接待安排计划。

三、招商渠道

不管会展项目招商是由几个单位共同负责,还是由一家单位来负责,会展项目招商都要通过一定的渠道来进行。会展项目招商的渠道见表7-2。

表7-2　会展项目招商渠道

渠道	描述
专业媒体	主要是针对专业观众,可以合作招商,也可以做广告
大众媒体	主要针对普通观众,在临近会展开幕时进行
行业协会和商会	针对专业观众,是会展理想的合作招商伙伴
国内外同类会展	观众的范围也基本相同,是一个理想的招商场所
参展商	尽量让每一个参展商都带自己的客户群来会展参观
网络	传递信息迅速便利,联系广泛
国内外办展单位	与这些单位合作招商,能很好地优势互补
国际组织	与他们合作往往能很好地带动国外观众到会参观
招商代理	是与办展单位紧密合作专门进行会展项目招商的单位
外国驻华机构	与他们合作能较好地带动国外观众到会参观
政府有关部门	政府的行业主管部门对行业的影响仍然很大
举办相关活动	可以在会展开幕前或展览期间以事件营销的方式招商

根据会展的实际情况,对于上述招商渠道,可以有选择地采用其中的一个,也可以同时采用几个渠道进行会展项目招商。

四、招商宣传推广

会展项目招商宣传推广是为促进会展更好的招商而有目的有针对性地举行的一些宣传推广活动,这些宣传推广活动围绕着会展招商的目标而制定,有很强的目的性和配合性。在会展项目招商方案里,要提出会展项目招商宣传推广计划,包括宣传推广的策略、渠道、时间和地域安排以及费用预算等。

(1)招商宣传推广的策略,包括宣传推广的出发点、主题、亮点等。在策略上要注意紧扣会展的定义和主题,突出会展的优势和个性化特色,从客户的角度出发,处处为客户的利益着想。

(2)招商宣传推广的渠道。可以根据招商工作的实际需要来选择和组合利用。

(3)招商宣传推广的时间和地域安排。招商宣传推广在时间的安排和地域的分布上要注意与招商的实际工作紧密配合,并且要走在招商实际工作的前面,为招商工作造声势、造知名度。宣传推广在时间上要连贯,要统一的理念和策略作指导;在地域上要因地制宜。在重点招商的时间段和重点招商的地区,要加大宣传推广力度,增强宣传推广的针对性。

五、招商预算

招商预算是为招商各项工作顺利进行而做的费用支出预算,它是在各项招商工作筹划基本已定的基础上,对会展项目招商可能需要的费用支出作出的整体安排和具体支出的计划。编制招商预算,应从招商工作的实际需要出发,本着统筹安排、合理利用的原则,实事求是地进行。会展的直接招商费用主要包括:①招商人员费用,包括招商工作人员的工资、差旅费、办公费等。②招商宣传推广费用。③招商资料的编印和邮寄费用。④招商公关费用。⑤其他不可预见的费用。

招商预算的编制要本着节约的原则。只有确实需要支出的费用才进入预算支出,这样可以严格控制会展项目招商成本。招商预算还要编制得细致,费用支出安排要合理,能满足招商工作顺利开展的需要。费用支出安排要注意在时间上与招商工作的实际需要相配合,不能出现开始时费用充足而最后费用不够,或者是开始不愿支出而最后拼命追加费用支出等不良现象。

六、招商进度计划

招商进度计划是对会展项目招商工作及其要达到的效果进行统筹规划,事先安排好什么时候该开展什么样的招商活动、采取什么样的招商措施、到什么阶段招商工作要达到什么样的效果、完成什么样的任务等。

会展项目招商工作是一项阶段性和时间性都很强的工作。一方面,当会展筹备工作进行到不同的阶段时,就要相应地采取不同的招商措施予以配合,不然,招商的效果就会不太理想;另一方面,会展项目招商工作要非常注意时间安排的合理性和配合性,注意"到什么时候做什么事",如果时间安排不合理,招商工作的效果将微乎其微,难见成效。会展项目招商进度计划一般用表格的形式来表现,见表7-3。

表7-3 会展项目招商进度计划表样张

时间	招商措施	宣传推广支持	计划达到的招商效果

有了这样一张招商进度计划表,就可以有条不紊地按计划开展招商活动,并对各阶段的招商效果及时进行检查。如果发现没有达到招商的阶段性目标,就可以及时采取补救措施,促进招商任务的顺利完成。

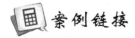

刚创立的新会展的典型招商进度计划

会展开幕前12个月:会展项目招商方案策划完毕,招商工作开始,进行一些显露性的和提示性的招商宣传推广活动。

会展开幕前9个月:随着会展招展活动大规模的实施,会展项目招商活动也逐步展开,招商宣传推广转为对招商活动的直接支持性宣传。

会展开幕前6个月:与各行业协会和商会、国际组织等机构的合作招商工作正式开始,招商宣传推广活动范围缩小,目标更明确。

会展开幕前3个月:会展项目招商工作大规模展开,对普通观众的宣传推广力度开始加强,对专业观众开始实施各种客户跟踪服务。

会展开幕前后:大众媒体成为重点宣传推广的阵地。

 本章小结

本章首先阐述会展项目招商策划的概念以及其与会展宣传推广的关系,其次介绍了会展通讯和观众邀请函这两种有利于会展项目招商的工具,最后对会展项目招商方案应包含的内容进行了介绍。

 复习思考题

1. 简述会展项目招商的概念。
2. 会展目标观众的信息可以通过哪些渠道来收集?
3. 会展通讯包含哪些内容?
4. 观众邀请函主要包括哪些内容?
5. 会展项目招商方案主要包括哪些内容?

 单选题

1. 展览会成功招商的基本前提是(　　)
   A. 展览会参展的人数　　　　B. 展览会参展的规模　　　　C. 展览会组展商的知名度
   D. 组展商通过各种宣传和推广工具将展览会真实信息传递给目标参展商
2. 会展项目招商是邀请(　　)到会展来参观。
   A. 参展商　　　　B. 观众　　　　C. 广告商　　　　D. 赞助商

多选题

1. 会展通讯一般包含(　　)等内容。
   A. 招展情况通报　　　　B. 招商情况通报
   C. 市场信息和行业动态　　D. 相关活动情况通报　　　　E. 展会基本内容
2. 会展项目招商常用的渠道有(　　)。
   A. 专业媒体　　　　B. 行业协会和商会
   C. 国内外同类展会　　D. 招商代理　　　　E. 国际组织

第三篇

项目管理篇

第八章 会展项目计划管理

1. 掌握会展项目计划的内涵与形式。
2. 掌握会展项目计划的编制内容和基本程序。
3. 了解会展项目范围计划、会展项目进度计划与会展项目资源计划的含义与编制工具。
4. 掌握会展项目资源计划的编制依据与编制程序。

宁夏冰雪旅游文化节的实施计划

一、活动名称

宁夏冰雪旅游文化节

二、活动举办时间

2014年12月25日—2015年2月15日

三、活动举办地点

贺兰山苏峪口国家森林公园

银川阅海公园

银川森林公园翠柳岛

四、活动主办单位

宁夏回族自治区旅游局

宁夏回族自治区文明办

……

五、活动承办单位

银川市旅游局

贺兰山自然保护区管理局

……

六、活动协办单位

赞助冠名单位(待联系)

宁夏电视台《周末旅行家》栏目组

……

七、活动组织领导机构

1. 组委会
2. 执委会
3. 执委会组织部门

八、节庆主要活动内容

此次活动节庆组委会将采取政府主导、企业经营、社会参与的方式，统一协调组织，分组经营，整体互动的原则加以实施。

- 塞上风情——贺兰山滑雪游

时间：2014年12月25日—2015年2月15日

地点：贺兰山苏峪口国家森林公园滑雪场

主要活动：活动期间，在西北规模最大，设施最全，总面积达15万平方米，可同时容纳1500人的专业人造滑雪场举办包括雪世界娱乐嘉年华活动、滑雪比赛、雪圈比赛、专业教练培训练习滑雪、团队打雪仗、雪地摩托、马拉雪橇等多种戏雪娱乐项目。

- 冬之趣——相约阅海公园滑冰场

时间：2014年12月25日—2015年2月15日

地点：阅海公园

主要活动：活动期间，在银川金凤区上海西路2000公顷的阅海公园冰面上举办环湖速滑、溜冰、冰面玩陀螺、冰球、冰滑梯、破冰捕鱼垂钓、高坡滑雪、堆雪人等多种冰上娱乐项目。

- 翠柳岛冰雪节

时间：2014年12月18日—2015年2月15日

地点：森林公园翠柳岛

主要活动：活动期间，在森林公园翠柳岛人造雪场40000平方米，举办冰挂雪雕、家庭雪雕大赛、冰上自行车慢骑比赛、儿童冰车比赛、大中学生滑冰比赛、冰雪节摄影大赛等多种冰上娱乐项目。

九、节庆宣传方案

工作内容：对外提供有关"冰雪旅游节"活动背景的标准宣传资料；对外提供有关新闻、宣传报道题材；提出整体活动宣传计划供决策审定；依据审定的宣传方案计划及工作日程展开具体宣传工作。

工作原则：关于冰雪节整体宣传内容、视觉形象、媒体选择、信息发布等都必须经组委会宣传部统一确认后发出，以确保宣传信息在时间及内容上的准确性、统一性和完整性。

经费筹措：按照本次"冰雪节"确定的政府主导、企业经营、社会参与的运作方式，承办单位根据活动举办规模，相应拿出部分宣传经费，全面启动"冰雪节"宣传活动。

十、公关推广活动

活动之一：宁夏冰雪旅游文化节新闻发布会，拟于2014年12月20日召开。

活动之二：宁夏冰雪旅游文化节开幕式，拟于2014年12月25日，在贺兰山苏峪口滑雪场、阅海公园分别举行。

活动之三：宁夏冰雪旅游文化节新闻记者采风活动，拟按照宣传活动的四个阶段进行四次新闻记者采风活动。

资料来源：http://www.nxta.gov.cn/1005/1030/20150125/1030@203_1.html。

案例分析

由于会展项目的独特性、服务性、时效性、脆弱性和复杂性,计划就显得尤为重要。会展项目计划依据项目策划选定的会展项目主题,通过合理配置资源,对项目范围、进度、质量和成本进行计划控制,最终完成项目目标。在"宁夏冰雪旅游文化节的实施计划"中,我们看到,不仅需要说明活动名称、活动时间和活动地点,还要说明活动组织管理者以及如何去具体实施这个活动。归纳成一句话,就是什么人什么时间在什么地方在多大成本预算条件下如何做某件事情。这些问题在会展项目计划中得以全面确切回答,将有助于会展项目活动顺利实施。

第一节 会展项目计划概述

一、会展项目计划的含义

(一)会展项目计划的概念

中国有句古话:"凡事预则立,不预则废。"意思是说不管做什么事情,如果事先做好计划,往往能取得好的效果,否则就有可能失败。在现代,西方项目管理泰斗哈罗德·科兹纳指出:不做计划的好处,就是不用成天煎熬地监控计划的执行情况,而是直接面临突如其来的失败与痛苦。由此可见,认真做好计划工作与项目的成功实施之间密切相关,项目计划在项目管理过程中处于重要地位。

同样,会展项目计划在会展项目管理过程中发挥着举足轻重的作用。任何会展活动都是一项错综复杂的庞大系统工程,曾经有会展专家做过统计,一次小型展览会就由大小3600多项事件构成,而大型博览会举办过程中所涉及的细节更加繁多,所要进行的工作数量则更是惊人。为了顺利实施会展项目,就要求在活动开始之前制订好详细的执行计划,用计划来指导和规范项目团队工作。与此同时,利用计划检查和监督各部门的工作,确保会展项目按时保质保量地完成,达到预期的项目目标。另外,无论小型的展览会,还是大型的世博会,会展项目在实施过程中都有可能发生突发事件,具有很大风险性。会展项目计划可以通过事先对风险性事件进行预测,并制定预防措施,在最大程度上减少会展项目举办过程中的不确定性,提高会展项目实施效果。

会展项目计划是会展项目未来行动过程的预定路线,是根据项目策划选定的主题,确定会展项目目标,并制订为实现该目标的进度计划和预算安排。如图8-1所示,作为项目管理的职能之一,它贯穿于会展项目生命周期的全过程。会展项目计划位于项目批准之后、项目实施之前,并存在一个逐层细化的过程。

(二)会展项目计划的内涵

会展项目计划不仅有助于项目团队对项目目标有更清楚的认识和理解,提高项目管理的运行效率,还可以为项目控制以及项目风险规避提供有力依据。总体来看,会展项目计划旨在回答以下六个问题,我们称之为"6W"(如图8-2所示)。

1. 何事(what)——会展项目目标

会展项目的目标是什么?会展项目团队成员在工作过程中要清楚会展项目活动所要实现的目标,并以此来指导自己的工作任务。

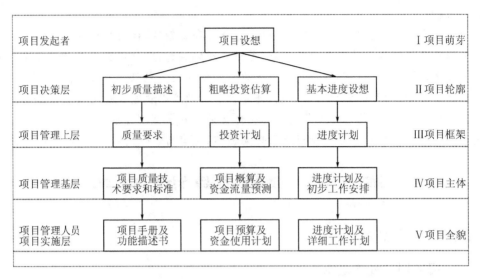

图 8-1 会展项目目标及会展项目计划工作的层次性

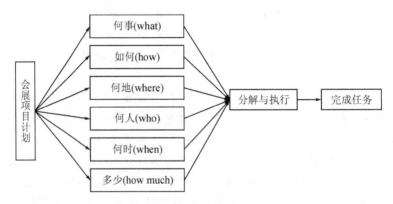

图 8-2 会展项目计划的"6W"

2. 如何(how)——工作分解结构图

如何完成工作任务？通过工作分解结构(work breakdown structure,WBS)将会展项目目标分解为具体的、可实现的且易于操作的工作任务，呈现出项目组必须完成的各项工作清单。这是会展项目计划工作的重要基础。

3. 何人(who)——人员使用计划

某一特定工作任务由哪些人来完成？通过人员使用计划每项工作的具体人员，并在工作分解结构图中简单注明。

4. 何地(where)——项目工作地点

会展活动各项工作在什么地方进行？确定各项工作是在国外，还是在国内进行；在国内哪个城市进行；以及具体到在某个(些)场馆举行。

5. 何时(when)——项目进度计划

会展项目的时间安排是怎么样的？通过项目进度计划，确定会展项目实施过程中各项工作的总需时间，以及开始时间和结束时间，并确定各项工作所需的资源。这是会展项目计划工作的重点所在。

6. 多少(how much)——项目预算计划

会展项目成功实施需要多少经费？通过项目预算计划，预测会展项目总的经费预算，以及工作分解结构中各项工作的经费预算。

例如，某会展集团2015年第48届汽车展览项目组在具体开始工作之前，首先根据策划方案编制好项目范围计划、进度计划、资源计划和经费使用计划，项目组的各下设机构再根据这些计划下达的任务和完成时间，在规定的预算内编制出各自的详细工作计划，然后各个部门工作人员在部门工作计划指导下开展各自的工作，使得整个项目组的工作安排有条不紊。

二、会展项目计划的形式

(一)按计划制订过程分类

按照计划制订过程的不同，会展项目计划可以分为概念性计划、详细计划和滚动计划三种形式。

1. 概念性计划

概念性计划是根据初步确定的工作分解结构图从最高层开始，逐步分解到更为细化的层面，它主要规定了会展项目的展览导向和展览重点，也被称为自上而下的计划。如2008年北京奥运会计划、2010年上海世博会计划等。

2. 详细计划

详细计划的任务是制定详细的工作分解结构，为会展项目提供详细的计划内容，也被称为自下而上的计划。如某主题会展项目的具体执行计划。

3. 滚动计划

滚动计划是根据会展项目外部条件的变化以及原有计划的执行情况，每隔一段时间对原有项目计划进行滚动调整，以保证会展项目目标顺利圆满实现。如2010年上海世博会就根据项目外部环境的变化等原因，对原有规划、组委会成员、使用经费以及门票价格等进行了滚动调整。

(二)按计划时间长短分类

按照计划时间长短的不同，会展项目计划可以分为战略式计划、战术式计划和作业式计划三种形式。

1. 战略式计划

战略式计划的时间一般是五年或者更长时间。如2008年奥运会计划、2010年世博会计划、2022年北京冬奥会计划等，从申请启动到成功举办都超过了五年，都属于战略式计划。

2. 战术式计划

战术式计划的时间一般是一至五年。一般大型的展览会以及周期较长的协会会议等，都需要较长的筹备时间作前期准备，才能够更好地实现会展目标。展览业内也普遍认为，准备时间在18个月以上的展览所取得的效果最好。

3. 作业式计划

作业式计划一般是在六个月到一年之内。一般的协会年会、公司会议以及具有一定规模的展览计划都属于作业式计划。如西博会、成都车展、中国旅博会等计划时间都在一年之内。

案例链接

全国糖酒会开始调整筹备周期

每年两届的全国糖酒会是我国食品和酒类行业的盛事。借助举办城市提供的服务平台,从业者们进行产销对接,发布信息,建树品牌,建立或完善渠道,开展经贸合作等。

以前的糖酒会,开完春(秋)季会才开始筹备秋(春)季会,实际招展招商的时间不到四个月,非常紧张;调整筹备周期,改变运行机制,进一步与国际展会接轨,成了全国糖酒会不得不面对的课题。

从2014年秋季在重庆举办的第91届全国糖酒会开始,全国糖酒会进入到一个调节奏的阶段。所谓调节奏,就是要把以前四个月左右的筹备周期,通过几届会的调整,逐步调整为一年的筹备周期。

往届的秋季会,一般是在当年的5月底或6月初才能正式启动招展招商工作,其标志是全国糖酒会的预备会。但今年的情况有了很大变化,秋季会的相关筹备工作从春季会期间就开始安排,开始启动了,比往年提前了将近两个月。

2013年开始的酒类市场深度调整和食品市场的进一步规范化趋势,是促使全国糖酒会筹备周期进行相应调整的宏观背景;全国糖酒会进一步国际化,与国际展会接轨的发展趋势也促使全国糖酒会组织机构作出这种调整。

调整之后,参展企业的筹备周期更长,准备更充分,选择余地更大,有利于展会的良性发展;同时配合这种调整,全国糖酒会组织机构还主动调整了组展代理办法,首次对外公开发布了组展代理单位、户外广告代理单位的相关信息,进一步完善了组展代理机制,为实现全国糖酒会组展代理工作规范化运行奠定了基础。

力争通过四至五届会的调整,最终达到调整目标——一年的筹备周期,实现与国际展会的完全接轨。

资料来源:全国糖酒会开始调整筹备周期[EB/OL].2014-06-05.http://shipin.people.com.cn/n/2014/0605/c85914-25109434.html.

三、会展项目计划的内容

任何会展项目都是一个庞大的系统工程,决定了会展项目计划内容的纷繁复杂,包括项目范围计划、人员管理计划、资源供应计划、进度报告计划、成本计划、质量计划、变更控制计划、文件控制计划、支持计划等。其中,会展项目计划的核心内容是项目范围计划、进度计划和资源计划。

(一)会展项目范围计划

会展项目范围计划确定了项目所有必要的工作和活动的范围,在明确了项目的制约因素和假设条件的基础上,进一步明确了项目目标和主要可支付物,进而编写项目说明书。其主要议题是沟通会展项目目标,使各利益相关者对会展项目目标达成一致。

(二)会展项目进度计划

会展项目进度计划是在确保合同工期和主要里程碑时间的前提下,根据相应的工程质量要求,对各项工作的起止时间、相互衔接协调关系所拟订的计划,通过对完成各项工作所需的人力、材料、设备的供应乃至营销资金作出具体安排,以达到合理利用资源、降低费用支出和减少施工干扰的目的。进度计划是项目控制和管理的依据,以时间安排为主导,以相关资源分配为辅助。

项目进度计划的实质是把各活动的时间估计值反映在逻辑关系图上,通过调整使整个项目能在工期和预算允许的范围内最好地完成任务。同时,它也是物资、技术资源供应计划编制的依据,如果项目进度计划不合理,将导致人力、物力使用不均衡,影响经济效益。

(三)会展项目资源计划

会展项目资源计划涉及决定会展项目要获得哪些资源、从哪里获得、何时得到它们,以及多少资源用于项目每一个工作的执行过程中,因此它必然和费用估计相对应。因此,项目资源计划通过分析和识别项目的资源需求,确定出项目需要投入的资源种类,包括人力、设备、资料、资金等,以及项目资源投入的数量和项目资源投入时间,从而制订出项目资源供应计划的项目成本管理活动。它需要权衡两个方面:一是在为了适应资源短缺所涉及的各个进度计划方案的成本之间的权衡;二是在使用各种资源方案的成本之间的权衡。

必须说明的是,会展项目计划的三大内容之间存在密切关系。范围计划是整个项目计划的基础,资源计划是保证,只有进度计划才是项目计划的核心内容;进度计划是会展项目实施与控制的依据和关键;以进度计划为主线,范围计划与资源计划为其服务。

四、会展项目计划的编制过程

(一)确定会展项目目标

会展项目目标是指会展组织者根据营销战略、市场条件和会展情况制定的明确的、具体的会展项目目的及期望通过会展而达到的企业目标。清晰界定会展项目目标对于项目顺利实施起着决定性作用,因而确定会展项目目标是会展项目计划的首要任务。

1. 会展项目目标的属性

(1)体系性。会展项目活动涉及众多利益相关者,既包括会展公司、会展服务商,又包括参展商和观众,还包括政府部门。在会展项目参与过程中,不同的主体有不同的目标。因此,制订会展项目计划应该充分考虑每一个参与主体的需要,目标尽量具有体系性,以满足多方的需要。

(2)层次性。会展项目目标是一个从抽象到具体的层次结构,是一个多级的目标体系。在制定会展项目目标时,既需要有总目标,还需要有各个子目标。总目标是对会展项目最终交付结果的要求,而子目标则是每一项具体任务的结果要求,总目标是靠子目标的实现而实现的。在会展项目具体运作过程中,必须把总目标分解为单个子目标,在子目标完成的基础上有效地整合资源,从而实现总目标。

(3)一致性。会展项目目标的一致性源于其体系性和层次性。在会展项目目标体系中,各个参与主体的参与目标不同,各个层次的项目目标也存在差异,但是它们都是围绕一个最终目标而存在,那就是会展项目顺利实施。因此,在会展项目目标体系中,各目标在为实现会展项目活动顺利成功实施上是具有一致性的。

(4)优先性。虽然各利益相关者的参与目标以及各个层次的项目目标具有一致性,但是它们的地位却不一样。当会展项目目标之间发生冲突时,要优先考虑其中的某个或者某些目标。

2. 会展项目目标的描述原则

描述会展项目目标一般有以下几个原则,首字母合在一起为"SMART"。

(1)具体的(specific)。项目有一个明确界定的目标,一个期望的结果或产品。一个项目的目标通常依照工作范围、进度和成本进行定义。

(2)可测量的(measurable)。项目目标的结果都以具体到可测量的数据为基础条件来限定。例如2010年上海世博会的门票收入目标为60亿元。

(3)可实现的(achievable)。项目的结果或产品应该通过努力可以达到和完成。

(4)相关的(relevant)。项目的实施要通过完成一系列相互关联的任务,也就是许多不重复的任务以一定顺序完成,以便达到项目目标。

(5)可跟踪的(traceable)。项目的过程是可以通过文档、信息系统来监控和跟踪的。

会展项目目标既需要有定性的目标,又需要有定量的目标。比如一个展览的定性目标包括提高展会知名度,提高展会的服务水平和管理水平等;定量目标包括增加展会收入(会议注册费、展位收入、门票收入和其他收入等),增加参展商和观众的数量,提高展会成交额等。定量目标可以衡量,可以作为会展项目控制和评估的基础,而定性目标则把握会展项目的长期发展方向,所以目标要从定性和定量两个标准来判断。

(二)项目工作分解

确定实现项目目标需做的各项工作,将整个会展项目分解成为便于管理的具体活动(工作)。如对一个展览活动的基本工作是前期准备工作、具体实施工作、现场管理工作、展后评估工作。前期准备工作又可分解为制定项目目标、确定参展商及观众类型和数量、制订营销计划、项目组织计划等。所要做的各项工作中有些工作必须按照顺序进行,有些则可以同时进行。如制定项目目标应该是项目计划最先做的工作,只有确定了项目目标才能确定参展商和观众、制订营销计划,而确定参展商和制订营销计划二者则可以同时进行。

(三)为各项任务确定时间

可以根据经验,也可以向每一项工作的负责人员询问,得知完成每一项任务所需的时间。

(四)分配资源

为每项工作分配人力、物力和财力。分配资源应该充分考虑每项工作的性质、工作量的大小、所需人员应该具备的基本素质、所需的物力和财力的大小。比如对于会展营销人员一般要配备性格外向、善于处理人际关系、积极、主动、热情、精力旺盛、性格坚韧的员工。而选择不同的营销方式则决定了配备的资源数量,如邮寄营销方式的成本相对较低,相应分配的财力和物力可以相对较少,如采用在电视台做广告的方式营销展会,则需预算大笔的经费。

(五)制订最初计划

在调研的基础之上制订出资源分配计划和进度计划。

(六)及时调整计划

召开会议以听取各方关于会展计划的意见,并对所做计划进行调整。各个子计划汇总之后可能会出现冲突情况,这就需要在不同的子计划之间进行协调,并要反复征求各方意见,尽量使计划符合客观实际情况,并能有效顺利地实现项目目标。

(七)最终确定计划

最终计划是建立在调研和反复征求各方意见的基础之上的,最终计划应该制订成书面文件,并发给会展企业高层管理者和会展项目小组的成员,使和项目有关的每个人都能十分清楚计划的内容。

第二节 会展项目范围计划管理

一、会展项目范围计划的含义

在美国项目管理协会的项目管理知识体系中,项目范围被定义成项目"产出物范围"和项目"工作范围"的总和。其中,前者是项目业主或者客户所要的项目产出物,也称为产品范围;后者是项目实施组织或项目团队为提交最终产品所必须完成的各项工作,可以理解为狭义的项目范围,两者可以理解为结果与过程的关系。可见,项目范围包括项目的最终产品或者服务,以及实现该产品或者服务所需要执行的全部工作。项目范围明确规定了项目范畴,即确定了项目的哪些方面是应该做的,哪些是不应该做的,也可以说是生产项目产品所包括的所有工作及生产这些产品所用的过程环节。因此,项目范围就是把会展项目可交付成果分解成较小的且更容易管理的单元。

项目范围计划是项目实施组织(项目团队)与项目业主(客户)之间达成协议或合同的基础。项目范围计划的主要内容包括:对于项目目标、项目产出物和项目工作范围等内容的全面说明和描述以及计划安排。制订项目范围计划就是综合平衡各方面的情况和数据,最终编制出一个书面的项目范围计划文件,将其作为未来项目各个阶段的决策基础和依据。

二、定义会展项目范围的依据

(一)会展项目产出物的描述

项目产出物的描述是一个关于项目产出物的正式文件,它具体说明了项目产出物的特性、项目的目标、开展项目的理由以及项目产出物与其他同类产品或服务的不同等。一般情况下,项目产出物的描述在项目的初期会比较粗略,而在项目后期阶段会逐步细化。项目产出物的描述能够使项目客户和项目实施组织对项目所生成的产品或服务的功能、特征和细节有一个准确和统一的理解,所以它是选择和定义项目的根本依据之一。

(二)会展项目方案选择标准

项目客户在决定开发某种项目以解决所面临的问题或利用出现的机遇时,往往会提出一系列的项目备选方案。人们要从这些备选方案中确定出所要采用的最优方案,因此需要建立一套项目评价和选择的标准,并用它对各项目备选方案进行评价和选择。项目方案评价与选择的标准一般是根据项目产出物的要求编制的,它涵盖了项目相关利益者对于项目的要求和期望,所以它也是选择和定义项目的重要依据。

(三)相关项目的历史信息

相关项目历史信息是指在以前的项目决策和项目选择中所生成或使用过的各种信息,以及关于以前相关项目实施的实际情况的描述文件和资料。在一个新项目的起始阶段,有必要利用这些相关历史信息作为参考和比照。这一点对于会展项目尤其重要,当开始一个新的会展项目或项目阶段时,有关项目和项目前期阶段成果、问题等信息都是选择和定义项目的重要依据之一。

三、会展项目范围计划的工具——工作分解结构

项目工作分解结构(WBS)是项目管理中最具有价值的工具,是制订项目进度计划、项目成本计划等多个计划的基础。它是界定项目活动所依据的最基本和最主要的信息,是项目团队在项目实施期间要完成的工作或要开展的活动的一种层次性、树型的项目活动描述。

1. WBS的作用

(1)通过项目工作分解可以获得项目需要完成的全部工作的整体表述,不至于漏掉任何重要的事情。

(2)使项目执行者明确具体的任务及关联关系,做到胸有成竹。

(3)容易对每项分解出来的活动估计所需要时间、成本,便于制订完善的进度、成本预算等项目计划。

(4)通过工作分解,可以明确完成项目所需要的技术、人力和其他资源。

(5)便于把任务落实到责任部门和个人,有利于界定职责和职权,便于各方面就项目的工作进行沟通。

(6)使项目团队成员更清楚任务的性质及其努力方向。

(7)便于对项目进行有效的跟踪、控制和反馈。

2. WBS的层次和编码

项目本身复杂程度、规模不同,决定WBS的不同层次。WBS一般最多使用20个层次,多于20层就是过度的,分解到能够作出所要求准确程度的估算,便于进行管理工作的程度就够了。对于一般较小的项目,最多6层就够了。

WBS可以把整个会展项目分解为任务、子任务、工作包等构成的等级式结构,在分解任务时不必考虑工作进行的顺序,要把工作分解到能以可靠的工作量估计为止,在确定最低一级的具体工作时,应能分配到某个人或某几个人具体负责。WBS需要运用特定的规则对分解结构图中的各个结点进行编码,简化项目实施过程中的信息交流,最常见的方法是利用数字进行编码,每项工作的编码是唯一的,具体采用数字的位数视项目的复杂程度而定,由项目的层数来决定编码数字的位数。下面以四层的工作分解结构为例说明如何编码。

第一层编码为1000;

第二层编码为1100,1200,1300,1400,…;

第三层编码,如1100可以分解为1110,1120,1130,1140,…;

第四层编码,如1110可以分解为1111,1112,1113,1114,…。

3. WBS的形式

WBS主要有树状形式和列表式两种形式。

(1)树状形式,又称组织结构图形式。树状形式的WBS图层次分明、非常直观,但是既不容易修改,也比较难以展示项目的总体面貌,所以对大型会展项目而言,整个图会变得非常复杂,见图8-3。

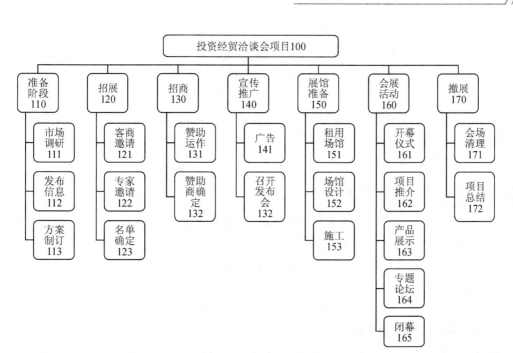

图8-3 某大型投资洽谈会的WBS图（树状图）

（2）列表式，又称为缩进图形式。列表式WBS不够直观，但有能够反映项目全貌的优点，是一种经常被采用的表现形式。

图8-4是西南某高校校园里20届会展策划与管理专业同学毕业十周年再聚首庆祝活动的工作分解结构（WBS）。

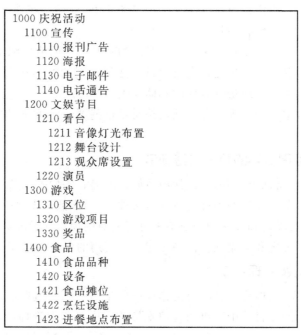

图8-4 毕业十周年再聚首庆祝活动的WBS图（缩排式）

WBS中每一项工作都要有准确而唯一确定的一个编码,这个编码有两个信息。第一,这项工作的类属,编码上直接能够读出该项工作的分级等次及其往上各层的拖延关系。第二,编码是WBS系统内部各项工作逻辑关系的基本识别信息。

制定WBS的过程非常重要,会展项目经理和各个职能经理以及项目组成员都应积极参与项目分解工作,并就项目分解结构图提出相关的修改意见,以使其更完善、更符合会展项目管理的需要。一般而言,在第一层次上按照会展项目的工作流程进行分解,而第二层和更低层次则按照工作的内容划分。

四、会展项目范围计划的内容

编制项目范围计划需要各方面的数据和信息,包括项目目标、项目产出物的描述和项目说明书、项目工作分解结构、项目工期、成本和质量等方面的信息等。另外编制项目范围计划的依据还包括一些支持细节文件以及在定义项目时确认的各种项目限制条件和假设前提。如果有关项目范围计划中的全部要素都已经明确了,那么制订项目范围计划的过程就是编制一份书面文件而已。项目范围计划的内容包括三个用于明确界定项目范围的文件。

(一)会展项目范围综述

项目范围综述,属于项目范围计划的主体部分,其内容包括:项目理由、项目内容、项目产出物、项目目标和项目工作分解结构等;项目范围综述是一份保证项目所有的相关利益者对于项目范围有一个共同理解的说明性文件,它全面说明和描述了定义和确认的项目范围。项目范围综述是未来项目决策的主要依据之一,是未来开展项目工期、项目成本和项目资源等方面管理的基础文件之一。

项目范围综述一般包括以下内容:

(1)项目理由。项目理由是对于开展一个项目的理由所作的全面描述,即对于项目所能够满足的组织各种需求作的全面说明。

(2)项目产出物。项目产出物是关于项目产出物及其构成的清单和说明。

(3)项目的目标。项目的目标是指完成项目所必须达到的标准和指标。项目目标必须包括项目成本、项目工期和项目质量等方面的具体要求。

(4)项目的工作分解结构。项目分解结构是对项目范围全面而详细的说明和描述,在项目范围中非常重要。

(二)会展项目范围综述的相关支持细节

项目范围综述的支持细节,其内容包括项目假设前提和各种限制条件等,这些资料多以附件出现;是指有关项目范围综述的各种支持细节文件,他们多数以项目范围综述文件的附件形式出现。其主要包括已界定和确认的项目范围可能面对的项目假设前提条件和必须面对的项目限制条件,也包括在确定和编制项目范围综述中所使用的各种信息和数据构成的细节文件。

(三)会展项目范围管理计划

项目范围管理计划,其内容包括项目工作分解的细节、项目范围变更的可能性、项目范围变更频率和大小的估计、项目范围变更的管理安排等。项目范围管理计划是项目后续界定开展项目管理的指导性文件。项目范围管理计划文件主要是描述如何管理和控制项目的范围,以及如何对项目范围的变更进行管理的一种计划文件。

五、会展项目范围定义的成果

(一)项目说明书

项目说明书的内容需要编制成正式的专门文件,以便作为项目其他管理文件的依据或理由。项目说明书应由项目业主(客户)或项目的决策者签发,其详细程度以项目管理的需要为依据。项目说明书同时应说明项目经理可以使用的组织资源和从事项目管理活动的权利。

(二)项目的各种限制条件

一般项目的限制条件主要有三个方面:一是项目的工期与日程限制,包括项目的起始日期与结束日期或项目的主要阶段的起始日期与结束日期等;二是项目的资源限制,最主要的是资金和项目的总预算的限制等;三是项目的范围限制,包括项目需要完成的全部工作以及其中哪些工作自行完成,哪些工作承包给他人等。其中一方面的限制条件发生变化会影响其他方面的限制条件,如项目工期缩短就会增加项目资源或缩小项目范围。

会展项目的最终成功就是在时间(工期限制)、成本(资源限制)和性能(范围限制)三个方面的限制下追求满足或超过客户的期望。但这些限制之间的关系在不同的项目之间是不一样的,各个限制的强弱关系也不一样,因此要确定项目的优先级。在会展项目的各种条件限制中,时间通常是最强的限制条件,时间维度上的任何缺陷都必须靠牺牲成本或者质量来弥补。

(三)项目的假设前提

定义项目必须明确一些假设前提条件,因为项目的选择和定义是根据这些假设前提作出的。所谓假设前提,是指那些为选择和定义一个项目而不得不主观认定(假定)的项目条件,因为这些条件在选择和定义项目的时候还处于一种不确定状态,所以实际上只是一些尚未确定的假设。在一个会展项目中,假设前提条件主要包括以下内容:

(1)会展项目可用资源及其配备情况。由于项目小组通常是临时组建的,某些项目小组成员或设备可能不属于会展项目经理直接管辖,需要对这些资源作出合理的预期和假设。

(2)会展项目工期估算。对会展项目工期的估算多数是建立在不完备信息的基础上,估算所使用的许多条件是不确定的,也应对工期估算中所依据的条件作出假设。

(3)会展项目的成本预算。

(4)会展项目的产出物。项目产出物是未来的可交付成果,受多方面因素的影响,具有不确定性,因此对产出物可能发生的变动要进行合理的假设和预期。

第三节 会展项目进度计划

一、会展项目进度计划的概念

对会展项目的进度进行控制,能够在很大程度上保证项目在规定的时间内完成。虽然一个会展项目的完成并非越快越好,但能够在相对科学的短时间内完成,在一定程度有利于降低项目成本。因此,在会展项目管理中,会展项目进度计划是其核心内容,它是在工作分解结构的基础之上,对项目活动进行一系列的时间安排和项目活动排序,明确项目活动必须何时开始以及完成项目活动所需的时间。

会展项目进度计划是为保证会展项目各项工作及总任务按时完成,所需要实现的各项工作的开展顺序、开始和完成时间及相互衔接关系的计划。其主要内容一是安排里程碑事件的执行时间,二是预估每项里程碑事件所需时间。其主要目的是控制项目时间和节约时间。

二、确定工作顺序

确定工作先后顺序是制订进度计划的前提,项目管理人员必须知道每项工作的先后顺序,再结合完成每项工作所需的时间,才能制订出具体的进度计划。

确定工作先后顺序的方法有节点法和箭线图法两种。

1. 节点法

节点法又被称为顺序图法,也叫节点网络图法。它用单个节点(方框)表示一项活动,用节点之间的箭线表示项目获得之间的相互依赖关系。活动之间的依赖关系包括以下四种类型:

(1)结束—开始型。A活动必须结束,B活动才可以开始,即B在A结束之前不能开始。这是一种最常见的逻辑关系,比如会展项目立项与项目筹展、展台搭建与展商进场、展商进场与观众进场等,见图8-5。

图8-5 结束—开始型关系

(2)开始—开始型。B活动开始前A活动必须开始,即B在A开始之前不能开始。此种逻辑关系允许活动A和其紧后活动B在某种程度上可以同时进行。比如宣传活动与招商招展、安保工作与展出等,见图8-6。

图8-6 开始—开始型关系

(3)结束—结束型。B活动结束前A活动必须结束,即B在A结束之前不能结束。这种逻辑关系允许A和其紧后活动B在某种程度上可以同时结束,如安保服务与撤展、咨询服务与展出、售票服务与入场登记等,见图8-7。

图8-7 结束—结束型关系

(4)开始—结束型。B活动结束前A活动必须开始,即B在A开始之前不能结束。这种逻辑关系很少使用,仅被编制进度计划的专业工程师象征性地使用,见图8-8。

图8-8 开始—结束型关系

各项活动或工作之间需要根据会展项目的特点安排先后顺序。如会展项目组织者需要在做好活动前场地租借、营销等准备工作的基础上,才能进行现场管理工作,最后才能开始后续工作。这种活动的自然运作流程是不可更改的,也就决定了这几项工作的前后顺序。这种活动之间的必然联系被称为项目活动排序的"硬逻辑"关系,也就是不可以违背先后顺序的逻辑关系。但是在会展项目中,有很多工作是没有严格的先后顺序的,如在会展项目营销、拉赞助过程中有些活动是可以交叉进行的,这些工作可以根据具体情况进行顺序安排,带有明显的主观性和人为性,因此被称为"软逻辑"关系。

节点代表项目活动,使用节点之间的箭头代表项目活动之间的关系。如图 8-9 所示,每项活动用一个方框表示,对项目活动的描述或者命名一般直接写在框内。项目活动之间的关系用连接方框的箭头表示。

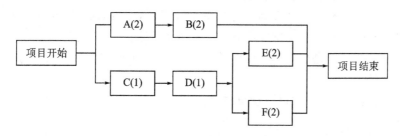

图 8-9 某会展项目活动的节点图

在节点图中,每项活动有唯一的活动号,每项活动都注明了预期工期。

2. 箭线图法

箭线图法也是一种安排和描述项目活动顺序的网络图法,又称为双代号网络图法。横线表示活动,以带编号的节点连接活动,活动之间有一种结束—开始逻辑关系。在箭线图中,一个项目活动使用一条箭线表示,有关这一项目活动的描述可以写在箭线上方。

箭线图是带有某种数量指标的图,它主要由工序、节点、线路三要素构成。工序是指消耗资源、占用时间,有具体活动内容的过程。虚工序是指不消耗资源、时间,仅表示前后工序逻辑关系的工序。节点是箭线图中工序之间的连接点,它既表示位于其前面的紧前工序的结束,又表示位于其后的紧后工序的开始,同时也是箭线图的始点和终点。所谓的紧前工序就是这项任务之前所要完成的工作;紧后工序是指这项任务完成之后所要进行的工作。

(1)在箭线图中不能出现回路。回路是逻辑上的错误,不符合实际的情况,而且会导致计算的死循环,所以这条规则是必须的要求。

(2)箭线图一般要求从左向右绘制。

(3)每一个节点都要有编号,号码不一定要连续,但是不能重复,且按照前后顺序不断增大。

(4)一般编号不能连续,如果编号连续,新增加活动就不能满足编码由小到大的要求。

(5)表示活动的线条不一定要带箭头,但是为了表示方便,一般推荐使用箭头,可以增加箭线图的可读性。

(6)一般箭线图要求开始于一个节点,并且结束于一个节点。

(7)绘制箭线图时,一般要求连线不能相交,在相交无法避免时,可以采用过桥法避免混淆,此要求主要是为了增加图形的可读性。在箭线图中,有一些实际逻辑关系无法表示,就需要引入虚工作概念,利用虚线表示。

3. 网络图绘制

节点网络图和箭线网络图的原理相同,只是表示方法不同。一般每个节点的活动会有以下几个时间:

(1)最早开始时间(ES):能够达到该节点的最早时间。

(2)最迟开始时间(LS):为使项目在限定日期内完成,该节点的活动开始的最迟时间。

(3)最早结束时间(EF):某活动能够完成的最早时间。

(4)最迟结束时间(LF):为使项目在限定日期内完成,该节点的活动必须完成的最迟时间。

(5)持续时间(Dur):活动持续时间长度。

(6)时差(SL):在不影响后续活动最早时间的前提下,本活动所具有的机动时间。

(7)关键路径(critical path,CP):网络中最长活动的路径,如果延迟就会延误整个项目。

关键路线计算的关键是确定网络图中关键路线,这项工作需要依赖活动清单、网络图和活动持续时间估计等。

计算口诀:前进,加法,挑大;后退,减法,挑小。

计算公式:

$$ES = \max\{紧前工作的\ EF\}$$
$$EF = ES + 工作延续时间\ t$$
$$LF = \min\{紧后工作的\ LS\}$$
$$LS = LF - 工作延续时间\ t$$

计算每项活动的总时差,计算公式为 $TF = LS - ES = LF - EF$。

找出总时差最小的活动,这些活动就构成了关键路线。

三、会展项目进度计划管理工具

(一)甘特图

甘特图(Gantt chart)又叫横道图、条状图。它是以图示的方式通过活动列表和时间刻度形象地表示出任何特定项目的活动顺序与持续时间。由于甘特图形象简单,在简单、短期的项目中,甘特图都得到了最广泛的运用。甘特图中由左至右,依次是工作序号、工作名称、工作时间、工作进度,如图8-10所示。

为了达到既定目标,将整个会展项目方案分解成数个活动项,按时间先后排列于表格中。先确定开始时间,估算完成每个会展项目所需要的时间,在图中标以矩形。该矩形以开始日期为起点向右延伸,其长度由完成该活动项的时间和标于表格上方的时间刻度决定,形成会展项目的计划展示图。同时,为了随时了解会展项目整体的进展情况,在会展项目计划展示图的基础上编制会展项目执行展示图,在图中标记每个活动项实际完成所花费的时间,用来和计划安排作比较。

(二)里程碑计划

里程碑式项目中重大事件,通常是指一个主要可交付成果的完成。它是项目进程的一些重要标记,是在计划阶段应该重点考虑的关键点,里程碑既不占用时间也不占用资源。可交付成果是指为了完成项目或其中一部分,而必须完成的可度量、有形的即可以核实的任何工作成

第八章　会展项目计划管理

工作序号	工作名称	工作时间	工作进度(周)						
			1	2	3	4	5	6	7
A	项目策划	1	▭						
B	宣传	3		▭▭▭					
C	确定参展商	4		▭▭▭▭					
D	招募志愿者	2			▭▭				
D	现场管理	1						▭	
F	展后评估	1							▭

图 8-10　某会展活动项目甘特图

果或事项。一般来说，项目的可交付成果可分为中期可交付成果和最终可交付成果。某会展活动的里程碑计划，见表8-1。

表 8-1　某会展活动的里程碑计划

里程碑事件	7月1日	7月10日	9月1日	9月10日	9月15日
项目立项	●				
开始筹展		●			
开幕式			●		
闭幕式				●	
展后总结					●

(三)网络计划技术

网络技术就是以时间为基础，用网络形式来描述一个系统，对系统进行统筹安排，寻求资源分配的协调方案。网络图能够反映系统之间内在的联系，分清楚问题的轻重缓急，使管理人员能抓住工作重点，科学地组织和指挥生产。它包括节点网络图和箭线网络图。下面以某展会展台施工活动清单为例，介绍网络计划技术，见表8-2。

表 8-2　某展会展台施工活动清单

开始节点	结束节点	工序编号	工序名称	工序时间(天)	开始节点	结束节点	工序编号	工序名称	工序时间(天)
1	2	A	放线	2	4	6	H	安装楣板	2
1	3	B	卫生、清料	2	5	6	I	I灯具调试	1
1	4	C	展商统计楣板制作	4	6	7	J	J展品装卸	1

续表 8-2

开始节点	结束节点	工序编号	工序名称	工序时间(天)	开始节点	结束节点	工序编号	工序名称	工序时间(天)
2	3	D	铺地毯	1	6	8	K	K租赁服务	2
2	4	E	电料准备	2	7	9	L	L展台卫生	1
3	4	F	展架安装	3.5	9	10	M	M竣工验收	1
4	5	G	灯具安装	2					

根据表 8-2 所示工序数据和活动顺序,可编制该会展布展项目的网络图,如图 8-11 所示。

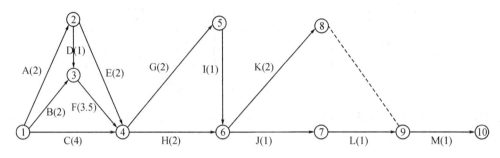

图 8-11 某展会展台施工活动箭线图

计算该项目的工序时差,结果见表 8-3 所示。

表 8-3 某展会展台施工活动工序时差计算

作业代号	ES	EF	LS	LF	S
A	0	2	0	2	0
B	0	2	1	3	1
C	0	4	2.5	6.5	2.5
D	2	3	2	3	0
E	2	4	4.5	6	2.5
F	3	6.5	3	6.5	0
G	6.5	8.5	6.5	8.5	0
H	6.5	8.5	8	9.5	1.5
I	8.5	9.5	8.5	9.5	0
J	9.5	10.5	9.5	10.5	0
K	9.5	11.5	9.5	11.5	0
L	10.5	11.5	10.5	11.5	0
M	10.5	12.5	10.5	12.5	0

从表中可以看出,总时差最小的路线是 ADFGIJLM,总工期为 2+1+3.5+2+1+1+1+1=12.5(天)。

(四)项目日程表

大多数会展项目活动的管理者都会使用日程表来安排项目进度。在计划的初级阶段,日程表的内容极为简单,时间分配只局限活动的具体构成因素,随着计划的推进,日程表变得更为详细,如准确的专业人员的工作时间安排等,最后制定更为详细的日程表来确定每个人的任务和责任。2015年中国高尔夫博览会日程,见表8-4。

表8-4 2015年中国高尔夫博览会日程表

日期	时间	主题	单位	演讲嘉宾	地点
2015-03-13 周五	09:00—17:00	绿友集团高尔夫设备宣讲会	绿友集团	绿友集团	展厅北区二楼E231
	10:00—12:00	GCSAA/GCBAA/ASGCA/CCCGA教育论坛:球场翻新最佳案例分享	GCBAA	Martin Moore, President Flagstick GCCM & GCBAA International Member	4号馆现场会议室
	12:00—18:00	球场运营及管理专题会——巴洛耐斯草坪机械和雅马哈球车商品推介会	巴洛耐斯	李明,工学博士	展厅北区二楼E236A
	12:30—17:00	高尔夫大讲堂:营销战略与品牌运营	励展光合&衡泰信	路长全,营销战略与品牌运营专家	2号馆现场会议室
	13:15—15:15	GCSAA/GCBAA/ASGCA/CCCGA教育论坛:球场用水国外最佳管理实践分享	GCSAA	Clint Waltz, University of Georgia	4号馆现场会议室
	14:00—16:30	GOLFINO 2015秋冬新品推介会	上海静玛商务咨询有限公司	上海静玛商务咨询有限公司	展厅北区二楼E232A
	15:00—18:00	球场运营法律高峰论坛(仅限受邀人员参与)	励展光合	李晨律师&李新立律师,大成律师事务所上海分所	国家会议中心酒店第一会议室
	15:30—16:30	节水管理	ASGCA	David Dale, Dale & Ramsey Golf Course Architecture	4号馆现场会议室
	16:00—18:00	苏格兰高尔夫产业研讨会	苏格兰国际发展局	苏格兰国际发展局	展厅北区二楼E232B

续表 8-4

日期	时间	主题	单位	演讲嘉宾	地点
2015-03-14 周六	09:00—17:00	绿友集团高尔夫设备宣讲会	绿友集团	绿友集团	展厅北区二楼 E231
	09:20—11:00	PGA 教学与教练峰会：训练冠军——来自教学课堂内外的启示	励展光合 & 美国 PGA	乔·哈里特	展厅北区二楼 E236 A+B
	09:30—12:00	高尔夫大讲堂	励展光合 & 衡泰信		2 号馆现场会议室
	09:30—10:20	GCSAA/GCBAA/ASGCA/CCCGA 教育论坛：互联网时代高尔夫草坪管理新思维	中国高尔夫球协会场地委员会	王学青，天津高协场地委员会副主任；天津帝景高尔夫俱乐部 场务总监	4 号馆现场会议室 Hall 4 Conference Room
	10:00—10:45	球场运营高峰论坛：行业热点深度解析——"高尔夫球场环境测评"	励展光合	李晨律师，高级合伙人，大成律师事务所上海分所	展厅北区二楼 E236B
	10:20—11:10	GCSAA / GCBAA/ASGCA/CCCGA 教育论坛：高尔夫球场土壤分析、数据解析及决策判断	中国高尔夫球协会场地委员会	李德颖，副教授，植物科学系北达卡他州立大学	4 号馆现场会议室 Hall 4 Conference Room
	11:00—11:45	球场运营高峰论坛：中美高尔夫球场数据比较	励展光合	李昆博士，朝向集团驻美国首席代表	展厅北区二楼 E236B
	11:10—12:00	GCSAA/GCBAA/ASGCA/CCCGA 教育论坛：遵守草坪生理规律的高尔夫球场草坪养护方法	中国高尔夫球协会场地委员会	卢庚植，韩国 BnBK 高尔夫综合管理公司 技术理事，韩国建国大学草坪学、场地管理理论及实践课程 兼职教授	4 号馆现场会议室
	11:10—12:40	PGA 教学与教练峰会：制订教学课程，创建自己的教学业务（OMEGA 荣誉赞助）	励展光合 & 美国 PGA	艾瑞克·阿尔芬菲尔斯	展厅北区二楼 E236 A+B
	12:00—18:00	杭州名纳服饰有限公司研讨会	杭州名纳服饰有限公司	杭州名纳服饰有限公司	展厅北区二楼 E232A
	13:00—15:00	GCSAA/GCBAA/ASGCA/CCCGA 教育论坛：球场灌溉技术和用水管理	GCSAA	BerndLeinauer New Mexico State University	4 号馆现场会议室
	13:45—15:15	PGA 教学与教练峰会：揭秘高尔夫挥杆要领——缔造学员挥杆蓝图（OMEGA 荣誉赞助）	励展光合 & 美国 PGA	迈克·亚当斯	展厅北区二楼 E236 A+B
	15:30—17:00	PGA 教学与教练峰会：制订个性化的教学方法与风格，帮助学生发挥最佳水平（OMEGA 荣誉赞助）	励展光合 & 美国 PGA	凯文·孔帕雷	

续表 8－4

日期	时间	主题	单位	演讲嘉宾	地点
2015－03－15 周日	08：30—17：30	TPI 一级认证培训	TPI	Dr. Greg Rose & Dave Phillips	展厅北区二楼 E236 A＋B
2015－03－16 周一	08：30—17：30	TPI 一级认证培训	TPI	Dr. Greg Rose & Dave Phillips	

资料来源：2015 年中国高尔夫博览会精彩纷呈[EB/OL]. http://sports.sina.com.cn/golf/2015-03-09/14347537099.shtml.

四、会展项目进度计划方法的比较与选择

不同的会展活动应该根据其不同的特征和实际需求，依据各种方法的表现形式，选择合适的方法编制进度计划。在选择会展项目进度计划编制方法时，应该考虑以下几个因素：

1. 会展项目的规模

如果是规模大的会展项目，如世博会、奥运会，可以采用里程碑计划或者网络计划技术。如果是规模小的座谈会和展览，则可以采用简单的甘特图和项目日程表进行进度安排。

2. 会展项目的复杂程度

项目的规模并不一定总与项目的复杂程度成正比，但在会展项目中，二者之间存在着非常明显的正相关关系。因此，复杂的会展项目的进度安排应该采用网络计划技术和里程碑计划，而简单的会展项目则适合采用甘特图法和项目计划表。

3. 会展项目细节的掌握程度

如果对会展项目的每一项任务都非常清楚，则可以用项目计划表来标出每一项任务详细的起止时间。如果只是对会展项目的大概情况有所了解，则应该用甘特图或里程碑计划编制进度计划。从理论上讲，会展项目在计划中综合考虑得越细致越好，但实际上，存在一个渐进的深化认识过程。因此，先粗后细也是会展项目计划安排的常规逻辑。会展项目进度计划编制方法比较，见表 8－5。

表 8－5 会展项目进度计划编制方法比较

方法类型	优点	缺点	适应的项目类型
甘特图	简洁明快，清晰直观	内容较为简单，时间不确切	小型、简单会展项目；紧急筹备的项目
里程碑计划	突出重点，全局控制性强	时段不明显，内容不明显	大型、复杂会展项目；紧急筹备的项目
网络计划技术	宏观性强，任务间关系明显	内容过粗，起止时间不明确	大型、复杂会展项目；充分筹备的项目
项目日程表	时间界定清楚，任务内容详细	过于细化，宏观性差	小型、简单会展项目；充分筹备的项目

不同的方法具有不同的优点和缺点。一般说来，甘特图简洁明快，清晰直观；里程碑计划抓大放小，提纲挈领，适用于全局控制；网络计划技术既可以对整个会展项目有宏观上的了解，

又能充分表现出各任务间的关系及每项任务的持续时间;而项目日程表则能够非常清楚地界定各项任务具体内容及其起止时间。作为会展项目计划制订者,应根据会展项目的具体情况,采取多种方法合理编制进度计划,这样能够取长补短,以形成一个清晰直观,真正对会展项目控制有指导意义的计划。

第四节 会展项目资源计划

一、会展项目资源计划概述

在会展项目的实施过程中,需要将投入的人力、材料、能源、资金以及各种设备设施进行整合。完成一个会展项目,所需要的诸多资源缺一不可,否则会展项目将达不到预期的质量目标,严重的甚至会导致会展项目无法进行。但是,在会展项目实施过程中,绝大多数项目资源并不能无限获得,而且获得项目资源需要付出代价。所以,一定要对资源做好精细化的分配与使用计划,做到物尽其用。

(一)会展项目资源的概念

广义的会展项目资源是指会展项目实施过程中的一切人力、资金、信息、技术及物资设施的总称。狭义的会展项目资源是指除了资金之外其他所有资源的统称。

(二)会展项目资源的类型

1. 按会展项目资源的来源分

按会展项目资源的来源分,会展项目资源分为内部资源和外部资源。内部资源主要是指会展项目本身所需要的材料、设备等。外部资源主要是指会展项目实施过程中的人力、设施、能源等。

2. 按项目资源的形态划分

按项目资源的形态划分,会展项目资源分为有形资源和无形资源。有形资源主要是指与会展项目相关的有形化资源,如所需的材料、设备、设施等。无形资源主要是指会展项目实施过程中所需要的无形化资源,如人力资源、成本资源等。

(三)会展项目资源计划的含义

会展项目资源计划是指通过分析识别项目的资源需求,确定出项目需要投入的资源种类、数量和项目资源投入的时间,从而制订出项目资源供应计划的项目成本管理活动。会展项目资源计划涉及决定什么样的资源以及多少资源将用于项目每一项工作的执行过程中,因此它必须是与费用估计相对应的,是项目成本估算和项目计划编制的基础。通过资源平衡,可以减少资源的过度分配,提高资源的使用效率。

二、会展项目资源计划的编制依据

(一)工作分解结构

工作分解结构明确了项目各项工作、各组成部分,是会展项目资源计划的基本依据。它确定了项目团队为完成项目目标所要进行的所有工作,是资源计划编制的主要依据。

(二)工作进度计划

项目工作进度计划是会展项目计划中最主要的,是其他各项目计划的基础。资源计划服务于工作进度计划,应围绕工作进度计划的需要而确定何时需要何种资源及其数量,什么时候需要何种资源由工作进度计划确定。

(三)范围陈述

范围陈述包括了项目工作的说明和项目目标,这些应该在项目资源计划的编制过程中特别考虑。

(四)历史信息

同类项目的历史经验借鉴十分重要,是会展资源计划的重要参考依据。历史信息记录了以往类似会展项目所使用资源的情况,但资源计划还需要充分考虑,随着时间的迁移,现在会展项目市场环境和政策环境等的变化及其差异。如西南某高校的校园展——"换购嘉年华"就借鉴了广州大学校园办展的经验及其历届校园展的经验。

(五)资源库描述

什么资源是可能获得的,这是项目资源计划所必须掌握的,特别是数量描述和资源水平对于资源安排特别重要。任何资源的种类、特性和数量都是限定的,在不同的项目阶段需要不同的资源。如在策划设计阶段,需要不同学科背景的专业策划师和专业顾问;而在实施阶段就需要专业技术人员。

三、会展项目资源计划的编制步骤

资源计划的编制步骤包括资源需求分析、资源供给分析、资源成本比较与资源组合、资源分配与计划编制。

(一)资源需求分析

通过资源需求分析确定WBS中每一项任务所需的资源数量、质量及其种类。确定了资源需求的种类后,根据有关项目领域中的消耗定额或经验数据,确定资源需求量。在会展项目领域内,一般可按照以下步骤确定资源数量:WBS各项工作量需求计算;确定活动实施方案;估计人员需求量;估计材料需求量;估计设备需求量;确定资源使用时间。

(二)资源供给分析

资源供给的方式多种多样,可以从项目组织内部解决,也可以从项目组织外部获得。资源供给分析要分析资源的可获得性、获得难易程度以及获得的渠道和方式,可以分别从内部、外部资源进行分析。

(三)资源成本比较与资源组合

确定需要哪些资源和如何可以得到这些资源后,就要比较这些资源的使用成本,从而确定资源的组合模式,也就是各种资源所占比例与组合方式。完成同样的工作,不同的资源组合模式,其成本有时会有较大的差异。要根据实际情况,考虑成本、进度等目标要求,具体确定合适的资源组合方式。

(四)资源分配与计划编制

资源分配是一个系统工程,既要保证各个任务得到合适的资源,又要努力实现资源总量最少。在合理分配资源,使所有项目任务都分配到所需资源,而所有资源也得到充分利用的基础上,编制项目资源计划。

四、会展项目资源计划的编制方法

1. 专家判断法

专家判断法主要是指由项目成本管理专家根据经验和判断确定和编制项目资源计划的方法。专家判断法是编制会展项目资源计划最常用的方法。这种方法又有两种具体的形式：专家小组法和德尔菲法。专家小组法是指组织一组有关专家先进行相关调查研究，然后通过召开小组座谈会的方式，共同探讨并提出项目资源计划备选方案，最后制订出项目资源计划的方法。德尔菲法又称专家调查法，是先通过一名协调者去组织专家进行项目资源需求计划安排，然后汇集专家意见，最后整理和编制出会展项目资源计划的方法。

专家判断法的优点是主要依靠专家判断，基本不需要历史信息资料，适合于全新的、长期性的项目。缺点是如果专家水平不一或者观点不一，就会造成项目资源计划出现问题。

2. 头脑风暴法

在群体决策中，由于群体成员心理相互作用影响，易屈于权威或大多数人意见，形成所谓的"群体思维"。群体思维削弱了群体的批判精神和创造力，损害了决策的质量。为了保证群体决策的创造性，提高决策质量，管理上发展了一系列改善群体决策的方法，头脑风暴法是较为典型的一个。头脑风暴法出自"头脑风暴"一词。所谓头脑风暴（brain-storming）最早是精神病理学上的用语，是对精神病患者的精神错乱状态而言的，如今转而为无限制的自由联想和讨论，其目的在于产生新观念或激发创新设想。

3. 资源平衡法

资源平衡就是力求避免出现短期内的高峰或者低谷，力图在不延长项目要求完工时间的情况下建立资源均衡利用的进度计划。资源平衡法是指通过确定出项目所需资源的确切投入时间，努力使各类资源不出现大进大出，确保资源需求波动最小，资源不闲置，并尽可能均衡使用各种资源来满足项目进度计划的一种方法。它是均衡各种资源在项目各个阶段投入的一种常用方法。

在项目实际运转中，资源总是有限的，我们需要考虑资源的可获得性、资源的功能以及它们与项目进度之间的关系，即项目团队不得不考虑成本、时间和员工的熟练程度等相关因素对项目的制约。资源平衡的首要工作就是进行资源约束的分析。

（1）活动之间的技术限制分析。

首先可以通过网络图表示出各项活动之间的逻辑关系，从而配置资源。下面以某届校园歌手比赛筹备为例进行分析，其资源需求网络图见图8-12。

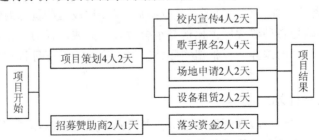

图8-12 校园歌手比赛筹备的资源需求网络图

(2)资源限制分析。

在资源约束的分析完成之后,可以绘制出资源需求甘特图,进一步考虑资源限制的问题。校园歌手比赛的资源需求甘特图,见图8-13。

任务名称	时间	第一天	第二天	第三天	第四天	第五天	第六天
项目策划	2	4人					
招募赞助商	1	2人					
校内宣传	2			4人			
歌手报名	4			2人			
场地申请	2			2人			
设备租赁	2			2人			
落实资金	1		2人				
人数	—	6人	6人	10人	10人	2人	2人

图8-13 校园歌手比赛筹备的资源需求甘特图

从图8-13中可以看出,该校园歌手比赛的筹备期内,每天需要的工作人员数分别是6人、6人、10人、10人、2人、2人,累计需要36个工作日。我们还可以发现,每天的人员分配非常不均匀,如何优化配置这些工作人员就是资源平衡所要解决的根本问题。通过分析,可以将工作人员平均安排在每一天中,保持每天的工作人员数量相等,为6人,仍是36个工作日,经资源平衡分析的校园歌手比赛资源需求甘特图,见图8-14。

任务名称	时间	第一天	第二天	第三天	第四天	第五天	第六天
项目策划	2	4人					
招募赞助商	1	2人					
校内宣传	2			4人			
歌手报名	4			2人			
场地申请	2					2人	
设备租赁	2					2人	
落实资金	1		2人				
人数	—	6人	6人	6人	6人	6人	6人

图8-14 经资源平衡分析的校园歌手比赛资源需求甘特图

(3)资源约束进度安排。

资源约束进度安排是在各种资源有限而且又不准超过该资源约束的情况下制定最短进度的一种方法。由于资源约束进度安排必须遵守资源的约束条件,所以应用这种方法时可能导致项目的完工时间延长,这也是一种在最小时差原则下反复将资源分配给各个活动的方法。

资源平衡分析时,如果项目网络图不是很复杂,并且仅有几种类型的资源时,资源平衡分析过程就可以通过手动来完成,但是如果项目网络图很大而且需求种类很多时,资源平衡分析工作就变得十分复杂,此刻需要借助项目管理软件来帮助进行资源分析的基础工作。

五、会展项目资源计划的工具

常用的会展项目资源计划的工具包括:资源矩阵、资源数据表、资源甘特图、资源负荷图。

1. 资源矩阵

资源矩阵用来说明完成会展项目中的工作需要用到的各种资源的情况。表8-6给出了资源矩阵的一个例子。表中左边列出了会展项目中的各项工作,上面的行给出了会展项目所用到的资源的名称,行列交叉处的元素代表会展项目中各项工作所需要的各种资源的状况,其中,A表示行中的工作所需要用到的主要资源,B表示次要资源。

表8-6 校园歌手比赛筹备项目的资源矩阵

任务名称	工作人员1	工作人员2	工作人员3	工作人员4	工作人员5	工作人员6
项目策划	A	B	B	B		
招募赞助商					A	B
校内宣传	A	B			B	B
歌手报名			A	B		
……						

2. 资源数据表

资源数据表用以说明各种资源在项目周期内各个时间段上的数量的需求情况。表8-7列出了某次展会项目所需人力资源数量状况,如在整个会展项目期间都需要一个项目经理,但咨询人员、策划人员主要在会展项目的前期才需要。

表8-7 某次展会项目的资源数据表

人力资源 \ 需求时间	1月	2月	3月	4月	5月	6月	7月
项目经理	1	1	1	1	1	1	1
策划人员	3	3					
咨询人员	2	2	2				
营销人员			4	4	4	4	4
设计人员	2	2					
……							

3. 资源甘特图

资源甘特图用以反映各种资源在项目周期内各个阶段用于完成哪些工作的情况,见图8-15。

人力资源 \ 需求时间	1月	2月	3月	4月	5月	6月	7月
王经理	■	■	■	■	■	■	■
张××	■	■	■				
李××	■	■					
刘××				■	■	■	■
欧阳×			■	■	■		
……				■	■	■	■

图8-15 资源甘特图

4. 资源负荷图

资源负荷图一般以条形图的方式反映项目进度及项目周期内的资源需求情况。某会展活动的资源负荷图,见图 8-16。

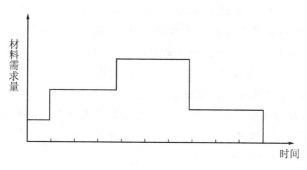

图 8-16 某会展活动资源负荷图

六、会展项目资源计划的结果

资源计划的结果是制订资源的需求计划,对各种资源需求及需求计划加以描述,资源的需求安排一般应分解到具体的工作上并以图表的形式予以反映。资源计划的成果包括以下几个方面:

(1)资源的需求计划:以文字形式勾画出会展项目所需各类资源的总计划。

(2)各类资源需求及需求计划的描述:以文字和图表形式确定会展项目的各类资源需求计划。

(3)具体工作的资源需求安排:以图表形式表示会展项目具体工作,例如人力资源需求、会展场馆需求等所需资源的安排使用情况。

本章小结

本章介绍了会展项目计划的概念、内涵、形式和内容;会展项目范围计划、会展项目进度计划与会展项目资源计划的概念、工具和方法等。通过本章的学习,要求掌握会展项目计划的概念与内容;掌握会展项目范围计划、会展项目进度计划与会展项目资源计划的工具的运用。

复习思考题

1. 会展项目计划的含义是什么?
2. 会展项目计划包括哪些内容?
3. 会展项目计划编制的程序是怎样的?
4. 会展项目范围计划的含义是什么?
5. 会展项目进度计划的编制目的是什么?
6. 会展项目资源计划的依据包括哪些?
7. 会展项目资源计划的方法和工具包括哪些?

单选题

1. 下列会展项目计划形式中不属于按计划制订过程分类的是(　　)。

A. 概念性计划　　　B. 战略式计划　　　C. 详细计划　　　D. 滚动计划

2. 把各活动的时间估计值反映在逻辑关系图上,通过调整使整个项目能在工期和预算允许的范围内最好地完成任务,这种计划是指(　　)。

A. 项目范围计划　　B. 项目进度计划　　C. 项目资源计划　　D. 人员管理计划

3. 不同会展项目主体在参与过程中有不同的目标,在确定会展项目目标时应该充分考虑每一个参与主体的需要,这体现了会展项目目标的(　　)。

A. 体系性　　　　　B. 层次性　　　　　C. 一致性　　　　　D. 优先性

4. 下列不属于会展项目范围定义依据的是(　　)。

A. 会展项目产出物的描述　　　　　B. 会展项目方案选择标准
C. 相关会展项目的历史信息　　　　D. 会展项目经费

5. 关于箭线图说法错误的是(　　)。

A. 在箭线图中不能出现回路　　　　B. 箭线图一般要求从左向右绘制
C. 一般编号要求连续　　　　　　　D. 一般要求连线不能相交

6. 在会展项目进度计划编制方法中,适用于全局控制的是(　　)。

A. 甘特图　　　　　B. 里程碑计划　　　C. 网络计划技术　　D. 日程表

7. 在选择会展项目进度计划编制方法时,不需要考虑的因素是(　　)。

A. 会展项目规模　　　　　　　　　B. 会展项目复杂程度
C. 会展项目经费额度　　　　　　　D. 会展项目细节的掌握程度

8. 下列不属于狭义的会展项目资源的是(　　)。

A. 资金　　　　　　B. 人力　　　　　　C. 信息　　　　　　D. 技术

9. 下列属于无形会展项目资源的是(　　)。

A. 材料　　　　　　B. 人力　　　　　　C. 设备　　　　　　D. 场馆

10. 在会展项目各个阶段均衡投入各种资源的计划编制方法是(　　)。

A. 专家小组法　　　B. 资源平衡法　　　C. 德尔菲法　　　　D. 头脑风暴法

多选题

1. 会展项目计划的"6W"包括(　　)。

A. 何人　　　　　　B. 何地　　　　　　C. 何时　　　　　　D. 何事
E. 如何做

2. 会展项目计划的三大核心计划是(　　)。

A. 项目范围计划　　B. 项目支持计划　　C. 项目资源计划
D. 人员管理计划　　E. 项目进度计划

3. 会展项目的限制条件一般包括(　　)三个方面。

A. 工期与日程限制　B. 资源限制　　　　C. 地址限制
D. 范围限制　　　　E. 人员限制

4. 会展项目资源计划的工具包括(　　)。

A. 资源矩阵　　　　B. 资源数据表　　　C. 资源甘特图
D. 资源负荷图　　　E. 箭线图

第九章 会展项目组织管理

 **学习要点**

1. 熟悉会展项目组织的管理职责,掌握会展项目组织的设计原则。
2. 了解会展项目经理的素质要求,熟悉会展项目经理应具备的职业能力。
3. 熟悉并掌握会展项目团队的含义和特征。

 **案例导读**

让外宾感受会展服务中的高超服务技能

某新闻发布中心设在浦东假日酒店三层,有一个主发布会场,四个分会场。韩国记者代表团有80余人,阵容庞大,成为接待工作的重中之重。该酒店抓住了重点服务和特色服务两个环节,派韩国籍员工专门协调代表团的接待工作。在前期布置会场时,酒店10名员工与上海电信局协作,在韩国驻沪领事馆官员现场监督下,连续工作了两天一夜,安装完成了大量的通信及会议设施。刚完工,客人又提出了变更布置的要求,大部分线路推倒重来。又接着通宵干了12小时,主会场完成了,分会场又有了新的方案。临近开会时客人又要求再增加两部直线电话,酒店员工马不停蹄,12分钟安装完毕,使得韩国记者一进入酒店,便能直接进入新闻中心工作,所有通信设施也能立即投入运行,迅速实现了与韩国国内电视台的连通。

另外酒店的接待人员在会议期间经过仔细观察后发现,马来西亚客人比较喜欢在上海购物、就餐和游玩,酒店礼宾部工作人员就认真主动地回答特色餐厅、交通、购物等问题。客人需要办理注册手续,志愿组的工作人员给予热情详细的解答,并主动为他们联系办证手续;一名意大利客人在外面购买鲜花时,花店老板要价过高,志愿者与礼宾部工作人员主动帮助,替客人索回多付的150元并让花店老板上门致歉,意大利客人很感激;墨西哥客人一行30人来酒店入住时,客户关系经理周到地先把他们安排在三楼宴会厅休息,并主动上楼办理入住手续,让他们感到十分方便。

案例分析

会展活动是一个系统工程,由若干的项目所构成。成功的会展活动需要有严谨的组织和实施;需要各个项目之间的联络、协调的有序;同时也需要相关工作人员具有较高的综合素质。

资料来源:牟红. 会展服务与管理[M].北京:机械工业出版社,2007.

第一节　会展项目组织

一、会展项目组织概述

(一)组织及组织管理

1. 组织

组织一词从不同的角度理解,具有不同的含义:组织是一个实体,是指为了达到自身目标而结合在一起的具有一定关系的一群人;组织也指一个过程,主要指人们为了达到目标而创建一定的组织结构,并使组织结构发挥作用的过程。首先,管理者要根据工作的需要,对组织结构进行设计,明确每个岗位的任务、权力、责任和相互关系及信息沟通的渠道,使组织中成员在实现目标的过程中,能发挥出更高的效率;其次,随着竞争的加剧,组织所处的环境发生不断变化,为了与变化的环境相适应,管理者要对组织结构进行改革和创新或再造;最后,合理的组织结构只是为达到目标提供了一个前提,要有效地完成组织的目标,还需要各层管理者合理地协调人力、物力、财力和信息,使组织得以有效地运行。由此可见,组织就是以人为中心,将人、财、物和信息合理融为一体,并把这种合理配置关系固定下来形成组织结构模式。

几乎所有的组织都具有以下共同的特征:

①每一个组织都有一个明确的目的,这个目的一般是以一个或一组目标来表示的。

②每一个组织都是由人组成的。

③每一个组织都发育出一种系统性的结构,用以规范和限制成员的行为。如编写岗位(职务)职责说明书,以使组织成员知道该做什么、怎么做和做到何种程度。

2. 组织管理

组织管理是指组织为了达成组织的目标,将必须要做的各种业务活动进行分类分层,形成职位(或职务)结构,赋予各个职位(或职务)恰当而明确的责任和权限,规定相互之间协调的关系,形成正式的人际结构。

(二)会展项目组织

会展项目组织有两层含义:一是指它是一个实体,即为了达到各自自身目标而结合在一起的具有正式关系的团队;二是指它是一个过程,即会展项目成员为了达到工作目标而创建组织,并使其发挥作用的过程。由此可见,会展项目组织的实质就是以会展项目成员为中心,将人、财、物和信息合理融合为一体,并把这种相应配置关系固定下来形成组织管理结构模式。会展项目组织要有效实施组织管理,须在会展项目成员中建立权力流程和沟通体系,以达到有效履行管理职责的目的。

(三)会展项目组织管理

1. 会展项目组织管理的含义

会展项目组织为了保障会展项目活动的顺利进行,必须以某种方式将一定规模的、有意愿参与其活动的人群有效地组织起来,并进行科学的分工,使各个职能部门和工作岗位各司其职,实现组织的共同目标。会展项目组织管理就是设计组织及权力的框架结构,为实现会展项目目标和任务的各种组织要素(人员、职位、职责、关系、信息)和员工在会展活动中的相互关系,进行配置、组合、调动和协调的管理活动。

2. 会展项目组织管理职责

会展项目组织要有效实施组织活动并发挥组织管理的职能,必须切实明确组织管理的职责内容。会展项目组织管理的职责内容主要有:

(1)提出会展项目基本工作目标和基本任务。

(2)依据会展项目组织设计的原则并结合会展项目的实际,进行组织设计,确定会展项目组织机构模式。

(3)划分会展项目组织的各个职能部门、业务运行部门,确定各个管理层次,配备各级管理人员、业务人员和相关人员,并进行定编。

(4)制定各职能部门工作职责和各级、各类管理岗位职责,确定其责、权、利,并予以监督、控制和评估。

(5)制定相应的会展项目管理规章制度,确定各部门的职责范围。

(6)明确各部门之间的关系并加强各部门的联系与沟通,建立信息沟通渠道。

(7)对会展项目活动进行总体的组织和具体组织。

(8)切实履行人力资源管理的职责。

二、会展项目组织设计

(一)会展项目组织设计的基本原则

1. 组织形式与管理相适应的原则

会展项目的组织职能主要表现在组织机构和管理机构上,即组织形式上,它包括会展项目自身管理机制、模式和运营体制。因此,会展项目组织形式要为会展项目管理服务,并服从会展活动的需要。主要表现三个方面:首先,会展项目的组织形式在组织机构上,要适应会展项目运转的需要;其次,会展项目组织形式在管理机构方面,要适应会展项目业务的需要,为管理目标服务;最后,会展项目组织形式应与会展外部环境协调,即与多方投资者(投资形式多元化的发展)的协调、与餐饮市场的协调、与管理形式(独立管理、委托管理、合作管理等)的协调。

2. 组织精简与管理效率相统一的原则

会展项目组织机构设置的方案,直接影响会展项目管理的效率和会展成本的支出。其原因是各级各类管理人员、业务人员和相关人员的配置数量及比例,直接与会展项目的固定工资、附加工资、奖金福利等支出密切相关。同时,在配置中全体会展项目成员的综合素质结构,也将直接影响会展项目各项工作运行的质量和管理效率的高低。因此,会展项目组织机构设置应严格把握精简与效率二者统一的原则,切实做到在保证工作质量和完成目标的前提下,尽量用最少的人员,最大限度地完成各项工作任务。在会展项目组织设计时,有效遵循精简与效率的原则,保证人员配置的数量与所承担的工作任务相适应,并做到机构内部职能划分清晰、工作分工恰当、相应职责明确,切实避免因人设岗和设可有可无的岗位。

3. 专业化分工与自动调节相结合的原则

会展项目管理的内容和特点决定了会展项目管理是一项专业性很强的管理实践活动,所以有必要保证其组织内部的专业化分工明确、职责范围清楚。为此,各级管理人员和基层员工必须接受相应的专业培训,具备相应的专业水平和工作能力。同时,会展项目组织内的各职能部门具有相对的工作独立性,各级管理人员应在职责范围内,独立开展工作,并灵活地处理与会展项目外的关系。专业化分工与自动调节相结合的重要保障是创建职能式的组织形式;其主要标志是组织规模的大小应同会展项目的档次与规模相适应,专业分工同会展项目的类型、运行特点相协调,各专业水平和相关业务能力同工作任务相匹配,各级管理人员能在会展项目管理中自主处理工作事务。

  4. 管理层级与相应管理权责相一致的原则

  会展项目的管理层级是由组织系统中的等级链基本法则所决定的。等级链的基本法则说明了会展项目组织中由上而下形成了不同的管理层次,从最高层次管理者到最低层次管理者之间形成了一条链条结构,即等级链。表明了各层级拥有的权力、担负的责任和管理的范围,在每一环的层次上,都有管理的相应权力和相应责任。因此,只有层级明确,才能赋予相应的责任。责任是权力的基础,权力是责任的保证,权力的大小能相应保证所承担任务的完成,恰当的责权分配有利于各层级管理人员之间的协调与配合,同时使得会展项目组织中的每一名成员无论他的职位如何,都能确切地了解他为谁或对谁负责。在等级链基本法则中引发产生的其他组织管理原则,如命令统一原则、服从命令原则、统一指挥原则和层级管理、逐级负责原则等,也是会展项目组织应遵循的设计原则。

(二)会展项目组织的基本形态

  会展项目组织的基本形态就是会展项目的管理方式。会展项目组织机构的基本形态主要有以下三种:

  1. 直线式

  直线式是一种最为简单的组织形式,是指会展项目指挥管理系统采用传统式的由上而下的指挥方式,实现垂直领导和集权领导。其优点是:结构简单、权责分明、命令统一、组织程序与业务运行程序一致,上下级间均按照规章或指令行事;各级管理者执行统一智慧和管理职能,不设置专门的职能机构。不足之处是:高层管理者管理责任较大、负担较重。这需要具备较高的管理水平,并能适应全面管理的人才来担当。现多数业务单纯、规模较小的单一会展项目,以及大型会展项目组织的基层或业务部门均运用此组织形式。

  2. 职能式

  职能式又称"U型"组织,是指在会展项目经理的统一领导下,会展项目组织各职能部门在本部门的职权范围内,分别领导其分管各部门有关成员的组织形式。职能式组织形式的最大特点是通过将专业技能紧密联系的会展项目活动归类组合到一个单元内部,可以更有效地开发和使用技能,提高工作效率。职能式组织形式的最大优点是管理职能分工化,可以充分发挥专业人员的作用。采用职能式的组织形式能提高各个部门的工作效率,培养团队意识,并能有效协调各个部门的关系。职能式组织形式适宜规模较小的、以技术为重点的项目,不适宜时间限制性强或者对变化快速响应的项目。

  3. 混合式

  混合式是一种结合直线式与职能式的优点所形成的组织形式。它是在各级领导之下设置相应的职能部门或职能人员,分别从事专业管理,作为该级领导者的参谋和实施专业管理的助手,各级业务管理实行层级制,上一级职能机构或人员只能对下一级的职能机构或人员进行业务指导,而不是对下一层的机构或人员发布命令。这种组织形式既吸收了"直线式"集中统一指挥的优点,又吸取了"职能式"发挥专业管理部门或专业人员职能作用的长处,符合组织设计中统一指挥和建立严格责任制的要求。混合式的组织机构形式多为大型会展项目和综合性会展项目所采用。混合式的组织机构形式是一种民主化、人本化的组织管理模式。

(三)常见会展项目组织机构

会展项目组织机构明确了管理层次的职权和责任传达的途径,是表现组织机构的一种典型而有效的方法。其主要作用是显示出组织概况,清楚地反映每个部门和个人的职责,同时还可以使每位成员清楚自己在本部门中的位置和发展方向。不同性质、不同类型和不同规模的会展项目,其组织机构不尽相同。会展项目组织机构从一定程度上只反映了会展项目一个周期的组织运行状况,随着会展项目的运行,其运行状况、隶属关系和管理风格的变化,组织机构也会进行相应的修正和完善。以下以会议的组织机构为例予以说明。

为保证会议能圆满成功地进行,需要有一个专门的组织来负责会议的组织和服务工作,一般称之为会议组织委员会。

会议组织委员会在大多数情况下都是临时性机构,但也有常设的,这主要取决于会议的主办单位和会议周期。根据会议活动的阶段,对于会议前期准备阶段的组织,有时称为筹备委员会。

会议组织委员会的主要任务是负责会议的组织工作和全面的服务工作。①会议组织工作包括收集会议信息、确定会议目标、制订会议计划、进行会议预算、确定会议模式和会议议程、选择会议地址、安排会议演讲者、进行会议的宣传和吸引会议的资助等。②会议服务包括会议活动安排、会议客房安排、会场布置、会议餐饮服务、会议设备安排、会议的入场服务、会议展览服务、会议交通服务以及会议结账服务等。

1. 会议组织委员会的机构

会议组织委员会常设的下属机构有会议秘书机构、会议宣传机构、会议文书机构、会议保卫机构和会议后勤机构等。

(1)会议秘书机构。会议秘书机构是会议的办事机构,主要有以下工作:①收集会议议题、安排会议议程;②发放会议通知、负责会议报到;③准备会议材料、协助领导撰写会议报告及其他文件;④对与会人员进行编组、布置会场、安排座次;⑤印发会议证件;⑥负责会场签到;⑦印发会议文件,负责会后的文件回收和处理;⑧做会议记录、会后整理会议案卷。小型会议还要负责宣传报道、后勤保卫等工作。大型会议要将上述常规工作进一步细分。

(2)会议宣传公关机构。会议宣传公关机构是大中型会议专门负责会议宣传、报道以及对外联络和公关的会务机构。其主要任务是负责会议宣传提纲的编制,新闻报道的组织安排,会间的采访、录音、录像、摄影以及会场的环境布置(包括标语、口号等)。

(3)会议文书机构。会议文书机构是会议文件起草、审议的机构。从会议的准备文件、会议的主题报告以及会议形成的最后文件,都是会议文书机构的工作。在小型会议中此项工作通常由秘书机构来完成,而不专设文书机构。

(4)会议保卫机构。会议保卫机构主要负责出席会议的人员的安全工作;负责会场、住地、会址及会议所在地点的保卫工作等。小型会议由后勤或秘书机构来担任此项工作。

(5)会议后勤机构。会议后勤机构又称总务组,主要负责会议期间的服务工作,包括接待、住宿、交通、医疗卫生、生活服务、文娱活动安排等工作。

以上机构可根据会议规模大小而设立,小型会议可只设秘书组,其工作由专人负责。大型会议还设有专门的会议资料机构以负责会议资料的准备、发送、处理等工作,设有会议集资机构来负责会议所需款项的筹集工作。

2. 会议组织委员会成员构成

一个庞大的、复杂的会议必须建立一个会议组织委员会为核心的组织系统,而这一点对于一个小型会议也有同样的功能。

会议组织机构成员一般分为会议策划人员、会议管理人员和会议服务人员。

(1) 会议策划人员。会议策划人员即会议决策者,他们决定会议目标、规划和管理预算,修订会议程序和方式,设计会场、监督讲演现场、签订谈判合同,进行会后评估等。

(2) 会议管理人员。会议管理人员的责任主要是管理,即运用有效的公关理论和技巧知识完善会议,解决团队问题,因而他们必须具备组织方面的特长和渊博的知识。

以上两类人员中,至少要由两名主持过会议的有经验的人组成。

(3) 会议服务人员。会议服务人员中大约 50%~60% 的人从事过会议服务工作,包括会议秘书、会议旅行、客房和会议餐饮的经理,现场操作管理员和其他人员。他们的职责只限于安排客房、餐饮、视听设备、交通、会前后旅游、会场签到以及特殊活动(如运动、娱乐、游戏)、保管财产等。

会议组织委员会因会议种类和结构的不同其成员安排也不同,一般来说会议组织机构中会议的成员要根据工作内容来安排,通常要考虑到会议规模的大小、会议目标及整个会议活动的安排。会议组织机构中应包括由主办方和协办单位的代表。

三、会展项目组织岗位职责

会展项目岗位职责是组织管理职责内容的要素之一,是会展项目员工履行工作职责的准则,明确了职位需要履行的特殊职责。

(一) 会展项目组织岗位职责的结构

有效制定会展项目岗位职责,首先要明确岗位职责的结构。会展项目岗位职责的结构即会展项目岗位职责的内容框架和项目,主要包括以下内容:

1. 岗位名称

岗位名称即岗位的具体称呼,也称工作职位,同一工作职责的岗位名称,在会展行业中的称呼基本一致,如会展项目经理、财务总监、会展接待员等。

2. 岗位级别

岗位级别是指岗位在会展项目组织层级中的位置,不同职务级别其工资等级不同。岗位级别是有效调控员工积极性的利益杠杆。岗位级别一般由该会展项目组织自行定制。

3. 直接上司

直接上司即本岗位的直接领导者(管理者)。设置直接上司的目的是让每个相应岗位的员工知道自己应听从谁的直接指令,向谁负责,向谁汇报工作,如展台搭建工的直接上司应是工程管理部领班。

4. 管理对象

管理对象主要针对不同管理岗位而设立,旨在使每个管理者明确自己的管理权限、管理范围,避免越级管理。它是会展项目组织秩序的基础和保障之一。

5. 职责提要

职责提要即为岗位要领,主要职责是对工作职责的小结,通常自成一段。进行岗位职责提要描述时,应简明扼要并将最重要的职责简述清楚。

6. 具体职责

具体职责又称职责内容或工作内容,即为相关岗位的详细工作任务书。进行岗位职责的具体描述时必须清晰地提出相应岗位的各项具体任务。有关工作标准、工作要求和工作步骤等内容,属工作程序和工作规范的范畴,一般不在具体职责中体现。

7. 任职条件

任职条件是指职务或岗位要求,是对该岗位任职人员的基本素质要求,一般包括品格要求、基本知识要求、技能要求和学历、职业经历以及身体状况要求等。

8. 岗位权限

岗位权限是针对不同管理岗位而设置的。此项内容一般要体现责、权、利相一致的组织层级原则;同时,要充分考虑授权幅度的大小,体现适度授权和授权明确的原则。此项内容各会展项目的管理人员授权幅度不尽相同,而各有侧重点。向一线员工授权,是会展项目组织体现人本管理思想的重要手段。

会展项目组织在具体制定岗位职责时,可按工作名称、负责人、工作时间、职责及工作要求等项目进行。

(二)会展项目组织岗位职责的制定

会展项目岗位职责的制定是指会展项目组织制定本项目相关人员承担某项工作的具体要求。不同类型、不同规模的会展项目,均有各自不同层级的岗位职责。下面以会展项目管理岗位和相关工作岗位为例介绍岗位职责,略去相关企业及会展相关项目名称。

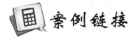

某会议服务经理的职责要求

职务:会议服务经理

上司:会议服务总监

部门:会议服务部

岗位综述:在会议服务总监的领导下,负责所有会议团体的服务。计划、协调所有同会议团队有关的准备工作(如高尔夫球场的预订、所需视听设备的准备等),以保证会议的成功举办,并对今后的会议进行促销。

工作范围:负责向饭店各部门确认并传达客户的需求,从而保证饭店对特定的团队从始至终提供恰当的服务。

目标/职责:

1. 作为指定团队的主要客户联络人,计划、实施会议的各项活动。

2. 协调、分配所有部门的有关落实指定团队要求所必需的文案工作。占总工作时间的25％。

3. 作为会议策划人的现场联络人，监督指定团队的各项活动。占总工作时间的15％。

4. 协助会议服务总监做好会议协调人的培训工作。占总工作时间的15％。

5. 除了为指定团队安排并指挥落实会议外，还要出席每天及每周由会议服务总监召集的例会。占总工作时间的15％。

6. 协助做好预测和预算工作的前期准备。占总工作时间的3％。

7. 完成会议服务总监委派的额外工作。占总工作时间的2％。

监督职能：

直接监管所管辖的办事员；间接监督会议协调员、楼层经理、后勤人员、活动预订协调员。

1. 人员方面：负责传达、贯彻饭店的管理条例，确保销售合同的履行。派发有关客户需求的文字资料（客户背景资料、会议预订单等）及销售合同。同各部门负责人及销售和服务人员保持有效联系。

2. 资料方面：保管团队的最新档案资料以保证销售过程的有效协调，从而最大限度地满足客户要求。保证档案追踪系统的正常运行。

3. 设备方面：协助管理会议设备，使之正常工作并保持充足的库存，以保证各项活动的服务正常进行。

4. 财务方面：除了最大限度地利用多功能场地外，还负责最大限度地增加所承办会议的收入。

5. 业务方面：保证团队、店外销售代表及店内服务人员的正常联系，同时负责建立同客户的联系，这将有助于增加回头客。

所需知识/资质：

1. 文化程度：大学学历。

2. 经历：至少两年的会议协调经验并熟悉办公室工作程序，具有多功能厅布置和服务经验及较强的人际沟通和组织能力。

3. 所需知识：多功能厅的空间结构、场地布置、空间的最大化利用、谈判及销售技巧，以及有关饭店管理、经营和饭店设施的综合知识。

资料来源：朱沁夫，雷春. 会展策划与管理[M]. 哈尔滨：哈尔滨工程大学出版社，2012.

第二节　会展项目经理

会展项目经理是指由会展项目承担单位的法定代表在该项目上的全权委托代理人，是负责项目组织、计划及实施过程，处理有关内外关系，保证项目目标实现的项目负责人。

一、会展项目经理的素质要求

会展项目经理是会展项目的核心人物，其素质是发挥管理职能的基础，是实现科学、现代管理的主观条件，其素质高低直接影响到会展项目的成败。会展项目经理的素质要求主要体现在基本素质和专业素质两个方面。

(一)会展项目经理的基本素质

1. 品格素质

品格素质是会展项目经理最基本的素质,它体现了一个人的人生观、世界观、价值观和道德观,决定了他对会展项目管理工作的态度和行为方式。会展项目经理的品格素质主要表现在:

(1)热爱会展工作,具备一定的奉献精神、创新精神和良好的服务精神与吃苦精神。

(2)从事会展项目管理工作能做到诚实、守信、公正、坦诚、奉守职业道德,具有饱满的工作热情。

(3)履行会展项目管理工作职责,具有良好的纪律修养、较好的团队精神和协同工作的作风。

2. 心理素质

心理素质是由性格、意志、气质、兴趣等因素有机结合的心理结构模式。会展项目的特点要求会展项目经理应具备相应的职业心理素质,即从事相关会展项目工作所必须具备的心理素养的总和,主要包括:良好的性格、积极的情感、坚强的意志和出色的能力。这些都是影响会展项目经理决策和管理行为的重要因素。

3. 生理素质

会展也是高劳动强度的行业,会展项目活动细致而繁琐,会展项目经理处于纽带地位,责任重大,脑力、体力和精力付出较大。因此,健康的身体和旺盛的精力是会展项目经理履行其职能的基本条件。

4. 知识素质

会展项目工作涉及的范围颇为广泛,会展项目经理能力的体现必须是以良好的文化素质为基础,这也是其提高管理水平和管理技巧的基础和源泉。现代会展业的发展对会展项目经理提出了很高的知识素质要求,如市场营销、经济法律、信息管理、成本管理等。会展项目经理的知识素质主要表现在:

(1)通晓会展项目业务运营基本知识与管理学等的相关专业基本知识。

(2)掌握会展项目所涉及的相关行业的专业知识,如艺术和装潢设计方面的知识,以便从事展出现场的整体规划与布局、展台设计、展台搭建等工作。

(3)熟悉会展项目计划及配置管理、风险预估、绩效考核、服务心理学等管理知识。

(4)熟悉基本财务与税法等知识。

(5)熟悉会展活动所涉及产业的专业知识,如产业规模、产业集群分布、产业发展状况、知识产权保护、法律法规以及产业发展政策等方面。

(二)会展项目经理的专业素质

1. 团队领导

会展项目经理必须是一个合格的团队领导者,需要拥有广泛的经营知识,明白团队中各个成员所负责工作的职责和经营管理方法,还需要有卓越的指导能力,以协助团队成员解决问题。

2. 项目经营

会展项目经理作为项目的核心人物,必须掌握策划、设计并实施会展项目的活动方案的知识。

3. 项目管理

对于会展项目运行而言，成功的保障最基础的就是需要会展项目经理掌握会展项目管理知识和管理方法，了解会展项目管理原则和管理体系。

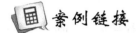案例链接

会议项目经理的主要工作

1. 确定会议目标

(1)认同和理解会议的目标。

(2)收集有关的信息和所需的资料。

(3)分析、核实会议程序中包括的内容。

(4)判断会议中的需要和制定相应的目标。

(5)会议执行过程中进行目标修正。

(6)根据会议活动综合要素决策并删除不必要的环节。

(7)编制最佳会议策划。

2. 策划会议程序

(1)招聘、选择、培训团队成员。

(2)策划程序。

(3)制订会议的资金来源计划。

(4)执行与团队成员管理相关的职能。

(5)为达到目标制订计划。

(6)分析与会者如何运用会议知识来解决实际问题。

(7)协调、调解使得与会者能有效实现会议目标。

3. 收集会议信息

(1)收集、分析会议所需信息。

(2)将信息分类。

(3)综合信息。

(4)测试信息的真实性。

(5)传播信息。

(6)保证信息畅通和易于理解：使会议工作人员易于理解；建立相互之间的信息关系；保证团队成员牢记并完全理解目标；明确其他人的责任；使信息交流渠道畅通。

4. 会议公关宣传

(1)会议宣传报道。

(2)协调会议组织内部关系。

(3)做好对外的公关工作。

5. 解决会议过程中的问题

(1)协助管理检查组织工作中的问题。

(2)协助管理检查和解决会议中出现的问题。

(3)协助反馈会议结束后的短期和长期会议效果。
(4)与管理者考察会议进行情况。
(5)根据会议组织要求,指导和完善会议策划。
(6)收集合适材料来补充策划。
(7)为管理人员在评估会议时提供咨询或重新设计程序。
(8)和管理者分析工作步骤,促进问题的解决,强化会议的成果。
6. 会议内部服务
(1)直接为会议组织提供咨询:请会议专家指导程序策划;请公关专家提供良好管理;请组织专家管理咨询使会议有效运转。
(2)对会议组织提供间接咨询(顾问):请程序人员协助解决问题;公关人员起到解决问题的催化剂作用。

资料来源:朱沁夫,雷春. 会展策划与管理[M]. 哈尔滨:哈尔滨工程大学出版社,2012.

二、会展项目经理的职业能力

会展项目经理的职业能力是指会展项目经理的管理职责所要求的能力,通常是指管理水平、专业经验等整合而成的一种综合性能力。

(一)核心能力

1. 创新能力

创新能力是会展经理的核心能力之一。它表现为会展项目运行活动中善于观察事物的变化,找出缺陷和问题,提出新颖的推测和设想,并进行周密论证,制订可行性方案以付诸实施。会展项目经理应通过各种方式提高自己的综合素质和专业知识,不断地培养自己的开放性思维方式和勇于创新的精神,通过思维和意识的培养来提高自己的创新能力,以满足会展业迅速发展的需要。

2. 信息获取能力

信息传播的速度越来越快,这与社会的进步和发展是分不开的。这在会展活动中表现得尤为典型。就会展活动的功能来看,会展活动其实就是为参展企业和观众搭建一个信息发布与收集的平台。另外,一个展览会可能会涉及一个或几个相关联的产业。所以,会展业是一个涉及多学科、多门类、综合性很强的行业,一个会展往往会涉及产业信息、市场信息、法律法规信息以及同类会展等方面的信息。这就需要会展项目经理培养捕捉信息的意识和能力,时刻关注相关行业的发展与变化,做好会展项目的实施工作。

3. 沟通能力

会展项目沟通无处不在,沟通既是一种工作方法也是一种学习方法,如与会展项目组相关人员沟通是建设团队的必要手段;与管理高层沟通可以有效地获得领导的支持;与客户沟通可以获得客户的理解和支持,同时也是提高客户满意度的重要方法之一。因此会展项目经理需要对相关人和事有一定的敏感度,能识别不同沟通的对象并采取不同的沟通方式。在会展项目活动组织实施的每一个环节,都需要进行沟通。如招展阶段,需要与营销人员和相关企业进行多次联络与洽谈才能取得良好的会展效果。为了丰富活动的内容,在会展活动实施的过程中会有相关的配套活动,并邀请嘉宾和领导出席。会展项目活动的成功实施,要求会展项目经理具有娴熟的交流沟通和协调能力,做到实时沟通。任何一个环节协调不好,都会影响工作进度和效果。

(二)必要能力

1.(宏观)管理能力

管理能力是指会展项目经理把握全局,认清部分与整体关系的能力。即要求会展项目经理将会展项目组织看做一个整体,能快速敏捷地从复杂多变的环境中分辨出影响形势的重要因素,以及各因素间的相互关系;并抓住问题的关键,作出正确的判断与决策。

2.组织能力

组织能力是指会展项目经理在内外环境和条件下,有效组织和配置相关资源,使之服务于会展项目目标的能力。其具体包括组织设计能力、组织分析能力和组织变革能力。组织设计能力指会展项目经理根据会展项目运行的实际情况,设计出高效率的运行团队;组织分析能力指能针对现行运行的组织结构进行正确的分析和评价;组织变革能力是能对现行组织进行革新的能力。

3.指挥能力

指挥能力是指会展项目经理按照决策要求的目标,通过正确地下达命令和指挥下级以达到目标的能力。

4.业务能力

业务能力是会展项目经理必须具备的必要能力。它是一个专业人员的素质结构、知识结构和专业结构的综合体现。

三、会展项目经理的角色定位

会展项目经理在会展项目中起着举足轻重的作用。除了在对项目的计划、组织、实施、控制等方面发挥作用外,还应具备一系列技能来激励项目成员完成工作,赢得客户信赖。会展项目经理常常需要扮演的角色如下:

(一)领导者

会展项目经理对会展项目行使管理权,也对项目目标的实现承担全部责任,他所扮演的角色是其他任何人都替代不了的。

(二)协调者

在项目管理中,一个项目的主要相关利益主体通常包括展览公司、会展项目客户、会展项目团队、会展项目的其他相关利益主体等方面。一个会展项目会涉及许多组织、群体和个人利益,这些组织、群体或个人都是这一项目的相关利益主体和相关利益者。如何协调好这些关系与利益,对项目经理的素质要求也是不言而喻的。

(三)资源分配者

要扮演好这一角色,会展项目经理有必要做到公布相应的分配资源的明确标准且按会展项目目标的先后次序进行分配;同时划分好项目成员的业务范围和区域、适当授权等。

(四)谈判者

与其他项目的管理不同,会展项目经理始终处在一个谈判场里,如制定会展项目实施的目标;组建项目团队;与参展商、采购商交流;甚至争取政府有关部门的支持等,几乎每项工作都是一个谈判的过程。

(五)危机管理者

所谓危机,是指在正常情况下预计不到,而且往往是突然发生又给项目造成严重影响的事件。危机管理作为会展项目的重要组成部分,已引起会展活动组织者的高度关注。在会展活动的开展及会展项目管理过程中,均会不同程度地存在一些问题,这些问题的表现也正是"会展危机"的征兆。会展项目所涉及的人力资源、营销策略、会展服务等相关危机事件就是会展项目危机管理的对象,而具体的管理者就是会展项目经理。如会展活动中突发事件的处理就需要会展项目经理具备相应的素质,通常会要求会展项目经理首先制订相应的应急预案,其次当突发事件发生时能及时、正确地处理。

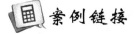
案例链接

奥运会志愿者成为赛事服务主力军

志愿者是奥运会的重要支撑,对其进行有效组织和充分激励是十分必要的。但由于志愿者的特征和奥运会的特殊性,奥运会志愿者的管理与激励具有很大挑战性。因此,志愿者管理人员应该从正确认识自己的角度,帮助志愿者和他人正确认识志愿者的价值。

志愿者是一群热爱社会、关爱他人、无私奉献的人,是社会的优秀分子和重要人力资源,而他们的高尚品德更是人类重要的精神财富。例如,美国一年中的志愿者行动相当于 900 万个全职工作,创造价值达 2250 亿美元;加拿大志愿者一年内无偿贡献 11.1 亿小时的劳动,创造价值约 110 亿美元,创造的社会价值更无法衡量。因此,我们不仅要理解、认可和尊重志愿者,支持、关心志愿者,更要管理好、激励好志愿者,充分激发其从事志愿服务的热情,充分发挥其对社会的重要贡献。

志愿者是奥运会的重要支撑。据统计,2000 年悉尼奥运会有志愿者 4.7 万人,付出了 545 万小时的劳动,将其折合成货币相当于 1.1 亿澳元。如果将志愿者提供的服务由雇用职员或合同人员承担,悉尼奥运会的全部预算将提高 4.5%。因此专家认为,奥运会志愿者的贡献可以与奥运会资金的主要来源相提并论。

据统计,2008 年北京奥运会赛场志愿者约 10 万人和城市志愿者约 50 万人;赛事主办方通过有效地组织这些数以十万计的志愿者,充分激发他们的热情,确保北京奥运会成为一届高水平的、有特色的奥运会。

奥运会的组织和服务借助志愿者始于 1912 年的斯德哥尔摩奥运会,当时有 6 名志愿者,到 1936 年的柏林奥运会,青年志愿者已达 350 人,此后,志愿者成为奥运会的一个优良传统。2000 年悉尼奥运会的志愿者达到了 4.7 万人,加上残疾人奥运会,志愿者总数达到了 6.2 万人,占奥运会全部工作人员的将近半数,成为了悉尼奥运会的点睛之笔。奥组委主席说:"如果没有这支志愿者大军,悉尼奥运会将无法举行,而奥运会的成功在很大程度上要归功于他们的努力。"

澳大利亚早就形成了志愿者的传统,他们活动在家庭、社区和社会的各个领域,非常有利于悉尼奥运会的志愿者招募。早在 1996 年,悉尼奥运会的组织者就制订了有关志愿者的计划,那时决定使用 5 万名志愿者。每个报名参加志愿者工作的都要填写自己的专长和选择,经过核选决定,从事专门业务的志愿者如医生、翻译、司机等都要出示有效的证件,然后要经过测试和面试,再经过警察局的审查,证实没有犯罪记录后才够资格。

四分之一的志愿者在18至25岁之间,四分之一在55岁以上。四分之三的志愿者来自新南威尔士州,其余的来自外地甚至国外。志愿者之中大学生居多,也有公司职员、家庭妇女、教师等。其中,一半人从未从事过志愿者的工作。志愿者要经过从十几小时到几十周时间不等的训练,志愿者的培训工作由政府出资3600万澳元,通过招标,由新南威尔士州成人职业学院承担,在全州129个教学点,提供总计100万个小时的培训。培训的内容主要分为三个部分:一是奥运会知识培训,要求志愿者熟悉奥运历史、理想和精神,悉尼奥运会的特点,会标、吉祥物的含义等;二是场馆知识,熟悉场馆的位置、竞赛项目、时间与地点,自己的位置与职责,报告与责任系统等;三是专业技能培训,如赛事口译、安检程序、救护知识等。

志愿者不仅为奥运会提供了大量的人力资源,降低了举办奥运会的成本,更为重要的是,志愿者热心公益、无私奉献的行为对主办城市乃至主办国的民众有强烈的示范作用,从而启发社会良知,鼓励人们多为他人考虑、为社会着想,有利于社会风气的改善,加强社会的亲和力和凝聚力。志愿者是国家的代表,展示了一个国家民众的道德水平。

案例分析

大型的会展项目必须要有庞大的人力资源作为基础,志愿者是为大型会展项目提供临时性人力资源的有力保障,但由于工作的临时性,人力资源管理成为棘手问题。奥运会志愿者服务属于自愿行为,以严格的规章制度约束志愿者是不可行的。作为具有高层次需要的人,志愿者适用于柔性管理。柔性管理意味着管理的人性化、人情化和灵活化。对于志愿者管理,应该以志愿活动本身为导向,使志愿者更多地体会到参与志愿者活动的乐趣与意义,以及活动本身带给自己的满足与收获。

资料来源:莫志明. 会展项目管理实务[M]. 上海:上海交通大学出版社,2011.

第三节 会展项目团队

会展项目工作的质量在很大程度上取决于会展项目团队的质量。因此,会展项目团队的组建及管理(或运行)就显得尤为重要。

会展项目团队由为完成项目而承担不同角色与职责的人员组成。随着项目的进展,项目团队成员类型和数量可能频繁变化。

一、会展项目团队的基本知识

(一)会展项目团队的含义

会展项目团队是为了实现会展项目的目标而协同工作的一组个体的集合,是一个迅速形成的、由具备协作精神的成员所构成的临时性组织。会展项目团队的概念包含以下要素:

(1)共同的目标。每一组织都有自己的目标,项目团队也不例外,正是在这一目标的感召下,项目队员凝聚在一起并为之共同奋斗。对于一个会展项目,为使项目团队工作有成效,就必须在项目开始前明确目的和目标。

(2)合理分工与协作。在目标明确之后,每个成员都应明确自己的角色、权利、任务和职责,明确各个成员之间的相互关系,在会展项目的实施过程中,每个人的行动都会影响到其他人的工作,因此,团队成员都需要了解为实现项目目标而必须做的工作及其相互间的关系。

(3)高度的凝聚力。凝聚力是指成员在项目内的团结与吸引力、向心力。团队成员的吸引力越强,队员坚守规范的可能性越大。一个有成效的项目团队,必定是有高度凝聚力的团队,它能使团队成员积极热情地为项目成功付出必要的时间和努力。

(4)团队成员相互信任。团队成员之间相互关心、相互信任,承认彼此存在的差异,但能够自由表达,通过交流,达到最终的理解与支持。

(5)有效的沟通。团队还应具有高效沟通的能力,项目团队应具备硬件装备,具有全方位的信息沟通渠道,保证沟通直接、高效;另外,团队成员还应具备一定的沟通能力,能交流、倾听、接纳其他成员的意见,并能经常得到有效的信息反馈。

(二)会展项目团队的特征

作为会展项目的具体实施者,会展项目团队的工作成效取决于团队的运行正常与否。要想取得好的成绩,必须要了解会展项目团队的特征。团队领导者在进行团队管理时,应把握以下一些团队特征:

1. 明确的目标

会展项目团队的目标、任务都已经得到明确规定和所有人的接受,也有了行动计划。每名成员都明确地知道自己的角色定位。

2. 正式的组织

会展项目团队的组织形式是正式的,但其工作氛围却可以由正式的和非正式的、舒适的和放松的所构成。

3. 风格的差异

会展项目团队中应该存在多种类型的成员,有些人重视任务、对目标进行分解并落实,有些人重视方式和如何发挥团队的职能等。

4. 开放的沟通

会展项目团队成员可以自由表达对团队任务和实施的看法。

(三)会展项目团队的类型

根据不同的标准可以将会展团队划分为不同的类型。会展项目组织在运营中选择何种类型的团队取决于组织的环境和目标。根据环境和目标,结合具体需求,会展项目组织通常可以选择相应的团队类型。在此介绍的是常见的会展项目团队。

1. 专业型工作团队

专业型工作团队是指把有相似技能的员工组织在一起,以在规定时间内完成相应的工作。其主要用于项目中执行具体的工作任务。专业型工作团队通常都来自同一工作部门。当团队中每名成员都训练有素时,专业型工作团队的工作效率便会极大地提高。

2. 综合型工作团队

综合型工作团队,又称多功能工作团队,是指具有不同专业技能的成员组合在一起来完成工作任务。其主要用于完成大型项目。

3. 特殊型工作团队

特殊型工作团队是指需要解决相关问题的团队。这里的问题大部分是指专业型团队、综合性工作团队在会展项目运行中产生的难题。有时问题的症结难以确定,因此团队的首要任务是要确定问题的起因。其典型代表是会展项目质量管理小组。

二、会展项目团队的构成与职责

会展项目经理组建项目团队不是把一群人简单地聚集在一起,而是对组织内的人力资源进行重新整合。

(一)会展项目团队的构成

所谓团队,不仅仅是简单个体的组合,更是各个专业人员的有效互补,每个成员都有自己的长处。团队成员也要扮演各具特色的角色,见表9-1。

表9-1 团队成员扮演的角色及特征

角色	作用	典型特征
队长	发现新团队成员,并提高团队成员的合作意识	善于发现团队成员的长处;以目标为准绳,把控团队全局;擅长鼓舞士气,激发工作热情;了解团队中每个成员的才能和性格特征
评论员	保持团队高效工作的分析家	分析方案并找出缺点;是找出团队弱点的专家;提出建设性意见,指出改正错误的可行性方法
执行者	推进团队的行动并且保证行动的圆满完成	思维清晰,是天生的时间表;具有不怕失败、无所畏惧的坚强性格;能够集中精力,迅速将目标转化为实绩;预见可能发生的拖延情况,并及时提出解决措施
外联负责人	负责团队的所有对外联系事务	具有可靠、权威的气质;及时归纳总结团队有用的外部资源;能够迅速与人展开交流,是天生的外交家
协调者	能将所有成员的工作任务揉和到团队计划中	善于判断事项的轻重缓急;擅长保持团队成员之间的联系;能够在极短的时间内组织和调配各种资源;迅速找到困难的关键所在,善于灵活处理困难
出主意者	团队工作创新拥护者	永不放弃对创意的追求;将问题看做是成功革新的机会;欢迎并尊重他人对自己观点的批评和建议
督查	保证团队工作高质量完成	要求团队遵循严格的标准;发现问题立即反馈,绝不拖延;坚持错误必须改正,且铁面无私

会展项目的成功依赖于会展项目团队的构成,同时将团队中每位成员之间的相互理解和良好的工作习惯发挥到最佳。这是个极具挑战性的工作。当确定团队成员人选时,首先要做的事情就是做好充分的项目工作分析。在一个新的项目开始之前要做好工作分析,其目的是为了更好地定义项目团队所需角色以及所需成员的数量。工作分析可以把一个项目按一定原则分解,项目分解成任务,任务分解成一项项具体的工作,再把一项项工作分配给合适的团队成员。其次是将团队中的角色进行合理分配。把所有人放到同一模式中的方法是无效的。没

有必要让每个人都只承担一种职责,在必要的情况下,也可以让一个人扮演多个角色。

(二)会展项目团队的协作

会展项目团队的成功与否是由团队协作的程度决定的。会展项目团队的重要性也是显而易见。提高会展项目团队通常采用强化协作意识、加强成员沟通、构建团队信任、分清团队职责、恰当处理利益等方法进行。

三、会展项目团队管理

(一)会展项目团队运行

会展项目活动成功的保障是会展项目团队的规范运行。团队如果没有规范的约束,就会变成无序的群体。要想使会展项目团队成员具有统一的行为,就必须要建立起合理的规范,并切实予以落实,让每一位成员都按照规范进行自我管理。行之有效的方法是制定会展项目团队运作规范。

规范是会展项目团队逐渐形成的各种规章、制度和标准等,在项目团队形成和组建之初,通常以会展项目组织的运作规范作为其自身的运作规范。由于会展项目团队运作中出现一些新的需求,于是团队领导者就会对组织规范进行调整、修改和创新,从而形成会展项目团队的运作规范。

(二)会展项目团队管理方法

1. 制度管理法

制度管理法就是通过制度的制定和实施来控制团队活动的方法。使用制度管理法时需要注意的要点有:制度的科学性、严肃性和技巧性。科学性是指会展项目团队管理的制度要符合会展项目运行的客观规律,以及制度条文的明确、具体、易于操作;严肃性是指要维护制度的权威和强制性;技巧性是指注意批评和处罚的方法要得当,同时还要把执行制度和解决项目成员的实际问题相结合。

2. 定量管理法

定量管理法就是通过对管理对象数量的关系的研究,遵循其量的规定性,利用数量关系进行管理的方法。项目实施的过程中,要使尽可能少的投入,取得尽可能多的有效成果,不仅要有定性的要求而且还要有定量分析,无论是质量标准、还是资金运用、物资管理以及人员组织,均应有数量标准。应该说,运用定量方法管理会展项目运行,一般具有准确可靠、经济实用等优点。

3. 感情管理法

感情管理法即对团队成员的需要、动机和行为进行控制的方法。它是通过对员工的思想、情绪、爱好、愿望等研究并加以引导,给予必要的满足,以实现预期目标的方法。

本章小结

会展项目组织机构是会展项目组织开展会展项目活动运行并保证正常运转的中枢系统,是在有效分析会展项目的背景、所处环境、业务活动范围等基本情况的基础上,从保证效益、提高工作效率出发而形成并进行组织管理的。会展项目组织管理是会展项目管理的重要内容,是会展项目组织职能的具体实施。本章就会展项目组织的基本情况、会展项目组织机构设计、会展项目岗位职责设计、会展项目经理的素质要求和职业能力以及会展项目团队的基本知识、组建、管理等作了相关介绍。

复习思考题

1. 什么是会展项目组织？
2. 会展项目组织设计的基本原则有哪些？
3. 简述会展项目经理的素质要求。
4. 会展项目经理应具备哪些职业能力？
5. 简述会展项目团队的特征。

1. 大型会展项目组织的业务部门通常采用的组织基本形态是（　　）。
   A. 直线式　　　B. 职能式　　　C. 混合式　　　D. 以上均可
2. 会展项目经理在会展项目目标实现过程中所扮演的其他人不能替代的角色是（　　）。
   A. 协调者　　　B. 领导者　　　C. 危机管理者　　　D. 谈判者
3. 会展项目质量管理小组是（　　）工作团队的典型代表。
   A. 专业型　　　B. 综合型　　　C. 特殊型　　　D. 复杂型

1. 会展项目组织岗位职责的结构包括（　　）。
   A. 岗位名称　　　B. 直接上司　　　C. 管理对象
   D. 具体职责　　　E. 任职条件
2. 下列各项中属于会展项目经理的基本素质是（　　）。
   A. 品格素质　　　B. 项目经营　　　C. 知识素质
   D. 团队领导　　　E. 项目管理
3. 会展项目团队的含义包含（　　）要素。
   A. 共同的目标　　　B. 高度的凝聚力　　　C. 有效的沟通
   D. 正式的组织　　　E. 风格的差异

第十章 会展项目运营管理

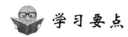

1. 掌握会展项目控制的内涵、作用、类型与流程。
2. 熟悉会展项目的进度控制、质量控制和成本控制的目标、方法与程序。
3. 理解会展项目宣传媒介管理的内涵。
4. 掌握会展项目宣传媒介管理的战略选择。
5. 理解会展项目配套服务管理内容。
6. 掌握会展项目现场管理的内涵、原则与内容。

车展现场太混乱 主办方管理能力遭质疑

第12届北京车展似乎是史上最为混乱的一届车展。媒介日当天,非记者人数远远超过记者,甚至有不少小偷出没,人满为患的现场再次让人们对主办方的管理能力提出质疑。

除了令人不堪忍受的交通,本届北京车展的看点并不多,在上汽、长安、北汽、吉利、奇瑞的展台让人眼前一亮之外,其他自主展台大而不强,并没有实质性的进步。与自主展台的差强人意相比,外资品牌的新车型数量巨大,但多是改款车型,如北京现代朗动这样的全新车型少之又少。

原定于9点30分开始的日产北京车展发布会被迫推迟了10分钟,原因是日产全球总裁卡洛斯戈恩迟到了。日产发布会推迟带来的直接后果是,相同展馆接下来的发布会都被推迟。

新闻发布会的主角迟到,这种情况并不多见。在本届北京车展上,迟到的企业老总却有好几位,这难免让人感到不解。

更让记者意外的是主办方的不满。"媒介们得批评一下北京车展。"北京车展媒介日,中国国际贸易促进会的一位负责人对记者说。作为北京车展主办方之一,贸促会"求批评"显得有些无厘头。

当然,贸促会"求批评"的矛头指向了展馆周边的交通。与历届北京车展一样,展馆周边堵得水泄不通的车流,一排排贴满违章停车罚单的车辆再度成为独特的景观。车展媒介日当天,展馆周边短短2公里的路和寻找停车位,大多数人需要50分钟左右。

事实上,展馆周边交通混乱是有原因的。盛况空前的北京车展让主办方赚的盆满钵满,与北京市没有太大关系。在北京相关部门看来,北京车展只是在给北京的交通添乱。

其实,主办方不用"求批评",媒介对主办方的批评早已从记者证的办理开始。数据显示,本届北京车展共有超过1万名媒介记者进入展馆。但是在记者证办理点,只有两个窗口办理,等待办证的长龙蜿蜒很远。在这方面,我们不用与国外车展相比,与上海车展相比,北京车展差距就不小。

关于记者证的另一个指责是,"记者没有拿到记者证,有记者证的不是记者。"一位汽车厂商的人员说。车展开始前,北京车展媒介记者证在网上就有销售,而且媒介日当天也确实有人在门口干起了往展馆内"带人"的买卖,这也是不争的事实。

外国媒介对这种情况的不理解更加明显,不停地在说"why"。

另外,配套设施也成为媒介指责的对象。"展馆内麦当劳等连锁快餐店前早早就排起了长队,我在展馆内吃了一个快餐220元!"一位媒介朋友抱怨到。

资料来源:车展现场太混乱 主办方管理能力遭质疑[EB/OL]. http://news.cheshi.com/20120426/560449.shtml.

案例分析

会展项目运营管理是一项会展项目活动能否成功呈现的关键环节。案例中主办方在安保服务、交通引导服务、证件制作服务、餐饮服务等环节的不力,不可避免使得"第12届北京车展似乎是史上最为混乱的一届车展",由此说明了会展项目现场管理在会展项目活动举办中的重要性。现场服务管理是会展项目运营管理的其中一个环节,现场服务管理的失误是整个项目运营管理不到位的表征,因此成功举办一项会展活动需要对整个会展项目运营管理过程进行精心设计、充分准备,并严格实施。

第一节 会展项目运营管理概述

一、会展项目运营管理的概念

运营管理也称"生产与运作管理",它是指将人力、物料、设备、技术、信息、能源等生产要素(投入)有效地转化为有形产品或服务(产出)的过程,简单地说就是投入与产出的过程。在"生产与运作"这一术语中,"生产"指制造企业生产有形产品;而"运作"则主要指服务业中的"生产"。"生产与运作管理"(运营管理)就是研究生产运作系统的设计、计划、组织与控制。

会展项目运营管理是指管理会展企业针对某一个项目所提供服务的开发设计,对会展项目运营过程及其运营系统的设计、计划、组织和控制。无论是生产运作系统设计规划与控制,还是运营系统的维护与改进,都必须考虑顾客的需求、顾客的便利,为顾客节省金钱。

二、会展项目运营管理的特点

(一)以人为中心

在会展服务业,会展项目的运营过程往往是人对人的,需求有很大的不确定性,难以预先制订周密的计划。在服务过程中,即使是预先规范好的服务程序,也仍然会由于服务人员和顾客的变异性而产生不同的结果。

(二)同时性

市场需求往往是波动的,而企业的产能通常在短期中是无法变动的,而且在服务业中,往往无法用库存来调节供需的波动状况。作为服务业之一,会展业也是如此。对于会展服务企业来说,却无法预先把服务"生产"出来供应给其后的顾客。因此对于会展服务企业来说,其所拥有的服务能力只能在需求发生的同时加以利用,这给服务能力的规划带来很大的特殊性。

(三)无形性

在会展服务业中,概念、方法、技术等无形发挥具有重要的影响,实体产品较少,因此会展服务业企业很少能利用专利保护自己。要提高竞争力,也必须要从无形因素着手。由于服务本身的无形性,因此顾客对企业的形象、品牌将更加重视,在咨询等服务性企业更是如此。

三、会展项目运营管理的作用

(一)会展项目运营管理是企业竞争力的决定性因素

会展项目运营管理的好坏,对于会展企业的竞争力有直接的、决定性的影响。我国会展业要想实现快速发展,缩短与德国、美国、英国等会展强国的差距,就必须有利润。但是,利润从哪里来?只能从提供良好的服务中来。所谓"良好"的服务,它有很多具体的含义:所提供的服务是否是顾客所需要的;所提供的服务时间与顾客希望的时间是否一致;所提供服务的价格是否能使顾客接受;顾客在接受服务的过程中是否感到愉快等。而所有这些问题的解决,都需要服务业运营管理的方法支持。由于会展业运营管理有其行业特殊性,因此,必须找寻适合会展业特性的管理方法来从事管理活动。

(二)会展项目运营管理是满足市场需求的关键环节

在信息技术的推动下,会展业出现了一些新的趋势。会展业中知识密集型行业的地位日益重要,占整个会展业产出的比重越来越大。会展项目的运营管理发生了重大变化,会展业的技术密集程度正在迅速增高,以咨询为媒介的劳务交换的流动性增强。这些变化导致服务企业的工作方式、组织结构和管理方式需进行相应的变革,高技术、高智力投入使生产力不断提高。此外,当今市场需求多样化的特点也使从业者需要不断提高服务品质。因此,更加需要有适应上述需求的会展项目管理的方法和手段,也更加突显了会展项目运营管理的重要性。

第二节 会展项目的实施与控制

一、会展项目控制概述

(一)会展项目控制的概念

会展项目控制是以一定的标准为依据,定期或不定期地监控会展项目,发现会展项目活动与标准的偏离,并采取必要的措施进行解决的会展项目管理过程。会展项目控制是会展项目管理的基本职能之一,是对会展组织内部的管理活动效果进行衡量和校正,以确保会展组织的目标以及为此而拟订的计划得以实现。

在现实中,出于会展项目的独特性,其目标、要求很难完全按计划进行,即使事先经过周密的计划,在实施过程中仍难免会出现意想不到的情况和各种困难,使项目不能按照原计划进行,因而出现偏差。若发现实施过程偏离了计划,就要找出原因,采取行动,使项目回到计划的轨道。因此,会展项目控制具有两方面的作用:一是检验作用,即检验各项工作是否按预定计划进行,并检验计划方案的正确性和合理性;二是调整作用,通过调整不合理的计划或消除各种干扰因素,使项目活动回到计划的轨道。

(二)会展项目控制的类型

会展项目控制包括前馈控制、反馈控制和同期控制三种类型。

1. 前馈控制

前馈控制,又称预先控制,即在项目开始之前就实施管理控制工作。根据已掌握的信息,包括以往的经验和最新的情报,将所有可能出现的情况及其影响进行详尽分析、预测,充分做好出现某些变化的准备,不断地修正计划和实施方案,力求使预测和实际情况一致。前馈控制能将各种偏差消灭在萌芽状态,使项目实施避免重大损失。在偏差未出现但征兆已显露时,应及时采取预防措施。

2. 反馈控制

项目管理者应根据会展项目各阶段的实施结果,与计划目标相比较后,采取相应的措施,将出现的偏差及时纠正和调节,使会展的实施朝预定的方向前进。由于从掌握实际情况到比较、评估、分析原因、制定对策并付诸实施都需要时间,常常会贻误时机,增加控制的难度。会展项目活动的现场控制不宜采取此控制方法,因为不利的偏差一旦出现,造成的损害往往很难弥补。

3. 同期控制

同期控制是在会展项目计划实施过程中,在现场及时发现存在的偏差或潜在的偏差,及时提供改进措施使偏差得以修正的一种方式。同期控制既是一种经济又有效的控制方法,也是难度较大的控制方法,它要求控制人员具有敏锐的判断能力、快速的反应能力以及机智的应变能力。因此,同期控制的成效取决于现场管理人员的素质,也需要实际操作人员的密切配合。会展项目控制人员应采取"走动管理",尤其是项目活动进入实施阶段时,多到现场走走,观察项目进展情况,能及时发现潜伏的隐患,并及时采取措施纠正偏差。

(三)会展项目控制的目标

一般来说,会展项目控制的总目标是保证会展项目达到预期目标,它可以细分为以下四个方面:①确保会展项目的成本控制在预算范围内。②确保会展项目的进度保持在计划范围内。③确保会展项目的质量达到计划目标。④采取必要的变更措施,确保会展项目顺利进行。

二、会展项目控制流程

(一)建立绩效标准

控制标准是管理者期望的绩效标准,也是管理者采取控制行为的依据。并不是计划实施过程的每一步都要制定控制标准,只要选择一些关键点作为主要控制对象,如邀请参展商数额、海外参展商所占比重、展位出租数量以及专业观众比例等。会展项目控制标准要求尽量简明、可操作性强,做到具体化、数字化,容易测定,容易执行。因此,选择关键点时,管理者必须具备丰富的经验和敏锐的观察力,要对会展项目计划进行全面分析,充分考虑组织实施过程中的具体情况以及外部环境的影响因素。

(二)实施绩效观察

在项目实施的过程中,要对其完成情况进行持续的跟踪,不断获得项目执行有关情况的最新信息。绩效观察就是充分收集项目信息,对计划和实施的绩效情况作出比较。项目绩效的信息来自多种渠道,绩效观察的过程也可以采取正式和非正式的多种形式。

正式的信息渠道包括报告、简报、参加回顾会议、信件、备忘录和审计报告等。非正式的信息渠道包括不正式的谈话、观察、听取项目团队内和组织的其他部门的意见等。绩效观察所获取的信息是对项目进行监控,并对项目未来发展趋势进行预测的基础。因此无论是收集项目实际绩效的信息资料,还是有关变更情况的信息资料,都应该及时。

(三)衡量成效

收集到最新信息资料后,应当同绩效标准进行比较,一方面寻找偏差,以确定工期进度是否提前,花费的成本是否节约,质量是否达标等问题,掌握项目实施的现状、偏差产生的原因以及纠正偏差的措施等。

另一方面判断原先制定的绩效标准是否科学、可靠,按照该计划生产出来的产品是否会被市场认可。项目管理者应深入分析现有偏差产生的原因,辨明偏差的性质,预测偏差的未来走势,评价对实现项目目标的影响程度,以及决定是否采取纠偏措施。

(四)采取纠偏措施

识别出偏差产生的根本原因,项目管理者就应该对症下药,及时提出纠偏方案。通常偏差越大,对项目成功的威胁就越大,纠正难度就越大,纠正成本就越高。在真正采取纠偏措施之前,应对拟实施的纠偏措施进行评估,以确保该措施可以使项目回到原先的范围、时间和预算约束之内。但一般来说,一旦项目发生偏差,采取措施加以纠正,一定会改变原定的进度计划和成本计划,从而导致基准计划发生相应的变动。因此在采取纠偏措施时一定要谨慎。

改进绩效有纠正和预防两种方式。所谓纠正是将现有的问题纠正到正确的轨道上;预防则是指解决问题的根源,避免以后类似问题的再发生。管理者如果只是纠正,而不去真正解决问题,容易造成"救火式"管理的恶性循环。调整后的项目绩效标准将作为后续项目控制活动的基础,并应及时通知项目成员、项目业主以及其他利益相关者,获得他们的同意和支持。

三、会展项目进度控制

(一)会展项目进度控制的含义

会展项目进度控制是指对项目各实施阶段的工作内容、工作程序、持续时间和衔接关系编制计划,在实际进度与计划进度出现偏差时进行纠正,并控制整个计划的实施,以确保项目进度计划总目标得以实现。

(二)会展项目进度控制的主要环节

进度控制在项目实施中与质量控制、成本控制相互影响、相互依存、相互制约。项目进度控制包括从会展项目开始实施,直至完成总结评价等后续工作的各个阶段,会展项目进度控制主要包括准备阶段进度控制、实施阶段进度控制和后续阶段进度控制。

1. 准备阶段进度控制

在会展项目正式实施前准备阶段的进度控制,具体任务是客观地编制会展阶段进度控制工作细则,编制或审核会展总进度计划和日程安排,审核各部门工作实施进度计划,编制年度、季度、月度工作进度计划。

2.实施阶段进度控制

在会展项目实施过程中进行的进度控制,是会展计划能否付诸实现的关键过程。在此阶段,进度控制人员应要求各部门定期汇报工作进展情况,视具体情况定期或不定期召开各部门工作会议。一旦发现实际进度与目标偏离,必须及时采取措施纠正偏差,以保证各项工作沿正常轨道顺利进行。

3.后续阶段进度控制

后续阶段进度控制是指完成整个会展任务后进行的进度控制。具体内容包括及时组织评估工作;处理工程索赔;整理本次会展有关资料,及时将有关信息向客户通报;将客户档案、总结评估报告及时整理归档;根据实际实施进度,对有关人员进行答谢,以保证下一阶段工作的顺利开展。

(三)会展项目进度控制的方法

1.记录项目的实际进度

要知道会展项目的实际进度是否与计划相符,先要做好基础的记录:了解每项活动的实际进度,包括各项活动的实际持续时间、实际开始和结束时间以及哪些已经完成和尚未完成。对会展项目的实际进度跟踪可采用日常观测法和定期观测法。对项目周期短的,采用日常观测法,例如短期会议。

2.进度偏差分析

将项目的实际进度与计划进度进行比对,若发现出现偏差,应对产生偏差的原因进行分析。可采用甘特图比较法将在项目进展中通过观测、检查和搜集到的信息,经整理后直接用不同的颜色或不同粗细的实线横道线并列于原计划的甘特图上进行直观比对。

3.项目进度计划更新

项目进度计划更新包括分析进度偏差的影响和进行项目进度计划的调整。首先分析进度偏差的工作是否为关键工作,并计算出偏差的大小,判断对项目总周期有无影响。根据以上分析,对项目进度计划进行调整,特别是关键工作的调整,因为如果关键工作没有机动时间,其中任何一项活动持续时间的延长或缩短都会对整个项目产生影响。因此,关键工作的调整是项目进度调整的重点。另可通过改变某些活动的逻辑关系,增减工作项目和调整非关键活动来调整项目进度,当采用以上方法都不行时,可通过重新编制计划来满足要求。

四、会展项目质量控制

(一)会展项目质量控制的含义

项目管理知识体系将项目质量控制定义为"监控具体的项目结果,确定其是否符合相关标准,并识别消除引起不满意绩效的原因的方法"。项目质量控制是确保项目结果符合质量标准,并且在出现偏差时采取纠正措施的活动。只有当质量处于控制之下时才能保证长期的过程改善。

会展项目是会展企业的产品,其质量具有两个方面的内容:一是项目本身的质量如何,即是否取得权威机构的支持、是否代表该行业的发展方向、是否获得国际有关机构的资格认可等;二是项目工作人员的工作质量,即能否提供专业、优质、全方位的会展服务。

(二)会展项目质量控制的方法

1. 成本—收益分析法

成本—收益分析法要求在质量控制时考虑收益与成本之间的平衡。符合质量要求的收益是降低返工率的保证,意味着较高的生产率、较低的成本和项目有关各方满意程度的提高。成本—收益分析法的实质是分析质量的投入成本和所获取收益之比,选择那些对项目最有价值的质量活动。由于有些会展并不强调首届获利,而追求长远利益,因此在使用该方法时应和会展的总体目标一致。

2. 流程图

这是表达项目运作过程中不同工作相互关系的工具,常用于分析和确定项目的质量形成过程。质量管理流程图常用因果关系图,通过箭线将质量问题与质量因素之间的关系表现出来,因形同鱼刺,亦名鱼刺图。在绘制鱼刺图时,确定需要分析的质量特性,并分析影响质量特性的各种因素,用大枝表示大原因,中枝表示中原因,小枝表示小原因,并找出关键因素用文字说明或做出记号。

3. 质量标杆法

这是指利用其他会展项目的质量管理结果作为比照目标而制订新项目质量计划的方法。大型会展的质量计划常采用此法。

4. 排列图法

搜集一定时期内的质量数据,将影响质量的因素进行排列,统计出各种因素出现的频率和累计频率并绘制帕累托曲线。

(三)会展项目质量控制的阶段

1. 会展项目全面质量控制理念

在企业质量控制活动中,国际上普遍运用的是全面质量控制。在会展项目管理活动中,为了积极推进全面质量控制,建立质量保证体系,不断提高会展质量和管理水平,塑造更多的品牌会展,也可以引入全面质量管理的理念。

全面质量管理是指企业内部的全体员工都参与到企业产品质量和工作质量控制的工作过程中,把企业的经营管理理念、专业操作和开发技术、各种统计与会计手段方法等结合起来,在企业中普遍建立从研究开发、新产品设计、外购原材料、生产加工,到产品销售、售后服务等环节来贯穿企业生产经营活动全过程的质量管理体系。

全面质量管理是由美国专家戴明首先提出的,它使用的方法是科学全面的,以统计分析方法为基础,综合应用各种质量管理方法。全面质量管理提出,一切为了顾客,一切以预防为主,一切凭借数据说话,一切按"计划—执行—检查—赴理"(PDCA)循环办事。

2. 项目决策阶段——协调性质量

项目决策阶段是影响项目质量的关键阶段,可行性直接影响项目的决策质量和设计质量,所以应使项目的质量要求和标准符合项目所有者的意图,并与项目的其他目标相协调,与项目环境相协调。

3. 项目设计阶段——适应性质量

项目设计阶段是指项目在设计阶段需要使得项目质量适用于项目要求、适用于环境和业主要求,这是会展项目质量控制的关键所在。项目设计阶段的工作质量,对项目最终的质量有很大的影响。由于现在的项目普遍实行了项目管理,人员变化大,越来越年轻化,加之会展项目管理新技术、新工艺、新方法不断出现,不熟悉的东西也很多,充分做好准备工作更显重要。

4. 项目实施阶段——符合性质量

会展项目需要在实施阶段使其质量符合当初设计技术的要求。项目实施是会展项目形成的阶段,工程质量的好坏,就取决于这一阶段的工作质量。因此,应贯彻预防为主的方针,全面控制施工过程,从实施质量入手,不放过任何一个可能影响项目完成质量的环节,确保万无一失。例如展位特装质量控制三个阶段的重点分别是:为展位添彩、安全并使业主满意、达到原定设计水准。实施阶段的质量控制的三阶段重点分别是:技术及材料准备、工序和工作质量、质量检查和验收。可见,会展项目质量控制三大重点存在逐级推进关系。协调性质量是前提,适应性质量是关键,而符合性质量是重点。

五、会展项目成本控制

(一)会展项目成本控制的概念

会展项目成本是指会展项目全过程中所耗用的各种费用总和,包括人工费、材料费、设备折旧费、管理费、税金等。会展项目的成本控制是指项目组织者为保证项目目标的实现而制定成本预算,并对项目实施过程中发生的成本费用进行检查、监督和控制,努力将实际成本控制在预算范围内的管理过程。简单地说,就是通过开源和节流,使项目的净现金流(现金流入减去现金流出)最大化。

(二)会展项目成本控制的内容

有效的成本控制的关键是经常及时地分析成本绩效,尽早发现成本差异和成本执行的效率,以便在情况变坏之前能够及时采取纠正措施。成本控制的内容包括以下几点:

(1)识别变动因素并对其加以影响。识别可能引起项目成本基准计划发生变动的因素,并对这些因素施加影响,以使该变化朝着有利的方向发展。

(2)发现偏差并寻找偏差原因。以工作包为单位,监督成本的实施情况,发现实际成本与预算成本之间的偏差,查找出产生偏差的原因,做好实际成本的分析评估工作。

(3)有针对性地纠偏。对发生成本偏差的工作包实施管理,有针对性地采取纠正措施,必要时可以根据实际情况对项目成本基准计划进行适当的调整和修改,同时要确保所有的有关调整都准确地记录在成本基准计划中。

进行成本控制的同时,应该与项目范围调整、进度计划调整、质量控制等紧密结合,防止因单纯控制成本而引起项目范围、进度和质量方面的问题,甚至出现无法接受的风险。

(三)不同阶段的项目成本控制

1. 项目管理实施前

项目成本控制首先进行项目设计阶段控制,根据国家对项目设计的技术标准,应严格控制设计阶段设计质量。在现实中,普遍存在忽视项目前期工作阶段的成本管理与控制,片面认为施工阶段是工程成本控制的关键阶段,往往造成被动的控制局面。因此,一定要从思想上把这种错误的观念扭转过来,要有效地对工程成本进行控制,必须从工程建设的前期阶段开始。

2. 招投标阶段

招投标阶段是工程成本控制的重要组成部分,只有制定科学合理的标底,才能正确判断投标所报价格的合理和可靠性,才能在评标时作出正确的决策,严格执行工程招投标的管理规定,确保投标公平、公正、合理竞争,确保"合理的最低价"中标。通过评标委员会在评标过程中对造价人员以及成本编制依据的合法性进行评审,确定标价是否合法有效,保证标价科学合理。

3. 项目管理实施中

在项目实施阶段,进行工程成本控制在建设项目全过程控制中是最复杂的阶段,在此阶段可能发生变更等其他一些费用,大量的投资成本通过施工这一环节不断"物化",最终形成建设方的固定资产,达到项目投资的目的。项目实施阶段是产品形成的关键阶段,通过有效的成本控制可以规范承发包双方的行为,达到降低建设方投入的成本,增加项目效益,又规范了承包方施工行为。

4. 竣工决算阶段

竣工决算真实地反映了整个工程发生的实际成本,也反映了发包方和承包方对工程成本管理的能力。它也是工程成本合理确定的主要依据,合同双方都很重视工程价款的审计结算。施工单位编制的工程决算书是否合理,必须经过业主委托的有资质的中介机构进行审查。工程结算书不仅直接关系到建设方与施工方的利益关系,也关系到项目工程成本的实际成果。

六、会展项目变更控制

(一)项目变更控制概述

由于各种原因,项目的范围、进度、质量、费用、人力资源、沟通、合同等常发生变化,并将影响到其他方面。为了确保项目目标的实现,有必要对这些变化进行变更管理。对项目变更进行控制,由变更控制系统进行。变更控制系统就是一套事先确定的修改项目文件或改变项目活动时应遵循的程序,其中包括必要的表格或其他书面文件、责任追踪和变更审批制度、人员和权限。变更控制系统应当有处理自动变更的机制。自动变更,又称现场变更,是未经事先审查即可批准的变更。多数的自动变更是由意外的紧急情况造成的。变更控制系统可细分为整体、范围、进度、费用和合同变更控制系统。

(二)项目变更控制的种类

变更管理与风险、机会以及问题管理有关。如果事件已经发生,风险或者机会就成为问题。如果这个问题要通过变更项目来解决,就应该评估该变更给项目带来的影响,特别是对预期收益的影响。导致变更的原因很多,如由于项目发起人或者其他关系人的业务需求发生变化;业务环境的变更,比如经济的、社会的、竞争者行为等;在项目运作过程中本身出现的问题或者机会;由于项目团队确定需要予以修正或者补充;项目团队或者用户发现的必须予以解决的错误。一般来说,项目变更包括整体变更和辅助变更两类。其中项目辅助变更又分为范围变更、进度变更、费用变更、质量变更、风险变更。会展活动中则要关注范围变更、配置变更和综合变更的控制。

1. 范围变更控制

范围有两个层次:①高级范围,即描述项目的边界和需要完成的主要可交付项;②低级范围,即通过用户认可的需求加以定义。范围变更管理的主要目的是确定变更,并对其进行有效管理。范围变更管理还有助于保护项目团队,避免就时间进度和预算达到一致后出现变更。也就是说,项目团队根据高级和详细的范围定义承诺一个最终期限和预算。如果在项目进行过程中可交付项发生变化,这一般意味着客户希望将新工作增加到项目范围中,项目经理有权要求对当前的预算和最终期限进行修改,通常是增加预算,延长最终期限,以反映这些增加的额外工作。

2. 配置变更控制

配置变更控制是对所有项目资产和资产特性进行确认、追踪和管理。大多数项目并不进行配置管理,如果项目需要使用或建造大量的组件、零件、工具和设备等,配置变更管理则变得非常重要。

3. 综合变更控制

除了范围变更管理或配置管理之外,其他的变更管理可归为综合变更管理。例如一名团队成员离职,需要有人来填补他的职位,即属于综合变更。在这种情况下,项目管理者可能需要记录所发生的资源变更情况确定变更的影响,并制订一个变更管理计划。范围变更如果得到批准,可以修改预算和时间进度,以适应变更的要求,而综合变更则不能有这种期望。项目经理应集中精力确保对范围变更进行有效管理,这是造成项目问题的主要原因。但也不要忽视对配置变更和综合变更的管理,这样可以免去许多麻烦。

案例链接

关于"第十三届中国国际屋面和建筑防水技术展览会"时间变更的紧急通知

尊敬的参展商:

原定于2015年9月1日—3日在北京国家会议中心举办的"第十三届中国国际屋面和建筑防水技术展览会",因展会期间北京市举办"抗战胜利70周年纪念活动",北京市政府要求在此期间的大型活动一律改期。故本届展会时间调整到2015年12月15日—17日,地点仍在北京国家会议中心。希望各参展商作出相应调整,安排好行程,做好相关准备工作,由此给您带来的不便我们深感抱歉。

展会期间原定举办的主题论坛、国际光伏建筑一体化技术发展论坛、建筑师专场研讨会、技术讲座等活动将继续举办。除以上活动外,还将举办大型现场施工演示及2015"联盟杯"全国建筑防水行业职业技能大赛等活动。"中国建筑防水协会2015年年会"也将同期举办。

中国建筑防水协会

二〇一五年六月三日

(三)变更控制体系的职能

1. 变更申请人

变更申请人最初意识到对项目进行变更的必要性,并就此需求与变更经理进行正式沟通。其主要职责为:及早识别对项目进行变更的需求;填写变更申请表;将变更申请表提交变更经理以供审核。

2. 变更经理

变更经理负责对项目中所有的变更进行接收、记录、监测和控制。其主要职责为：接收所有的变更申请，并将其记录于变更登记簿中；将所有的变更申请进行分类、优选；审核所有变更申请，以确定在提交变更审核小组前是否需增加有关信息；确定是否需要进行一个正式的可行性研究，并提交变更审核小组；委派变更可行性研究小组，启动变更可行性研究；对所有变更申请进展情况进行监测，以确保项目按时完成；将所有变更申请的问题和风险上报变更审批小组；就变更审批小组作出的决定进行下达和沟通。

3. 变更可行性研究小组

变更可行性研究小组负责完成由变更经理签发的对于某变更申请的可行性研究。其主要职责为：通过模拟研究确定变更可能的要素（成本、利益和变更）带来的影响；撰写变更可行性研究报告；对报告进行认真审核并批准交其上报；将报告转给变更经理，以提交变更审批小组。

4. 变更审批小组

变更审批小组决定是否批准变更经理转来的所有变更申请。其主要职责为：审核变更经理转来的所有变更申请；考虑所有变更支持性文件；根据每个变更申请的相关价值决定批准还是拒绝；解决变更争议（当两个或两个以上变更撞车时）；解决变更问题；决定实施变更时间表。

5. 变更实施小组

变更实施小组对项目中所有变更的实施进行计划、落实和审核。其主要职责为：计划所有变更的进度（在变更审批小组提供的总体时间框架范围内）；在实施前对所有变更进行测试；实施项目中的所有变更；实施后审核变更的成功度；在变更日志中请求结束变更。

第三节 会展项目宣传媒介管理

一、会展宣传媒介的概念

会展宣传媒介就是传递会展宣传信息的媒介物体，即联系会展宣传者与会展宣传接受者的信息载体。成功的会展宣传会以一些色彩鲜艳、形象生动、赏心悦目的形式来引起会展顾客的注意。各类会展宣传媒介都有其不同的特点，适合不同的会展宣传要求。因此，选择好会展宣传媒介对起到良好的会展宣传效果有着重要的作用。

二、会展宣传媒介的分类

常用的会展宣传媒介有以下一些类型：第一是大众媒介，主要以报纸、杂志、广播、电视等为主要会展宣传媒介。这类媒介传播面广，速度快，视听效果良好，在会展宣传媒介中作用最明显，使用最广泛，因此被最经常采用。第二是户外媒介。在道路、车站、码头、建筑物、店铺、橱窗等场所设置会展宣传牌、霓虹灯、会展宣传招贴，也可达到会展宣传的效果。这类会展宣传图文并茂，色彩悦目，能吸引观众，且传播面广，是经常被采用的会展宣传媒介。第三是邮寄广告宣传。通过邮政网络传递各类会展宣传印刷品，直接送入顾客手中。第四是网络会展宣传。随着信息技术的发展，许多企业将会展宣传送入信息网络，顾客可以通过网络来查询商品会展宣传。它具有传播面广、速度快等优点，近些年来已有较快的发展。其他的辅助宣传形式还包括特殊广告媒介(如印有广告信息的小礼品)、包装广告、样品说明书等形式。

三、会展宣传媒介选择策略

会展宣传媒介是企业与视听接受者之间信息沟通的桥梁,企业选择什么样的媒介作会展宣传,直接涉及与顾客沟通的效果。因此必须根据产品特点、顾客特点进行合理选择,只有这样才能收到良好的效果。在选择时,应考虑目标视听接受者的习惯、产品的性质、会展宣传信息的特征、费用等因素。

(一)消费者习惯

(1)消费者的习惯,特别是媒介接触习惯。不同的消费者有不同的生活习惯,与此同时,消费者接触不同媒介的机会与条件,当然也因人而异。对消费者来说,选择什么样媒介很重要,因此要考虑目标顾客接触最多的是什么样的媒介,这样才能增加消费者接触会展宣传的机会与次数。

(2)产品特性。对不同的产品,应分别选择不同的媒介。专业性强的生产资料类产品不适宜在电视、广播中作会展宣传,而应在专业杂志上作会展宣传,这样,会展宣传可以更为有效。而大众消费品则应在电视、广播、报纸上作会展宣传,效果则会更好些。

(3)信息类型与媒介覆盖范围。对不同的信息,选择会展宣传的媒介类型也应不同。如信息量较大、专业性强的技术会展宣传应刊登于专业性刊物之中,而展销会的信息则应在广播、电视中播出。不同媒介的传播范围往往有所不同,因此应根据产品销售的范围来选择媒介。

(二)媒介的刊播成本

不同的媒介的会展宣传费用也有所不同,会展企业在选择时,要考虑到支付能力与会展宣传效果。会展企业不仅要在会展宣传上花该花的钱,更要在提高服务和产品质量、改进性能等方面有所作为。因此,会展宣传媒介选择中应该遵循如下的策略:在宣传费用方面,选择不同的会展宣传媒介需要不同的会展宣传费用,有的价格、费用很贵,有的相对便宜些,因此,在选择媒介时,首先要考虑费用问题,根据宣传预算选择最合适的媒介组合,达到最佳传播效果。

(三)创新效果

在传播创新上,要选择抢眼的镜头出奇制胜。要使会展宣传能显示威力,必须对观众的感官有强烈的刺激、有多种色彩的移动景象,要把会展宣传安排在重要的位置,要在会展宣传中突出其特点。要善于选择机会媒介借题发挥。即利用世界、本国、本地区一切有影响的活动,比如教师节、八一建军节、儿童节等节日活动以及奥运会、亚运会等举世瞩目的大型活动,通过采取招募志愿者、赠送礼品、特殊优惠、发奖券等形式借题登报或电视宣传,以求扩大影响。

(四)覆盖范围

在媒介覆盖范围方面,会展宣传媒介影响范围要与产品所需范围相一致。对某些需要把信息传播到全国的产品,就不宜只选择地方性的报纸、电台、电视台作主要媒介;如果是大众产品,就不宜只选择某个专业杂志作会展宣传媒介;如果某个产品只在某些范围、某些特殊对象内销售,就没有必要选择全国性的报纸、电台、电视台作主要媒介,只要选择地方性报纸和专业杂志等就可以了,例如选择某市晚报、某地青年杂志、某省电视台等。同时,还要选择适当的频率。比如一种产品的会展宣传信息是一天出现一次,还是要三天出现一次,或者是半个月出现一次,这就需要分析研究一下该产品应以何种频率出现才能加深消费者的印象。有的产品技术性强、特点较复杂,会展宣传出现频率就必须多一些;有的产品简单,会展宣传的目的只是为了让大家知道它的牌子和商标,会展宣传出现频率就没有必要过多,过多了反而让人厌烦。

第四节　会展项目配套服务管理

一、展览搭建服务

展位搭建工作是设计和施工两个环节的结合,对展会来说是一项专业性很强并且关系到展览形象和声誉的重要工作。无论公司参展目的如何,展位都必须要显示出公司的形象。

展会指定的搭建商,是由展览会主办方指定的为参展商提供展台搭建等现场服务的企业。搭建商一般负责为参展商提供标准摊位和特装展台的搭建,会场拱门、指示牌及名录牌等的制作,展具租赁等服务,还可满足参展商提出的一些特殊要求,如紧急加装、撤展等服务。不同展会的组展方对主场搭建商所提供的服务要求也不尽相同,一般在参展指南中会详细列明。

搭建商同时对组展方和参展商负责。展示效果是观众对展会形象的第一印象,所以展位外观设计效果的好坏,在很大程度上会影响到展会的整体形象和参展商的展示效果,进而会影响参展商的参展效果。参展商很多时候都把搭建商所提供的服务看成是展会组展工作服务的有机组成部分,因此组展方在选择主场搭建商时一定要全面考察,以确保其能够胜任展位搭建工作。

二、展览物流服务——确定展会物流服务商

国际展览运输协会(IELT)对会展运输代理的工作提出了以下两个方面的要求:一是会展运输代理的工作准则,二是报关代理的准则。也就是说,在选择会展运输代理时,不仅要考虑到运输能力,还要考虑其海关报关能力。参展商要求货物能够安全准时地到达目的地,因为展会的时间只有几天,货物运输延误或损坏会造成参展商不可估量的损失。物流服务商的选择可以从展品运输经验、服务规范性、价格等几个方面来考察。具体可以从以下几个方面来评估物流服务商服务的专业性。

(一)报关代理服务

海关报关对国际参展商是非常重要的工作。国际展览运输协会对出口代理的海关报关工作主要有:

(1)客服联系。这是最关键的部分,出口代理要努力将报关要求全面清楚地传递给展商。全面是指把报关所需要的单证文件、包装和标识、截止日期以及报关特别要求和审查等都告知参展商。

(2)单证办理及通知。货物起运时必须将展品情况和搬运细节通知现场运输代理,如展商的展台号、展品运到展台的要求时间、箱数、尺寸、毛重、净重、体积、CIF价格等,以及运输细节如航班号、提单号、集装箱、铁路货车号等。出口代理必须保证按基本规定提供正确完整的单证,以确保不耽误办理海关手续。

(3)最佳运输。考虑到货物的特征、预算和时间限制,出口代理应向展商建议最佳的运输方式和路线。

(4)现场支持。现场支持主要目的是保证客服在运输和装卸两个方面获得展览运输协会

的专业标准服务,并帮助和支持现场运输代理使其顺利完成搬运工作。

(5)展后处理。出口代理应将货物的展后处理和运回的有关要求明确告知现场运输代理,并监督其现场搬运工作,如果是进口货物,还要协助办理当地税务事宜。展品成为进口物品,展品改变流向,出口代理应通过现场运输代理办理,交代交货条件、交货地点和销售条款,以便安排运输。回程运输通常由出口代理自行办理运输手续。国际展览运输协会对会展运输代理和报关代理的工作准则是针对其会员单位的,对我们选择会展运输代理有很大的参考价值。有些会展只指定一家运输公司作为代理,统一负责海内外的运输事宜。但对国内运输和跨国运输来说,差别是非常大的,所以有些组展机构通常分别指定国内运输代理和海外运输代理。

(二)国内运输代理服务

国内运输代理主要负责国内展商的展品及相关物资的运输工作,有时也作为海外运输代理承担展品及相关物资在国际运输中的国内线路运输。

(1)来程运输。来程运输是指将展品和相关物资自参展商所在地运到会展现场,主要有展品集中和装车、长途运输、接运和交接、掏箱和开箱等环节。

(2)回程运输。回程运输是指在会展结束后,将展品和相关物资自展位运至参展商指定位置的运输工作。回程运输的目的地可能是参展商所在地、参展商指定经销商或代理商的所在地、另一个展会所在地。

(三)海外运输代理服务

如果举办的会展是国际性的,那么就应当再指定海外运输代理来负责海外参展商的展品和相关物资的运输工作。尽管运输也分为来程运输和回程运输,但其运输环节和手续的办理,要比国内运输复杂得多。跨国运输和国内运输最大的区别主要表现在以下三个方面:

(1)运输方式。跨国运输基本都是国际联运,整个运输过程基本要经过陆运—海运—陆运,或者是陆运—空运—陆运等几个环节,参展的货物要从一个国家运到另一个国家。

(2)有关文件。一般来说,跨国运输过程需要准备的有关文件主要有展品和相关物品清单、展品安排指示书、需要海关审查的特殊物品样本和清单、发票等会展文件,装运委托书、装箱单、集装箱配单明细表、提单、运费结算单等运输单证,报关函、报关单、清册、进口许可证、发票等海关单证,保险单证。

(3)海关报关。如果有回程运输,海关报关就有两次:一是来程运输时的货物进口报关,二是回程运输时的出口报关。相比较,来程运输时的货物进口报关对参展商来说更加重要。实际操作中,货物进口报关一般有以下四种办理形式:ATA形式、保税形式、再出口形式和进口形式。

三、会展旅游——确定会展旅游代理

展览旅游的运营模式可以简单概括为以人为核心,以展览活动为基础,既为展览活动的旅游属性服务,又进行游、购、娱等外围活动以及外围观展游客的组织。选择旅游代理商应注意以下方面:会展旅游者的需求与一般的旅游者需求有所不同,旅行社可以将会展期间的酒店、接送、餐饮等基本服务做成主体产品,将其他配套服务及产品做成菜单,由客户根据需要灵活选择。会展旅游者商业意识强、文化素质高、时间观念强,在专项事务活动的安排上,旅行社要根据会展旅游者的客户拜访和参观要求,以及交通、礼仪习惯等作出时间、顺序的调整,安排细节,最后提出行程建议并最终确认。因此,在指定旅游代理时要选择资质好、能力强,在办展或会议当地有较为成熟网络的旅行社。

四、租赁服务

一般来说展览现场的物品租赁是由主办方委托主场搭建商负责提供的,但也有个别展览由主办单位自行提供部分物品的租赁,如饮水机、打印机、复印机等。国内展览日益向国际化发展,在展览现场随处可见驻足参观的外商。一些中小型企业由于准备不充分或实力有限,参展人员的外语能力欠佳,为帮助他们,主办方常事先与高校取得联系,由高校推荐品学优良的在校生提供翻译服务。这样,一方面为参展商提供了临时翻译人员租赁服务,另一方面为高校在校生提供了实习机会,可谓两全其美。

五、餐饮服务

餐饮是会展服务的重要组成部分。餐饮服务在物质方面最重要的作用就是给与会者一个休息的机会,即使在吃饭的时候有人发言,与会者也能够体会到一种积极的节奏改变。餐饮服务在会展中还可以创造社交机会,让与会者能够彼此增进了解。对饭店而言,餐饮服务是饭店极其可观的收入源泉;对会展组织者来说,吃的场合容易保持一种积极的氛围或者说为创造这种氛围提供了机会。

六、票务和接待服务

参加展览的客商来自不同地区,为其解决票务(车票、机票、船票等)、住宿或旅游问题成为主办方最主要的一项增值服务。这些服务都可以委托专业公司来提供,主办方为其提供现场服务台,并实行监督。

一般主办方可在统一提供的住宿地设置往返展览场馆的班车,提供免费服务,客商的满意度会大大提高。免费班车还可运送到人流较多的公交或其他客运站点,方便客商往返。

七、保安服务

在后勤服务方面,还值得一提的是保安服务。为使展览活动顺利开展,展览的安全保卫工作显得尤为重要。展览会的保安服务要主动尊重和依靠当地保安部门认真采纳他们的建议,共同负责安全的管理和服务。要制订安全保卫方案,落实安全保卫制度,如值班制度、夜间巡逻制度、开馆接交和闭馆清场制度、消防管理制度等。展览保安服务要抓重点、抓关键。重点是防火、防盗。对易燃易爆展品和设施要重点加以保护。珍贵物品应有专人看管,消防设施和控制报警装置要经常检查,确保良好有效。要加强对全体展览工作人员和广大观众的安全教育,做到人人重视安全工作。自觉遵守有关防火、防盗及人身安全的纪律和规定。

第五节　会展项目现场管理

一、会展项目现场管理的概念

会展项目的现场是指举办会展活动的场地及其周边环境。会展项目的现场管理是指会展项目的主办者、承办者以及会展场馆商为完成既定的会展目标，对会展活动的现场及周边环境实施的总体管理，是从会展现场布置开始至会展结束期间，会展商、搭建商、运输商等各类服务商在内的各实施单位在现场及其周边环境，按原有计划进行有序的协调、监督和管理，以及对与会者、参展商、观众在现场所发生的一切需要所进行的协调和服务。展会现场工作一般由三个阶段组成：展前布展管理、展中现场管理和撤展管理。

二、展前布展管理阶段

从参展商的角度看，布展是指参展商为准备展览而在展会开幕前对展位进行搭装、布置和将展品陈列在展位上的系列工作。从办展机构的角度看，布展是指对展会现场环境进行布置和对参展商有关工作进行的协调和管理。

（一）合理规划会展场地

展览场地的规划主要指对会展场地的平面划分，包括对展览展示区、登记与咨询区、接待和洽谈区、休息区、办公区、储存区、参观路线、消防通道等的合理划分与布局。展览展示区域是会展的主体部分，需要按照会展的性质、具体的展示内容及招展落实的展商情况来具体划分和布置；除了陈列展品，展示区还有一项主要的任务是吸引客户，因此需要配备一定区域的洽谈区，便于参展商与观众进行洽谈沟通；如果展览活动规模较大，展览中心需要考虑为参展商的内部工作提供相应的区域，用来做办公室、会议室、维修间等；辅助区域包括休息室、就餐区等，供参展工作人员或观众休息及进餐；储存区则可以用来在会展期间存放展品、展具、资料及个人用品等。参观路线的设计要明确，避免迂回交叉，展厅或陈列室要与门厅、休息厅、楼梯、电梯等连接，满足参观者需要；此外要特别注意保持消防通道及紧急出口的畅通。展览各区域需要展览中心及会展组织者的合理设计和划分，以提高展览场地的使用效益。

（二）展区和展位的划分

展览区也简称展区，是展览场地最主要的区域，也是物品展览的重点区域。展区常按照专业题材分区，各区内再细分为展位。展区和展位的划分，关系到会展的招展和会展的整体形象，是一项十分重要的工作。划分展区和具体展位时，应遵循一定原则，并注意相关问题。

（1）按照专业题材划分展区。在满足展品对场地要求的基础上，将同类展品安排在同一个区域里展出。这是因为不同展品对场地有不同的要求，有的展品因其规模、重量等特性，对场地要求十分特别。例如超高、超重展品对馆内高度、地面承重具有特殊要求。再如会展的国际展商多，可以另辟专门区域，即"国际展馆"。按照专业题材划分展区，不仅可以使会展秩序井然，而且有助于提高布展效率。

（2）力图提高会展档次。展区和展位的划分直接影响到参展商和观众对会展的印象。如果一个会展中标准展位和特装展位的分布杂乱无章，各种展品的展位互相混杂，即使这个会展的规模很大,人们也会认为它档次不高、专业性低,对它的印象也不会好。

(3)方便观众参观。展区和展位的划分,要使对某类展品感兴趣的观众能很方便地找到展出该类展品的所有展位,与该展品有关联的产品也能在相邻的展区里找到。给予观众方便有利于会展贸易成交量的提高,提高会展在观众心目中的地位。

(4)提高展出效果。展区和展位的划分对参展商和展出效果有直接的影响。例如一个或几个标准展位夹在一些特装展位之间,标准展位将变得非常不显眼;将一些次要的题材放在展馆最好的位置,会展的整体效果将大打折扣。因此,展区和展位的划分既要符合展品的特点,也要考虑到展位的搭建装饰效果,还要考虑到方便观众参观和集聚。

(5)便于会展现场管理和现场服务。展区和展位的划分要注意展览场地的充分利用,最好不要有闲置的展览死角;要注意展馆消防安全,便于遇到紧急情况时及时疏散人群;要方便展位的搭装和拆卸,方便展品的进馆和出馆。

(三)加强施工现场检查

在会场布置、展览布展期间,从事会议设计、展台设计搭建的企业成分复杂,包括会议服务公司、广告公司、建筑公司、展览工程公司、家居装饰公司等,还有一些参展商自搭自建。

施工现场需要用多种装饰材料、装修工具,而且施工人员进进出出,可能会出现混乱的场面,还可能存在许多需要重视的安全隐患,例如私自乱接电源、展台布置使用的材料不符合消防规定、特装展位特殊用电超负荷、安全通道被堆砌的物品堵塞等,这些都是由于施工人员没有严格按照展馆相关规定所造成的。这些安全隐患如果不及时发现和制止,就很可能酿成火灾、人员伤亡等安全事故,给相关人员及主办方带来极大的损害。因此,整个会展活动期间,会展中心或主办方都需要有专人负责值班、巡视,做好施工现场的监控和管理,保证施工安全,若发现事故"苗头"要及时阻止、排除。另外,展览中心或主办方要做足消防安全的宣传工作,与各施工单位签订安全责任书,检查核实各单位的布展资格。

三、展中现场管理阶段

(一)观众登记

1. 观众登记的途径

为吸引更多专业观众到会场参观,主办方往往为专业观众提供网上预登记方式,方便预登记观众为参观会展提前做好准备。预登记观众在网上填写相关信息后,系统会自动发放邀请函到观众邮箱,观众可打印此邀请函,到现场直接领取胸卡进场,简化预登记观众办理参观会展的手续。

会展可在展馆的序幕大厅或者其他专门的观众进馆大厅设立观众登记柜台进行专业观众的现场登记工作。相应地,与观众登记柜台相对应,会展还要设立观众登记通道。会展组织可根据方便观众登记和会展的需要,对观众登记柜台和通道进行分类管理,将其分为"持邀请函观众的登记柜台"和"无邀请函观众登记柜台"。这样一来可以提高登记现场的工作效率,减少排队等候时间。二来会展录入资料更容易、更准确,便于客户信息管理。预登记时观众编号的使用,可以使得该类观众到场即可凭借编号读取观众信息,从而极大地简化现场登记的手续,进一步提高登记效率。

观众登记表是观众登记的重要信息记载手段。表格一般包括观众基本信息如来源、姓名、职务、联系方式等,更多的是观众的单位业务性质、感兴趣的产品与技术、购买决策与参展的主要目的等。

2.参观指南

参观指南是会展编印的、用来指引观众参展的一种小手册。主要向会展的专业观众、媒介记者以及参展的嘉宾发放,以便使得他们方便参展。

参观指南主要包括五个方面的内容:一是会展的基本内容,包括会展的名称、标识、展览时间和地点、办展单位和会展展品范围等;二是会展的简短介绍,包括会展规模、参展商数量和来源、展品的特点、会展相关活动安排等;三是展区和展位划分与安排,主要是展会的展区、展位划分图、各展区的位置和范围、各参展商名录及其展位编号一栏表,大的或知名参展企业的名字及其具体位置等;四是相关图表,例如展馆在该城市的位置及其交通图、展馆内部交通图、展馆内各服务网点分布图等;五是相关活动安排。

随着电子信息技术的普及使用,在展览现场还设置了专供观众查阅的电子信息系统,便于观众了解会展信息及场馆信息。

(二)参展商现场联络和服务

在展会期间,所有参展商都会亲临展会,这正是办展机构与参展商沟通、联络的极好机会,办展机构应亲自到各参展商的展位逐一拜访,或者邀请参展商座谈,加深感情联络。

(三)媒介接待与采访

接待媒介与安排采访对扩大展会的宣传推广有重要作用,展会应十分重视这一工作。展会还可以通过展会的新闻中心有意识地对外发布一些展会方面的新闻,以进一步扩大展会的影响。

(四)展会开幕式的组织管理

1.开幕的时间和地点

开幕式时间和地点要提前决定并尽早通知有关各方。在开幕时间的选择上要考虑当地的交通、气候及工作习惯等因素。一般来说,开幕式的时间不宜太早,开幕式的总体时间不宜太长,通常在半小时左右,一般不超过1小时。开幕式的地点一般安排在场馆前的广场上,这样可以方便开幕式后嘉宾、观众参观活动。

2.开幕式流程

展会开幕式多种多样,如鸣放礼炮、嘉宾剪彩、领导讲话等,方式不同其议程安排也有所区别。展会典型的开幕式程序是:由展会工作人员引领嘉宾至开幕式主席台就位,开幕式主持人(司仪)主持展会开幕式并介绍到会嘉宾,主持人请有关领导讲话,由某位重要嘉宾宣布展会正式开幕,主持人宣布开幕式结束并请各位嘉宾和展会观众参观。

(五)公关和重要接待服务

展会是一个公共交流平台,同时也是办展机构进行公关活动的最佳场所。对于展会主办方来说,如邀请重要领导参观和考察展会、接待外国参展者和参展代表团、接待行业协会和商会的考察、接待外国驻华机构代表的访问等这些公关活动对提升展会影响力、提升展会形象将会起到很大作用。

(六)现场安保工作

展会安全保卫工作主要包括防止可疑人员进入展会、防止展品丢失和被盗、展会消防安全保护、协助展会处理一些安全保卫方面的工作。

(七)展会相关活动的协调管理

展会期间,主办方以及参展商往往都会同期举办一些论坛、峰会、新闻发布会、颁奖、竞赛、表演等活动,这就要求主办机构能够及时进行协调管理工作,避免混乱。

(八)现场清洁工作

展会一般要负责展场公共区域内的清洁卫生工作,主办机构要安排清洁人员每天对公共区域进行清洁工作。参展商展位内的清洁卫生工作一般由参展商自行负责。

(九)知识产权保护工作

展会往往会在展会现场设立展会知识产权保护的专门机构,负责接收、处理展会知识产权方面的投诉,并有监督管理展会知识产权问题的职能。

(十)参展商和观众投诉处理

在展览会举办过程中,迫切需要一个专门的机构来处理各种投诉,这一机构可以附属于应急处理小组,随时处理展会现场出现的各种投诉。例如,在第二届中国(深圳)消费商品采购大会上,组委会在总服务台设立了投诉处,负责处理参展商和观众的各种投诉,收到了比较好的效果。

四、撤展管理阶段

当展会按计划的天数展览完毕以后,展会就要准备闭幕,展会闭幕标志着本届展会正式结束。然而,展会闭幕并不意味着展会现场工作就此结束。展会的撤展工作还需要办理机构的大力介入和进行必要的管理。展会的撤展工作主要包括展位的拆除、参展商租赁展具的退还、参展商展品的处理和回程运输、展场的清洁和撤展安全保卫等工作。

一般情况下,许多参展商在展会最后一天下午一两点钟就开始进行撤展了。此时搭建商要进场撤展,物流公司要撤回空箱,参展商也要运回参展物品,如果这个阶段管理不善,很容易造成混乱,为了保证安全清场撤场,组展方一般会在此之前召开撤展会议,将撤展的相关计划和方案通知搭建商、运输商、保洁公司以及各个展位负责人,统一协调撤展工作的展开。

本章小结

本章介绍了会展项目运营管理的概念、特点与作用;阐述了会展项目实施与控制的概念、目标与流程,着重讲述了会展项目的进度控制、质量控制和成本控制的目标、方法与程序;叙述了会展项目宣传媒介的概念、分类及选择策略;讲述了展览搭建服务、展览物流服务、会展旅游服务、租赁服务、票务服务和安保服务等会展项目配套服务;阐述了会展项目现场管理的内涵、原则与内容。通过本章的学习,要求掌握会展项目实施与控制、会展项目宣传媒介管理、会展项目配套服务管理及会展项目管理等会展项目运营管理相关要点。

复习思考题

1. 项目控制有哪些类型?控制流程包括哪些要素?

2.如何编制项目质量控制计划？
3.会展项目的进度控制的程序是什么？
4.项目变更控制包括哪些类型？
5.会展项目宣传的大众媒介包括哪些？
6.会展项目配套服务包括哪些？
7.会展现场管理工作包括哪三个阶段？每个阶段的具体内容是什么？

单选题

1.在项目开始之前就实施管理控制工作是（　　）。
A.前馈控制　　　B.反馈控制　　　C.同期控制　　　D.后期控制
2.要求会展项目控制人员采取"走动管理"的是（　　）。
A.前馈控制　　　B.反馈控制　　　C.同期控制　　　D.后期控制
3.下列（　　）是项目绩效信息获取的非正式渠道。
A.观察　　　　　B.简报　　　　　C.报告　　　　　D.信件
4.在会展项目的设计阶段注重的是（　　）。
A.协调性质量　　B.适应性质量　　C.符合性质量　　D.全面质量
5.在会展项目质量控制中注重符合性质量的阶段是（　　）。
A.设计阶段　　　B.实施阶段　　　C.决策阶段　　　D.整个过程
6.下列不属于大众媒体的是（　　）。
A.报纸　　　　　B.杂志　　　　　C.霓虹灯　　　　D.电视
7.展览场地划分中，（　　）区域是重要的区域。
A.展示区　　　　B.休息区　　　　C.办公区　　　　D.消防通道
8.观众登记属于（　　）。
A.布展管理　　　B.展中管理　　　C.展后管理　　　D.筹展管理
9.下列不属于参观指南的是（　　）。
A.会展名称　　　B.展位划分图　　C.展位价格　　　D.场馆交通图
10.撤展工作不包括（　　）。
A.展位的拆除　　B.展具的退还　　C.展场的清洁　　D.投诉的答复

多选题

1.会展项目控制的目标包括（　　）。
A.确保会展项目的成本控制在预算范围内
B.确保会展项目的进度保持在计划范围内
C.确保会展项目的质量达到计划目标
D.采取必要的变更措施，确保会展项目顺利进行
E.保证会展项目效果让人人都满意
2.下列属于项目绩效信息获取的正式渠道的有（　　）。
A.报告　　　　　B.简报　　　　　C.参加回顾会议
D.信件　　　　　E.备忘录

3.下列属于会展项目变更的是( )。
A.项目范围　　　B.项目进度　　　C.项目费用
D.项目资源　　　E.项目合同
4.展区与展位的划分原则包括( )。
A.按照专业题材划分展区
B.力图提高会展档次
C.方便观众参观
D.提高展出效果
E.便于会展现场管理和现场服务

第十一章 会展项目财务管理

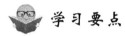

学习要点

1. 理解会展项目财务管理的含义。
2. 掌握会展项目预算管理过程。
3. 掌握会展项目成本费用概念及盈亏平衡分析法。
4. 掌握会展项目目标利润规范方法——本量利分析法。

案例导读

展览公司财务管理现状

展览公司的财务管理并不复杂,但要做好也不简单。说不复杂,是比较工业企业而言。就是在服务业中,金融、百货、物流等企业的财务管理都比展览公司麻烦。说不简单,是针对现状而言。国内展览公司尤其是民营公司的财务管理水平偏低,要达到规范化、专业化水平须花大工夫。

历史和现实原因导致财务管理基础薄弱

目前,国内财务管理比较薄弱的展览公司为数众多,其状况大致可分为三类:一类是基本没有财务管理,其表现是:老板手捏一把"条子"(即财务凭证),"土法"作业亲自记账(多是记"流水账"),自管公司收支;一类是自配出纳(许多公司乃老板娘亲任),外请会计,公司有财务账目可以应付税务,但管理仍是秉持老板意志,缺乏专业性;一类是自配会计、出纳,但基本以记账、收款、出款为管理业务,而难以渗透公司的经营管理。

上述状况的存在有其历史原因。国内许多展览公司尤其是民营公司多是私人通过运作展会项目起家,草创之初的成员基本是"夫妻档"或"亲友帮",包括财务管理在内的企业管理难免粗陋。不少公司的财务与老板的家庭财务混为一体,更是公私不分。由于许多创业者缺乏企业管理知识的训练,也未有任职正规公司的经验,以致长期以来延续旧习,公司管理几无改善。

案例分析

财务管理不规范、不专业,将导致展览公司整体素质低下,而展览公司的财务管理从粗陋无序走向规范有序,须达到"三有"标准即有具备专业知识的财会人员,有符合国家规定的财务管理基本制度,有促进企业健康发展的财务监控机制。

第一节 会展项目财务管理概述

一、财务管理的含义

在现代企业管理当中,财务管理是一项涉及面广、综合性和制约性都很强的系统工程,它是通过价值形态对资金运动进行决策、计划和控制的综合性管理,是企业管理的核心内容。所谓财务管理(financial management)是在一定的整体目标下,关于资产的购置(投资),资本的融通(筹资)和经营中现金流量(营运资金),以及利润分配的管理。财务管理是企业管理的一个组成部分,它是根据财经法规制度,按照财务管理的原则,组织企业财务活动,处理财务关系的一项经济管理工作。简单地说,财务管理是组织企业财务活动,处理财务关系的一项经济管理工作。财务管理工作主要在事前和事中管理,重在"理"。

二、会展项目财务管理的含义

会展项目在生命周期的不同阶段,资金的形态也会发生变化,从而形成资金的运动。会展项目运行过程中客观存在的资金运动即为财务活动,体现的经济利益关系为财务关系。因此,所谓会展项目财务管理就是遵循客观经济规律,通过对会展项目资金的筹集、运用和分配的管理,利用货币价值形式对会展项目的经营状况进行综合性的管理,即会展项目组织者组织财务活动、处理财务关系的管理工作。

三、会展项目财务管理的目标

会展项目财务管理的目标是指项目理财活动应当努力达到的境界或水平。财务管理目标是指导会展项目理财活动的方向,是评价会展项目经济效益的基本标准,是项目理财活动的出发点和归宿。财务管理目标制约着资金运动的基本特征和发展方向,因此必须明确财务管理的目标,以完善财务管理,实现资金运动的良性循环。

(一)以利润最大化为目标

利润是会展项目经营净成果的货币表现。按现代管理科学的观点,利润最大化财务目标是指在满足投资者必要报酬率的前提下,争取尽可能多的税后利润。这个目标包含了对盈利的相对水平和绝对水平两方面的要求。

(二)以外部效益最大化为目标

会展项目的外部效益,是指通过会展项目的实施对企业未来经营环境的改善程度,包括市场资料的获取、企业商誉的提升、未来产品销量的增加、潜在客户的增加等内容。外部效益最大化目标,就是通过开展会展项目最大限度地改善企业经营的外部环境,即获得最为翔实可靠的市场资料、最大限度地提升产品和企业自身的声誉、最大限度地增加未来客户等。

四、会展项目财务管理的对象

会展项目财务管理主要是资金管理,其对象是资金及其流转。资金流转的起点和终点是现金,其他资产都是现金在流转中的转化形式,因此,会展项目财务管理的对象可以说就是现金及其流转,包括资金的筹集、耗费和回收三个环节。会展项目的财务管理也会涉及收入、成本和利润问题。从财务管理的观点来看,成本和费用是现金的耗费,收入和利润是现金的来源。

(一)资金的筹集

资金的筹集称为筹资,这是会展项目资金运动的起点,即会展项目最初的资金流入。由于会展项目不同于一般企业项目,对于这个资金的运动过程,一般中小型会展所需资金量不大,因此资金的筹集一般通过会展企业自身积累和项目的收入来实现,大型会展项目则由于所需资金量大,单靠会展企业自有资金不足以保证项目运营,因此,一般需要政府和企业自主、金融贷款才能筹集到足够的资金。

(二)资金的耗费

资金的耗费就是会展项目运营过程中相关成本费用的支出,这是会展项目资金运动的耗费过程,即会展项目运营过程中资金的流出。会展项目资金运动的耗费主要包括会展营销费、市场开发费、场馆租金、展馆布置费、交通运输费、承包商费用、人员薪酬和通信费等。这些成本费用表现为会展项目经济利益的流出。

(三)资金的回收

资金的回收是指会展企业取得经营收入,收回垫支资金,这是会展项目资金运动的终点,即会展项目最终的资金流入。在正常情况下,资金回收额要大于资金耗费额,这个差额就是会展企业实现的生产经营成果。资金的顺利回收,既是补偿资金耗费的必要,又是再生产得以为继的前提。会展项目的资金回收包括展位收入、门票收入、会务费收入、赞助收入、出租收入及劳务收入等。

由于会展项目最终交付的是展会服务,而不是实物产品,所以在会展项目中,现金的流转不仅仅表现为现金和非现金资产之间的转换,更多的是反映资金的耗费,如用现金支付人工成本、租用会展中心、支付营销开支等。这些资金被耗费了,而不是投资形成非现金资产。但这些被耗费的资金要成为制定展会价格的基础,并通过会展产品的出售而得到价值补偿。

五、会展项目财务管理的内容

与会展项目财务管理的对象相联系,会展项目财务管理的主要内容包括筹资管理、成本费用管理和利润管理等三个方面。

(一)筹资管理

会展项目的筹资,是指项目组织者根据会展项目需要经济有效地筹措和集中资金的活动。按产权关系,资金分为自有资金和借入资金两种形式。会展项目筹资的基本要求是遵循国家法律和政策的规定,贯彻经济效益的原则,从数量和时间上满足项目的需要,同时降低资金成本,控制财务风险,提高筹资效益,最终实现财务管理的目标。

(二)成本费用管理

控制成本费用是实现目标利润的重要手段。会展项目的成本费用管理,是指项目组织者为保证项目目标的实现而制定成本预算,并对项目实施过程中发生的成本费用进行检查、监督和控制,努力将实际成本控制在预算范围内的管理过程。

(三)利润管理

利润是指会展项目的经营净成果,是会展项目的收入减去成本后的余额。会展项目的利润管理主要包括利润规划和利润控制等方面的内容。在项目进行前,项目组织者应通过合理的利润规划制定出最优的利润。通过最优目标利润的制定,一方面明确项目财务目标,使会展的全部财务工作围绕目标利润展开;另一方面可以为最终的项目经营绩效考核提供标准。

第二节　会展项目财务预算管理

在会计记账中有两种记账原则,一种是权责发生制原则,一种是收付实现制原则,会展项目与一般企业项目不同,一般企业的会计记账都要求遵循权责发生制原则,而会展活动的记账则遵循收付实现制原则。因此预算管理对于会展项目财务管理而言具有重要意义。财务预算是会展项目财务决策的具体化,是控制整个会展项目资金运动的重要依据。制定财务预算有利于控制项目的各项收支,有利于项目资源得到充分利用,从而获得良好的经济效益。

财务预算是关于资金的筹措和使用的综合计划,包括短期的现金收支预算和信贷预算,以及长期的资本支出预算和长期资金筹措、收入预算。

预算与实际业务相辅相成,有业务活动就有资金运动,把项目预计的资金运动情况按一定的方式记录下来就形成项目预算。会展项目的财务预算主要是对会展项目的现金流入和流出的预算,其中现金流入包括各种筹资和收入项目,如拨款收入、展位收入、门票收入、赞助、提供服务收入等方面;现金流出主要指支出项目,如场馆租金、市场开发费、会展营销费用、人员费用和支付给服务承包商的费用等方面。

一、会展项目收入的预算管理

会展项目的收入预算主要从主营业务收入、政府资助收入和资源开发收入等三方面进行。一般情况下,市场化运作的商业会展项目多以主营业务收入和资源开发收入为主;政府机构主办的或支持的项目多以政府拨款和资源开发收入为主。

(一)主营业务收入预算

会展项目涵盖范围广泛,不同的项目类型,其主营业务收入的来源也不同。例如,会议项目的主营业务是召开会议,其主营业务收入的来源是参会费,即与会者向会议主办者交纳的参加会议的费用(会务费)。又如,展览项目的主营业务是展位的出租,其主营业务的收入来源是展位费收入,即参展企业或组织租用展位支付的租金。

一般情况下,主营业务收入是商业会展项目最主要的收入来源。编制这部分收入预算时,应充分考虑到市场因素对价格的影响,以保证预算的准确性和可靠性。

(二)政府资助收入预算

对于政府机构主办的或者政府大力支持的会展项目,政府相关部门会给予一定的拨款,以保证项目的顺利运营。这部分收入是政府的财政支出项目,数额一般是固定的,其预算过程比较简单,预算结果出现偏差的可能性不大。

(三)资源开发收入预算

资源开发收入是会展项目组织除了主营业务收入、政府资助收入以外,充分利用会展项目的各项有形资源或无形资源为项目的各方参与者提供其他服务获得的收入,主要包括门票收入、入场费、广告赞助收入、其他服务收入、利息收入等。这部分收入来源虽然不是会展项目最主要的部分,但是也是总收入中不可忽略的部分。在编制这部分预算时,也应充分考虑市场因素的影响。

案例链接

中国国际体育用品(青岛)博览会于2014年8月26—28日,在青岛国际会展中心举行。预计收入情况如下:

(1)青岛市政府非常重视此次博览会的召开,特拨款20万元用于该博览会的前期筹备工作。

(2)本次博览会的展位费收费标准:国内展区5000元/展位,共400个展位;国际展区共600个展位,其中,国内企业7000元/展位,合资企业10000元/展位,境外企业2000美元/展位(假设1美元=6.8元人民币),国内、合资、境外企业各占国际展区1/3的展位。

(3)会刊及其他广告收费标准:会刊除在大会期间广泛赠送给主管部门及相关协会、参展客商外,还将通过主办单位途径发往国内外的业内系统及相关经销单位。会刊封面封底广告收费分别为20000元、15000元。手提袋广告收费:10000元/2000个,预计展会期间发放10000个。充气拱门广告收费:4000元/天。参展证、参观证背面独家广告30000元。

(4)青岛啤酒厂独家赞助20万元人民币。

(5)按前几届博览会设备出租情况,预计设备出租可获得不少于10万元的收入。

因此,本次博览会预算情况见表11-1。

表11-1 中国国际体育用品(青岛)博览会收入预算表

收入项目	金额(人民币元)
主营业务	8120000
其中:国内展区展位费	5000×400=2000000
国际展区展位费	7000×200+10000×200+2000×6.8×200=6120000
政府资助	200000
资源开发收入	427000
其中:广告收入	127000
会刊广告	20000+15000=35000
手提袋广告	10000×5=50000
参展证、参观证广告	30000
充气拱门广告	4000×3=12000
青岛啤酒厂赞助收入	200000
设备出租收入	100000
收入总计	8120000+200000+427000=8747000

二、会展项目支出的预算管理

会展项目的支出预算主要从场馆费用、布展搭建费用、招商招展费用以及行政后勤费用等方面进行。会展界一般将会展费用划分为五大类,并根据不同的特点和标准提出分配比例和备用比例。一般会展费用分类见表11-2。

表11-2 会展费用的分类表

类别	用途	占总预算比例
场馆费用	租借会场和展馆、展场的费用	30%~40%
设计施工费(展台费用)	设计、施工、场地租赁、展架制作及搭建和拆除、展具制作和租用、电源连接及用电、电器设备租用及安装、展品布置、文图设计制作及安装	10%~20%
展品运输费	展品的制作或购买、包装、运输、装卸、仓储、保险等	10%~20%
宣传公关费	宣传、新闻、广告、公共关系、联络、编印资料、录像等	10%~30%
行政后勤费	人员的交通、膳食、住宿、长期职工的补贴、培训、制服、临时雇员的工资等	10%~20%

成熟的会展项目的支出预算可以在历史数据的基础上进行,预算的准确度相对较高。新的会展项目则要根据市场调查或者同类项目的市场数据进行测算,需要更多的假设和主观判断,其准确度相对较低。

案例链接

中国国际体育用品(青岛)博览会于2014年8月26—28日,在青岛国际会展中心举行。预计支出情况如下:

(1)主办方租借青岛国际会展中心1—6号展馆,20000元·个/天,展馆前场地5000元/天。

(2)展台设计施工费:200000元。

(3)展品运输费:200000元

(4)广告费:100000元;公共关系联络:50000元;资料编印:40000元;录像:20000元。

(5)人员交通膳食费:200000万;培训费:10000元;服装费:30000元;临时员工工资:25000元。

根据上述资料,博览会支出预算见表11-3。

表 11-3 中国国际体育用品(青岛)博览会支出预算表

支出项目	金额(人民币元)
场馆费用	360000＋15000＝375000
其中:租借展馆	20000×6×3＝360000
租借展馆前场地	5000×3＝15000
展台设计施工费	200000
展品运输费	200000
宣传公关费	100000＋50000＋40000＋20000＝210000
其中:广告费	100000
公共关系联络	50000
资料编印	40000
录像	20000
行政后勤费	200000＋10000＋30000＋25000＝265000
其中:人员交通膳食	200000
培训费	10000
服装费	30000
临时员工工资	25000
支出合计	375000＋200000＋200000＋210000＋265000＝1250000

三、会展项目筹资的预算管理

筹集资金是项目资金运动的起点,是决定资金运动规模和生产经营发展程度的重要环节。会展项目筹资是指会展项目组织者通过一定的渠道、采取适当的方法,获取所需资金的一种行为。对于会展项目而言,所筹集的资金是会展项目的主要收入来源,筹资工作的好坏,直接影响到会展项目能否顺利成功举办。

会展项目组织者在选择筹资方式时需要考虑不同筹资方式的筹资成本及项目投资回收期、项目筹资风险的大小,充分考虑资本市场状况和企业自身的经营状况。会展项目的资金可以通过多种渠道来筹集,不同来源资金可使用时间的长短、附加条款的限制和资金成本的大小都不相同,这就要求项目组织者在筹资时不仅要从数量上、时间上满足生产经营的需要,而且要考虑资金成本的高低与财务风险的大小,一般选择最佳的筹资组合,实现财务管理的整体目标。

会展项目资金的筹集方式主要有商业赞助、市场开发及融资三种方式。

(1)商业赞助。所谓商业赞助是社会组织以捐助方式,通过资助一定的实物或者承担全部或部分费用,向会展项目提供资金或物质的一种公关专题活动。商业赞助是一种商业行为,不是无偿捐助,赞助商通过赞助活动从中获得回报。一般会展项目的主办方按照报价因素、资质因素、品牌因素及市场推广能力等选择赞助商。

(2)市场开发。市场开发是指以会展项目标志、名称、形象等所有知识产权的转让为条件而获得所需资金、物资、技术和服务的行为。通过市场开发,会展主办方可以从中获得能使会展项目正常运行的资金等,这种筹资方式也是一种操作性强、资金成本低、财务风险较小的筹资方式。市场开发是大型会展项目重要的资金来源。

(3)融资。融资即借入资金,又称会展项目的债务资金,即负债,按资金可用时间分为短期负债和长期负债,短期一般1年以内需要偿还,长期一般1年以上需要偿还。其中,短期负债包括短期借款、融资券、应付账款、预收账款和其他短期应付款等;长期负债主要包括长期借款、企业债券、租赁融资和其他长期应付款,是大型会展项目的重要筹资方式之一。这种筹资方式一般资金成本高,同时财务风险较大。

四、会展项目财务预算工作步骤

会展项目财务预算是会展项目财务管理的一个重要内容,因此其预算工作步骤包括以下几个方面:

(一)确定会展项目财务预算目标

会展项目财务预算目标有利润最大化和外部效益最大化两种目标,根据会展企业自身的实际情况选择不同的目标取向。

(二)预算信息的获取

预算编制程序是在有限的信息和假设的基础上展开的,信息的正确性和假设的合理性需要在项目的运营过程中加以检验,信息的偏差会导致预算偏离项目的财务目标。偏离的幅度过大,将会导致预算失去意义,所以根据实际情况及时地获取内部历史信息和外部市场信息,掌握的信息越多,预算的准确度越高。

(三)预算的制定

按照收入和支出项目设置相应的会计科目,并为每个会计科目编号,然后在设定的框架和条件下,预测各个科目的金额。新项目预算的制定方法有两种:一是零基预算,即对每一收支项目的预算都从头开始,分析研究预算期内的实际需要和收益,而后确定其发生额;二是参考同类项目的决算数据确定收支项目发生额。老项目一般根据上届项目决算数、业务量增减变动数和现行价格来制定本次预算。

(四)财务预算的编制

根据预算的制定,编制财务预算收入和支出表,并计算出财务利润。

第三节 会展项目利润管理

利润是一定时期内的经营成果,是会展项目在经营期内的收入减去成本后的总额。会展项目组织者通过制定合理项目利润目标,采取各种有效措施,通过挖掘各项资源的潜力,尽可能提高会展项目的盈利水平,以达到利润目标。

从一般意义上说,企业利润管理包括利润规划、利润控制和利润分配三部分工作。会展项目利润管理,是项目组织者制定目标利润,并以目标利润为标准,对项目资金运动全过程进行决策、计划和控制,保证财务目标实现的一系列活动。

一、会展项目利润目标

会展项目在一定时期内通过努力应当达到的利润水平,称为会展项目的目标利润。利润是项目正常运营的基础,是评价项目经济效益的重要标准。举办一个会展项目活动,首先要确定基本的利润目标:赢利、平衡、亏损。具体而言有如下三种利润目标:

(一)以经济效益最大化为目标

从经济的角度来看,会展项目活动的主办方作为市场经济条件下纯粹的"理性经济人",赚取利润是其最大目标,通过举办会展项目能从中获得利润是绝大多数会展企业举办会展活动的目的。以利润最大化为目标有利于扩大服务产品销售、拓宽项目收入渠道;有利于加强经济核算、降低成本费用开支;有利于把会展项目活动效益与员工利益紧密结合起来,提高员工的积极性;有利于绩效考核,提高项目的可操作性。

(二)以社会效益最大化为目标

处于培育期或公益性的会展项目活动,可以以外部效益即追求社会效益最大化为目标,培育期间的会展活动获取利益相对比较困难。作为主办方必须在前期大量投入以扩大影响,无论如何操作,其最终目的还是赚取利润,最终达到实现利润最大化。

会展项目活动的外部效益是指通过会展项目的实施对企业未来的经营环境有所改善,包括市场资源的获取、企业信誉的提升、未来产品销量的增加等。外部效益最大化追求长远效益,因此对于提升知名度、美誉度有较强的影响。该目标存在的主要问题是经营绩效的滞后、绩效测量的主观性强、成本控制的不确定。所以,如果没有政府的支持(尤其是财政支持)或企业的赞助,没有强有力的市场化运作手段和超强的经济实力,一般的会展企业要以外部效益最大化为目标是不可能的。

(三)以综合效益最大化为目标

从理论上而言,完全追求利润最大化或社会效益最大化在实际中是不存在的,这是因为作为展会的主办方不能为了追逐自身利益而牺牲社会公平,也不可能为了追求社会效益最大化而做赔本买卖,最好的结果是既有一定的经济效益也有良好的社会效益,达到企业经济效益、社会效益,甚至环境效益的有机结合。在这种目标模式下,对于主办方而言,即便是展会盈亏相抵保持平衡也是一种比较理想的结果,目前,大部分会展项目的利润目标就是以综合效益最大化为目标。

二、会展项目的成本费用管理

成本费用管理也就是对资金耗费的管理,降低成本费用是提高会展项目利润的有效途径。会展项目的成本管理就是指会展项目的组织者为保证会展目标的实现而制定成本预算,并对项目实施过程中发生的成本费用进行检查、监督和控制,努力将实际成本控制在预算范围内的管理过程。

(一)会展项目成本类型

会展项目成本的类型可以根据不同的标准进行分类:

1. 按照成本与会展项目的关系进行分类

(1)直接成本:即直接计入某一部门或项目的成本,如购买产品的进价或原材料成本等。

(2)间接成本:即不能直接计入某一部门或项目的成本,需要分摊的成本,如需分摊的电话费、办公费等。

2. 按照成本构成进行分类

(1)营业成本:指会展企业各部门经营中所发生的直接成本。

(2)营业费用:指会展企业营业部门在经营过程中所发生的各项费用,包括运输费、装卸费、包装费、保管费、保险费、燃料费、水电费、广告宣传费、邮电费、差旅费、清洁费、低值易耗品摊销、物料消耗、人员工资(包括奖金、津贴和补贴)、职工福利费、工作餐费、服装费及其他费用等。

(3)管理费用:指会展企业为组织和管理经营活动而发生的费用以及由企业负担的费用,包括管理部门人员的工资、职工福利费、工作餐费、服装费、办公费、会议费、差旅费、物料消耗及其他行政费用、工会费、职工教育费、劳动保险费(退休人员工资)、待业保险费、劳动保护费、董事会费、外事费、租赁费、咨询费、审计费、诉讼费、排污费、绿化费、土地使用费、土地损失补偿费、技术转让费、研究开发费、税金、燃料费、水电费、折旧费、修理费、无形资产摊销、低值易耗品摊销、开办费摊销、交际应酬费、坏账损失、存货盘亏和毁损、上级管理费及其他等。

(4)财务费用:指会展企业经营期间发生的利息净支出、汇兑净损失、金融机构手续费、加息及筹资发生的其他费用。

3. 按照成本与业务量的关系进行分类

成本与业务量的关系即俗称的成本形态,成本形态又称成本习性,是指在一定条件下,成本总额与特定业务量之间的依存关系。"一定条件"即相关范围,也就是不改变或破坏特定成本项目固有特称的时间与业务量的变动范围。根据成本性态不同,可以将成本分为固定成本、变动成本和混合成本。

(1)固定成本。固定成本是指在一定的产销量(业务量)范围内,其发生总额不随产销量(业务量)的变动而变动,而是保持相对稳定的那些成本费用支出。固定成本总额在一定时期内保持不变,因此随着产销量(业务量)的增加,单位产销量(业务量)所分摊的固定成本将减少。因此固定成本具有两个明显的特征:第一,在一定范围内固定成本总额不随业务量发生变化;第二,单位固定成本与业务量成反比例变化。一般情况下根据是否受管理当局短期决策行为的影响分为约束性固定成本与酌量性固定成本。固定成本总额与单位固定成本见图11-1和图11-2。

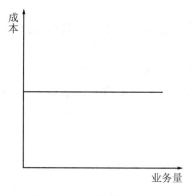

图11-1 固定成本总额

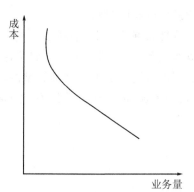

图11-2 单位固定成本

会展项目的固定成本是指在展览项目的既定规模内,不随参展商和观众人数的变化而变化的那些成本费用支出,如项目小组成员的工资、宣传广告费、场地租金、设备租赁费、保险费和通信费等,一些大型会展项目的固定成本还包括固定资产折旧和财产税金等项目。

(2)变动成本。变动成本是指在一定的产销量(业务量)范围内,其发生总额随产销量(业务量)的变动成正比例变动的那些成本费用支出,包括直接材料、直接人工、流转税金和佣金等项目。与固定成本不同,变动成本总额随产销量(业务量)的变动成正比例变动,而单位产销量(业务量)所支出的变动成本则保持不变。变动成本具有两个明显特征:第一,变动成本总额与业务量变化成正比例变化;第二,单位变动成本在一定的范围内保持不变。一般变动成本分为技术性变动成本和酌量性变动成本。变动成本总额与单位变动成本见图 11-3 和图 11-4。

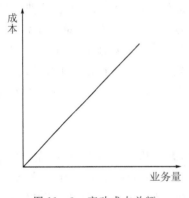
图 11-3 变动成本总额

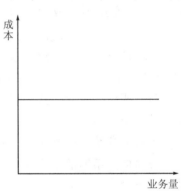
图 11-4 单位变动成本

会展项目的变动成本是指在展览项目的既定规模内,随参展商和观众人数的变化成正比例变化的那些成本费用支出,如注册工本费、资料费、招待费、礼品费、交流研讨会费用和营业税金等。

(3)混合成本。混合成本是指在一定的产销量(业务量)范围内,其发生总额随产销量(业务量)的变动而变动,但不成正比例变动的那些成本费用。混合成本介于固定成本和变动成本之间。管理费用和销售费用中的很多项目都属于半变动成本。混合成本可以按一定的方法分解为固定成本和变动成本两部分。会展项目的半变动成本一般包括交通费、劳务费等。混合成本主要有以下四种类型:

第一,阶梯式混合成本(半固定成本)。这种类型的成本在一定业务量内保持不变,一旦超过范围,成本呈跳跃性增长,表现出如阶梯般的增长形态,见图 11-5。

第二,标准式混合成本。这种类型的成本无论是否有业务量,都会产生成本(固定成本),随着业务量的增加,成本呈上升趋势。目前标准式混合成本是最常见的成本类型,见图11-6。

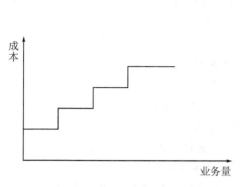

图 11-5　阶梯式混合成本

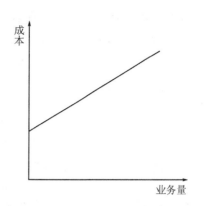

图 11-6　标准式混合成本

第三,低坡式混合成本。这种类型的成本特点是在一定的业务量范围之内成本保持不变,一旦超过该业务量,成本呈现增长趋势,见图 11-7。

第四,曲线式混合成本。这种成本一般是由两条曲线组成,成本与业务量的关系表现出非线性关系,见图 11-8。

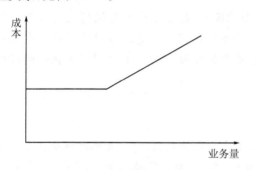

图 11-7　低坡式混合成本

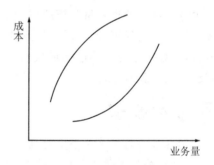

图 11-8　曲线式混合成本

会展项目涉及的成本费用科目众多,不同成本费用在不同会展项目中的性态也有所不同。在进行目标利润规划时,应充分注意到会展项目的性质和内容对成本分类的影响,以便合理确定目标利润。

(二)盈亏平衡分析法

所谓盈亏平衡,就是办展机构举办会展所得到的所有收入恰好能弥补其为举办该会展所支出的所有成本费用,也就是总收入正好等于总成本。能够使会展达到盈亏平衡的会展规模就是会展盈亏平衡规模,能够使会展达到盈亏平衡的会展价格就是会展盈亏平衡价格。除了一些特殊情况,办展机构举办会展最起码的要求,应该是能够达到盈亏平衡的状态;换句话说,如果举办一个会展不能达到盈亏平衡,那么这个会展举办的可行性就要仔细斟酌了。

进行盈亏平衡分析,最重要的是要找到能够使展会达到盈亏平衡的"盈亏平衡点"。所谓盈亏平衡点,就是能够使会展达到盈亏平衡的会展规模或会展收入。找到了盈亏平衡点,就可以为会展制定更加合理的价格,为会展规划更为合理的展览规模。

1. 会展项目的基本盈亏方程式

盈亏平衡点是指项目的总收入和总成本相等时的状态,此时边际贡献全部用来弥补固定成本,利润为零,处于不盈不亏的状态。虽然不同会展项目的收入来源和支出情况有所不同,但其利润形成的基本原理则是相同的。基本方程式如下:

$$盈亏平衡点的销售量=固定成本/(单价-单位变动成本)$$
$$盈亏平衡点的销售收入=固定成本/(1-变动成本率)$$

其中:
$$单价-单位变动成本=边际贡献$$
$$变动成本率=变动成本/单价$$
$$边际贡献率=(单价-单位变动成本)/单价$$
$$边际贡献率+变动成本率=1$$

式中,单价减去单位变动成本后的余额称为单位边际贡献。销售量与单位边际贡献的乘积,也即项目总收入超过变动成本的部分,称为边际贡献总额。边际贡献首先用来弥补固定成本,盈余部分则形成项目的税前利润。如果边际贡献仅能弥补固定成本,则利润为零,表明项目处于盈亏临界或盈亏平衡状态,项目的收入总额只能保本;如果边际贡献不足以弥补固定成本,则表明项目运营亏损。

2.盈亏平衡法的应用

盈亏平衡点的销售量分析适用于单一品种经营模式,盈亏平衡点的销售收入分析适用于单品种和多项目经营模式,需要注意的是如果分析多项目经营需要以各项目首日所占比重作为权数,计算一个综合的边际贡献率。以盈亏平衡点为界限,当收入高于盈亏平衡点时项目盈利,反之,项目就亏损。

案例链接

国际会展公司举办一个综合性会展项目,主要由会议论坛、展览会及专题讲座三个部分组成,其中会议论坛单位变动成本为30元,单价为60元,占项目总收入的30%;展览会单位变动成本每个标准展位800元,展位租金为每个标准展位2000元,占项目总收入的50%;专题讲座单位变动成本每人60元,入场券每人120元,占项目总收入的20%。整个项目的固定成本为22万元。求盈亏平衡点时的收入总额和每项活动应达到的运营规模。

解:各项活动的成本情况,见表11-4。

表11-4 公司活动成本情况表

项目	会议论坛	展览会	专题讲座
单价(元)	60	2000	120
单位变动成本(元)	30	800	60
单位边际贡献(元)	30	1200	60
边际贡献率	50%	60%	50%
收入额组合	30%	50%	20%
固定成本(元)	220000		

项目的加权平均边际贡献率=50%×30%+60%×50%+50%×20%=55%

盈亏平衡点的收入总额=220000÷55%=400000(元)

会议论坛的参加人数＝400000×30％÷60＝2000（人）
展览会的标准展位数＝400000×50％÷2000＝100（个）
专题讲座的参加人数＝400000×20％÷120＝667（人）

三、会展项目的利润规划

会展项目的利润管理主要包括利润规划和利润控制两部分。在会展项目正式开展前，项目组织者应通过科学的收支预测，规划并制定出项目的最优目标利润，作为项目的财务管理目标。在项目的运营过程中，全部财务管理工作都要围绕目标利润展开，对影响目标利润的各项因素进行检查、监督和控制，并采取各种措施增收节支，提高利润，保证目标利润的实现。

（一）会展项目利润规划的含义

利润规划是在一定的条件，通过对未来销售水平、成本水平的合理预测确定目标利润的过程。利润规划是现代科学管理方法之一，项目组织者应当在分析市场需求状况、自身提供服务或产品的能力以及其他辅助产品的供应状况等具体条件的基础上，通过对项目的规模、定价、成本和风险等情况进行分析和测算，合理地制定出目标利润。

（二）会展项目利润规划的方法

进行目标利润规划的主要方法是本量利分析法和现金流量分析法。其中本量利分析法是以研究成本对业务量的依存关系为基础，研究成本、业务量和利润三者之间的相互关系，也称为成本性态研究，是目标利润管理的基本方法。

1. 本量利分析法

（1）本量利基本公式。

$$利润＝销售量×（单价－单位变动成本）－固定成本$$

$$销售收入＝\frac{利润＋固定成本}{单价－单位变动成本}$$

$$销售收入＝\frac{利润＋固定成本}{单价－单位变动成本}×单价$$

其中，（单价－单位变动成本）表示单位边际贡献，（单价－单位变动成本）/单价表示边际贡献率。一旦确定了目标利润，就可以计算出为了实现相应的目标利润需要完成的销售量或销售收入。

（2）目标利润的销售量和销售收入。

盈亏平衡点时销售量或销售收入，是指会展项目达到保本状态的最低规模水平，在这个规模水平上，总收入仅仅能够弥补固定成本和变动成本，没有盈利，只有超过这个水平，项目才能盈利。会展项目的正常销售收入超过盈亏平衡点销售收入的部分称为安全边际，安全边际的边际贡献形成项目的税前利润，只有安全边际才能为会展项目组织提供利润。用本量利法分析预测目标利润时，计算公式如下：

$$目标利润＝目标销售量×（单价－单位变动成本）－固定成本$$
$$＝目标销售量×单位边际贡献－固定成本$$
$$＝目标安全边际×边际贡献率$$

案例链接

以上例的资料,求目标利润为 110000 元时的收入总额和各项活动应达到的运营规模。

解:目标利润下应达到的收入总额=(220000+110000)÷55%=600000(元)

会议论坛的参加人数=600000×30%÷60=3000(人)

展览会的标准展位数=600000×50%÷2000=150(个)

专题讲座的参加人数=600000×20%÷120=1000(人)

2.现金流量分析法

(1)现金流量的含义。

现金流量分析是指在一定会计期间现金流入量与现金流出量的结构分析,现金流入量与现金流出量的差额为现金净流量。现金净流量可能是正数,也可能是负数。如果是正数,则为净流入;如果是负数,则为净流出。现金净流量反映了企业各类活动形成的现金流量的最终结果,即:企业在一定时期内,现金流入大于现金流出,还是现金流出大于现金流入。现金净流量是现金流量表要反映的一个重要指标。现金流量一般分为三大类:经营活动现金流量、投资活动现金流量和筹资活动现金流量。

经营活动是指直接进行产品生产、商品销售或劳务提供的活动,它们是企业取得净收益的主要交易和事项;投资活动,是指长期资产的购建和不包括现金等价物范围内的投资及其处置活动;筹资活动,是指导致企业资本及债务规模和构成发生变化的活动。

现金流量表按照经营活动、投资活动和筹资活动进行分类报告,目的是便于报表使用人了解各类活动对企业财务状况的影响,以及估量未来的现金流量。

在上述划分的基础上,又将每大类活动的现金流量分为现金流入和现金流出两类,即经营活动现金流入、经营活动现金流出、投资活动现金流入、投资活动现金流出、筹资活动现金流入、筹资活动现金流出。

(2)现金流量的结构分析。

现金流量结构分析就是在现金流量表有关数据的基础上,进一步明确现金流入的构成、现金流出的构成及现金余额是如何形成的。现金流量的结构分析可以分为现金流入结构分析、现金支出结构分析。

第一,现金流入结构分析。现金流入构成是反映企业的各项业务活动现金流入,如经营活动现金流入、投资活动现金流入、筹资活动现金流入等在全部现金流入中的比重以及各项业务活动现金流入中具体项目的构成情况,明确企业的现金究竟来自何方,要增加现金流入主要应在哪些方面采取措施等。

第二,现金流出结构分析。现金流出结构分析是指企业的各项现金支出占企业当期全部现金支出的百分比。它具体地反映企业的现金用于哪些方面。

对于会展项目而言,有些会展项目投资回收期较长,主要依靠银行贷款进行筹资,项目运营后若干年内都很难盈利(如一些大型会展项目需要几年的培育期),但是项目本身有充沛的现金净流量,足以执政府税金、工资、银行利息等基本成本费用,现金流活跃,对于这样的项目,从现金流量的角度来看值得一搏。

四、会展项目的利润控制

目标利润是会展企业在根据历史销售数据对此进行分析预测的基础上制定出来的,具有一定的不确定性。正因为目标利润的不确定性,因此在目标利润制定以后,为了保证项目正常运营以实现既定的目标利润,需要对影响目标利润的各种因素进行控制。对目标利润进行控制的主要措施如下:

1. 确保服务质量

产品质量是企业信誉的基础,是企业生存和发展的保证,对于主要提供服务产品的会展项目也不例外。服务产品的质量直接关系到项目的成败,项目组织者应将质量管理纳入项目的战略管理过程,根据市场的变化制定质量战略,包括制定质量方针、质量目标和质量规划等。在制定质量战略的基础上,项目组织者还应建立和实施质量保证体系,采用科学的方法和先进的管理手段,保证各项活动有组织、有计划、高效率地开展。

2. 改进营销策略

营销策略是影响项目利润的一个重要因素,主要包括四方面的内容:商品策略、定价策略、分销渠道策略和促销策略。项目组织者事先应根据会展的目的制定正确的商品策略;在此基础上,根据服务产品的性质和受众范围,确定合理的定价策略;同时,选择适当的销售渠道,加强广告宣传,采用多种促销方式,运用定点销售、人员销售以及公关营销等手段扩大市场影响力,增加项目的参与人数,以提高营业收入和利润,保证目标利润的实现。

3. 拓宽收入渠道

在会展项目中,拓宽收入渠道主要从两方面入手:一方面是开发适销对路的新产品,这是扩大项目影响和提高收入的重要途径,是实现目标利润的重要手段;另一方面是分析项目能够为相关企业带来的经济效益,吸引更多企业对项目进行赞助或捐赠。

4. 控制成本费用

成本费用是影响项目利润的主要因素之一,为了保证目标利润的实现,重点需要对一些酌量性成本进行约束控制,尽量减少这类成本的发生,这样才能将总成本降低到可控制的范围。

5. 优化资本结构

资本结构控制成本费用的合理与否直接关系到企业项目成功的关键,因此需要合理确定项目资金来源中自有资金和借贷资金之间的比例关系,使之保持在一个合理的范围之内。在盈利状况良好、现金流量比较充足的情况下,可以适当地提高借贷资金的比例,以降低资金成本,充分发挥财务杠杆的作用,进而达到增加项目利润的目的。

6. 增加和改善现金流量

现金流量是企业不可忽视的一个重要因素,现金流量的增加和改善可以减少项目的资金占用和利息支出,有助于目标利润的实现。一方面通过编制合理的资金预算,控制现金的流出,保证项目日常运营的资金需要;另一方面通过控制应收、应付款项数量,合理安排收付款的时间,增加项目的现金流入。

7. 优化资源配置

会展项目具体实施过程中,需要对运营过程进行实时监督,盘活项目中闲置或利用率低下的资产,使资本从低收益领域流向高收益领域,完善和调整现有经营结构,提高资产组合的质量和运用效率,从而实现优化资源配置、增加项目利润的目标。

本章小结

　　本章在对会展项目财务管理的含义及目标进行概述的基础上,确定会展项目财务管理的对象是资金的筹集、耗费和回收,进而明确其财务管理的内容是筹资管理、成本费用管理和利润管理等三个方面。会展项目的预算管理包括收入预算管理、支出预算管理和筹资的预算管理。会展项目利润目标主要有三种:以经济效益最大化为目标;以社会效益最大化为目标;以综合效益最大化为目标。在对会展项目成本费用进行分类的基础上,盈亏平衡分析法是会展项目成本费用管理的主要方法。会展项目利润规划的方法主要有本量利分析法和现金流量分析法两种;会展项目利润控制的措施包括确保服务质量、改进营销策略、拓宽收入渠道、控制成本费用、优化资本结构、增加和改善现金流量、优化资源配置等七个方面。

复习思考题

1. 会展项目财务管理的对象和内容是什么?
2. 会展项目预算管理包括哪些?
3. 会展项目利润目标有哪些?
4. 会展项目利润控制的措施有哪些?

单选题

1. 会展项目财务管理是对(　　)进行管理。
   A. 财务活动　　　B. 资金运动　　　C. 项目运动　　　D. 活动内容
2. 从财务管理的观点来看,成本和费用是现金的(　　)。
   A. 来源　　　　　B. 流量　　　　　C. 回收　　　　　D. 耗费
3. 会展活动的记账采用(　　)。
   A. 收付实现制　　B. 权责发生制　　C. 增加记账法　　D. 借贷记账法
4. 商业会展项目最主要的收入来源是(　　)。
   A. 其他业务收入　B. 主营业务收入　C. 补助收入　　　D. 资源开发收入
5. 大部分会展项目的利润目标是以(　　)最大化为目标。
   A. 社会效益　　　B. 经济效益　　　C. 综合效益　　　D. 环境效益

多选题

1. 会展项目财务管理目标有(　　)。
   A. 财务效益最大化　　　　　　　B. 收入效益最大化
   C. 利润最大化　　　　　　　　　D. 外部效益最大化
2. 会展项目资金的筹集方式主要有(　　)。
   A. 商业赞助　　　B. 市场开发　　　C. 融资　　　　　D. 自有资金
3. 会展项目混合成本主要有(　　)。
   A. 阶梯式混合成本　　　　　　　B. 标准式混合成本
   C. 低坡式混合成本　　　　　　　D. 曲线式混合成本

4. 会展项目成本按照构成可以分为（　　）。
   A. 营业成本　　　B. 营业费用　　　C. 管理费用　　　D. 财务费用
5. 会展界一般将会展费用划分为五大类，包括场馆费、设计施工费和（　　）。
   A. 展览费　　　B. 展品运输费　　　C. 宣传公关费　　　D. 行政后勤费

练习题

东方展览公司组织承办一场展会，有关数据资料如下：
1. 标准展位销售价格：2400元/个。
2. 成本费用如表11-5所示。

表11-5　成本费用一览表

序号	费用名称	主要内容	金额或费用标准
1	场地租金		800元/个
2	清洁保安费		10万元
3	宣传推广费	包括广告宣传、主办费、协办费	8万元
4	招展费用	包括材料、电话、差旅、人员提成等费用	销售收入×10%
5	相关活动费	开幕式、新闻发布会、招待酒会	8万元
6	办公费	办公费用和人员报酬	5万元
7	税费	营业税	销售收入×5%
8	观众邀请费	包括资料、电话、传真	2万元
9	不可预测费用		10万元

要求：计算该会展项目的盈亏平衡点。

第十二章 会展项目沟通管理

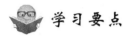
学习要点

1. 了解沟通的内涵,掌握有效沟通的准则,了解当代沟通方式的转变。
2. 了解沟通管理的含义及过程,掌握沟通管理的关键原则,掌握冲突处理的基本策略。
3. 了解会展项目沟通管理的主要方面,掌握会展项目沟通管理体系。
4. 掌握会展项目沟通管理策划要点。

案例导读

第92届全国糖酒会交通工作专题新闻通气会召开

2015年3月18日,四川省成都市博览局联合全国糖酒会办公室召开第92届全国糖酒商品交易会交通工作专题新闻通气会。成都市公安局交管局、成都市交委、成都公交集团、成都地铁公司和全国糖酒会办公室有关负责人出席。会议由成都市博览局副局长、市贸促会副会长王欣主持。新华社、中新社、中国日报、中国经济时报(中国经济新闻网)、中国贸易报、中国网、四川日报、华西都市报、四川新闻网、成都日报、成都商报、成都晚报、成都电视台、四川人民广播电台、成都人民广播电台等19家中央驻蓉及省市媒体参加会议。

成都市公安交管局副局长巫文化介绍了本届糖酒会交通组织方案。交管局会期将在世纪城区域及周边实施相关临时性交通管理措施。糖酒会期间,为保障道路交通的安全、顺畅,主会场周边区域设置大量交通诱导标志标牌,任何单位禁止在道路上集队徒步进行广告宣传活动;本届糖酒交易会将进行花车巡游,市民需注意观察通过。

成都市交委相关负责人表示,会期将在承担糖酒会主要营运任务的公交线路增加公交车辆约100台,并开通由环球中心东、西广场至会展中心的两条免费区间车。在与火车南站、桂溪公交站衔接线路上增加公交运力。同时将安排3300辆出租车每天在世纪城新会展中心执行客流疏散任务。

成都地铁公司相关负责人表示,会期将执行大客流运行图,通过加开上线列车数量,缩短行车间隔为1号线最短2分50秒,2号线最短3分55秒。在1号线的升仙湖和世纪城两个首末站存放热备车,根据客流情况开行"大站空车",以缓解1号线天府广场站以南区段的客流压力。开幕式当天将延长高峰服务时间到9小时,平峰期上线列数增加至15列。为方便参展客商乘坐地铁,本届糖酒会首次推出了成都地铁展商卡,8天内不限乘坐次数,价格50元/张,将在会展中心1号展馆附近进行现场发售。

全国糖酒商品交易会办公室主任古平介绍了本届糖酒会的筹备情况和主要特色。本届糖酒会定于3月26日—28日在成都世纪城新国际会展中心举行,将首次启动面向消费市场的"全球食品欢乐购"和"美食嘉年华"两项活动,进一步丰富展会配套内容。会期还将在24日—27日期间组织花车巡游活动,巡游路线从环球中心沿天府大道到天府广场一线。他表示,糖酒会作为一个专业性平台,将主要面对专业观众开放,市民欲观展须购买门票,售价20元/张。

成都市博览局副局长、市贸促会副会长王欣对新闻媒体长期以来对糖酒会的支持表示感谢。他希望媒体重点在以下几方面予以宣传报道:一是糖酒会不是面向市民的展销会,而是专业展会,将继续采取专业观众预登记和现场购票入场方式;二是会期世纪城周边区域交通压力大,希望媒体呼吁客商选择公交或地铁前往会展中心,倡导绿色出行;三是本届糖酒会配套活动丰富,希望媒体对美食嘉年华、全球食品欢乐购等重点活动进行报道;四是糖酒会国际化水平不断提升,希望媒体挖掘报道糖酒会国际化方面的内容。

案例分析

本案例中,为迎接第92届全国糖酒商品交易会召开,四川省成都市博览局联合全国糖酒会办公室,与相关交通部门和新闻媒体一起,特组织交通工作专题新闻通气会。会上,围绕道路交通的出行便利和安全顺畅,各部门对糖酒会期间各自所负责的交通规划和组织进行了沟通和交流。成都市博览局也希望媒体重点做好市民出行的引导宣传工作。此次交通工作专题新闻通气会的召开,对于本届全国糖酒商品交易会的召开提供了安全、顺畅的道路交通保障,也有利于本届全国糖酒商品交易会取得预期圆满的展会效果。

资料来源:第92届全国糖酒会交通工作专题新闻通气会召开[EB/OL]. http://info.tjkx.com/detail/1010928.htm.

第一节 会展项目沟通管理概述

在会展项目管理中,沟通的重要性不可忽视。沟通是会展项目得以顺利开展的有力保障,贯穿于会展项目管理的始终。项目经理最重要的工作之一就是沟通,在项目管理中,项目经理花在沟通上的时间通常要占到全部工作时间的75%~90%。不同文化背景、工作背景、技术背景的人在同一项目中合作共事,难免会对各种事件产生不同的理解或认识上的偏差,带来工作上的误解与合作不畅,这些问题都需要通过沟通管理进行预先防范,并经由适宜的沟通方式有效解决。可见,沟通管理是会展项目管理的重要组成部分,是确保会展项目信息及时并且恰当地生成、收集、发布、存储、调用和最终处理所需要的各个过程。

一、沟通概述

(一)沟通的概念与类型

沟通,是主体和客体之间凭借一定的符号载体(语言、文字或其他的表达形式),进行信息传递和交换的过程,是为达到一定目的,将信息或观点通过语言或文字传递给他人并获得反馈的过程。沟通,英文词汇为communication,communication除了译作"沟通",也还译作"交换、交流、通信、通讯、传达、传播"等,尽管这些词汇存在细微的差别,本质上都涉及了沟通的重要职能,即信息的交流和分享。

沟通是主客体之间的信息互动,双方或多方之间的信息传递和分享交流行为。准确理解沟通的含义,才能在实践中更好地实现沟通的目标,达成有效的沟通。

1. 沟通的内涵

具体来说,沟通的内涵可以从以下几个方面来理解:

(1)沟通要达成一定的目的。沟通是围绕着某种主旨而开展的,或者是寻求某种理念或行动的一致,或者是寻求相互理解或行为上的支持与合作,沟通不是闲聊,不是在漫天闲扯后最终偏离了目的,沟通是在明确主旨的基础上开展的行为。

(2)沟通包含信息沟通,也包含情感沟通。沟通是意义上的传递与理解,信息在传递过程中通过一定的符号载体(语言、文字或其他的表达形式)来进行,符号载体于不同的主客体存在不同的理解,有可能造成理解偏差,沟通主体与客体能否在沟通过程中有效避免信息传递意义上的理解偏差,将决定信息沟通的质量与有效程度。情感沟通是实现有效沟通的重要基础,人是情感的动物,积极情感有助于良好沟通的实现。

(3)沟通要获得反馈。沟通主客体之间在进行信息的交流与分享时,需要确认对方是否准确理解了自己的意思,沟通过程中是否有达成协议的可能。沟通涉及的信息包罗万象,沟通信息可分为事实、情感、价值观、意见和观点。在沟通过程中,为避免出现信息失真或者沟通障碍,传递信息时务必注意分清事实本身和沟通主客体的主观意见和观点,二者的混淆不清有可能导致误解产生。有效的沟通需要明确这些问题,准确理解对方陈述的事实与想要表达的观点。沟通能否实现达成协议的可能,这取决于多方因素的影响,除了沟通本身之外,还涉及沟通主客体之间的利益构成、价值观念等。但达成协议的前提,仍首要是准确理解了对方的观点和意见。

2. 沟通的类型

常见的沟通类型有:

(1)根据沟通时信息涉及的人的情感、态度、价值观等领域的程度深浅,可将沟通分为浅层沟通和深层沟通。

浅层沟通指工作中必要的信息传递和交换,如会议接待人员将会务进程和工作安排等告知参会者,参会者将对会议组织的意见和建议反馈给工作人员等。会展组织中的上情下达、下情上传等都属于浅层沟通。

深层沟通指信息传递和交流过程中涉及个人情感、态度、价值观等的深入交流。深层沟通通常更能促进相互间的深入了解,如有价值的随意聊天、谈心等都属于深层沟通。会展活动中通过深层沟通有利于更好地增进了解,契合需求,促进合作。

(2)根据沟通有无出现信息反馈,可将沟通分为双向沟通和单向沟通。

双向沟通指沟通对象间有信息反馈的沟通,如面谈、会议、讨论等。双向沟通有利于沟通者更准确地理解对方的信息,并进行有效的信息传递。信息反馈既可以来自沟通双方的言语交流,也可以来自沟通双方的非言语交流,如表情、肢体语言等也能反馈出部分信息。

单向沟通指没有出现信息反馈的沟通,如通知、命令、指示等。单向沟通较多用于某种自上而下或必须执行的指令,因而不强调过多的信息反馈。

双向沟通较之于单向沟通,更有利于人际关系的和谐,以及合作双方的相互理解和共事。会展活动中多进行双向沟通,有利于会展双方需求的满足,有利于会展组织内部的员工激励。

(3)根据沟通信息载体的不同,可将沟通分为言语沟通和非言语沟通。

言语沟通建立在语言文字的基础之上,分为口头沟通和书面沟通两种形式。口头沟通即言语交流,是人们最常见的交流方式,通常包括演讲、交谈、会议讨论、小道消息传播等。口头沟通比较灵活、及时,反馈性强,在传递信息的同时通常也传递情感、态度等。会展企业管理中应重视口头沟通的作用,注重表达方式的清晰和得体,言简意赅,抓住重点。书面沟通是借助文字或符号来传递信息的沟通方式,通常包括报告、备忘录、通知书、信件等。书面沟通往往比较正式,具有权威性,信息在传递过程中不易变形,可长期保存等。

非言语沟通是借助除语言文字外的其他媒介来传递信息的方式,通常可分为身体语言沟通、副语言沟通、物体操纵三大类。身体语言有时也称肢体语言,是指通过无声的表情、动作、姿态、手势以及衣着、打扮、空间距离等来传递信息的一种方式,身体语言传递的信息通常更真实和更能反映一个人内心的情绪情感。副语言沟通主要指语速的快慢,声调的高低,哭、笑、停顿等,副语言沟通属于非词语的声音,声音一般可以反映当事人的个性。物体操纵是人们通过物体的运用或环境的布置等来传递的非言语信息。研究表明,人们在沟通过程中所传递的全部信息,仅有7%是由言语来表达的,而非言语表达的信息约占93%。可见非言语沟通的内涵十分丰富。会展企业的布展设展,其作用不可忽视。

(4)根据沟通实现途径的不同,可将沟通分为正式沟通与非正式沟通。

正式沟通指依据明文规定的规章制度或程序而进行的沟通,包括组织间的公函往来、组织内部的文件传达、会议召开、通知公告等。根据信息流向的不同,正式沟通又可分为上行沟通、下行沟通、平行沟通、外向沟通等。正式沟通往往突出信息传递的正规性,具有一定的权威价值。

非正式沟通指除正式沟通以外的,随机性强,不受程序约束而进行的沟通,沟通实现途径主要通过组织成员的关系而进行,这种社会关系超越了部门、单位及其层次,沟通的对象、时间、内容等各方面都是未经计划和难以辨别的。非正式沟通往往能获取正式沟通不能获取的信息,也可能导致信息失真。非正式沟通在人际交往中具有重要的作用。

(5)根据沟通主体的不同,可将沟通分为人际沟通、群体沟通、组织沟通、跨文化沟通等不同的类型。

人际沟通是人与人之间信息和情感相互传递的过程,人际沟通是群体沟通、组织沟通的基础。

群体沟通是具有特定关系的群体间信息和情感相互传递的过程,群体沟通有其特殊的沟通途径和特点。

组织沟通是涉及组织特质的各种类型的沟通,一般可分为组织内部沟通和组织外部沟通。组织内部沟通表现为正式沟通和非正式沟通,组织外部沟通表现为组织与顾客、股东、上下游会展企业、社区、新闻媒体等之间的沟通。

(二)有效沟通的准则

良好的沟通是顺利开展工作的基本条件,不当的沟通不但不利于工作的顺利开展,还可能导致工作遇到阻碍,甚或产生误解,导致合作不能进行。沟通的效果体现为四种情况,分别是:"不沟不通""沟而不通""沟而后通""不沟而通"。"不沟而通"是一种理想的效果,一般是可遇不可求的,需要沟通双方思想和行为达成高度的默契。"沟而后通"是沟通双方在明确目的的基础上借助一定的沟通技巧最终达成的效果,是成功而有效的沟通。"不沟不通""沟而不通"则是无效的沟通。

有效沟通通常具备以下四个特点：①发送者传递的信息被接收者接收；②接收者对信息的理解基本与发送者一致；③信息在一段时间内被记住；④信息在需要时被用上。

了解有效沟通的准则，有利于我们改善与他人沟通的效果，实现有效沟通。

1. 明确沟通目的

实现有效沟通，首先要明确沟通的目的。无论信息发送者还是信息接收者，在沟通交往过程中，首先都要明确自己以及对方的沟通目的，在沟通交往的每一阶段，对各个项目的目标或目的进行调整与修订，并保证最终目的的实现。沟通双方只有目的一致，才能保证沟通的成功。

沟通交往中，为了更好地实现沟通的目的，应适当考虑沟通对象的需求，站在对方的角度理解问题并付诸行动。实现沟通目的还需要考虑影响沟通实现的客观因素，常见的客观因素包括沟通主题的选择、沟通环境的营造、具体时间的选择以及其他具体的条件等。如展会地点的选择、展会空间的布置、家具材料的选择、嘉宾座位的安排、展会的拥挤程度、室内的温度与空气质量等，都会直接或间接的影响着沟通的成效。良好客观因素的把握及其氛围的营造，会促进沟通双方的合作态度与友好平等协商的共事精神，有利于沟通目的的实现。

2. 确定沟通渠道

明确目的后，作为信息发送者一方，应谨慎选择适合于具体沟通的最佳渠道，渠道选择本身就包含了信息，信息接收者一方也应分析渠道本身的特点，以及发送者选择这一渠道的用意。一般意义上讲，从好到差的沟通渠道种类包括：①人际沟通；②媒介沟通（手机通话、电脑传输等）；③个人与团体的沟通；④大规模沟通和部分媒介沟通。影响沟通渠道选择的因素通常有：

(1) 沟通双方需求。具体渠道的选择，应以能促进沟通双方需求实现为最佳载体来进行考虑，根据信息传递内容的复杂性、信息传递内容的保真性、信息反馈的时效性，以及信息本身的价值体现等进行。内容较为复杂的信息传递，不可能选择信息容量有限的沟通渠道；反之，内容较为简单的信息传递，也没有必要选择信息容量过大的沟通渠道。如举办某领域大型论坛，就需要大规模沟通和部分媒介沟通来实现；当需要讨论的问题很细很复杂时，也不可能仅通过电话来实现。在信息传递保真性方面，书面沟通就明显强于仅靠记忆的口头沟通。在信息反馈及时性方面，当面进行的人际沟通也强于会议邮件传递的媒介沟通。从信息本身的价值体现来看，过于廉价的渠道选择，不利于信息本真价值的有效传递。

(2) 沟通渠道特点。不同的沟通渠道有其自身的特点，适宜不同的沟通形式与沟通效果。人际沟通针对性强，反馈及时，信息量大，亲和度高；媒介沟通反馈及时，有一定信息量，亲和度较人际沟通低；团体沟通影响面广，信息量大，互动性较人际沟通低，亲和度稍差。具体的沟通渠道又有不同的渠道特点，每一沟通渠道又有具体细分，如普通邮件与特快专递，后者意味着紧急，需要及时答复，前者就没有这层意思。沟通渠道自身的特点也影响着渠道的选择。

(3) 沟通特定环境。沟通双方参与的人数多少，规模大小，沟通双方在沟通交往上的礼仪文化、风俗习惯，沟通进行的特定时间、沟通周期、距离远近等，都影响着沟通渠道的选择。沟通参与人数多，则交往就不能在人际沟通和媒介沟通的层次上进行。沟通要遵守当地的交往风俗与礼仪，同时要考虑特定时间与地点的沟通技巧。如历史上有很多在特定环境下精彩的沟通成功案例，利用文化上的友谊之门，可以打通利益上的交往互动，如乒乓外交等。

(4) 沟通成本与效益。沟通渠道的选择也要考虑成本与效益。某些渠道的选择看起来可能成本较高,但往往收效也最好。比如通过长途旅行来进行面对面的沟通,费用往往最为昂贵,但收效也往往最好。成本与效益的计算是相对的,在渠道选择时要看最终目标的实现时的效益最大化。

3. 排除干扰因素

沟通过程中可能会出现信息传递的失真或失效,导致信息传递失真与失效的因素被称为干扰因素,这些因素可能来自信息发送者的表达方式,也可能来自信息接收者的理解方式,其中既有主观因素,也有客观因素,出现在沟通过程的所有阶段。要实现有效沟通,就要注意防范导致信息传递失效的干扰因素,注意情感表达与信息表达的关联,准确实现真实的信息传递。

(1)了解对方需求及其特征,选择适宜的信息传递方式。信息发送者不能按照自己理解事物的方式来表达信息,应该考虑信息接收者理解事物的方式,并选择适宜的表达方式来传递信息,注重不同文化、经历、性别、职业等可能造成干扰的影响因素,让接收者能够准确理解信息并在行动上给予支持。

(2)结合特定环境,准确理解他人传递信息的内容。对他人表达的信息,信息接收方也应摆脱自身理解事物的惯常思维,结合特定的语境和他人的表达方式,准确理解信息本来的真实含义。信息接收方可以通过询问或重复发送者的语言,确认发送者要表达的本意,避免出现理解偏差。

(3)区别事实与判断。沟通过程中,要避免将事实本身与当事人对事实的判断混淆在一起,克服思维过程中常见的以偏概全、先入为主等思维方式,准确表达与接收信息的过程中注意积极情感的传递,避免用带感情色彩的符号代替提供信息的符号,排除沟通过程中可能产生消极意义的表达方式。

(4)具体问题具体分析。沟通过程中,即使相同的事件,涉及不同的当事人、不同的沟通时间和地点,情况都会不一样。沟通过程中应该注意契合变化了的环境因素,具体问题具体分析,采用灵活的沟通方式来进行沟通,否则也会出现阻碍沟通顺利进行的障碍。

4. 准确传递与接收信息

沟通过程中,把握沟通双方的目的与需求,结合沟通对象的具体特征,准确传递与接收信息。首先保证良好沟通的基础是慎重选择沟通媒介,不同媒介有其不同的适宜特点,针对具体的需求和沟通场景而选择。其次在沟通传递过程中,信息发送者要注意对信息内容的选择、组合与调整,以便使信息内容更易被信息接收者所理解。信息接收者需要在明确沟通目的的基础上,通过一定的方法检验对信息理解的准确性,确保沟通信息传送过程中的准确一致。

5. 积极利用反馈

沟通需要通过循环往复的过程不断进行反馈,以此对信息进行评估与修正,因此反馈本身是对实现有效沟通的必要调节和实时控制。没有反馈的沟通,常常导致信息失真或小道消息流传,产生阻碍沟通顺利进行的障碍,并形成不利于合作共事的问题。在沟通过程中,沟通双方都应该利用积极的反馈技术,及时听取对方的意见或建议,虚心以待,客观地分析和评估反馈的内容,促进沟通取得良好的成效。

6. 沟通评估总结

对沟通进行必要的评估可以检验沟通目标的完成情况,掌握哪些沟通方法在何种情景下最为有效,并通过总结提炼有效沟通的技能,推广培训经验等。对沟通的评估和总结不仅应在沟通结束后进行,还应该在沟通过程中不断地进行,这样才能保证在沟通过程中适时调节沟通的方法,实现最终的沟通目的。沟通评估的内容通常包含:沟通双方有无实现各自的目的及其实现程度;所使用的沟通渠道是否适宜;沟通双方有无恰当的发送和接收需要的信息;干扰因素是否影响了沟通的顺利进行;沟通有无足够的反馈;如何改进类似的沟通;等等。

(三)当代沟通方式的转变

当代社会,沟通已经成为我们所处时代的重大课题。随着社会的发展和经济一体化趋势,各种不同文化间的相互交流和融合越来越频繁,文化间和文化内的相互依赖越来越强,人们在商品和公共服务方面比以前更为唇齿相依;信息技术的飞速发展拉近了不同文化间人们相处和交流的机会,会展业在世界各地蓬勃发展。在此大背景下,人们对文化、团体和个人之间差异的宽容明显增强,以尊重差异为前提的沟通和行为协调正越来越显示其在社会交往中的重要性。

当代沟通方式的转变主要表现在以下三点,理解它们有利于会展活动中更好实现不同文化间的交流和合作:

(1)沟通发生的原动力已由原来立足于劝导和促变转化为理解和谈判。过去仅仅想要说服他人,扭转他人观点,进而寻求与己方一致的思路已经不可行。

(2)卓有成效的沟通已由原来主要依靠属于同一价值观体系的象征符号,转变为依赖在不同的、有时甚至是对立的价值观体系中保持中立的象征符号。

(3)转变作为沟通关系进展和瓦解的条件,已经由原来是否承认共同价值观为重点转变为是否承认相互依赖为重点。过去以共同价值观为基础作为沟通纵深发展的基本条件的惯常现象,现在已经不复存在,多种文化差异和相互依赖的关系促使沟通以承认他人所选择文化组织和人际关系为基点,进而寻求相互认同和改善关系开展合作。

二、沟通管理概述

在会展项目管理中,沟通管理是非常重要的一个领域,往往也是容易被忽略的领域。沟通管理做得不好,可能会影响整个会展项目的正常运行,沟通是项目得以顺利开展的有力保障,沟通管理则是对贯穿会展项目的沟通进行的规划和管理执行。

(一)沟通管理的定义和过程

1. 沟通管理的定义

根据目前业界最流行的项目管理知识体系之一,美国项目管理协会出版的《项目管理知识体系指南》,简称 PMBOK 指南,其中对项目沟通管理所下的定义为:沟通管理是指在项目管理过程中,为确保项目信息及时且恰当地生成、收集、发布、储存、调用并最终处置,而对其沟通所需的各个过程进行的规划和管理。这一定义明确了沟通管理的目的所在,也指明了沟通管理要做的主要工作。

在项目运行过程中,最重要的核心就是人,一切关于信息的生成、收集、发布、储存、调用与最终处置都是由人去完成的,沟通是实现人际交往与合作的基本途径,沟通管理就是要保证涉及信息的一系列传递与运转在人际交往过程中不至变形,最终达到实现其信息价值的终端。

2.沟通管理的过程

美国 PMBOK 指南为更好将沟通管理变得更具操作性,在沟通管理定义的基础上将沟通管理分为以下五个过程:

(1)识别项目干系人。项目的正常运行离不开重要干系人的支持和配合,这一过程强调在沟通管理中要识别所有受项目影响的人员或组织,并记录他们的利益、参与情况以及对项目成功的影响力,理清他们之间的相互关系及其对项目的影响,并在沟通管理中把握重点。

(2)规划沟通。这一过程强调在沟通管理中分析和确定项目干系人的信息需求,并定义具体的沟通方法。项目管理不能仅凭经验来进行沟通,应对项目进展中可能涉及的沟通内容进行规划,以避免误会或产生不必要的阻碍,保证项目正常进行。

(3)发布信息。这一过程强调在沟通管理中把信息传给需要的人,即按计划向项目干系人提供相关的信息。

(4)管理干系人期望。在项目管理过程中,对变化着的具体情况要及时向项目干系人汇报,取得项目干系人理解并支持。这一过程强调在沟通管理中重视满足干系人的需要,并与之进行沟通和协作,消除可能的误解与不解,共同解决项目管理过程中所发生的问题。

(5)报告绩效。项目管理要对项目干系人负责,这一过程强调在沟通管理的每一阶段性结尾,需要收集并发布项目管理的绩效信息,包括状态报告、进展测量结果、预测情况等,对干系人进行汇报。

(二)沟通管理的基本原理

1.沟通实现的基本形式

会展项目中的沟通形式是多种多样的。通常团体沟通的常见形式有会议沟通、电子邮件沟通、书面沟通等;个体沟通的常见形式有当面沟通、电话沟通、电子邮件沟通、书面沟通等。下面对会议沟通、电子邮件沟通、当面沟通与书面沟通作一简单介绍。

(1)会议沟通。针对重要问题的解决,会议沟通往往能收到较有成效的结果。会议沟通一般时间较长,通常成本也较高,常用于解决较重大、较复杂的问题。在会展活动中,项目团队在讨论工作思路、工作计划、实施制度、经验教训分享,或澄清事实,讨论重大解决方案时,可通过会议沟通进行。

(2)电子邮件沟通。电子邮件沟通时间较短,成本较低,是比较经济的一种沟通方式,常用于较简单问题的解决或信息发布、信息知会等。因其不受场地的限制,工作中被广泛采用。会展项目管理中一些简单问题的小范围沟通、非重要信息的传达、澄清谣言,以及某些会议沟通前重要问题的事先知会等,可运用电子邮件沟通。

(3)当面沟通。当面沟通简单有效,自然亲切,有利于促进沟通双方的了解,加深彼此之间的友谊,加速存在问题的化解。当沟通双方距离不是很远时,当面沟通应是首要考虑的。会展活动中,类似会谈、评审、面议、私人接触、自由讨论等都属于当面沟通,项目管理中运用当面沟通应坦诚、明确,同时考虑到沟通双方在文化背景、民族习俗、用语表达等方面的差异,以免引起不必要的误会。

(4)书面沟通。书面沟通是一种比较正式的沟通方式,常用于需要确认、汇报和一些比较正式的场合。会展项目管理中,诸如发布正式文件、签字确认文件、内部备忘录、项目报告等,都会采用书面沟通。在运用书面沟通时一般在描述清楚事情的前提下尽可能简洁,以免增加负担而流于形式。

2. 沟通管理的关键原则

会展项目沟通管理过程中,为保证沟通管理的有序实施和项目干系人的支持配合,保证会展项目管理的顺利进行,把握沟通管理的关键原则至关重要。实现良好的项目沟通管理有很多重要的原则,比如保证畅通的沟通渠道就是其一。畅通的沟通渠道意味着在沟通过程中排除了引起信息失真的各种干扰,防患于未然,避免了由于语言、文化、语义、知识、信息内容、道德规范、名誉、权利、组织状态等方面的理解差异产生的信息"过滤",最大限度地实现了信息在媒介中传递时信息原始状态的保持。会展项目经理在项目沟通管理过程中,应注意结合项目考察可能产生信息"过滤"的干扰环节,在沟通管理计划制订和项目实施过程中确保沟通渠道的畅通。因此,项目沟通管理的关键原则体现在两个主要方面,即尽早沟通原则和主动沟通原则。

(1)尽早沟通原则。在项目管理过程中,沟通贯穿整个项目的始终。项目经理应具有前瞻性,在工作中与项目成员建立定期沟通制度,及时发现可能存在的问题,并保持与项目干系人的融洽关系。发现问题并不可怕,可怕的是问题没被发现。发现问题后着眼于解决问题的态度,可以防范问题掩盖带来的后期损失。

(2)主动沟通原则。在项目管理过程中,主动沟通是一种对待沟通的主动态度。主动沟通的态度有利于形成项目成员之间的融洽氛围,表明项目成员之间的信任程度,对外采取主动沟通的态度也有利于建立良好的社会形象,争取有利的舆论氛围,有利于项目的整体进展。若等到形势所逼而不得不被动沟通时,那时的沟通效果和说服力将大大降低。

沟通管理的两个关键原则看似简单,实则非常重要,无数实践证明,在保证会展项目顺利进行和沟通管理取得成效的过程中不可忽视。

3. 冲突处理的基本策略

会展项目管理过程中,难免会出现人际冲突的情况。当发生冲突时,沟通管理如何应对冲突,将很大地影响项目的进展和质量。沟通应对得当,有可能化解冲突,消除矛盾;沟通应对不当,则可能激化矛盾,为工作带来不利影响。冲突处理的基本程序是首先判断引起冲突事件的本质原因,其次根据本质原因选择适宜的冲突处理策略,具体问题具体分析。一般而言,冲突处理的基本策略包含五种,分别是竞争、合作、妥协、回避和迁就。

(1)竞争策略。竞争策略具有明显的武断性,以权力为中心,为实现自己的主张,往往以牺牲别人的利益换取自己或团队利益。竞争策略适用于出现紧急情况需要立即处理时,或执行重要、合理但又不受欢迎的行动或计划时,或对团队来说很重要的事情时,项目经理可以采取竞争策略。

(2)合作策略。合作策略立足于互惠互利原则,是主动与对方一起寻找问题的解决方案,无需让步和迁就不同的观点,澄清双方差异并立足于各自目标的实现。合作策略适用于平衡双方利益,或解决问题属于不同的问题层面,或解决长期悬而未决的问题,或借助对方资源取长补短等情况。

(3)妥协策略。妥协策略是一种折中的态度,是双方都出让一部分自己的利益或观点,寻求解决问题的折中方案,寻求双方都可接受的解决方案。妥协策略适用于平衡双方的冲突心态;或寻找复杂问题的暂时性解决方案。

(4)回避策略。回避策略实际上是一种逃避策略,本身无助于问题的解决。回避策略适用于事情无关紧要,或当他人能有效地解决冲突时,或冲突带来的损失远大于冲突解决所获利益时等情况。

(5)迁就策略。迁就策略是放弃自己的观点或做法而同意对方的观点或做法,将对方利益放在自己利益之上的一种做法。迁就策略适用于己方错误,或不值得冒险去破坏双方关系时,或帮助项目成员从错误中学习进步时,或为将来重要的事情进行感情投资时等情况。

4. 人际沟通的自我反思

沟通漏斗模型有助于我们理解人际沟通中的信息"过滤"。在沟通管理过程中每一位沟通的主体能够明白沟通过程中信息"过滤"产生的环节,并能在实践中将可控环节进行有意识的控制,尽量选择有利信息传递的良好沟通方式或沟通环境,减少可能导致信息"过滤"的沟通方式和不利环境,将大大地提高沟通的质量和沟通管理的成效。

沟通漏斗模型见图12-1。

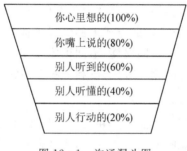

图12-1 沟通漏斗图

(1)心里所想的到嘴上所说的可能产生信息"过滤":自己想要表达的意思在具体表达时表述不准确或产生表述遗漏等。

(2)嘴上说出来的到别人听到的可能产生信息"过滤":表述当时出现过多的沟通环境干扰,导致难以准确听清原意等。

(3)别人听到的到别人听懂的可能产生信息"过滤":由于文化或语义等理解上的差异,忽略沟通信息反馈等,导致对方出现理解偏差。

(4)别人听懂的到别人行动的可能产生信息"过滤":听懂了意思但缺乏激励或监督,导致对方不愿意去做或做得不好等。

三、会展项目沟通管理

会展项目沟通管理是指在会展项目管理过程中,为确保会展项目信息及时且恰当地生成、收集、发布、储存、调用并最终处置,而对影响其沟通所需的各个过程进行的项目规划和管理。

针对参与会展项目运行的不同主体,会展项目经理人需要从"识别项目干系人、规划沟通、发布信息、管理干系人期望、报告绩效"五个方面组织好关于沟通的过程管理。在一次会展项目管理中,沟通管理最主要方面体现在涉及主要项目干系人利益和会展项目成功举行的会展客户关系沟通、会展接待人员沟通和文化差异与跨文化会展沟通。

(一)会展项目沟通管理的主要方面

会展项目沟通管理的主要方面体现在会展客户关系沟通、会展接待人员沟通和文化差异与跨文化会展的沟通。

1. 会展客户关系沟通

会展客户关系沟通是会展项目沟通管理的主要目标之一。会展项目主要的客户群体包括参展商、观众以及展会服务商。会展客户关系沟通应注意对不同客户在会展项目中的需求及其行为偏好进行分析,并在此基础上积累和共享客户信息,有针对性地为不同客户提供个性化和专业化的展会服务,以此来培养客户对会展项目的忠诚度,实现与客户间的合作共赢。

2. 会展接待人员沟通

会展接待人员沟通是会展项目所在组织专业化服务水平呈现的第一线,是公众直接审视和体察会展组织服务水平产生第一印象的地方,会展接待人员的仪容仪表及其言行举止代表着会展组织的沟通形象与水平,往往影响着会展接待服务的沟通效果。良好而专业的会展接待服务有利于会展项目沟通管理目标的实现。

3. 文化差异与跨文化会展沟通

会展活动自身的特性注定了会展项目管理中跨文化沟通的必要性,来自不同地域范围、文化传统的人们齐聚一地,文化理解及沟通方式上的差异可能带来沟通交流上的障碍。跨文化会展沟通中,应注意了解不同地域、不同民族、不同国家在文化背景、风俗习惯、价值观等方面的独特性,在沟通过程中求同存异,相互尊重,以利于相互理解,实现跨文化沟通的目的。

(二)会展项目沟通管理体系

会展项目管理是把各种知识、技能、工具和技术应用于会展项目活动之中,以满足会展项目的要求而进行的管理。管理意味着同他人一起,或者通过他人协助使活动完成得更为有效的过程。管理活动涉及人与人之间情感与信息的交流与互动,卓有成效的管理也必然是具有良好沟通实效的管理。在会展项目管理中,实现良好的沟通不能只靠项目经理人或相关团队所具有的沟通技能或沟通经验,更重要的是还要通过建立一套完整的科学有效的会展项目沟通管理体系,以明确会展项目管理过程中的沟通原则、沟通方式、沟通计划等,以确保会展项目沟通在可控的范围内有计划地实施和进展,并最终保证会展项目的最终完成。完整的会展项目沟通管理体系应包含沟通计划编制、信息分发、绩效报告、管理收尾四个阶段。

沟通编制计划是会展项目沟通管理的首要而重要的阶段。沟通计划编制是会展项目沟通管理是首要阶段,在会展项目运行的初始阶段就应该着力去做。当一名会展项目经理人被任命时,首要的事情就是编制或检查整个会展项目的沟通计划,在理解会展组织结构和做好项目干系人分析的基础之上,对会展项目信息的收集和归档结构、会展信息的发布方式、会展信息的内容、会展项目运行涉及的每类沟通产生的进度计划、约定的沟通方式等进行规划、分析或设计,以适应具体会展项目开展的需要。只有通过较为详细的沟通计划编制,建立起来的项目沟通管理体系才可能做到全面、有效。

信息分发是指会展项目沟通管理过程中,按照会展项目进展将各个阶段的信息及时发送给所需的项目干系人。信息发送过程中注重有效沟通的两大关键原则,即尽早沟通与主动沟通,及时有效地传递相关信息。

绩效报告是在会展项目执行过程中,对执行信息的即时收集和传播,包括项目进展状况报告、进度报告、预测等。

管理收尾是在会展项目达到目标或因故终止时,沟通管理需要进行的收尾工作,主要包含项目结果文档的形成,项目记录收集,对符合最终规范的保证,对项目效果的分析,以及这些信息的存档等。

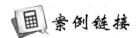 案例链接

展会中如何与客户进行沟通

李小姐是某公司的采购员,每逢建材、家居或文具类的展会李小姐都要光顾,采购一些公司计划中的材料或办公设备。在上海的家具展,李小姐要为公司选择一款会议桌椅。在浏览近半个展厅的时候,李小姐驻足到一个很有新意的展厅面前浏览这里的陈列品。

参展人员十分热情,一见到李小姐在一款桌前观看时,走到李小姐面前介绍:"您真的很有眼光。正如您现在所见到的,这套会议桌椅的设计是一流的,而且材料质地上乘,这么豪华的桌子,放在您的公司里,一定可以大大提升您公司的气质。"

李小姐轻声答到:"这个,我倒不是很重视。你能给我讲讲它具体构造吗?比如说高度、边角之类的……"

参展人员热情地回答说:"当然可以,这套桌椅设计十分独特,其边角都是采取欧洲复古风格……"

李小姐摇摇头,打断了他的话,笑笑说:"你说得这些似乎并不是我最感兴趣的。我比较关心……"参展人员立刻接过她的话说:"我知道您想说什么!这套家具采取了最典雅的象牙紫色,而且是用上乘的木料,外面还有保护层,我保证它的使用寿命绝对在20年以上。"

李小姐很无奈,再次重复道:"你说的这些,我都相信,也可以感觉得到。不过,我想你误会我的意思了,我更关心它的……"显然,李小姐本想说:"我更关心是否适合我所在的企业用,这款桌子所配的相关椅子是多少付?"

然而没等她说完,销售员便抢过她的话说:"我们公司特别为这套桌椅配置了一些茶具。这样,无论是您的员工还是您在会见客户时都可使用。此外,如果你买全套的,我们可以给你优惠价……"

李小姐打断了他的话:"对不起,我想我不需要了,谢谢你。"

为什么这位参展销售员说了那么多好处——质量、价格等,却没能吸引客户,反而还打消了客户的购买热情呢?

案例分析

我们可以看出,销售人员从见到李小姐到她离开,一直在用极富诱惑力的词汇介绍他们企业的产品。但李小姐,最终选择了离开。在销售人员与客户的沟通中,他们没有与客户达成一致,客户很快便失去了。

其实展会上,观众来到每一个展位前未必一定是来谈业务,作为展商一定要多问问来者需要什么帮助,多听听客户对展品提出的问题。很显然,李小姐遇到的那位参展人员,在没有弄清客户的真正需求前就滔滔不绝、漫无目的地讲解,结果只会适得其反。

资料来源:展会中如何与客户进行沟通[EB/OL]http://www.demage.com/news-20140219143006.html.

第二节 会展项目沟通管理策划

会展项目沟通管理最本质的目的就是做好与项目干系人的关系,确保会展项目按计划有

序开展,最终完成项目管理的目标。会展项目沟通管理策划就是在会展项目管理过程中,预先做好项目干系人对会展项目的期望与信息需求分析,通过对与项目干系人之间的信息传递内容、信息传递方式、相互合作协调等进行沟通规划与管理,以创造相互理解与合作的友好氛围,传递会展项目公平诚信专业服务良好形象,有效实现会展项目沟通管理的目标。会展项目沟通管理的主要方面体现在会展客户关系沟通、会展接待人员沟通和文化差异与跨文化会展的沟通三大方面,下面就这几个主要方面的沟通管理策划要点进行表述。

一、会展项目客户关系沟通策划要点

会展项目最主要的客户群体包括参展商、专业观众、普通观众及展会服务商。会展项目客户关系沟通应注重收集信息,了解不同客户对会展项目的期望与信息需求,分析其沟通交流的行为偏好,在此基础上有针对性地提供个性化、专业化服务,赢得客户对会展项目的满意度和忠诚度。

(一)明确会展项目客户关系层次

在会展项目沟通管理过程中,随着与会展项目客户交往的逐渐加深,客我关系会融入进很多关于情感与信任等有价值的东西,客户关系会持续发展成一种逐渐递进的关系层次。根据服务交往的亲密程度,客户关系可分为由低到高发展的四个层次,依次是一般顾客、客户或主顾、会员或同事、朋友或亲人。当会展项目客户关系发展成一种富有成效的伙伴关系时,客户对会展项目的满意度和忠诚度会大大提升,而且有利于会展项目管理的持续稳固发展。

会展项目管理中,客户忠诚以客户满意为基础,但客户满意不必然会产生客户忠诚。沟通管理过程中,在提高客户满意度的同时,更应注重对客户忠诚度的培育。真正的客户忠诚应表现为三个重要的特点,并以此作为赢得客户忠诚的评价依据。一是,客户忠诚表现为对会展项目的整体满意作为驱动,低浅层次的客户满意无助于项目赢得客户忠诚。二是,客户忠诚包含客户承诺以持续投入来维持与会展项目不断发展的关系。三是,客户忠诚表现为态度与行为的组合,具体体现在三方面组合特点:①重复沟通或必要时重复购买本会展项目;②有把本会展项目推荐给他人的意愿;③表现为对本会展项目的一种承诺,抵制转向竞争品牌。

由此可见,要赢得会展项目客户忠诚度,会展项目必须通过持续的高质量服务与沟通满足客户期望及其对会展信息的及时需求,这才是会展项目客户关系沟通的立足点和归宿点。

(二)注重会展项目客户关系沟通策略

1. 会展项目客户关系沟通的一般策略

在会展项目客户关系沟通中,一般应做好以下各方面的工作:

(1)识别客户明确的或潜在的信息需求,并培育有益双方的经济增长点。
(2)关注服务细节,提升服务质量。
(3)以积极健康的态度对待客户投诉与建议,做好服务弥补工作。
(4)以真诚合作的态度开展客户满意度调查。
(5)做好"客户流失分析",不断改进服务与沟通技能。

2. 会展项目新老客户沟通策略

新客户是会展项目新兴的市场资源与未来发展空间,老客户则是会展项目最重要的企业资产。会展企业一方面要重视对新客户的开发,另一方面更需要重视对老客户的维护。研表明,老客户为企业带来的价值远高出新客户许多倍;反之,开发一位新客户所需的成本比留住一位老客户要高五六倍。由良好沟通服务形成的口碑对新老客户的开发和维护至关重要。通常来讲,与新客户沟通的关键要点体现在:

①对潜在客户进行分类,明确沟通对象。
②明确可能实现的预期沟通目标。
③选择并设计沟通信息。不同的客户对信息有不同的需求,设计沟通信息应因人而异。
④确定沟通渠道。选择最适宜的沟通渠道进行沟通,保证沟通的有效性。
⑤注意沟通的连续性和一致性。在会展项目服务定位、形象设计、客户利益主张等方面保证沟通的连续性和一致性,便于在客户心中形成固定的品牌形象,才有利于将潜在客户培育成忠诚客户。

与老客户沟通的关键要点体现在:
①建立老客户档案,持续关注客户需求,提供系统化解决需求方案。
②实施定期回访与老客户优惠政策,强化客户关系。
③提供一对一服务,深化情感联系与提供管家式服务。
④不定期论坛与节日回馈。
⑤邀请老客户参与服务评价。

二、会展项目接待人员沟通策划要点

会展项目接待人员在沟通管理中承担了一线服务和形象传递的角色,作为公众直接审视体察的最初印象,第一印象往往对接待效果影响重大。这种产生第一印象的环节要求会展接待人员的仪容仪表和言行举止要具有专业素养,能传递会展组织的良好形象与服务水平,有助于会展项目沟通管理的顺利进行。

(一)会展项目接待人员仪表举止说明

1. 着装礼仪

着装是一种文化,是一种修养,着装呈现的信息反映着着装人员及其所代表的组织所具有的精神面貌与文化气质。良好的着装礼仪表达出对他人和对自己的一份尊重,同时传递出一种和谐的氛围、友好的价值观、高尚的文化品位与积极的生活态度。

会展活动中,着装的基本原则体现在:

(1)合身。即着装要适合自己的身材,适合自己的年龄,适合自己的身份与职业。会展接待人员在着装风格上应体现端庄大方、美观动人之感。工作制服的选择也不应该过于花哨或过于随便,要体现出职业服装的实用性、象征性和审美性。

(2)合意。社交服装的选择,除了考虑职业特点外,也可兼顾个性特点,适当表现个性风格。会展接待人员工作制服有职业上的要求,但并不限制个性特点的适当体现,工作人员可以根据自己个性特点适当装饰,以体现个性风格,但个性风格的表现需要符合特定场合下的大众审美观。

(3)合时。即着装要符合季节时令,符合不同的时间场合,同时体现时代气息。在各种不同主题的会展活动中,会展接待人员着装可以配合会展活动主题需要量身定制,体现一定的时代风格与主题要求。

(4)合礼。不同场合下着装应体现应有的礼貌。正规场合下着装应大方、整洁、高雅,不宜过于张扬与随意,体现应有的礼貌与修养。不同时间、地点与场合下,应有不同的着装,这是最基本的着装原则。

2. 交往界域

交往界域是指在交往过程中,交往者之间的空间距离所传递的信息。美国学者曾提出人际交往的四个界域,即亲密距离、个人距离、社交距离与公众距离。亲密距离指的是人际交往距离在45厘米以内的距离,传递的是爱恋、慰藉、保护的信息;个人距离指的是人际交往距离在45~120厘米的距离,传递的是亲切、友善的信息;社交距离指的是人际距离在120~210厘米的距离,传递的是庄重、严肃的信息;公众距离指的是超过120厘米的距离,不再具有特殊心理信息的传递。会展接待人员在工作中与客户交往,保持适宜的交往空间,可体现公众交往的礼貌性,同时有利于创造适宜的心理氛围,营造安全感和舒适感。

会展接待服务过程中,应根据不同的工作内容和服务对象选择适宜的交往界域,这不仅是交际的必要,也是实现礼貌接待服务的重要条件。通常来讲,会展接待服务过程中大致有以下几种人际距离:

(1)服务距离。服务距离是接待人员与公众、客人间保持的常规距离,主要适用于应客人要求直接为客人提供服务之时。服务距离一般情况下为0.5~1.5米。

(2)展示距离。展示距离是为客人提供展示服务时,为方便客人直观了解与仔细观察事物时的距离。展示距离通常以1~3米之间为宜。

(3)引导距离。引导距离是引领客人,为客人带路时的距离。会展服务中,引导服务是通常是接待人员行进于客人左前方,大约1.5米左右。

(4)待命距离。待命距离是接待人员在客人没有服务需求时,自觉与客人保持的适宜距离。待命距离通常在3米之外,只要客人视线所及即可。

(5)信任距离。信任距离是接待人员为表示信任,离开客人视线所及,但又能在客人需要时能及时响应,提供服务的距离。提供信任距离的目的是便于客人更自在地享用自我服务。

(6)禁忌距离。禁忌距离是接待人员在工作中不应与客人出现的交际距离。禁忌距离一般指小于0.5米的距离,通常出现在关系极为亲密的人之间,而不宜出现在服务工作环境。

(二)注重会展项目接待人员沟通策略

会展项目接待人员在待人接物、有序工作、应对危机、获取信用等方面都应该具有专业的沟通技能,为会展项目的顺利进展创造和谐、融洽的沟通氛围,以利于会展项目目标的实现。下面针对会展项目接待人员在对客沟通过程中应注意的沟通要点作一简述。

1. 口头沟通策略

会展项目接待人员在与客户进行口头沟通时,应注意以下几点:

(1)慎言善说,适可而止,才能赢得客户信任,与客户口头沟通时,该说的才说,不该说的不说。

(2)先问后答,以答代说,从关心对方的角度提出问题,给予客户充分的尊重。

(3)多用补充,少用否定,以增加客户信心为目的,增进双方友好交谈氛围。

(4)沟通中多作同感,引起共鸣,拉近双方情感距离;少作辩解,避免应战,不得已辩解也应低姿态。

(5)善用幽默,增加沟通效果。

2. 倾听策略

倾听在沟通中非常重要,善于倾听的人都是善于与他人合作的人。人们往往乐于倾诉,少于倾听,失去很多化解矛盾、增进沟通的良好机会。会展接待人员应学会倾听的技能,倾听可以调动客户的沟通积极性,同时也是获取信息的重要来源,能够表达尊重,也能为客户留下良好的印象。

3. 说服与交涉策略

会展接待人员在说服客户的过程中,应该考虑情理结合,先动之以情,后晓之以理,一般是说服人的基本策略。首先,说服对方的理由应是自己所信服的,在此基础上指明对方的利益点,才能真正做到说服对方。其次,给予对方适宜的鼓励。再次,了解对方的立场、希望、近期状况等,在此基础上进一步做好说服工作。

会展接待人员与客户的交涉过程中,应考虑战略性技巧和战术性技巧的结合,明确需要主张的部分和可以妥协的部分。通过与对方交朋友,把握对方思考问题的方式,抓住对方的心理等,打开交涉局面,最终达成合作。交涉的结果,就是达成合同。

4. 销售策略

要做好会展销售工作,会展接待人员应在掌握销售礼仪的基础上,学会与客户进行沟通,了解客户所需与会展产品特点,与客户做朋友,赢得客户信任,并运用销售技能展开工作。

5. 身体语言沟通策略

身体语言的象征意义在人际沟通中非常重要,身体语言包括面部表情语言、身体动作语言、目光接触语言、服饰仪态语言、其他辅助语言等。研究表明,人们在交往沟通过程中,只有35%左右的信息是通过语言传达的,而65%以上的信息则是通过表情、动作、手势、空间距离等身体语言传递的。会展接待人员应掌握不同身体语言代表的象征意义,学会洞察客户身体语言所传递出来的重要信息,并能运用身体语言得体适宜地与人沟通。

三、会展项目文化差异与跨文化沟通策划要点

跨文化会展活动中,不同地域范围、不同文化背景下的人们齐聚一地,如何克服文化差异对跨文化沟通的影响,是跨文化会展项目首先需要面对的问题。会展项目组织机构及其工作人员需要了解不同文化背景下人们的价值观念、风俗习惯、表达方式等,理解他们在看待事物以及行为方式上的差异,并在沟通过程中相互尊重,求同存异,以合作的精神和友好态度建立友谊,处理问题,才能实现跨文化会展沟通管理的目的。

(一)理解文化差异对跨文化会展沟通的影响

1. 感知差异对跨文化沟通的影响

不同的文化背景对人们感知事物的方式和结果有着明显的影响。比如爱狗人士是不能容忍吃狗肉的,而在某些地区却有着吃狗肉的传统。蛇在很多国家被认为是邪恶的象征,但在印尼却被看做善良、智慧和本领的象征。只有了解不同文化下人们感知事物的方式,才能更好地做好跨文化沟通。

2. 思维方式差异对跨文化沟通的影响

思维方式因人而异,不同文化背景下人们的思维方式差异就更大。人们在沟通交往过程

中，往往习惯性地认为对方的思维方式跟自己一样，这种先入为主的思维方式往往导致沟通中很多误解的产生。英美人考虑问题时往往偏好分析思维，中国人考虑问题往往偏好综合思维，这些不同的思维方式都需要在跨文化沟通中加以正确地理解和互译。只有先了解对方的思维方式，才能准确地理解对方表达的本意，并做到求同存异。

3. 价值观念差异对跨文化沟通的影响

价值观念差异对跨文化沟通的影响重大，当沟通双方交流的问题存在相互冲突或对立的价值观念时，沟通破裂的可能性较大；反过来，当沟通双方交流的问题兼容的价值观念较多时，沟通成功的可能性也较大。跨文化沟通中，了解沟通对象的价值观念，并选择适宜的沟通内容，对沟通双方的交流非常重要。

4. 社会规范差异对跨文化沟通的影响

不同的文化群体有其不同的社会规范，社会规范通过风俗习惯、言行禁忌、道德法律、宗教信仰等对"人们可以做什么，不可以做什么，应该做什么，不应该做什么"作出了具体的规定。跨文化沟通中如果不了解对方的社会规范，极易造成沟通双方的误会和冲突。

5. 语言差异和非语言差异对跨文化沟通的影响

不同文化、不同民族的人们在长期的生产生活实践中形成的特有的语言表达模式及其语义语境特点，同时在人体语、时间语、空间语、色彩语、艺术语、图画语、环境语等非语言信息上也有其特有的含义。如语言差异中，一词多义现象在很多国家和民族都存在；非语言差异中，以手势语为例，竖起大拇指在很多国家和地区都表示赞扬，而在澳大利亚却被视为下流的动作。可见，若在事先不了解不同文化背景下的语言及非语言差异，也极为可能造成误解与冲突。

综上，文化差异对跨文化会展沟通具有重要的影响，会展项目工作人员需要重视不同文化背景下理解事物的方式与可能造成的误解，在沟通过程中有所了解，相互尊重，建立友谊，求同存异，并策略性地解决沟通中遇到的问题。

(二)学习与不同国家的人沟通

跨文化会展沟通中，文化因素会影响到跨沟通的全过程。来自不同国家和地区的人们有可能由于文化上的差异产生沟通误解与冲突。在这种情况下，了解不同国家和地区的文化背景、价值观念、风俗习惯等就至关重要。下面对一些主要国家的交往礼仪与沟通习惯简单介绍。

1. 与日本人的交往沟通

日本人忌讳数字"4"(与"死"同音)、"9"(与"苦"同音)、"6"(强盗的标志)、"13"(因等于"4"加"9")，忌讳绿色(不吉利)和紫色(悲伤)，喜欢红色(吉祥)和黄色(阳光)以及红白相间或金银相间的颜色。喜欢樱花、乌龟、仙鹤等图案。

日本人见面礼是鞠躬，一般不喜欢见面就行握手礼。与日本人相处，切忌有伤他们面子的言语和动作。日本人重视等级，如在公开场合送礼，应人手一份，但礼品应有档次差别，收到礼品不当面打开。

日本人时间观念强，不论商务会谈还是社交聚会，都强调准时到达。日本人崇拜"西洋"，会说流利的英语常令日本人刮目相看。

日本人不公开表示不同意见。

2. 与美国人的交往沟通

美国人忌讳数字13,不喜欢星期五,忌讳黑色(象征死亡),偏爱白色(象征纯洁)、黄色(象征和谐)、蓝色(象征吉祥)等鲜艳色彩。

美国人见面与分手都行握手礼,平时穿着随便,不拘小节,但正式社交场合讲究按请柬要求着装,送礼讲究单数。业务交往注重守时,盛行女士优先原则。

与美国人交谈,忌过分谦虚和客套(视作虚伪)。

3. 与英国人的交往沟通

英国人忌讳数字13,不喜欢星期五,厌恶墨绿色(纳粹军服色)、黑色(象征死亡),不喜欢山羊图案(讨厌动物)、大象图案(象征愚蠢)、孔雀图案(视为淫鸟、祸鸟)等。

英国人崇尚绅士风度,重视女士优先原则,感情不外露。英国人重契约,严格遵守约会时间。

4. 与德国人的交往沟通

德国人忌讳数字13,不喜欢星期五,忌讳墨绿色(纳粹军服色),忌讳核桃(视为不祥)。

德国人重契约,讲究守时,讲究工作效率。

德国人爱干净整洁,注重衣着。他们不爱听恭维话。

5. 与法国人的交往沟通

法国人忌讳数字13,不喜欢星期五,厌恶墨绿色(纳粹军服色)、黑色(象征死亡),偏爱蓝色(象征宁静、忠诚)、粉色(积极向上)等鲜艳颜色。

法国人讲话直率,商务活动较拘泥于形式,礼仪上比较刻板,喜欢晚上谈生意。

本章小结

本章首先介绍了沟通的内涵与类型以及有效沟通的准则,在此基础上阐述了沟通管理的定义和基本原理;其次介绍了会展项目沟通管理的主要方面及沟通管理体系;最后就会展项目沟通管理策划进行了详细讲述。

复习思考题

1. 有效沟通的准则有哪些?
2. 沟通管理的五大过程是什么?
3. 简述会展项目沟通管理体系。
4. 如何对会展项目沟通管理进行策划?
5. 文化差异如何影响跨文化会展沟通?

单选题

1. 人们在沟通过程中所传递的全部信息,93%的信息来源于(　　)。
   A. 言语沟通　　B. 非言语沟通　　C. 身体语言沟通　　D. 副语言沟通
2. 适用于出现紧急情况需要立即处理时的冲突处理策略是(　　)。
   A. 迁就策略　　B. 合作策略　　C. 竞争策略　　D. 妥协策略
3. 接待人员应客人要求为客人提供服务时应保持的适当服务距离是(　　)。

A. 0.5~1.5米　　B. 1.5~2.0米　　C. 2.0~2.5米　　D. 2.5~3.0米

4. 当代社会,作为沟通关系进展和瓦解的条件,转变以(　　)为重点。

A. 劝导和促变　　　　　　　　　B. 说服和认同

C. 是否承认共同价值观　　　　　D. 是否承认相互依赖

5. 跨文化沟通中,不爱听恭维话的是(　　)。

A. 英国人　　　B. 法国人　　　C. 美国人　　　D. 德国人

多选题

1. 面谈、会议、讨论等属于(　　)。

A. 口头沟通　　　B. 书面沟通　　　C. 双向沟通　　　D. 单向沟通

2. 有效沟通具备(　　)几个特点。

A. 发送者传递的信息被接收者接收

B. 接收者对信息的理解与发送者不一致

C. 信息在一段时间内被记住

D. 信息在需要时被用上

3. 项目沟通管理的关键原则体现在(　　)。

A. 详细沟通原则　　B. 尽早沟通原则　　C. 主动沟通原则　　D. 定期沟通原则

4. 完整的会展项目沟通管理体系应包含(　　)几个阶段。

A. 沟通计划编制　　B. 信息分发　　C. 绩效报告　　D. 管理收尾

5. 会展项目赢得客户忠诚的评价依据是(　　)。

A. 表现为对会展项目的整体满意作为驱动

B. 客户承诺以持续投入来维持与会展项目不断发展的关系

C. 客户忠诚表现为态度与行为的组合

D. 客户没有把会展项目推荐给他人的意愿

第十三章 会展项目危机管理

学习要点

1. 认识会展项目危机管理和会展项目危机的概念。
2. 掌握会展项目危机管理的主要理论,能够在会展项目危机的识别、应对管理、处理恢复和舆情管理中熟练运用。
3. 在对会展项目策划与管理全面认识的基础上,运用危机管理相关理论,识别引发会展项目危机的风险因素,了解会展项目危机的表现形态。
4. 从监测预警、处理恢复和保障体系三个方面,掌握会展项目危机管理的过程。
5. 认识会展项目危机舆情的特征、类型表现,掌握会展项目危机舆情管理的策略。

案例导读

上海外滩跨年集会拥挤踩踏事件:致命的跨年灯光秀

2014年12月31日23时35分,上海市黄浦区外滩陈毅广场东南角通往黄浦江观景平台的人行通道阶梯处发生拥挤踩踏,造成36人死亡,49人受伤。事故发生前外滩地区人流量超过100万人、超出该地区人流容量上限30万人达2倍多,目击者表示当时人口密度平均达到每平方米6~7人,秩序并不理想。外滩观景平台人流的对冲被认为是事件的主要原因。23时30分许,灯光秀即将开始,此时后排有游客想到前排获得更好的观景角度,而同时又有人群想要离开观景平台,造成场地拥挤和人流对冲。23时34分,有游客开始摔倒,情势开始失控。嘈杂的现场淹没了呼救声。事后据亲身经历者讲述,事发现场的人流量非常大,人们拥挤在一起,难以脱身,随后便发现有女生晕倒并出现多人推搡,甚至互相踩踏。23时40分许,站在台阶墙上的人们一起呼喊"往后退"。平台上的人们意识到发生事故后,下流趋势逐渐停止。事件发生后,有目击者称在与事故现场相隔一条马路的麦加利银行大楼三楼窗口,有人在往窗外撒形似美元纸币的代金券,且这些纸张随风飘到观景台现场,从而引发大规模人群骚动。上海市公安局于2015年1月1日晚上22:18于官方微博公布调查结果:当晚23:47外滩18号附近确有数十张疑似纸张飘落,不过仅引发少数群众捡拾,所以未发现人群挤压。从时间上此事发生在拥挤踩踏事件之后。后经警方调查,认定这与事件无关。

案例分析

根据上海市政府公布的外滩拥挤踩踏事件调查报告,该事件是一起对群众性活动预防准备不足、现场管理不力、应对处置不当而引发的拥挤踩踏并造成重大伤亡和严重后果的公共安全责任事件。五大原因导致事件发生：一是对新年倒计时活动变更风险未作评估。大量市民游客认为外滩风景区仍会举办新年倒计时活动，南京路商业街和黄浦江对岸的上海中心、东方明珠等举办的相关活动吸引了部分市民游客专门至此观看。对此，黄浦区政府在新年倒计时活动变更时，未对可能的人员聚集安全风险予以高度重视，没有进行评估，缺乏应有认知，导致判断失误。二是新年倒计时活动变更信息宣传严重不到位。新年倒计时活动变更后，主办单位应当提前向社会充分告知活动信息。但是，直至12月30日，黄浦区旅游局才对外正式发布了新年倒计时活动信息，对"外滩"与"外滩源"的区别没有特别提醒和广泛宣传，信息公告不及时、不到位、不充分。三是预防准备严重缺失。黄浦公安分局未按照黄浦区政府常务会议要求，在编制的新年倒计时活动安全保卫工作方案中，仅对外滩源新年倒计时活动进行了安全评估，未对外滩风景区安全风险进行专门评估。黄浦公安分局仅会同黄浦区市政委等有关部门在外滩风景区及南京路沿线布置了350名民警、108名城市管理和辅助人员、100名武警，安保人员配置严重不足。四是对人员流量变化未及时研判、预警，未发布提示。12月31日20时至事件发生时，外滩风景区人员流量呈上升趋势。黄浦公安分局指挥中心未严格落实上海市公安局指挥中心每半小时上报人员流量监测情况的工作要求，也未及时向黄浦区委区政府总值班室报告。黄浦公安分局对各时段人员流量快速递增的变动情况未及时采取有效措施，未报请黄浦区政府发布预警，控制事态发展。对上海市公安局多次提醒的形势研判要求，未作响应。五是应对处置不当。针对事发当晚持续增加的人员流量，在现场现有警力配备明显不足的情况下，黄浦公安分局只对警力部署作了部分调整，没有采取其他有效措施，一直未向黄浦区政府和上海市公安局报告，未向上海市公安局提出增援需求，也未落实上海市公安局相关指令，处置措施不当。上海市公安局对黄浦公安分局处置措施不当指导监督不到位。黄浦区政府未及时向市政府报送事件信息。

为杜绝此类事件再次发生，需要落实五项措施：一是切实落实安全责任制，大力增强红线、底线意识；二是切实加强对大人流场所和活动安全管理，进一步落实完善制度规定；三是切实加强监测预警，进一步提升突发事件防范能力；四是切实加强应急联动，进一步强化应急处置能力；五是切实加强宣教培训，进一步提升全社会公共安全意识能力。

资料来源："12.31"外滩陈毅广场拥挤踩踏事件调查报告[EB102].2015-01-21.http://sh.people.com.cn/n/2015/0121/c/34768-2365883.html.

第一节 会展项目危机管理概述

一、会展项目危机管理的相关概述

会展业是现代服务业的重要组成部分，已成为宣传推介各行业和各城市的窗口平台以及行业间、地区间和国家间交流与合作的桥梁纽带，是反映一个国家或地区文化、经济、社会发展状况的晴雨表和风向标。我国已成为全球会展业的重要一极。然而由于大型国际会议、博览会、体育赛事、商业展览、企业年会和奖励旅游等会展项目举办，涉及主办地与外界在人流、物流、资金流、信息流等方面的频繁往来，在短时间内出现巨大人流、密集人群且受到外界广泛关注，面临包括活动本身、人、场所设施、环境媒介和组织管理在内的诸多安全风险隐患。近年来有关我国会展活动安全突发事件的报道不绝于耳,如 2004 年北京密云迎春灯展 37 死、37 伤的特大踩踏伤亡事件,2011 年北京故宫博物院与香港私人博物馆"两依藏"合办的现代工艺品展 9 件展品失窃,2015 年上海市外滩跨年集会灯光秀发生 36 死、49 伤的恶性拥挤踩踏事件等。这些安全事件往往造成人员伤亡、财产损失和重大负面影响,我国会展活动安全形势不容乐观。因此,会展项目危机管理是迫切需要关注的问题。

(一)会展项目安全

安全是一种平安、不受威胁、免于风险或不出事故的状态。会展项目安全是包括会议、展览、节事活动和奖励旅游在内的会展项目免于受到内外部风险的威胁、减少或防止突发事件发生,当突发事件不可避免地发生时,将危害和负面影响降到最低,以实现会展项目平稳运行,保证会展经济持续、健康发展。会展项目安全是会展项目危机管理的目标和追求的理想状态。

(二)会展项目危机

赫尔曼(Herman C.,1969)首次将危机定义为一种威胁到决策主体最高目标、在情境改观之前的可反应时间有限、发生出乎主体意料的情境状态。罗森塔尔(Rosentha U.)等(1989)将危机界定为一种对社会系统的基本结构和核心价值规范造成严重威胁,在这种状态下,由于高度的不确定性和时间压力,需要作出关键性决策的事件。巴顿(Barton L.,1993)认为危机是一种会引起潜在负面影响的具有不确定性的大事件,这种事件及其后果可能对组织及其员工、产品、服务、资产和声誉造成巨大的损害。希斯(Heath R.,1997)将危机描述为一种对人和资源构成威胁,对人、资源和组织产生可见或不可见影响,信息缺失、充满不确定性,几乎没有时间去行动或反应的情境。胡百精(2009)定义危机是由组织外部环境变化或内部管理不善造成的,可能破坏正常秩序、规范和目标,要求组织在短时间内作出决策,调动各种资源,加强沟通管理的一种威胁性情势或状态。文学国等(2011)从引发危机的原因、危机的特征和危机管理主体三个方面对危机进行定义:危机是因自然灾害、事故灾难、公共卫生事件、社会安全事件、经济活动、企业管理活动、个人的行为与习惯等原因产生的,发生在社会各个领域、发生时间具有不确定性、偶然中具有必然性、对社会具有破坏性的事件,危机管理的主体包括政府、社会、企业和个人。唐钧(2012)根据危害性程度不同,将危机分为:造成人员伤亡财产损失的危机、造成社会恐慌负面影响的危机和造成形象公信力受损的危机。其中,第一类危机是重大自然灾害和事故灾难的原生性影响,一般不可避免。第二类危机属于重大危机的次生性影响,给社会大众带来心理恐慌,以及对政府和企业应对不当进行批评。第三类危机最为普遍,前两类危机处理不当都可能形成第三类危机,造成人心和信誉不断流失,影响更为深远,一般不受重视,修复难度也最大。王宏伟(2010)分析了"危机"与"突发事件"的关系:系统内潜藏的危机因素积聚到一定程度可能引爆突发事件,突发事件成为危机开始的标志;另一种情况是突发事件引发一场危机,突发事件是危机开始的诱因,一场危机可能出现多个突发事件,突发事件对危机推波助澜。目前国内也将"危机"称为"突发性危机""突发事件""紧急事件"等。

综上,会展项目危机是涉及会展项目本身及会展项目举办地、主办者、参与者、观众和媒体等利益相关者的,紧急、突发的事故、犯罪行为、恐怖袭击、灾害与灾难等突发事件;主要由于会展项目内部管理不善或外界环境变化引起;对会展项目的生命财产、设施设备、活动秩序、公共安全和形象口碑等构成威胁或破坏;需要政府和相关管理部门在短时间内调动资源,加强内外沟通交流,采取应急管理。

(三)会展项目危机管理

会展项目危机管理是会展项目管理的重要组成部分,是会展项目的主办者和管理者等相关主体,为保障会展项目平安无危险、不受威胁和不出事故地顺利举行,避免或降低因安全突发事件造成人员伤亡、财产损失、会展项目的不成功,而有意识、有计划地对会展举办过程中各种风险和危机,进行预防、警示、控制和处置的方法与步骤的总称。会展项目危机管理包括会展项目相关危机的预防与应急准备、监测与预警、应急处置与救援、事后恢复与重建等应对活动。会展活动中人、财、物和会展项目本身的安全是会展项目危机管理的终极目标。

二、会展项目危机管理的理论基础

(一)需求层次理论

马斯洛的需求层次理论从人的本质和心理需求角度,提供了对会展项目中的安全需求及其属性的心理学解释,是研究会展安全与危机管理的主要理论基础之一。马斯洛提出的人类五个层次需求中的第二层次即是安全需要,会展项目举办中以及会展项目参与中的安全需要必须得到优先满足,会展项目才可能继续进行。会展项目安全中的安全需求,促使会展项目必须在犯罪率低、社会政治稳定的国家或地区举行,会展项目主办方必须设计保障人、财、物和项目本身的安全的机制,营造宽容、开明、友好的社会环境,提供便利、安全、卫生的接待设施,提供安全、警务、医疗、消防、信息、环保、救灾等公共服务。

(二)系统科学理论

系统论认为系统是由许多相互作用、相互依赖的要素所构成、具有特定功能的有机体。会展项目也是由项目本身、举办地、政府、社区、主办者、参与者、设施设备、从业者、观众、媒体等构成的"人—机—活动—环境—信息—管理"多维系统。会展项目系统中的任何要素出现紊乱和不协调,都可能导致会展项目的不安全和危机的发生。运用系统科学理论研究会展危机管理,有利于从统筹、全局的角度,做好会展危机预防、控制,在危机发生时全面地看待和处理危机,建立科学有效的会展安全保障体系。

(三)安全科学理论

安全科学理论包括安全经济、安全管理、安全行为、安全评价等内容,是会展项目危机管理的重要依据。安全经济学可以解释会展项目危机管理与其他会展项目活动、会展项目效益与效率之间的关系,理解会展危机损失的规律与评价、会展危机管理的投入与产出规律、会展事故保险的运行机制等。安全管理学可以有效指导会展项目组织和承办者发现、分析、消除会展项目运行中的安全风险,有效防止危机的发生。安全行为科学为研究会展项目进行过程中的个体安全行为、群体安全行为和领导安全行为提供了有效方法。安全评价理论方法可以对会展项目中的危险因素、有害因素进行辨识和排查,帮助管理者判断会展项目危机发生的可能性和危害程度,为会展项目危机管理提供依据。

(四)危机管理理论

危机管理理论是有关危机的形成原因、传播沟通和管理控制等方面的理论体系。①危机成因理论。危机成因理论是对社会危机形成和发生原因的多角度诠释,包括从人性、本能和行为动机方面,从社会结构和社会发展层面,从个人和公众心理方面,从社会冲突的角度,从社会转型、现代化和政治民主化角度,从灾害事故方面,从全球化角度,解释危机形成原因。②危机传播理论。危机传播是异化情境下特殊的信息传播形态。危机传播是当事主体与内外部利益相关者的宣传、劝服和对话,以及对信息流通过程的控制,目的在于修复形象、重建共识。危机传播理论探讨危机发展过程中组织、媒体、成员之间信息沟通及传播效果,包括危机传播的本质和特征、危机传播的基本要素、危机传播的信息流动链条、危机传播模式、危机传播流、危机中的谣言传播及其管控等内容。③危机管理理论。危机管理是政府、企业或个人等应对主体,探究各种危机情境,为消除或降低危机所带来的威胁和损失所采取的规划和决策策略。危机管理理论包括危机管理的三个基本假设、情境危机理论、危机阶段理论、焦点理论、危机公关理论、政府职能理论、新公共管理理论等,涉及危机的发生情景和原因、危机发展阶段的划分、危机管理中的政府作为等。危机管理理论是会展项目危机管理最基本的理论依据,对会展项目的危机识别、风险评价、危机监测、危机预警、危机响应、危机公关、舆情管理、危机恢复和形象修复提供指导。

(五)传播学理论

传播学是研究社会信息系统及其运行规律的科学,信息的形成与发展、意义的生成与解读、信息文本的结构与组织、传播中的社会互动关系和传播的社会动力学等,是本学科的核心内容。网络传播是现阶段传播学研究的重要对象,作为网络传播主要内容的网络舆情传播也是传播学关注的重点之一。传播学有关人际传播的模式与特征,大众传播的特性和功能分析,组织传播的效率,作为传播受众网民的心理特征、信息传播目的与动机等研究内容,传播过程模式、媒介理论、新闻选择的把关人理论、意见领袖理论、议程设置理论、沉默的螺旋理论、媒体社会责任理论等,对于会展项目危机网络舆情的形成与演化,舆情传播的特征、模式、内容、结构,舆情调查和信息搜集,政务微博的传播能力提升、谣言应对和舆情引导等问题,都提供了重要参考。

(六)情报学理论

情报学是研究信息、知识和情报的产生、传递、利用规律,运用现代科技有效管理和利用信息、知识和情报的科学。情报学的任务是对情报的搜集、分析和研判,以支持组织决策、预警和反情报,其前沿领域包括竞争情报、信息构建、知识管理、知识抽取、知识发现、智能检索、智能协同、技术跟踪和预测等。会展项目危机网络舆情是网络情报信息的集合,作为完全公开、体现公众情感态度和意愿倾向的信息,包含与政府和会展企业的危机预警、形象口碑、战略发展相关的内容。监测、搜集、分析和研究会展项目危机网络舆情是情报学的重要任务。情报学对会展项目危机网络舆情研究的贡献,在舆情管理内容上包括舆情信息的搜集汇总、分析研判,情报产品的传递利用,效果评价;在舆情管理对象上包括会展项目危机网络舆情的应对与管控,竞争环境监测,竞争对手的识别,竞争对手营销策略、人力资源、用户评价等信息的获取,组织自身产品服务和形象的网络口碑,客户群体的发现与服务等。

第二节 会展项目危机的引发与表现

一、会展项目危机的引发风险

风险是一种可能引发大规模损失的不确定性,其本质是一种未发生的可能性;危机则是指某种损失所引发的政治、社会后果,其本质是一种已发生的事实。风险在前、危机居后,二者存在着因果关系,造成危机后果的根本原因是风险。基于以上的基本认识,从可能引发会展项目危机的风险因素和危机的表现形态两个方面,对会展项目危机进行全面的介绍。

随着我国会展产业的深入发展,会展项目在形式和内容上不断推陈出新,越来越多的会展项目如奥运会、世博会、亚运会和一些大型国际商业博览会,将会议、展览、节事和高端商务旅游活动等集于一体,具有短时间人群密集、决策非程序化、活动内容复杂、涉及范围广、社会影响大等特点,也给会展活动危机管理提出更高要求。根据会展活动事故成因分析模型,从活动、人、机、环境和管理五个方面三级指标,来分析引发会展项目危机的风险因素。引发会展项目危机的主要风险因素,见表13-1。

分析发现,人员、场所设施、环境媒介、组织管理等方面因素的状况,是决定风险大小的主要因素,要有效消减风险、预防和控制会展项目危机的发生,必须提高组织管理人员的素质、加强对观众和参与者的宣传教育与管理、规范表演者行为、提高人员的安全意识和自救能力,合理设计会展参观布置场地、控制有效的安全距离、保持疏散出口和通道的畅通、加强对临时建筑物和设备的管理,做好自然灾害、经济萧条、恐怖袭击、犯罪活动的应对,加强相关情报的搜集和分析,协调与社区居民的关系、减少会展项目活动对正常社会秩序的影响,提高会展项目的现场管理、危机预警和运营管理能力。

表13-1 引发会展项目危机的主要风险因素

一级指标	二级指标	三级指标及说明
活动本身	活动类型	文化庆典、娱乐活动、商贸展览活动、体育赛事、政治活动风险较大,企业商业事件和教育科学活动的风险相对较小
	活动规模	会展活动的规模越大,风险随之增加
	持续时间	会展活动的持续时间越长,风险相应增加
人员因素	观众群体	人群特征(年龄、职业、社会阶层、兴趣、爱好、性格和气质、健康和疲劳状况、心理素质、群体习惯、文化理念等),人群特征越复杂,风险越大
		人群密度(包括整体密度和局部密度,有专门衡量指标),人群密度越高,风险越大
		人群情绪状态(包括自我控制型、活跃型和情绪爆发型等状态类型),个性和情绪活跃、易爆发的人群风险越大
		疏散时间(一般以480~900秒为限,超过该时间,人群会因此产生恐慌情绪),观众群体越容易疏散、风险越小
	个体参与者	人身安全威胁、重大疾病、财产安全威胁、盗窃、火警、食品中毒、车船事故、误点误机、宗教信仰和民族习惯受侵犯、名誉受损、个人信息及商业情报泄露;参与者的复杂程度和个人遭遇决定风险的大小
	工作人员	安全能力(包括任职资格、安全意识、心理素质、情绪、决策判断、应急能力),工作人员的安全知识和技能水平越高风险越小
	演员、运动员等	通过行为和语言调动现场气氛,使观众反应过激;危机发生时可影响观众疏散;这些主体的情绪和表现直接影响风险的大小

续表 13-1

一级指标	二级指标	三级指标及说明
场所设施	场馆场地	空间布局(场馆场地选址、开放空间或封闭空间),场所空间布局越不合理越容易产生风险
		展台间、观众席间的安全距离,安全距离越小,风险越大
		疏散出口(设置的门槛、台阶、门帘、屏风等影响疏散),疏散出口越少、设计越不合理,风险越大
		疏散通道(数量、形状、长度、宽度、防火与防烟性能,疏散标志系统),疏散通道越少、设计越不合理,风险越大
	固有设备设施/建构筑物	场馆建构筑物,水电气热、消防、通信、监控等公用工程,建筑物结构越不合理、公用工程布局越不合理、数量越少,风险越大
		安防保障设备设施(防排烟、应急照明、应急广播、救护器材、灭火器材),安全防护保障设施的数量、质量、布局决定风险大小
	临建设备设施/建构筑物/物品	临建设施(临时展台材料易燃、临时观众席侵占通道、临时舞台威胁人员安全),临时建设的设施越多,风险越大
		连接大功率线路,移动转播器材,霓虹灯、灯箱、电子显示牌/屏、横幅、飘放气球广告设施等临时设备越多,风险隐患越多
环境媒介	自然环境	会展项目所在地自然环境中的灾害性天气、地质灾害等因素越多,风险越大
	社会环境	会展项目所在地社会环境中的政治局势、国家政策,经济状况、市场环境,恐怖袭击,传染病疫情,当地就业情况、犯罪情况等因素状况越糟,风险越大
	周边环境	会展项目周边的交通环境(交通流量、道路通行能力、交通枢纽、停车场),紧急疏散与避难场所,周边人群密集场所,周边工业危险源,周边基础设施与服务设施的情况,决定了风险的大小
组织管理	现场安全管理	入场条件限制,活动路线合理性,核心活动范围内人群密度,活动现场治安状况,人流引导、监控和疏散,安保人员和志愿者的岗位设置,活动节目的衔接和引导,活动组织方和参与者的纠纷处理,信息发布中心和工作人员信息沟通渠道;现场安全管理水平越高,风险越小
	危机预警	人员专业素质、应急预案、应急演练、对突发事件的应急响应、媒体应对,预警能力越强,越能识别风险、化解危机
	运营管理	展出物品、品牌信誉、知识产权、财务管理、竞争对手应对、VIP 及客户管理,运营管理能力越强,越能减少风险

二、会展项目危机的表现形态

会展项目危机通常由一个或多个风险因素诱发,被称为单源性会展项目危机或多源并发性会展项目危机。现代会展活动规模大型化、内容复杂化、影响国际化的发展趋势,决定了越来越多的会展项目危机事件属多源并发性危机事件。在分析会展项目风险因素的基础上,结合会展活动特点,参考国家标准和突发事件应急预案,对会展项目可能发生的主要危机进行总结。由分析可知,会展项目危机主要集中在自然灾害、事故灾难、公共卫生事件、社会安全事件、经营危机等为代表的传统性会展项目危机,以及由于传统性危机处理不当,在新媒体环境下衍生而成的舆情危机为代表的非传统会展项目危机。此类危机虽然不会给会展项目带来人员伤亡、财产损失等直接损害，但会对会展项目本身及其主办者的形象、口碑和声誉造成影响。此类负面效应不会在短期内完全显现，但会持续较长时间，影响会展项目未来的招商、招展、举办，对会展项目的可持续发展带来不利影响。因此，在本书中将对网络新媒体时代会展项目危机管理中的舆情管理这一全新领域进行介绍。会展项目危机的主要类型与表现，见表13-2。

表 13-2　会展项目危机的主要类型与表现

类型	项目	内容
自然灾害	高温天气	地市级以上气象主管部门所属气象台站向公众发布的日最高气温35℃以上的天气
	热带气旋	生成于热带或副热带洋面上，具有有组织的对流和确定的气旋性环流的非锋面性涡旋的统称，包括热带低压、热带风暴、强热带风暴、台风、强台风和超强台风
	暴雨	24小时降水量为50毫米或以上的雨，常伴有雷电、冰雹和龙卷风
	沙尘暴	强风扬起地面的尘沙使空气浑浊，水平能见度小于1千米的风沙现象
	冰雪灾害	由吹雪、强降雪、雪崩、冰川跃动、冰川泥石流、冰湖溃决洪水、江河冰凌、海冰等造成破坏的自然灾害
	破坏性地震	震级大于5级，造成一定的人员伤亡和建筑物破坏或造成重大的人员伤亡和建筑物破坏的地震灾害
	动物疫情	高致病性禽流感、口蹄疫等动物疫病发生、流行的情况
事故灾难	设备故障	会展设备失去或降低其规定功能的事件，使设备不能正常运行、技术性能降低，设备中断服务或效率降低影响服务，后果通常包括水电气通信中断、电梯故障等，从而造成生命和财产方面的损失
	建筑物及特装倒塌	由于工作人员操作不当、材料质量问题等造成的会展场所固有或临时设备设施/建构筑物倒塌，通常引起活动中断或人员伤亡
	交通事故	车辆在道路上因过错或意外造成人身伤亡或财产损失的事件
	踩踏	由于活动策划的不周全、不细致，导致超出场地负荷的人数进入，或局部人群密度过高，引起人群失控，导致踩踏伤亡
	火灾	失去控制并对财物和人身造成损害的燃烧现象，危险源包括易燃易爆物品爆炸，机电设备故障，车辆、船舶、飞机等交通工具发生燃烧等
公共卫生事件	食品安全事件	因农药、废水、污水、食品添加剂、病虫害和家畜疫病引起的食品污染，食品中的致病因素，细菌性、真菌性、动物性、植物性、化学性食物中毒，食品投毒等刑事和恐怖主义等风险引起的食品突发事件
	重大传染病疫情	某种传染病在短时间内发生，波及范围广泛，出现大量的患病或死亡

续表 13-2

类型	项目	内容
社会安全事件	盗窃	由于会展活动监管不严,造成包括设备、展品、个人财物等的失窃
	泄密	主要包括国家机密、企业机密、个人隐私等被不应知悉者知悉或超出限定的接触范围
	群体性事件	由某些社会矛盾引发,特定群体或不特定多数人聚合临时形成的偶合群体,以人民内部矛盾的形式,通过没有合法依据的规模性聚集,对社会造成负面影响的群体活动,发生多数人语言行为或肢体行为上的冲突等群体行为的方式,或表达诉求和主张,或直接争取和维护自身利益,或发泄不满、制造影响,对社会秩序和社会稳定造成重大负面影响的各种事件
	涉外突发事件	自然灾害、事故灾难、公共卫生、社会安全等突发事件,严重威胁外国驻华外交机构人员及其他外国机构和人员生命财产安全及合法权益或造成重大人员伤亡、财产损失的各种事件
	恐怖袭击事件	恐怖分子制造的一切危害社会稳定、危及平民的生命与财产安全的一切形式的活动,表现为针对平民的爆炸、袭击和绑架劫持人质等形式
	政治风波	罢工罢课、游行示威、政权非正常更迭、反腐败带来的需求减少、族群冲突、战争冲突等
其他危机	经营危机	会展项目举办方因经营不当带来的危机,如项目定位不当、策划失误、招商不力、推广效果不佳、人力资源缺乏、竞争者进入、资金缺乏、合作关系破裂
	舆情危机	经网络媒体引发或推动,在短时间内吸引大量的新闻报道和网民关注,对现实产生影响的危机事件,往往会导致参展商、参与者和社会大众产生对会展项目的负面印象,造成形象声誉等方面的损失

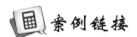

密云县迎春灯会特大伤亡事故

一、事件发生

2004年2月5日19时,在北京市密云县密虹公园举办的密云县第二届迎春灯展中,因一游人在公园交通要道跨河拱形桥彩虹桥(亦称云虹桥)上跌倒,引起身后游人拥挤,造成37人死亡、37人受伤的特别重大恶性伤亡事故。出事桥梁位于密云县城区西南侧,呈东北到西南走向,横跨白河。桥距水面30至40米,桥面跨度80至100米,桥面最窄处3至4米。桥西北面有一仿古排楼,附近有很多在庙会上摆摊的商户,桥东侧是奥林匹克公园,西侧为密虹公园。

二、事故原因

事发后,国务院及时派出由国家安监局、公安部、监察部、文化部、全国总工会、北京市政府有关领导和人员组成的联合调查组,经调查后得出的结论是"2·5"特大伤亡事故是一起责任事故。密云县公安局在文化活动工作会上传达了此次活动的保卫方案,但没有通过书面形式制订活动的安保方案及应急预案,密云县公安局所属派出所的两位主要负责人当晚也没有到场。因此,没有书面形式的安保方案和应急预案,也没有规定灯展期间民警执勤上岗的时间,说明该次活动的安全与应急管理形同虚设。不容忽视的是彩虹桥本身的问题。该桥因年久失修,多处有安全隐患,如能及时维修,就不会有当日惨案的发生。发生事故时,现场乱作一团,人们相互踩踏,而现场又无人指挥、无人疏导,终于酿成大祸。此次灯展的主办单位、承办单位保卫方案不落实,有关部门职责落实不到位,是发生这起事故的重要原因。这起特大事故的发生给人民生命造成重大损失,影响十分恶劣,教训极为深刻。

三、预防警示

在空间有限、人群相对集中的场所,如体育场馆、影院、酒吧、狭窄的街道、楼梯等,遇突发情况,容易发生踩踏事件,对此国内外有过不少惨痛教训,因此广大民众很有必要学会避免踩踏事故的相关知识,来保护自己和他人。

1. 导致踩踏原因

(1)人群较为集中时,前面有人摔倒,后面人未留意,没有止步。

(2)人群受到惊吓,产生恐慌,如听到爆炸声、枪声,出现惊慌失措的失控局面,在无组织无目的的逃生中,相互拥挤踩踏。

(3)人群因过于激动(兴奋、愤怒等)而出现骚乱,易发生踩踏。

(4)因好奇心驱使,专门找人多拥挤处去探索究竟,造成不必要的人员集中而踩踏。

2. 预防踩踏发生

(1)要时刻保持冷静,提高警惕,尽量不要受周围环境影响。

(2)要事前熟悉所管辖范围内所有的安全出口,同时要保障安全出口处的畅通无阻。

(3)当身不由己混入混乱人群中时,一定要双脚站稳,抓住身边一件牢固物体。

(4)志愿者有权利和义务组织安排在场人员有序疏散。

(5)志愿者在指挥过程中,应尽量及时联系外援求助。

3. 安全脱险措施

(1)在行进中,发现慌乱人群向自己方向涌来,应快速躲到一旁,或蹲在附近的墙角下,等人群过去后再离开。

(2)在拥挤混乱的情况下,双脚站稳,抓住身边一件牢固物体(栏杆或柱子),但要远离店铺和柜台的玻璃窗。

(3)在人群拥挤中前进时,要用一只手紧握另一手腕,手肘撑开,平放于胸前,微微向前弯腰,形成一定空间,以保持呼吸道通畅。

(4)一旦被人挤倒在地,设法使身体蜷缩成球状,双手紧扣置于颈后,保护好头、颈、胸、腹部。

资料来源:北京市旅游发展委员会.北京市旅游安全与应急管理手册[R].2011.

第三节 会展项目危机应对与管理

一、会展项目危机的监测预警

会展项目危机是涉及会展项目本身及会展项目举办地、主办者、参与者、观众和媒体等利益相关者的,紧急、突发的事故、犯罪行为、恐怖袭击、灾害与灾难等突发事件。会展项目危机的应对与管理是会展项目的相关管理主体为避免或减轻危机所带来的损害,从而有组织、有计划地执行和实施一系列的应对策略和管理措施,包括会展项目危机的预警、控制、处置、善后等不断学习和适应的动态过程。本节主要从会展项目危机应对管理的监测预警、处理恢复和应对管理保障三个方面进行论述。

会展项目危机的监测预警是会展项目危机管理的首要环节,通过建立会展项目危机监测预警系统,为管理者提供识别会展项目危机、评估危机事件的危害程度大小、采取有效应对措施的机会,有利于会展项目主办者将可能发生的危机事件消灭在萌芽状态,有利于及时发现危机、迅速采取措施,降低会展项目管理成本,确保项目顺利举行。

(一)危机预警信息搜集

搜集国内外与会展项目相关的信息,包括宏观经济形势、产业发展政策、政治军事局势、社会治安情况、市场竞争情况、自然环境、天气状况、会展项目自身的安全风险状况等。会展项目危机信息渠道包括政府经贸、外事、旅游、安监、消防等主管部门,会展产业链上的旅游、会议、奖励、设计、搭建、仓储、交通、货运等相关企业,相关行业协会等部门,会展项目危机信息的搜集媒介包括新闻网站、跟帖、论坛社区、博客日志、微博、社交网站等。会展项目危机信息的主要媒介见表13-3。

表13-3 会展项目危机信息的主要媒介

媒介类型	信息类型	媒介功能	典型代表
新闻网站	文字、图片、音频、视频	危机报道、热点指示	新浪、网易、Yahoo
新闻跟帖	文字	危机爆料、网民评论	网易新闻、新浪新闻
论坛社区	文字、图片、音频、视频	危机爆料、网民评论	天涯社区、百度贴吧
博客日志	文字、图片、音频、视频	危机爆料、网民评论	新浪博客、腾讯空间
微博	文字、图片、音频、视频	危机爆料、危机报道、网民评论	新浪微博、Twitter
社交网站	文字、图片、音频、视频	危机爆料、网民评论	人人网、Facebook
视频网站	音频、视频	危机爆料、网民评论	优酷、YouTube
旅游电商	文字、图片	危机爆料、网民评论	驴评网、到到网
网络百科	文字、图片	热点指示、危机报道	百度百科、维基百科
网站指数	文字	热点指示、危机报道、网民评论	新浪、百度、优酷
移动社交	文字、图片、音频	网民评论、危机报道、危机爆料	腾讯微信、陌陌
图片分享	文字图片	网民评论、危机爆料	Flickr、Instagram

(二)危机预警信息分析

对获得的原始风险与危机信息进行分析,并根据风险信息代表的危机事件的严重程度,对其进行安全级别的划定和警示,为会展项目危机管理提供参考。危机信息分析的主体包括政府、项目主办方、高校科研机构以及专业咨询公司等。根据会展项目类型和危机类型的不同,会展项目危机预警又可分为项目形象预警、项目进展预警、内部财务预警、场所客流预警、自然灾害预警、社会治安预警、公共卫生预警、经济形势预警、政治形势预警等。会展项目危机的监测预警指标见表13-4,会展项目危机的预警等级见表13-5。

表 13-4 会展项目危机的监测预警指标体系

准则层	因素层	指标层	准则层	因素层	指标层
危机本身	危机内容	危机主题性质	涉及主体	媒体情况	传播媒体级别
		危机危害程度			传播媒体种类
		危机敏感程度			传播媒体数量
		危机复杂程度		媒体关注	传统媒体关注
	危机爆发	爆料者影响力			网络媒体关注
		当事人影响力		网民情况	地域空间分布
		危机波及范围			意见领袖数量
		危机发展情况		网民关注	发布帖子数量
		会展项目情况			转发帖子数量
		次生危机情况			评论帖子数量
	危机扩散	其他领域扩展	危机信息	信息内容	意见倾向状况
		转化现实可能			意见情绪状况
		危机管控情况			意见内容指向
		管控主体言行		信息形式	信息文本长度
		当地网络普及			信息图片情况
		社会稳定状况			信息视频情况

表 13-5 会展项目危机的预警等级

风险指数	[0,0.25]	(0.25,0.45)	[0.45,0.55]	(0.55,0.75)	[0.75,1]
预警等级	理想安全	较安全	临界安全	较不安全	不安全
信号	绿	蓝	黄	橙	红

(三)危机预警内容发布

将经过确认和筛选的会展项目风险与危机信息通过适当的媒介向会展项目的利益相关者和社会大众发布,为其行为决策提供依据。会展项目危机信息的发布渠道包括官方和民间两类。官方主要以政府新闻办、外经贸部门和旅游局为主,民间包括会展企业、行业协会、非政府组织、新闻媒体和研究机构等。官方发布信息更具有权威性,对会展项目所在地及其项目本身可能存在的风险进行披露。民间信息发布是对官方的有效补充,以及进行细分化、专业化危机信息的发布。

二、会展项目危机的处理恢复

(一)危机处理

1. 回避危机

回避危机是当危机发生可能性大、后果严重、又无策略可用时,主动放弃、取消、中止或改变会展项目,从而规避风险的策略。此类危机主要是由于会展项目外部环境变化而引发的宏观经济萧条、自然灾害、公共卫生事件和恐怖袭击等不可抗力事件。采取回避危机策略前,需要对威胁出现的可能性和后果的严重性有足够把握;最好在会展项目尚未实施时进行,放弃或更变正在进行的项目,一般要付出较高代价。

2. 预防危机

预防危机比回避危机更主动,此类策略并不是完全避开,而是管理者采取一系列的措施预防会展项目危机的发生。可预防的会展项目危机主要是由于人员、场所设施、组织管理等风险因素引发的危机。

3. 减轻危机

减轻危机主要是为了降低危机发生的可能性或减少后果的不利影响的策略。在减轻危机策略中,要集中力量解决威胁最大的危机。在一定的情况下,高风险是由于风险的耦合作用引起的。某一危机减轻,其他一系列危机也会随之减轻。此类策略主要在会展项目危机发生之后,已无力扭转局势的情况下采取。

4. 分担或转移危机

分担或转移危机是指利用合同、协议或购买各类保险产品,在危机发生时,将损失全部或部分转移到第三方。采取这种策略所付出的代价大小取决于风险大小。当资源有限,不能实行减轻和预防策略时或危机发生概率不高,但潜在损失或损害的可能性很大时,可采用此策略。购买的保险产品主要用以规避会展项目的财产风险、责任风险、人身安全风险、活动取消风险等。

5. 危机自留

危机自留是指自愿接受会展项目危机的不利后果。自愿接受可以是主动,也可以是被动。由于在危机管理中对一些风险已经有了准备,当危机发生时可以马上执行应急计划,是主动接受;被动接受危机是指在危机造成的损失不大、不影响大局时,将损失列为费用的一种。当采取其他危机处理方法的费用超过风险造成损失的数额时,可采取危机自留策略。

(二)危机恢复

会展项目危机消除或告一段落之后,危机管理还不能立即结束,管理者要着手进行恢复工作。在事后恢复方面,会展项目的主办者应在力所能及的范围内,对外有效利用资源,逐步恢复会展项目、企业或举办地的形象,提升消费者信心,调整产品和服务结构,重塑营销渠道;对内提供员工工作积极性,利用企业文化增强凝聚力,调整和制定新的发展策略。

三、会展项目危机的管理保障

(一)政策法规保障

会展政策法规是会展经济活动和项目运行过程中,涉及政府、主办者、参与者、会展企业、观众和媒体等利益相关者的有关法律、行政法规、部门规章等的统称。政策法规是会展项目危机应对与管理的基础,有利于提高相关主体的安全和危机防范意识,约束参与者行为,指导和规范会展项目危机应对管理中的监测预警、控制处理、施救和恢复等环节的工作。由于会展行业是一个综合性行业,涉及部门多,活动的范围广,因而会展项目危机应对管理涉及的法规较多,执行主体也较为分散。政策法规对会展项目危机应对与管理的规制,见表13-6。

表13-6 会展项目危机应对管理的相关政策法规

规制内容	法规名称(出台或最新修订年份)
危机总体规制	安全生产法(2014)、消防法(2008)、人员密集场所消防安全管理(2006)、大型群众性活动安全管理条例(2007)、营业性演出管理条例(2005)
危机管理职责	大型群众性活动安全管理条例(2007)
危机信息传播	关于加强网络信息保护的决定(2012)、政府信息公开条例(2007)
事故等级划分	生产安全事故报告和调查处理条例(2011)
事故应急管理	营业性演出管理条例(2005)、突发事件应对法(2007)、国家突发公共事件总体应急预案(2006)
事故法律责任	刑法(2011)、治安管理处罚法(2012)、大型群众性活动安全管理条例(2007)

(二)组织机构保障

会展项目危机应急救援组织机构是为实施危机应急救援而建立的,涉及与会展项目危机应急救援各个层面的组织机构的分工协作体系,可划分为应急救援的核心机构、救援机构和外围救援机构,主要由会展项目举办地政府、主办单位、应急救援指挥中心、公安、武警、消防和医疗等多部门参与。会展项目应急救援的组织机构、主要部门及其功能作用见表13-7。

表13-7 会展项目危机应急救援的主要部门

机构组成	救援部门	主要作用
核心机构	救援指挥中心	1. 从会展项目一线获取会展项目危机的信息,初步了解事故情况 2. 根据获得的信息,拟定实施救援的机构和救援的规模和等级 3. 迅速把意见转达至实施救援的机构和个人,指挥其展开救援行动 4. 派专人监督和协调整个救援过程
	医院	1. 组织伤亡救援队,现场待命提供医疗救援服务 2. 对伤员临时救护,提供专业医疗救援建议 3. 提供其他医疗服务
	公安	1. 维护现场秩序,为救援活动提供良好环境,保护现场记录 2. 在必要的情况下,辅助相关救援行动 3. 依法对肇事者或犯罪嫌疑人进行处理 4. 提供其他安全保障服务
	武警	1. 对重大或高难度的救援工作提供强有力的救援 2. 对以武力威胁会展项目安全的犯罪活动,进行依法处理 3. 依法打击各类涉及会展项目的恐怖袭击活动 4. 遵照指挥中心命令,配合公安、消防开展其他救援活动
	消防	1. 对会展项目危机事件中的火灾进行救援 2. 遵照指挥中心命令,配合公安、武警开展其他救援活动

续表 13-7

机构组成	救援部门	主要作用
救援机构	工商	1. 对会展项目危机职责范围内的事故原因进行调查 2. 加强对事发会展企业的监督管理 3. 严厉查处存在安全隐患的会展企业 4. 总结事故经验,做好辖区内的会展项目安全检查工作
	卫生	1. 处理因医疗或卫生原因引发的事故或纠纷 2. 做好会展目的地,特别是人流量大的会展项目卫生防疫工作 3. 做好会展项目餐饮部门的卫生监管工作
直接外围机构	会展企业	1. 负责维持所在区域的安全管理工作,尽量减少会展项目危机发生的可能性 2. 在会展项目危机发生后,第一时间向上级主管部门汇报 3. 在专业救援人员尚未到场的情况下,维持现场秩序,条件允许的情况下,可以初步开展救援 4. 在救援过程中,随时与救援指挥中心保持联系,报告救援工作进展 5. 救援工作结束后,分析事故发生原因,撰写事故调查报告,避免下次类似事件发生
	政府管理部门	1. 事故发生后,第一时间如实汇报,在上级指挥下,成立救援指挥中心,调配各方资源,展开救援活动 2. 主管领导承担相应责任,做好救援指挥工作 3. 成立专门的会展项目安全检查小组,排除安全隐患 4. 做好事故善后工作,调查事故责任方,做好赔偿善后工作
	所在社区	1. 进行会展项目所在地社区的安全管理,提供救援信息 2. 配合救援人员开展工作,组织疏散周边人群、抢救人员财产 3. 组织辅助救援力量,听从救援指挥中心安排
间接外围机构	保险机构	1. 理清事故责任,负责事故保险赔偿,保障参保受险主体的赔偿权力 2. 制定针对性的合理险种,尽可能提供合理赔偿 3. 提供专业化的保险咨询,为会展项目的相关主体提供保险咨询
	新闻媒体	1. 及时客观报道事故情况,对会展项目危机的相关安全隐患进行追踪和曝光,激发社会关注和思考 2. 形成会展项目安全的社会监督力量,监督救援部门开展工作 3. 对救援中的正面事迹进行报道,对安全知识进行宣传普及
	通信部门	1. 做好救援系统的通信畅通,保证信息传递的及时有效 2. 对涉及国家安全机密的会展项目危机进行保密工作 3. 完成救援指挥中心下达的其他工作任务

(三)科学技术保障

目前科学技术已深入经济发展和社会生活的方方面面,成为推动人类社会进步的决定性力量。科学技术在会展项目危机管理中也发挥了重要作用,会展项目安全保障与危机管理设施设备的研发和使用离不开科技型人才,科学技术提高了会展项目危机管理的水平和效率、节约了人力资源成本。具体来讲,会展项目安全保障与危机管理的科技运用主要体现在人员安全、展馆安全、网络安全、食品卫生、门禁系统、监控系统、防护装备、应急报警和反恐技术等方面。

第四节　会展项目危机的网络舆情管理

一、会展项目危机网络舆情的特征

网络新媒体是基于计算机、互联网和无线网络等技术的信息媒介形式总和,通过用户将自创或转载的新闻、知识、图片、视频和好友关系等内容在网络平台展示和分享的独特功能,打破传统媒体的传播壁垒,实现公众表达权的突破。网民通过论坛、微博等新媒体随时爆料、制造话题,传统媒体也倾向于将网络新媒体传播的信息作为报道素材,让网民爆料成为新闻事件进入公共领域,改变了社会舆论的生成与传播机制。我国已形成以传统新闻媒体为代表的官方舆论场,和以微博为代表的民间舆论场的并立格局,网络舆情不断引发和推动危机事件进入公众视野,引起各级党委、政府和企业的重视。会展项目由于外界关注性强、风险隐患多是网络舆情的高发领域,因此有必要在会展项目的危机管理过程中,特别对会展项目危机中的舆情管理问题进行分析介绍,体现了会展项目危机管理的与时俱进和对现实问题的密切关注。

(一)易发性

传统媒体时代,无论是报纸还是广播、电视,由于有"把关人"和审查制度的存在,一定程度限制了谣言和负面信息的传播,会展项目危机事件曝光几率和信息传播的时效性都相对较低。然而随着网络新媒体的盛行,会展活动的参与者、工作人员、观众、企业竞争者都有可能爆料。媒体出于商业竞争目的也乐于进行报道,深度挖掘事件,甚至尽力渲染、夸大其词。媒体议程设置更多地受到了网民和商业竞争的影响。另外,会展企业或会展举办城市的竞争对手可利用大数据技术挖掘舆情,将不利信息公之于众,制造大规模的网络舆情。

(二)快速性

由于网络传播的即时性,会展项目危机网络舆情形成和传播都十分迅速。当会展举办中发生意外时,当事人和围观民众都能利用智能手机等工具迅速爆料。话题或敏感或劲爆的危机事件,当事各方的情绪化表达,围观网民的猎奇心理,竞争对手的幸灾乐祸等因素共同发酵而成的会展网络舆情,经网络媒体迅速传播扩散,被大量点击和转发,短时间成为各大媒体的关注焦点,形成强大的舆论声势,并不断刺激新的更大规模的网络舆情产生。

(三)扩散性

会展项目危机网络舆情产生后,网络舆情不断演化、扩散,其传播路径、传播范围、传播议题的走向也不断扩散。从传播路径看,会展危机网络舆情可由视频网站、微博、论坛等非主流媒体扩散到主流新闻媒体,由地方性媒体扩散至全国性媒体甚至境外媒体。从传播范围看,会展网络舆情可将事件由会展行业和会展活动领域扩散至全社会,奥运会、世博会等国际性盛会产生的网络舆情影响范围则更广。从传播议题看,会展网络舆情往往从问题本身向整个会展活动、会展企业或举办城市蔓延,从会展向其他领域蔓延,从网络世界向现实社会蔓延,使公众对个别现象和案例的关注,演变为更广领域、更深层次的讨论,直至上升到社会和国家的层面。

(四)极化性

群体极化(group polarization)是指在群体中,个人决策因为受到群体影响,容易作出比独自决策时更极端的决定。由于网络的匿名性、相对自由,信息传播的快速性,志同道合的网友容易集结,以及网民对会展项目危机事件真相有较强的求知欲、求偿心理和减压心理,会展网络舆情的群体极化现象往往比在现实世界更容易出现。会展危机事件曝光后,广大网民在微博、论坛、新闻客户端上,通过转发、跟帖、评论、分享等方式,造成同一观点的网络舆情井喷,给政府、会展企业施加压力,对会展活动造成巨大影响。

(五)片面性

由于主办者隐瞒、社会矛盾尖锐、媒体传播失真、网民刻板印象等因素影响,一些会展项目危机往往出现零散显现、某些情节过分放大、变异失真等情况,导致会展网络舆情的片面化呈现,造成网络舆情的非理性,影响事件的解决。此外,会展项目网络舆情若涉及一些身份特殊的群体,如官员、警察、城管、富二代等,由于长期的社会偏见,往往会被网民和媒体贴上特权、腐败、奢华、权钱交易、不公不义的标签,提高了网络舆情的热度和传播的广泛性。

(六)反馈性

由于会展活动的筹备和举办是一项涉及面广泛、耗费巨大、历时长久的工程,因此在会展活动中出现各种问题和产生大规模网络舆情都属正常现象。会展网络舆情中虽有一些偏激、过分言论,但也不乏建设性意见,对会展危机有一定的警示和反馈作用,有助于危机的早期干预,最终实现危机的顺利解决。因此,政府和会展企业要注意网络舆情的反馈作用。

(七)可控性

一方面,网络具有内在的稳定机制。网络意见领袖、网络共同体和网络意见环境形成的"言论自由市场"具有一定纠错机制,而网站编辑、论坛管理员、网络评论员都会对网络舆情进行控制和引导。另一方面,网络爬取、信息索引、主题抽取、情感分析、社会网络分析、神经网络和计算机仿真等技术都为会展网络舆情的应对与管控提供了可能。

二、会展项目危机网络舆情的类型

分类是将事物按照其共通性或异质性分组和归类的过程,是认识事物的基本途径和科学研究的基本方法。了解会展项目危机网络舆情的类型,对会展项目危机网络舆情管理策略设计具有基础性作用。

(一)根据危机原因进行分类

会展危机事件发生原因一定程度上决定了网络舆情的类型、强度和对策。社会心理学归因理论指出,公众遭遇危机侵害,会查找危机事件根源,当危机是相关主体自身过失或故意造成的,公众会产生愤怒情绪、实施负面行动;如果危机源自无法控制的外部因素,公众会给予同情,采取相对正面的态度和行为。美国学者库姆斯(Coombs,2002)基于公众对危机责任归因的感知,将危机事件分为:不可抗力引发的受害者型危机(victim crisis)、自身过失引发的意外型危机(accidental crisis)和自身故意引发的可预防型危机(preventable crisis)三类,不同类型的危机事件采取不同的危机沟通与公关策略。会展项目危机也相应地分为受害者型危机、意外型危机和可预防型危机三类。一些引起长时间强烈反响的会展项目危机,推动其发展演化的风险因素就是多重的,最常见的情况是:因不可抗力或自身过失引发的会展项目危机,相关主体责任并不大,但由于不当的应对处理甚至是掩盖事实、打压媒体和网民,导致危机不断恶化、负面影响不断扩大,引发媒体和大众更猛烈的口诛笔伐,造成危机的不可收拾。

(二)根据危机影响进行分类

根据危机事件影响在性质和程度上的不同,对会展项目危机进行划分。唐钧(2012)从广义的危机概念出发,即危机包括危害性较大的突发事件和一般性危机事件,提出危机三重影响理论,将危机负面影响分为人员伤亡财产损失、社会恐慌负面影响和形象公信力受损三类。①人员伤亡与经济损失影响主要是突发事件的原生性影响,如地震等自然灾害造成的人员受伤和财产损失,一般不可避免。②社会恐慌和社会负面影响属于突发事件的次生性影响,即突发事件原生性影响给社会大众带来的心理恐慌,如安全感缺失和非理性行为,以及政府和企业由于处理不当,导致事态进一步恶化和舆论的批评指责。典型的是2011年日本大地震后我国沿海地区民众的抢盐风潮。③形象及公信力损害影响最为普遍,既包括突发事件原生性和次生性影响造成相关机构部门的形象和公信力损害,也包括破坏性、影响力较低的一般性危机引起的政府和企业的形象与公信力损害。相较前两类负面影响,形象及公信力损害是人心和信誉的不断流失,影响更为深远、一般不受重视,修复的难度也最大,如近年来国产乳品企业和红十字会的信任危机。危机事件的三重影响、相互关系及其管理手段,见图13-1。一些结构复杂、影响广泛的复合型会展项目危机,由于事件本身的严重性或处理不当,其负面影响会同时包括以上三类。

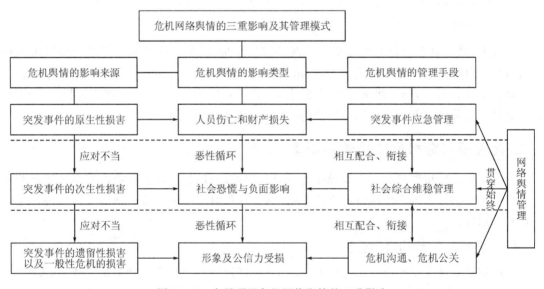

图13-1 会展项目危机网络舆情的三重影响

(三)根据引发呈现形式进行分类

根据会展危机网络舆情引发与呈现形式的不同进行分类。①单一呈现的会展危机网络舆情,单一危机引发的单一舆情。此类事件的议题、主体和发生情境较为特殊,类似事件较少,或是在传播演化中没有产生新的危机。②系列呈现的会展危机网络舆情,单一危机引发的一系列危机。如危机事件引发与之联系的其他危机爆发,或是该事件裂变出新的危机,抑或某重大事件引发一系列危机。危机事件呈链状分布,后发的危机产生叠加效应,扩大原事件的影响,保持长时间的舆情热度,甚至在平息后死灰复燃。③对比呈现的会展危机网络舆情,多个独立的危机被归为一类。由于各种原因使危机事件之间产生对比,事态变得复杂,相关事件也可能再次引爆原有事件。会展危机网络舆情的对比呈现具体包括同类型、同主体、同地区和同时期的对比呈现四种形式,见图 13-2。同类型的会展项目危机事件由于主题相同,虽然发生地区、年份、诱因和处置方式各有不用,但仍可归为一类。同主体的会展危机事件共同涉及一些争议主体,这些主体在网民心中已形成刻板认识,事件一旦曝光,往往群情激愤,是社会普遍问题在会展领域的反映。同地区的会展危机事件主要集中在北京、上海、广州、香港等国内一线会展城市,同时这些城市也是经济社会和媒体高度发达的城市,发生会展危机事件更容易第一时间被曝光,也更容易得到关注,在网络上被对比放大。同时期的会展危机事件集中在大型会展活动举办期和寒暑假、黄金周等奖励旅游、高端旅游、企业年会举办的高峰期。④混合化呈现的会展危机网络舆情,具有第二、第三类特征的混合危机事件舆情。既是单一危机引发的系列危机舆情,出现横向延伸,同时又有一定普遍性,在多个地方、多个时点发生,实现纵向叠加,持续时间长、涉及面广、影响大。

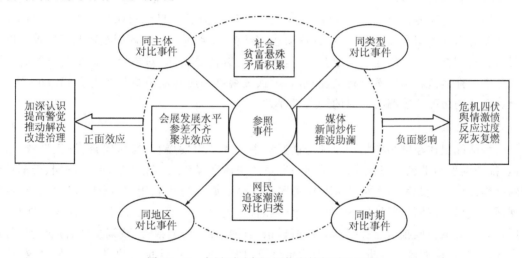

图 13-2 会展项目危机网络舆情的对比呈现

三、会展项目危机网络舆情的管理策略

(一)基于不同应对主体的管理策略

1. 会展举办地政府

我国会展发展模式以政府主导型为主,政府是会展危机事件网络舆情管理的首要主体。总体上,对会展危机网络舆情的积极响应、快速行动、信息公开、容忍批评、保障报道、依法问责、妥善解决、完善制度,是政府维护会展活动顺利进行、提高自身和地区形象的不二法门。具体来讲,政府需要设置网络舆情管理专门机构,建立包括舆情监测、舆情会商、社会协调、预案执行、事件处置、舆情引导、新闻发布、微博沟通和善后恢复在内的会展举办地舆情管理系统,以发挥媒体和网民对会展活动的监督职能,更好地了解会展活动参与者对举办地的意见诉求,帮助管理者及时有效地了解舆情发展变化,采取有效措施应对危机事件网络舆情,实现科学决策、有效管理,更好地为活动参与者和观众服务,维护会展举办地形象。

2. 会展相关企业

会展企业是网络舆情直接应对者。网络舆情是会展企业危机管理和公共关系面临的新课题。①企业应秉持承担责任、真诚沟通、速度第一、系统运作、权威证实的危机舆情处理原则，及时发布信息，配合政府调查、媒体报道，如是自身过错，及时采取道歉、赔偿、处理肇事者等措施平息事态，争取受害者和大众谅解，并改进问题、提高服务质量，此为网络舆情应对的治本之策。②在日常运营中，通过系统购买或业务外包等方式构建危机网络舆情监测与应对系统，将网络舆情监测与信息搜集，作为企业公关营销的重要内容。③建立企业新闻发言人制度，运用官网、博客、社交网络、微博和微信等平台，与新闻媒体和网民沟通互动，维护企业形象。

3. 会展行业协会

作为协助政府管理、维护企业权益、提高行业素质的社团法人组织，会展行业协会也承担了会展网络舆情应对与管理的职能。①会展行业协会要进行网络舆情沟通协调，建立与党委、政府的信息沟通平台，与新闻媒体、会展企业的宣传信息渠道。②发挥会员企业作用，在每家企业选拔一名网络舆情监测员，对本企业的媒体公关与舆情监测活动进行定期通报，建立本地会展市场的舆情监测网络，实现舆情共享、危机共防。会展项目危机事件发生要立即上报。③做好针对本地大型会展活动、会展行业动态、会展行业管理工作的新闻报道和网民评论爆料的舆情监测调查工作。④建立本地会展行业的网络舆情数据库，对各会员企业上报的舆情资料和危机事件舆情典型案例进行整理归档，为预案编制和应急决策提供参考。⑤协助政府进行会员企业网络舆情监测与应对的绩效考评。

4. 专业会展媒体

网络新闻媒体在网络舆情产生和传播过程中发挥了引发爆料、媒体监督、议程设置、话题搬运、推动发展和平息事态等作用，是网络舆情的主体和媒介。目前人民网、新华网、天涯社区等网络媒体已建立起网络舆情研究与服务团队。会展媒体也可利用自身优势，为会展企业和会展活动提供会展网络舆情监测、预警、报告和咨询的全方位服务。①对国内外与会展行业、会展活动相关的新闻报道、论坛发帖、微博讨论、官网信息、研究报告、政策文件、行业情报等进行全天候、全媒体的监控分析。②针对商业展览、博览会、大型赛事、企业年会、国际会议、奖励旅游等不同客户需求，提供差异化的网络舆情监测与竞争情报服务。③利用大数据技术，对舆情数据进行深度搜索、提取、共享、分析和处理，帮助企业科学决策、精准营销、有效防御、完美体验和在线管理。④建立包括个人电脑、智能手机和平板电脑平台的网络舆情服务终端，通过电邮、短信、微信、微博、手机应用软件等，定时为企业和政府提供舆情预警与报告服务，内容包括企业和政府的舆情应对能力评价、网络形象声誉、舆情意见领袖报告、热点事件排行榜、微博报告、重大事件舆情综述、舆情日报、月报和年报等。

（二）基于不同危机类型的管理策略

1. 对于不同原因造成的危机

①对于不可抗力造成的受害者型会展危机事件，网络舆情会展企业和政府部门只要不逃避责任、积极面对、有效处理，对参展商、观众、新闻媒体和社会大众公开信息，就能较快平息事态，将负面影响降至最低，特别防止受害者型危机向意外型危机甚至是可预防型危机转化。②对于自身过失造成的意外型会展危机事件网络舆情，还要对有过失的责任人追责处理，对存在缺陷的组织制度、管理体制进行修正改进。③对于自身故意造成的可预防型会展危机事件网络舆情，除采取以上措施，还需要严惩责任人，触犯法律的依法追究刑事责任。对造成肇事者有恃无恐、肆意妄为的环境氛围、制度体制要进行深刻反思和彻底变革。

2.对于产生不同影响的危机

①对于造成人员伤亡和财产损失的会展项目危机,主要依靠应急管理,保证突发事件不产生次生性灾害,向具有三重危机影响的综合性危机演变,同时做好信息公开和舆情治理,理性应对网民和媒体的质疑指责,避免因网络舆情应对不佳,产生更大危机。②对于造成社会恐慌与负面影响的会展项目危机,当务之急是消除恐慌和负面影响,通过社会维稳管理和综合治理,促使利益相关者和社会大众情绪尽快稳定,做好网络舆情监测与应对工作。③对于造成形象及公信力受损的会展项目危机影响,政府和会展企业进行形象修复和信任重建,危机沟通和危机公关就成为必要手段。对于一般性危害和影响的危机事件,相关主体要及时纠错,妥善处理。无论是危机事件发生过程中的信息发布、危机沟通,还是事后的责任追究、形象修复等,都少不了通过网络媒体进行的沟通协调、网民意见回应与疑问答复、网络形象修复等网络舆情管理活动。

(三)基于危机不同阶段的管理策略

1.日常管理

日常管理包括会展企业、政府部门和会展组委会的网站维护、信息发布、电子政务、民意采集、微博运营等日常工作,其目的是降低风险因素、避免危机产生。现阶段微博运营管理是会展网络舆情管理的重点。从国外经验来看,微博已成为会展举办地和企业展示实力和形象、进行会展营销、公众沟通交流、突发事件应急的重要工具。会展企业和政府应出台"会展微博使用指南",对会展微博的信息发布时间、频率、内容、用语、沟通技巧等进行规范,将会展微博打造成突发事件应急预警平台、权威信息发布与辟谣平台、网络舆论引导平台、电子商务/政务平台、形象展示与公共外交平台。注意不同地区、部门、级别的会展微博平台的整体联动;做好微博安全管理,防止不当操作、账号被盗、信息泄露、冒充身份等现象出现。

2.监控管理

监控管理是指平日里针对会展项目的舆情监测、预警与控制活动,具体包括:舆情风险监测追踪,舆情信息采集挖掘,舆情监测预警指标体系建构,舆情风险分析研判,舆情监测报告生成,舆情警情预报、警级确定,危机应急预案的评估、选择和调整,舆情决策方案的形成与评价等。最终在软硬件投入、组织制度配套的前提下,建立舆情信息高度整合、预测预警准确、应急决策高效的会展网络舆情监测与应对系统。

3.应急管理

应急管理是指会展项目危机发生过程中的危机沟通与传播管理措施,具体包括:①项目危机的信息发布。根据不同情况,信息发布策略包括诚挚致歉、承诺改善、取悦逢迎、理直气壮、托词辩解、击破谣言、坚决否认等,修辞技巧有坦诚关爱、沉稳持重、有效回应、直面主题、赢得同情、追求真相。②议题管理。即在危机事件发展过程中,对公众意见和网络舆情的监测与引导。对于会展企业、政府和活动举办者来说,议题管理主要涉及与新闻媒体、利益相关者、网民、网络意见领袖进行对话协商,争取其同情、谅解与支持。③谣言应对。包括分析谣言产生背景、进行区别对待;发挥网络新媒体优势,及时发布真实信息,赢得话语权;保护网民言论自由,依法惩治不实信息。

4.事后恢复

和传统媒体环境下的会展项目危机相比,现阶段的会展项目危机的损害和影响更多来自网络媒体和广大网民。因此,会展项目危机的事后恢复,信息传播媒介主要是微博、博客、官方网站等网络媒体,同时要处理好与新闻媒体的关系;信息传播受众主要是广大网民;事后恢复的主要任务是减少损失、补偿受害者、恢复沟通渠道、恢复企业形象和政府公信力、修复受损品牌。比较理想的状态是,以会展项目危机为契机,完善会展企业和政府舆情工作机制和危机公关处理机制,改善与网民和新闻媒体的关系,提升企业、政府和会展活动形象。

本章小结

本章从概念、理论、表现和管理等方面,系统介绍了会展项目危机管理的基本概念、理论基础,会展项目危机的引发风险和表现形式,会展项目危机管理的全过程,并专门介绍会展项目危机的舆情管理这一具有前沿性和实用性的会展项目危机管理的理论与方法体系。

复习思考题

1. 结合会展项目策划、运营与管理实际,思考会展项目危机的特征与形态。
2. 阐述会展项目危机管理的主要理论基础,试图与会展项目危机管理的实际相结合。
3. 搜集国内外会展项目危机管理的成功与失败案例,识别这些会展项目危机的引发因素和表现形态,并对应对管理的经验与教训进行评述。
4. 根据会展项目危机信息传播的主要媒介并结合实际案例,思考会展项目危机信息情报的搜集来源与方法。
5. 以上海外滩跨年集会拥挤踩踏事件为例,搜集事件在新闻媒体上的报道,运用舆情管理的理论与方法进行分析,提出解决对策。

单选题

1. (　　)是一种平安、不受威胁、免于风险或不出事故的状态。
   A. 稳定　　　　B. 安全　　　　C. 和谐　　　　D. 离散
2. 马斯洛提出人类五个层次需求中的(　　)是安全需要,会展项目举办中以及会展项目参与中的安全需要必须得到优先满足,会展项目才能继续进行。
   A. 第一层次　　B. 第五层次　　C. 第二层次　　D. 第三层次
3. 会展项目也是由项目本身、举办地、政府、社区、主办者、参与者、设施设备、从业者、观众、媒体等构成的(　　)多维系统。
   A. 物质—能量—资源—环境—信息—管理
   B. 人—能源—活动—环境—资金—管理
   C. 项目—风险—活动—环境—信息—媒介
   D. 人—机—活动—环境—信息—管理
4. 根据危害性程度不同,危机可分为造成人员伤亡财产损失的危机、造成社会恐慌负面影响的危机和造成形象公信力受损的危机。其中,(　　)造成人心和信誉不断流失,影响更为深远、一般不受重视,修复难度也最大。
   A. 第一类危机　　B. 第三类危机　　C. 第二类危机　　D. 第一类和第二类危机

第十三章　会展项目危机管理

 多选题

1. 危机是一种威胁到决策主体最高目标、在情境改观之前的可反应时间有限、发生出乎主体意料的情境状态,国内也将"危机"称为(　　)等。
   A. 紧急状态　　　B. 突发性危机　　　C. 突发事件　　　D. 风险事件
   E. 安全事故　　　F. 安全事件　　　　G. 紧急事件　　　H. 安全风险

2. 会展项目危机网络舆情具有(　　)、快速性、(　　)、极化性、(　　)、反馈性、可控性等特征。
   A. 复杂性　　　　B. 易发性　　　　　C. 耗散性　　　　D. 扩散性
   E. 多源性　　　　F. 整体性　　　　　G. 周期性　　　　H. 片面性

3. 基于公众对危机责任归因的感知,会展项目危机事件分为(　　)三类,不同类型危机采取不同的危机沟通与公关策略。
   A. 受害者型危机　　B. 原发型危机　　C. 扩散型危机
   D. 意外型危机　　　E. 引致型危机　　F. 可预防型危机

4. 危机三重影响理论将会展项目危机负面影响分为人员伤亡财产损失、社会恐慌负面影响、形象公信力受损三类,可采取(　　)等管理手段。
   A. 应急管理　　　B. 社会管理　　　C. 危机管理　　　D. 安全管理
   E. 风险管理　　　F. 信息管理　　　G. 舆情管理　　　H. 战略管理

5. 网络新媒体环境下,会展项目危机的对比呈现具体包括(　　)等四种对比呈现形式。
   A. 同类型　　　　B. 同性质　　　　C. 同主体　　　　D. 同地区
   E. 同时期　　　　F. 同主题　　　　G. 同形态　　　　H. 同原因

第十四章 会展项目评估

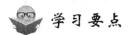

学习要点

1. 熟悉会展项目评估的定义,了解会展项目评估的目的与意义。
2. 明确会展项目评估的分类及其主要类型,掌握会展项目评估的基本原则,了解我国会展项目评估的现状。
3. 掌握会展项目评估的主体与客体、评估时间及其方法。
4. 了解会展项目评估的整体内容以及会议、展览、节事等分类评估内容,深入领悟评价指标体系架构,并能够运用案例进行证实分析。
5. 熟悉会展项目评估的过程及各阶段的主要工作内容。
6. 深入领会会展项目评估报告的要求、内容及其运用。

案例导读

德国展览会评估与认证

对参展商而言,展会评估的结果可以为参展商在同一行业不同的展会之间以及展会与其他营销手段之间的选择提供参考依据;对观众而言,同样为观众,尤其是专业观众选择参观不同的展览会提供客观的标准;对展会主办者而言,为打造品牌展以及更好地改进对参展商及观众的服务提供客观的依据。

德国在这方面有全国性的行业机构从事展会的评估与认证工作,这类认证对展会而言不是强制性要求的,但通过认证对于展会推广运作,不言而喻有着极其重要的影响。

德国权威的展会评估机构是FKM。FKM是德语展览会统计资料自愿审核协会的缩写,F的意思就是自愿,强调自愿原则。该机构总部设在柏林,于1965年由六家德国会展公司共同创建,创建的目的就是定制统一的展览会相关指标统计审核标准,促进会展数据的透明度和真实性。FKM与德国展览与博览会协会(AUMA)在同一个地址办公,隶属于AUMA,2003年该机构为293个展会进行了展会审核,重点就是物理层面的审核,目前有74个德国展会主办者和3个外国展会主办者为其成员,3个外国展会主办者分别来自意大利的维洛纳、莫斯科、香港。该公司只为其成员主办的而且是申报的展会开展审核,每年4月发布对上年展会的审核结果,并公布当年申报展会的名单。一般德国展会推广方面都会有标记该展会是否经过FKM审核。在奥地利和瑞士都有完全类似的机构,因为都是德语系国家,所以都简称为FKM,但这两个国家的FKM与德国的互不隶属。

FKM 的工作任务是制定展览会数据统计的标准和规则，并聘请专业经济审计机构对展会主办者填报的展览会统计数据进行审核。FKM 机构的成员要按照 FKM 的规则和标准申报展览会统计数据，接受 FKM 组织的专门机构对统计数据进行的审计，并保证在任何场合和情况下所使用和发布的展览会统计数据均与 FKM 公布的统计数据相一致。FKM 的相关数据和规则由独立的经济审核机构负责审计。授权的经济审计机构通过随机抽查的方式对各成员申报的展会数据开展审计，包括派员到展览会现场了解情况和展会结束后对展会财务进行审计或者通过问卷调查的方式进行，然后出具审计报告。

FKM 通过其网站（www.fkm.de）使用德英两种文字版本提供完整及时的审核资料可供参展商和观众免费下载。观众可以通过 FKM 编制的使用手册，比较查看各类展会经过审核后的统计数据，使自身更好地安排参展计划。网站上还介绍了 FKM 的组织机构、工作任务和程序，以及重要指标的定义和更好地使用 FKM 统计数据的方法。

德国展会评估主要是进行三个指标的量化分析和横向对比，包括展览面积、参展商数量、观众数量，其中最为重要的分析指标为观众的结构分析，首先将观众分为专业观众和普通观众，其次对观众的来源地、职业、所属行业、职务、年龄、参观频率等各个指标进行细化分析。

FKM 展览会数据审核近 50 年来，已经把 FKM 做成德国会展界品牌和质量的象征，受到了参展商和展览主办者的青睐。除德国展会外，越来越多的德国展会主办者在德国以外主办的展会将走进 FKM 的审核范围，很多非德国展会主办者也申请成为 FKM 的海外成员。FKM 的审核不是通过行政审批的方式进行，而是以其公正、透明和权威性来吸引展览会主办者自愿参加，是用市场经济的手段对展览市场进行规范和监督。

案例分析

德国的展览会评估与认证体系虽然不可能也不应该完全被国内照搬，但我们对其进行剖析研究对于今后建立符合中国国情及会展业状况的认证体系是大有裨益的。

资料来源：杨斌.德国展览会评估与认证初探[C]//首届中国会展经济研究会学术年会论文集.2006.

第一节　会展项目评估概述

会展项目评估是会展项目管理工作的重要环节，为主办方（或承办方）、参与者（与会者、参展商、观众等）、会展行业主管机构（包括对会展行业实施行政管理的政府主管部门以及会展行业性组织）均可提供有益的信息，并为进一步运作好会展项目提供参考依据。评估所得的成果不仅适用于单个会展项目，而且适用于整个会展行业，从单个会展项目中总结出来的经验教训有助于整个会展行业的改进。实践表明，开展会展项目评估是会展项目提升质量、建设品牌的一个重要途径。

一、会展项目评估的含义

顾名思义，"评估"就是对一事物进行"评定"和"估价"，以确定其质量、水平、等级和价值等方面的情况。会展项目评估是根据一定的目的和评估标准，遵循一定的原则，运用科学合理的技术方法，对会展项目的策划、目标、执行过程、项目环境、财务实施、工作效果、风险管理、服务质量等各项要素及其带来的直接和间接的社会经济效益等方面进行系统、客观、真实、深入的分析与评价，并判断其价值和效果的综合性活动。

二、会展项目评估的目的

会展项目评估的目的具体而言包括以下几点：

一是客观分析所采集的样本数据，作出定量与定性的分析，展示会展项目的优势与不足，对会展项目的整体运作及其相关成果作出既客观又真实的评价，为会展项目的招商引资以及可持续发展提供基础数据的支撑，为参考者提供数据参考。

二是对会展项目的历届(年)数据进行纵向比较，分析其市场发展趋势与未来的发展对策；对类似的相关会展项目进行横向比较，分析其存在的问题并借鉴优势会展项目。通过对会展项目进行纵、横向分析与跟踪对比，发现其规律与特征，有利于不断提高运作会展项目的水平，建设和发展会展项目的品牌，创新发展会展项目，提高经济效益。

三是达到传播、宣传、提升会展项目形象的目的。

四是为会展行业主管机构提供行业管理的基础数据。

五是为会展项目场地的所有者提供背景资料。

总的来说，对会展项目进行科学评估，其最终目的就是为了提高会展项目的价值与服务质量，为企业会展项目今后的发展提供有益参考，为今后会展项目提高绩效提供借鉴。

三、会展项目评估的意义

世界上会展经济发达的国家不仅非常重视会展项目评估，也将其发展得相当成熟。在这些国家里，通常是全国性统一的会展行业机构从事会展项目的评估工作，它们负责对各类数据进行审核并定期公布结果，为会展业内和其他相关机构提供参考依据。其中，德国、法国的会展项目评估较为成熟、规范，其会展项目评估的过程和结果已成为参与者作参与决策的重要依据。

会展项目评估的根本意义就是，通过对会展项目决策、策划与执行的信息进行反馈，对会展项目管理的对象实施反馈控制，是会展项目管理工作的重要内容及必要环节，为以后会展项目的管理工作提高效率和效益提供必需的经验和建议。

具体而言，会展项目评估主要具有以下意义：

(一)对会展行业主管机构的意义

会展项目评估是会展行业主管机构实施宏观会展管理的重要手段。会展行业主管机构可以根据会展项目评估的标准、结论与建议来制定会展行业的规章与制度，以促进会展行业的健康发展；对一些评估良好的会展项目重点扶持，以形式区域会展项目的品牌优势，使其发挥示范带动作用；而对一些评估较差、缺乏市场前景或同类化严重的会展项目，则予以严格控制，以达到建立优胜劣汰的竞争机制、规范会展项目市场秩序的目的；还可以通过发布评估信息，有效引导参与者正确选择会展项目，以保护地区经济并保障弱势群体的利益。

(二)对会展项目主办方、承办方的意义

会展项目的主办方、承办方可以根据评估结果进行客观理性的分析，评价会展项目的优点与问题，找出影响会展项目顺利执行的各项因素，分析原因，以便有针对性地、更有效地加强和改进对会展项目的管理，不断提高运作会展项目的质量和整体竞争力，创建并完善会展项目的品牌，进一步展示会展项目的优势，以争取会展行业主管机构的政策支持；同时，还可评价当前

会展项目发展的市场环境与未来方向,为今后会展项目的立项、开发、运营等管理活动作出合理建议。

(三)对会展项目参与者的意义

会展项目的参与者可以根据评估的结果了解会展项目的实际成果,系统、合理地分析、评价与总结其经验教训、投入产出、项目质量,可以及时发现问题、采取措施,为今后是否继续参与该会展项目提供决策依据。

总之,会展业健康稳步的发展离不开会展项目评估。如果说会展是一个城市或地区经济发展的晴雨表,那么,会展项目评估就是"表"的指针。作为一种会展项目鉴定的技术手段,会展项目评估将引导会展产业向品牌化、高端化方向发展。

四、会展项目评估的特点

会展项目评估主要呈现以下几个特点:

(一)现实性

会展项目评估是根据所开展的会展实际活动的基本情况与其所产生的实际数据为基础进行的科学评价,所以具有现实性的特点。

(二)公正性

会展项目的评估主体应本着实事求是、认真负责的态度,遵循职业道德的规范,客观公正地对待评会展项目进行分析与评价,避免出现避重就轻的情况。会展项目评估的全过程必须保证公正性,评估结果才具备可信度与说服力。

(三)全面性

会展项目评估是对会展项目开展全方位考察,它不仅对会展项目的立项决策、会展项目的实施、会展项目的运作等全过程进行系统评价,还对会展项目经济效益、环境影响及会展项目的综合管理等全方位进行系统评价。这种评价不仅涉及会展项目的各个阶段还涉及项目的方方面面,因而具有全面性。

(四)专业性

由其全面性可知,会展项目评估从会展项目中的各项基本要素展开,涉及会展项目管理的各项业务,因此会展项目评估具有很强的专业性。

(五)系统性

会展项目的评估标准是反映会展项目的基本要素和本质特征的数量体系。为使评估能够反映会展项目的基本要素和本质特征,保证其应有的意义,各项评估指标之间必须存在整体的联系。

(六)针对性

具备全面性的会展项目评估还需要作出具备针对性的分项评估。以展览为例,如展览协调组织工作的评估、展览展台的效果评估等。

(七)科学性

会展项目评估需要运用发展的眼光、数理统计等一系列科学的方法对各项评估指标进行分析和评价,这样才能保证会展项目评估结果的科学性。

(八)反馈性

会展项目评估的结果需要反馈到决策部门,作为新会展项目立项和评估的基础以及调整策划和政策的依据,这是会展项目评估的最终目标。因此,会展项目评估成败的其中一个关键环节便是会展项目评估结论的反馈与运用。

五、会展项目评估的种类

按不同的标准,会展项目评估可划分成不同的种类。

(一)按评估的主体来分

按评估主体的不同,会展项目评估可划分为由会展行业主管机构实施的评估、由会展项目主办方(或承办方)实施的评估、由会展项目参与者实施的评估、由中介机构实施的评估。其中,会展行业主管机构可以对一段时间内会展行业的整体实施宏观评估,也可以对某个会展项目进行微观评估,评估的结果一般应当向社会公开;会展项目主办方(或承办方)实施的评估一般由主办方(或承办方)自愿进行、自行组织;会展项目参与者实施评估的主体较多,评估内容和标准也各不相同;中介机构评估属于授权评估,能避免上述三种评估主体由于立场和角度各异所导致的评估差异,其评估的结果可以公开,也可以不公开。

(二)按评估对象的性质来分

按评估对象性质的不同,会展项目评估可划分为对会议的评估、对展览的评估、对节事的评估。其中,会议是指通过市场化运作和社会化服务,由会展企业举办的会议;展览(尤其是商业性展览)在会展中发生的频率最高,对会展经济的贡献最大,因而对其的评估活动也最受重视;节事是对各种文化、艺术、体育、旅游等方面的节庆、赛事、评选、典礼活动的统称,涉及范围广泛,评估标准相当复杂,这种类型的评估工作需要逐步积累经验。需要说明的是,会展的综合性特征日益强化,往往是会、展、节三者相会交融,因此上述三种评估也常常是你中有我,我中有你,相互包容。

(三)按评估参照物的标准来分

按评估参照标准的不同,会展项目评估可划分为相对会展项目评估、绝对会展项目评估。其中,相对会展项目评估是以评估对象群体的平均水平为参照点,确定特定的评估对象在这一群体中的相对位置的一种评估方式,一些会展项目的评选和评比活动,常常采用相对会展项目评估方式,如上海市会展行业协会于2005年推出的国际展览会项目评估标准;绝对会展项目评估是在评估对象之外,先设定一个评估目标为客观参照点,再把各个会展项目评估的对象与之比较,以评定每个评估对象是否达到或超过客观标准,进而确定评估对象的绝对位置,如原国家经济贸易委员会于2002年12月2日发布的《专业性展览会等级划分及评定》文件。

(四)按评估的时间分

按评估时间的不同,会展项目评估可划分为会展项目前评估、会展项目中评估、会展项目后评估。其中,会展项目前评估,就是在会展项目决策之前或者在会展项目筹备过程中,对会展项目的策划方案以及对会展项目筹备阶段的各种准备工作进行的评估。简言之,会展前评估就是会展项目的论证,或者说是论证性评估。会展项目中评估就是在会展项目运作期间进行分析、评估,是会展项目同步控制的重要环节,也就是控制性评估。会展项目后评估是在会展项目结束后进行的评估,具有全面性、系统性、反馈性等特点,是会展项目评估工作的重点。尽管会展后评估是会展项目的主体,但完整的会展项目评估应该是会展项目前评估、会展项目中评估和会展项目后评估三者的有机统一。

六、会展项目评估的原则

(一)客观性原则

客观性原则是会展项目评估的首要原则,其要求会展项目评估能够客观地反映当前会展项目管理的实际情况,材料数据要准确可靠,所评估的项目过程要真实可信,项目评估机构和评估人员要实事求是。

(二)导向性原则

通过会展项目评估,使会展项目的主办方、承办方和参与者确立法制意识;使会展项目的主办方、承办方树立正确的会展项目运作理念和竞争意识;使会展项目参与者选择更优秀的会展项目,进而不断改善会展业的发展环境。

(三)动态性原则

会展项目往往具有连续性和系列性,由于每届(年)会展项目所处的社会和自然环境不同,总会存在一定的差异,有时还会受到一些不可抗因素或突发公共事件的影响。因此,对被评估的会展项目要进行动态评估,一般以近三年的数据作为评估依据。

(四)同一性原则

同一性原则是指同一评估主体在对同一性质和类型的会展项目进行评估时,评估的标准、方法和程序应当一致,这样评估的结果才会客观、公平、合理。由于会展项目的性质和类型繁多,用一种指标体系去评估所有的会展项目是不科学的。因此,同一性原则还具有相对性,即要求在制定和选择评估标准前,先确定评估的适用范围,在同一适用范围内寻找具有共性的指标系统和标准系统。

(五)可行性原则

可行性原则是指会展项目评估的方案以及指标体系要切实可行、能够操作。只有当会展项目评估的指标设置、技术方法、操作流程既能体现科学性,又简单易行,具有实践可操作性时,被评估的对象才会乐于接受并能积极参与。

(六)合作性原则

合作性原则是指在实施会展项目评估的过程中,评估主体自始至终要与评估对象密切合作,自始至终要与会展项目密切联系,揭示会展项目的实际问题,这是会展项目评估顺利展开的重要保证。

(七)自愿性原则

自愿性原则是指评估主体的自愿性与评估客体的自愿性。会展项目评估期间只有各方面积极的合作,尤其是会展项目的组织方,自愿公开会展项目信息,立足项目的品牌发展,乐意接受评估,评估的结果才会对他们产生引导和激励作用,从而达到评估的最终目的。

七、我国会展项目评估的现状

(一)理论研究十分薄弱

长期以来,在我国会展产业理论整体研究滞后的大环境下,我国会展项目的评估研究依然十分薄弱,多停留于国外相关标准的推介、评估指标体系的初步构建阶段。周娟的《会展项目的评价与管理》是国内会展业界较早提出的有关会展项目评估的论文,但未提出具体的评估标准和评估办法。陈泽炎充分论述欧美先进评估方法,回顾了我国相关研究及评估实践的历程,提出如何树立会展项目评估的权威性等问题。有学者基于借鉴UFI论证模式,探索了建立我国会展评估体系。借鉴美国学者H·拉斯威尔传播过程的"5W模式"理论,提出我国会展评估的5W问题,分别从构建多元的会展评估机制、切实可行的评估标准以及重视会展项目评估等方面论述了中国会展评估中的几个主要问题。近年来,结合具体的会展项目的评估日益增多。但总体而言,至今为止,我国会展项目评估的理论研究远远不能满足会展项目实际发展的需要。

(二)会展项目发展迅速但评估严重滞后

近年来,我国会展行业发展速度不断加快,成为各地经济发展的助推器和新亮点,但在这高速发展的背后却存在许多问题。我国会展行业缺乏知名品牌会展、会展项目大同小异,低水平重复办展比比皆是,会展上骗展、会展侵权等诸多不规范问题无不与评估系统的缺乏有关。

会展业发达的国家相当重视会展项目评估,但在我国会展项目评估仍处于起步阶段,深受被动接受评估观念以及理论研究滞后的影响,至今还没有形成比较权威的、在全国会展行业中被普遍应用的会展项目评估指标体系。这就是造成我国会展行业目前管理服务水平低下、市场秩序混乱的一个重要原因。会展项目评估标准和会展业的行业标准已成为业界的迫切需要,我国建立会展项目评估体系迫在眉睫。

(三)会展项目评估实践的积极探索

目前我国已出台官方的评估文件——《专业性展览会等级的划分及评定》商业行业标准。该标准对专业展览会及相关术语进行了界定,将专业展览会的等级评定分为ABCD四个级别,但没有说明具备何等资质的机构才可以成为专业会展的评定者,没有提出评定的程序,而且以推荐性的非强制性方式执行;随着时间的推移,原国家经济贸易委员会的撤销,它的影响力度也日渐减弱。

各地方也陆续出台或正在酝酿会展业的行业标准。浙江省宁波市会展行业协会率先制定《宁波会展评估细则》,但其条款文字尚有不够严谨之处,评估体系及机构还不系统。上海出台的《上海国际展览会项目评估细则(试行)》,硬性要求凡是在上海地区举办的国际展览会项目必须接受综合评估,规定了统一的评审工作的程序、统一的评审标准,引起业内较大反响。

各级政府也开始着手制定相关的政策法规,以整顿规范会展业市场秩序。商务部条法司对外公布了《中国境内对外经济技术展览会评估认证办法》,对评估认证的组织机构、评估认证的程序、评估认证的推广及评估认证的处罚都有明细且量化的规定。

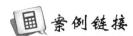 案例链接

解读《上海国际展览会项目评估细则》(试行)

《上海国际展览会项目评估细则》(试行)共分十个标题。

一、评估的目的

众所周知,现代展览的目的是为买卖市场打造一个信息、交易的互动平台。而评估的最终目的是"切实有效地保护国际展览会的品牌项目、保护参展企业和客商的利益……"这二者根本目的是一致的。根据《上海市展览业管理办法》的精神和上海市外经贸委的要求,通过两年的评估工作,对于在上海地区的300多个国际展览会项目全面综合评估,以达到规范行业秩序和健康有序发展的目的。

二、评估的原则

强调在上海地区的国际展览会项目必须实现综合评估,也就是说,包括本地区展览企业举办的和外省市移师上海举办的各类国际展览会全都属于评估范围。

"三公"是指评估指标将有九条标准用以对照被评估的展会项目,以统一的评估程序、统一的工作程序、统一的标准,客观地评价每个项目,使评估工作充分体现出严肃性、科学性、系统性,并且引入第三方调查公司来参与展览会现场数据信息的调查工作,为评估工作逐步引入市场化开个好头。

三、评估的范围与资质要求

第一,强调评估项目必须是本市主管部门经严格审批过的,或外省市企业在上海主管部门加批备案的国际展览会项目。

第二,强调项目的申报单位和主办单位的资质,要说明的就是谁申报主办的项目,谁就承担该项目的相关责任。

第三,强调项目的申报,主办单位必须提交相关文件,并对所有文件负责。

四、评估机构

上海市会展行业协会在市外经贸委指导下,通过几次专门会议,讨论后筹建了"上海会展行业评审委员会"(后简称评审委员会),成员由上海市各委办主管会展的领导、行业专家、学者等代表组成,对评估的项目进行终审评定。

评审委员会下设专家组和工作小组。第一批专家组成员分别由上海业内的专家、行业资深学者、媒体代表组成,共计有40多位。在2005年3月28日上海市会展行业协会第二届第一次会员大会上公布名单并颁发了专家聘书,专家组的主要职责是对评估项目进行会审,评出推荐项目供评审委员会审定。

评估工作小组成员主要由协会项目部负责,协调第三方调查公司、主办单位等方面的工作,制订评估工作计划,整理汇总评估材料,指导、检查第三方调查公司现场工作等。

这是一个完整组织结构,责权分明,一环扣一环,充分体现出严谨、权威和评审的严密性。

五、评估程序

这里需要说明的是从展会项目纳入评估范围(计划)开始到评审委员会审定后公示评估结果、听取意见一系列的工作流程,体现了整个评估工作的每个环节的严密关系,以及对调查公司进行工作定量的说明,只有一定的保有量,才能说明一个问题,这是我们在2005年度试评估后得出的经验。

对于各类表式的制定设计过程也相当繁杂,如何界定所有要调查的项目都要经过反复考虑、酌量、修改后,删繁就简,形成现在的表式(如参展商调查表、专业观众调查表等),既说明问题又方便应用。

六、评审称号及标准

该评估细则反复修改的重点就是评估标准,从原来单个"优质"标准到有三档 9 条标准是经过反复推敲后最后确定的。

现在的项目评选称号有:

1. 品牌展览会:最高荣誉称号,规模相对大,历史较长,行业代表性强,在国际、国内影响力大,并排名前列的项目,"上海国际汽车展"获此殊荣,可谓是当之无愧的。

2. 优质展览会:规模相对大,在行业内名列前茅,并有很好的稳定的发展前景。

3. 重点培育展览会:规模不一定大,但专业性强且发展潜力较大,并正逐步走向成熟发展阶段。

每个称号均有 9 条标准来定性、定量对照,缺一不可,在标准中有"特定展览会除外",使得该标准有灵活的掌握度,这是根据国际展览会项目的特点而设定的;从设定的标准来看,应该说是严谨的,有些标准还与国际上某些标准相对照,体现了我们国情与市场的特点。2005 年上半年评审委员会对 16 个国际展览会进行了试评审,就有 8 个达到了"优质展览会"称号(当时还没有"重点培育展览会"称号)。可想而知,完善标准、严肃评审、程序严谨是评审工作的基本条件。

七、优惠措施

这是上海主管机构对评估工作有力推动的举措,对评上称号的项目进行宣传推广,并且还可得到扶持与优惠,这是任何国际会展组织都不能做到的,充分体现了政府对发展会展经济、推动规范行业的决心。

八、复查与监督

荣誉称号不是终身的;获得一般称号的项目还有发展的机会和空间。

九、保密与回避

这是一项责任,也是一项纪律,体现了对待评估工作的严肃态度,是负责任的。

十、被评估项目实现有偿服务

做任何事都有付出,都是要成本的。服务是第一,收费须合理,这是前提。

评估工作也是一项系统的工程,要与时俱进。根据本地的经济特点、会展市场发展趋势、政府政策的情况,不断完善评估标准、评估方式,切实为会展业的发展做好评估工作。

资料来源:http://www.stcec.com/NewsCatalog/20068108.html。

第二节 会展项目评估的主客体和方法

一、会展项目评估的主体和客体

(一)会展项目评估的主体

1. 成熟的会展项目评估多由第三方评估

会展项目评估的主体指的是谁对会展项目进行评估。一般说来,会展项目评估的主体主要有会展行业主管机构、会展项目的主办方(或承办方)、会展项目的参与者和中介机构。

会展项目评估在国外已有成熟的运作经验。会展项目的评估工作大多委托一些独立的中介组织或行业协会来进行,这就保证了评估过程中结论的真实性与客观公正性。如英国会展业联合会要求会员对其会展项目进行第三方审计,即聘请一家独立的审计公司对会展项目的整体效果进行评估;德国会展项目的官方评价则由德国会展业的最高协会 AUMA 组织进行,隶属于其的德国会展评估机构 FKM 已成为德国会展界品牌和质量的象征,其成员都自觉遵守相关规定,按照规则和标准申报展览会统计数据,接受 FKM 组织的专门数据审计,保证在任何场合和情况下所使用和发布的展览会统计数据均与 FKM 公布的统一数据相一致,并包括派员到会展现场实地调研和会后的财务审计或者发放问卷调查。

2. 我国会展项目评估多由主办方进行

由于会展项目评估的工作才刚刚起步,我国当前对会展项目进行的评估大多由会展项目主办方(或承办方)自己进行,难以保证应有的客观性、公正性,严重制约着我国会展行业的健康发展。

作为今后市场化评估的基础,在我国目前情况下,会展项目主办方(或承办方)自身应对自己所举办的会展项目进行客观公正的评估,以此作为自评,以提高自己的运作水平,更重要的是各地会展协会则应积极介入,出台公开、公平的指标体系,对当地所举办的会展项目进行调查、统计分析和客观评价,条件成熟时公平评估结果,便于市场举行会展时参与与选择。除此之外,还应积极培育客观中立的专业会展项目评估机构,建议现阶段先由政府支持组织,以保证会展项目评估的权威性和公信力,但长远来说,完全独立的第三方作为会展项目的评估机构才是最佳选择,中国的会展项目评估市场才能真正成熟起来。

(二)会展项目评估的客体

会展项目评估的客体即其评估的对象,主要有会展城市、会展项目主办方(或承办方)与单个会展项目。对会展城市的评估侧重于该城市在规定时间内所运作会展项目的数量、规模、质量、效益、影响等;对会展项目主办方(或承办方)的评估侧重于其在规定时间内所运作会展项目的业绩与效益;对单个会展项目的评估侧重于会展项目的规模、参与者的数量与档次、所带来的社会经济效益等。

显然,对单个会展项目的评估最为基本,对会展项目主办方(或承办方)以及会展城市的评估都以其为基础。城市是会展业发展的载体,也是时下会展热的始作俑者,对城市会展情况进行综合评判使政府能够客观地把握一个城市会展业的整体发展状况及其成效和影响,并对国内不同城市的会展业发展进行横向比较,进而提出并采取相应的调控手段。目前,会展项目评估的对象几乎都为单个会展项目或会展项目主办方(或承办方),对会展城市的评估应得到相应的重视。

除此之外,还可以针对更为细致的方面加以评估,如对会展项目财务实施、人力资源的评估等。

案例链接

第十三届高交会满意度及效果评估

第十三届中国国际高新技术成果交易会(以下简称高交会)于 2011 年 11 月 16 日—11 月 21 日在深圳会展中心举行。本届高交会以"促进国际创新合作,加快发展方式转变"为主题,取得了令人瞩目的丰硕成果。来自 58 个国家和地区的 106 个代表团、2928 家参展商、13164

个项目和2504家投资商参加了高交会的展示、交易和洽谈,参观人数共计53.6万人次,专业客户人气指数达225。近200家海内外媒体约1500名记者参与报道了大会盛况。其中,参展国家、参展项目、参展商数量、投资商数量、参观人数、专业客户人气指数均超过上届。

在高交会的满意度及效果评估方面,本届高交会依然采用公开招标的形式,引入第三方测评机构——深圳市万人市场调查股份有限公司进行第十三届高交会满意度及效果评估。在本届高交会满意度及效果评估过程中,第三方测评机构秉持"过程公开、访问公平、调查公正"的工作理念,确保评估结果的客观独立。

本次评估成果的所有权专属于深圳市中国国际高新技术成果交易中心,深圳市万人市场调查股份有限公司拥有本次评估所涉及的问卷设计、分析方法、报告结构等技术版权。

二、会展项目评估的时间

(一)会展项目评估贯穿于会展项目的全过程

会展项目的评估虽然是整个会展项目管理的最后环节,但从时间上来说却不只是在最后才进行的,因为除了会展项目后评估,还有会展项目前评估以及会展项目中评估。而且,对会展项目的评估需要收集相应的数据。因此,会展项目的评估工作应该是贯穿整个会展项目执行的全过程,甚至从会展项目的准备阶段就需要开始进行。也就是说,会展项目评估的计划也应在一开始就制订好。另外,有些数据在会展项目实际过程结束后便可收集统计,如会展项目的规模、参与者的人数等;而有些数据,如体现会展项目效果的数据,就可能需要较长的时间才能收集到。据此,会展项目的评估是和整个会展项目同步进行的,是一个贯彻会展项目前、中、后期的由专门研究会展项目绩效评价的组织负责的整体工作,即会展项目评估的时间比执行会展项目实施过程要早,比会展项目实际过程结束得要晚。

(二)会展项目后评估是整个评估的最后环节

只有会展项目后评估才是在会展项目实际过程结束后进行的,它是会展项目整体评估中的最后环节,因此,会展项目后评估绝非会展项目评估的全部内容。但是,这个环节与会展项目前评估和会展项目中评估具有十分密切的关系,不仅需要参照前面两项评估的结果,也是前评估和中评估的分阶段性的必然结果。所以,做好三个时段评估的协调衔接工作十分重要,唯有如此,才构成会展项目评估的整体。

三、会展项目评估的方法

(一)定性评估法

定性评估法是指会展项目的评估主体在会展项目开始、进行与结束时,分别对会展项目的准备情况、会展项目的进行情况和会展项目的完成情况,提出的一种结论性的看法。通过对会展项目的准备、会展项目的要求、会展项目日程安排、参与者的状况、形成的决定和决议、制定通过的文件、提出的意见或建议等的定性分析,最后对会展项目作出综合性的评价。这个评价往往出自于评估主体的主观判断,由此可以说这个评价是主观的。定性评估法是进行会展项目评估的一种常用、简单的传统方法,一般作为对定量评估的补充,尽量不单独使用,也不利于普遍推广。

(二)定量评估法

定量评估法是指运用数理统计的方法提出最终的评估结果,包括统计资料的收集、整理、分析三项工作,一般有两种形式。

1. 问卷获取数据

问卷获取数据即采用问卷形式,分别列出问题,让受访者以匿名的方式填写,获得原始数据,最后通过对该问卷中各项内容的统计分析,得出对会展项目评估的定量结论。这种方法一般分三个步骤进行。一是设计问卷。按会展项目的性质、种类、规模、功能、主题等不同要求,选定评估的内容,设计问题并拟定相应的答案。二是发放问卷。在会展项目结束前,组织参与者以匿名的方式填写问卷,必要时配送一些小礼品。三是统计结果。统计出问卷各项答案的百分比,得出对会展项目评估的调查结果。这种形式主要用于评估规模较大、周期较长的重要会展项目。由于是匿名的方式,可消除受访者对会展项目评价有不同意见的思想顾虑,能够比较确切地反映出受访者对会展项目的真实评价,所得的统计结果一般也比较可靠。

2. 借助评估指标体系

借助评估指标体系就是建立会展项目评估指标体系,即分层次列出关于会展项目的各项指标,如会展项目的规模(包括会展项目举办时长、参与者的数量等子指标)、主办方(或承办方)的收入等,并用德尔菲法确定各项指标的权重,然后通过收集数据材料等计算出最终数值。但需要注意的一点是,最终数值并不能全面评价会展项目的成果,会展项目受到许多非计量因素的影响,见表14-1。

表 14 - 1 展览会项目评估指标体系及其计算方法

目标层 O	指标层 A_i	因素层 B_i	因子层 C_i	因子权重 W_i	因子评分 P_i	因子得分 W_iP_i
展览会项目评估值	展览会项目的历史和影响 A_1	展览会的届数 B_1	展览会的届数 C_1			
		参展商代表性 B_2	参展商代表性 C_2			
	展览会的主题 A_2	展览会主题是否明确 B_3	展览会主题是否明确 C_3			
		能否服务于地方经济 B_4	能否服务于地方经济 C_4			
	展览会的规模 A_3	参展商的数量 B_5	参展商的总数 C_5			
			海外参展商的比例 C_6			
		观众和专业观众的数量 B_6	观众的总数 C_7			
			专业观众的数量 C_8			
		展览场馆的规模 B_7	展馆的面积 C_9			
			展位的数量 C_{10}			
	展品的质量和品牌 A_4	展品的质量 B_8	观众的意见 C_{11}			
			新闻媒体的意见 C_{12}			
			承办商的意见 C_{13}			
		展品的品牌 B_9	观众的意见 C_{14}			
			新闻媒体的意见 C_{15}			
			承包商的意见 C_{16}			

续表 14 - 1

目标层 O	指标层 A_i	因素层 B_i	因子层 C_i	因子权重 W_i	因子评分 P_i	因子得分 W_iP_i
展览会项目评估值	广告宣传的力度 A_5	广告投入的数量 B_{10}	广告投入的数量 C_{17}			
		广告投入的金额 B_{11}	广告投入的金额 C_{18}			
	参展商的收益 A_6	直接交易金额 B_{12}	直接交易金额 C_{19}			
		签订协议金额 B_{13}	签订协议金额 C_{20}			
	承办商的收益 A_7	展费收入 B_{14}	展费收入 C_{21}			
		门票收入 B_{15}	门票收入 C_{22}			
		广告收入 B_{16}	广告收入 C_{23}			
		其他收入 B_{17}	其他收入 C_{24}			
	展馆提供商的收益 A_8	展馆提供商的收益 B_{18}	展馆提供商的收益 C_{25}			
	服务商的收益 A_9	交通服务商的收益 B_{19}	交通服务商的收益 C_{26}			
		饮食服务商的收益 B_{20}	饮食服务商的收益 C_{27}			
		住宿服务商的收益 B_{21}	住宿服务商的收益 C_{28}			
		其他服务商的收益 B_{22}	其他服务商的收益 C_{29}			
	展览会的组织与服务 A_{10}	展览会的组织水平 B_{23}	参展商的意见 C_{30}			
			观众的意见 C_{31}			
			新闻媒体的意见 C_{32}			
		展览会的服务水平 B_{24}	参展商的意见 C_{33}			
			观众的意见 C_{34}			
			新闻媒体的意见 C_{35}			
	观众的满意度 A_{11}	所有观众的满意度 B_{25}	所以观众的满意度 C_{36}			
		专业观众的满意度 B_{26}	专业观众的满意度 C_{37}			
	新闻媒体的报道 A_{12}	媒体报道的次数 B_{27}	新闻报道的次数 C_{38}			
		媒体报道的评价 B_{28}	媒体报道的评价 C_{39}			

(三)主客观相结合评估法

主客观相结合评估法,顾名思义就是结合定性与定量的方法对会展项目进行评估。基于此方法,会展项目的评估工作可分为两个部分。第一部分为客观衡量,即数量的计算与比较,必须要有作为衡量标准的共同单位,这是定量分析;第二部分为主观判断,即对一切给计量因素所可能采取的研究判断手段，无法用某种计量单位来直接统计衡量，这是定性分析。对于需要借助业内专家进行评分等主观性的软性指标项目（如服务水平、项目质量等），建议运用层次分析法和模糊综合评价法等数学方法进行处理，从而淡化主观色彩，使对会展项目模糊的、非精确定量的评价结果转变为可定量计算的计量指标，进而实现对会展项目质量及价值的综合评价。这种评估方法，将客观的衡量与主观的判断结合在一起，从而对会展项目作出比较符合实际的评价。

（四）跟踪反馈评估法

跟踪反馈评估法是指会展项目结束以后，对该会展项目产生的影响、所起的作用和带来的效益，进行跟踪反馈调查。这种调查一般要求参与者在会展项目结束之后的既定时间内以书面形式进行汇报或在会展项目结束后一定时期内，请参与者座谈汇报；也可以组织参与者进行抽样调查。有后续工作任务的会展项目尤其重视跟踪反馈评估法。此方法既可使其通过评估了解会展项目的情况，还可以起到督促检查的推动作用。

第三节　会展项目评估的内容

一、会展项目整体评估的内容

（一）会展项目的策划评估

成果的策划等于成功项目的一半。因此，对于会展项目的策划就成为会展项目评估的首要任务和基础工作。会展项目的策划评估就是对于会展项目策划方案的评估，包括会展项目策划涉及的时间、地点、规模、定位、人员分工、营销策划等，从可行性、前瞻性、预期效益等角度，力图发现策划方案中的优点与不足，从中学习经验、吸取教训，以助于提高以后会展项目的策划水平。

（二）会展项目的目标评估

任何会展项目的策划与组织都有明确的目标，会展项目的目标评估是评估会展项目实施后是否与原定目标相吻合，评定会展项目立项时原定目标的实现程度。会展项目的目标评估要对照原定目标的主要指标，检查会展项目实际完成指标的情况和变化，评判完成指标的实际情况与差距，并对发生变化的原因进行分析；同时对原定目标的正确性、合理性、科学性、实践性进行分析，以期对会展项目的日后发展产生促进作用。

（三）会展项目的实施过程评估

会展项目的实施过程评估是对会展项目执行中各方落实的组织与管理工作的质量和水平进行评估。如会展项目的筹备工作、宣传推广、现场管理、财务实施、安全状况、交通等配套设施及服务条件等。将会展项目实际情况与预计内容进行比较，找出差距，分析原因。

（四）会展项目的效益评估

会展项目的效益评估是以会展项目实施后实际取得的经济效益为基础，计算会展项目所产生的各项经济数据，并与前期预测值相对比，分析存在的偏差及产生偏差的原因。此类评估在会展项目评估中的运用十分广泛，尤其是那些市场化的会展项目中，效益评估几乎成为必须评估的内容之一。较多的会展项目此类评估以绩效评估方式出现,例如第十届北京国际科技产业博览会,从业务指标(比重60%)和财务指标(比重40%)综合进行此类评估。

评估的主要内容是资金收益率、投入产生出率、成本核算、净现值、净利润等反映会展项目盈利水平的指标。广义的效益评估,其指标体系还包括社会效益,甚至社会影响力。例如第十届北京国际科技产业博览会的绩效评估。

(五)会展项目的影响评估

会展是对国民经济产生较大连带作用的新兴产业,因此,关注会展项目实施后产生的影响是会展项目评估的重要方面,这种连带或影响主要包括经济影响、环境影响和社会影响。经济影响评估主要分析评估会展项目对所在国家、区域、相关行业以及所属行业产生的经济方面的影响,如就业、技术进步等。环境影响评估则包括对会展行业的污染控制、自然资源的利用、区域的环境质量、区域的生态平衡和环境管理能力、能源再生的影响等的评估分析,如在新的基础设施的兴建方面,带来了环境的改善,但也会因为其派生的危害行为或发出的刺耳噪音对环境造成负面影响。社会影响评估是分析会展项目对周围地区带来的社会性效益等,如增强声誉、降低失业率等,通过评估会展项目对举办地政治、文化、生活等的影响,分析会展项目对地方发展和行业发展目标的贡献度。

鉴于不少会展项目是各级政府的公共行为,会展项目的影响评估尤其是其社会影响评估就显得十分重要。社会评估一般包括初级社会评估(项目识别)、详细社会分析(项目准备)、建立监控和评估机制(项目实施)等层次。其中详细社会分析主要描述影响发展项目诸方面的社会形式和过程,通过弱势群体和广泛利益主体的参与,交流信息,为项目实施作准备。贯彻以人为本的原则,社会评估的内容包括项目的社会影响分析、项目与所在地的互适性分析以及社会风险分析。其中,社会影响分析主要是指对居民社会水平和生活质量的影响,对不同利益相关者的影响,对地方设施、交通与环境卫生等的影响以及对地方宗教民俗文化的影响等;而互适性分析重点考察不同组织和群体的态度以及技术文化环境对会展项目的适应性;社会风险分析则是对可能影响会展项目的各种社会因素如宗教、民族问题、大型赛事安保需要的临时安置及其补偿问题等进行识别和排序,选择影响面大、持续时间长而容易导致较大矛盾的社会因素进行预测,分析可能出现这种风险的社会环境和条件。

(六)会展项目的商誉评估

会展项目的商誉是指某个会展项目由于各种有利条件,或历史悠久积累了良好的市场声誉和公众声誉,或组织得当、服务周到等原因而形成的无形价值。这种无形价值,使该会展项目在同类会展项目中处于较为优越的地位,因而在参与者中享有良好的信誉,从而具有获得超额收益的能力,这种能力的价值便是商誉的价值。会展项目商誉具有非实体性、效益性、排他性、动态性等特点,可分为内在表现形态的商誉(指商誉主体的经营规模、经营对象、经营方式和管理水平等)和外在表现形态的商誉(指通过一些外在表现形态所表现出来的,可以为社会公众所感知的内容,如会展项目的名称、参与者的构成名单、主办方和承办方的权威性和水平、会展项目的地理位置、会展项目内容构成和现实程度、实现效果、会展项目的声誉等)。前者是后者的基础和前提,后者是前者的反映和表现。

(七)会展项目可持续发展评估

会展项目可持续发展评估是指对会展项目是否可以持续地运作下去,是否具有可重复性,是否可以在未来以同样的方式举办同类活动等进行的评估活动。一个优质的会展项目必须要有可持续发展的能力。评估的内容包括会展项目主办方及承办方的管理水平、维持会展项目正常运作的资金来源、资金投入所带来的持续效益、技术装备与当地条件的实用性、会展项目的社会认可度、政府为实现会展项目目标所承诺提供的政策措施是否得力、防止环境质量下降的管理措施和控制手段、对会展项目不利因素防范的对策措施等。

二、会展项目分类评估的内容

会展项目分类评估是指对会展所涵盖的会议、展览和节事的评估。这三种会展形式各具特点,其评估内容也各异。

(一)会议项目评估的内容

伦纳德·纳德勒和泽西·纳德勒在《成功的会议管理:从策划到评估》一书中,列出了会议评估的21项相关要素和每个要素应该提供数据的相关人员,如表14-2所示。不同类别的回答者能从不同的角度对同一个要素提出各自的意见,且回答者并不需要对所有的要素均发表意见。

表 14-2 会议项目评估表

评估项目＼回答者	策划委员会	指导委员会	与会者	发言人	参展商	秘书处	承办方	会议地点工作人员	服务供应商
承办方	√	√		√	√	√		√	√
策划委员会		√	√	√	√	√	√		√
指导委员会			√	√	√	√	√		
秘书处	√	√	√	√	√		√	√	√
主题相关性		√							
目标明确性		√							
整体策划		√	√		√	√			
相关活动		√	√						
会议地点	√	√				√	√		
市场宣传	√	√		√	√	√	√		
公共关系	√	√		√	√	√	√		
预算	√	√				√			
发言人	√	√	√			√			√
交通	√	√	√	√	√	√	√		
展览	√	√	√	√		√	√	√	√
注册	√	√	√	√	√	√	√		
与会者手册	√	√	√	√	√	√	√	√	
娱乐活动	√	√	√	√	√	√	√		
休息	√	√	√	√	√	√	√		
招待会	√	√	√	√	√	√	√		
陪同人员	√	√	√	√		√	√	√	

会议项目评估内容,见表14-3。

表14-3 会议项目的评估内容一览表

评估对象	评估内容
承办方	包括承办方是否达到会议的基本要求,承办方是否发挥了领导作用,承办方与其他会议项目关系人的合作情况如何等。对承办方进行评估可以得到关于其表现的有价值的反馈信息等
策划委员会	包括策划委员会是否清楚自己的职能,是否有效地发挥作用,其工作结果是否令人满意等。也可以让他们提交一份报告,说明他们对会议发挥的作用,以及对下一届(年)策划委员会的建议
指导委员会	包括指导委员会是否清楚自己的职责,指导委员会在会议过程中作出了哪些决定,是否得到了来自与会者的推荐,以及与承办方合作得如何等
秘书处	评估的重点是考察整个团队的表现,看他们是否安排足够的工作人员,哪些需求未被满足,哪些问题未被解决,所提供的服务是否齐全,秘书处的职能如何得到改进等
主题相关性	主题是否和与会者紧密相关,会前行动是如何传达会议主题信息的,会议主题在会议策划中是如何体现的等,这些反馈意见将对以后会议主题的策划很有帮助
目标明确性	与会者对会议的理解程度如何,会议目的向与会者传达得如何等
整体策划	举办时间是否适宜,会议时间的长度是否合适,会议的流程是否合理等
相关活动	会议实际安排的活动来评估相关活动安排的合理性及适宜性
会议地点	包括会议地点的选择是否恰当,会议地点工作人员对与会人员是否有所帮助,会议地点的住宿条件、餐饮水平如何,会议地点是否适宜展开旅游活动等
市场宣传	包括与会者的实际数量如何,宣传材料的质量与合适程度,广告的效果如何等
公共关系	媒体人员是否参加了会议,新闻媒体对会议的接受程度如何,公关活动中是否有发言人和与会者参加等。也可以根据会议期间采访的次数和新闻的数量与评价来判断
预算	支出与预算间差距如何,预算编制的完整性如何等
发言人	评估表格,以发言人发言的具体会议为依据,由与会者在每场会议结束后立即填写
交通	会议的交通如何,会议的交通服务安排与会议议程是否紧密衔接,会议过程中的短途交通服务是否令人满意,是否还有其他必要的交通服务没有被提供等
展览	对以会带展的展览,要评估展览主题与会议是否符合,展览的时间、地点是否合理,展览与会议的整体策划联系度如何,与会者对展览的关注度与参加度如何,人们是否可以自由参观展览
注册	注册的时间、地点是否合理,注册的程序是否有序、简单、快捷,与会者在需要的时候是否能够得到帮助等
与会者手册	信息的完整性,手册质量如何,手册的形式是否可以进一步完善等
娱乐活动	活动与会议是否适宜,娱乐活动的次数是否得当,下一次会议还可以安排哪些娱乐活动等
休息	休息的时间、次数是否适宜,提供的茶歇是否令与会者满意等
招待会	招待会的时间、地点是否事先有效地通知到与会者,招待会的效果、作用如何,招待会的饮食是否够量等
陪同人员	提供的安排是否周到,是否以后的会议还将为陪同人员安排活动,接待陪同人员的计划是否能够改进,是否应该鼓励陪同人员参加会议等

(二)展览项目评估的内容

对展览项目的评估,一般主要包括以下内容:

1. 展览的历史和影响

包括展览举办过的届(年)数,历届(年)有哪些参展商,其在行业中的代表性如何等。

2. 展览主题

包括主题的明确性以及能否服务于地方经济等。通过问卷调查的方式分别向观众和新闻媒体询问"展览主题是否明确"以及"展览主题是否能较好地服务于展览举办城市的地方经济"的意见。

3. 展览目标

根据展览的总体情况(参展企业的经营目标、市场环境、展出情况),评估是否达到预期的展出目标,目标是否合理。

4. 展览规模

评估展览的规模主要看参展商和观众的数量以及展出面积的大小。参展商的数量包括参展商的总数、海外参展商的比例等;观众的数量包括观众总数、专业观众的数量等;展览场地的规模包括展览的面积、展位的数量等。其中,参展商的数据可从参展商报名材料统计中获得,海外参展商的比例一般是国际性展览才需要统计;观众的总数可根据出售的门票加以统计,专业观众的数据可从专业观众报名材料统计中获得,或者通过对现场观众的抽样问卷调查加以统计。观众和专业观众根据各展览的实际情况决定是否需要加以区分,某些展览只有专业观众,某些展览当地居民普遍参加。展览规模的评估是进行评估的着重点,要以实际的展览规模与预期的展览规模作对比,如果此展览举办过不止一届(年),还要和上届(年)相对比,分析数量增多或减少的原因。

5. 展览举办的时间、频率、地点

包括展览举办的时间和频率是否合适,展览举办的城市和场地选择是否符合展品要求,还有展览是否符合展览主题所在行业特征等。

6. 广告宣传

一个运作成功的展览与其成功的宣传是分不开的,这一指标是参展商较为关注的。对广告宣传的评估内容具体包括:广告投入的数量和金额、资料散发数量和涵盖范围、宣传的效率和效果、新闻媒体对展览项目的反应及关注程度、新闻媒体对展览项目的报道效果等。

7. 展览展台

对展览展台的评估主要考察展台设计和施工的成本效率、展台突出程度、展览资料制作水平、展台人员表现、展台效果等。其中,展台人员表现包括工作态度、工作效果、集体精神等,一般通过询问参观过展台的观众了解和统计,或计算展台人员每小时接待观众的平均数,如果这个平均数过低,展出者就应当采取措施提高展台人员素质和表现。展台效果是重点评估指标,常用的有两种评估方法:一是展台人员实际接待目标观众的数量是目标观众总数中的比例;二是展台总开支除以实际接待的目标观众数量之商,即接触参观者平均成本。若展台接待了较高比例的潜在客户,而客户接触的平均成本低于其他展台的平均成本,则展台效果比较好。

8. 展览展品

对展览展品评估的主要内容包括:展品的选择是否适应市场需求、展品的质量如何、展品的品牌如何、展品的市场效果如何、展品的保存是否妥当、展品的运输是否顺畅等。对此可分别由观众、新闻媒体和展览主办方(或承办方)加以评定。前两者可通过问卷调查的方式进行评估,后者则由专门成立的展览项目评估小组进行评估。

9. 参展商效益

参展商效益可用成本效益、成本利润、成交情况等指标进行评估。其中,成本效益即投资效益,可用本次的成本与前次或类似展览项目相比、本次效益与前次或类似展览项目相比,还可以用展出的成本与其他营销方式相比等方法进行评估;成本利润=[成交总额-(展览总开支+产品总成本)]/展览成本,是否使用成本利润作为评估内容,要根据实际环境决定;成交情况主要包括销售目标是否达到、成交额多少、成交笔数、直接交易额、协议交易额、与新客户成交额、与老客户成交额、新产品成交额、老产品成交额、展览期间成交额、预计后续成交额等,这些数据可以交叉统计计算,但贸易型的展览要慎用此指标。此外,评估参展商效益时,还要与往届(年)及同类展览作比较,发现差距,分析原因。

10. 展览主办方(承办方)收益

展览主办方(或承办方)的收益包括向参展商收取的参展费、向观众收取的门票收入、广告收入以及其他方面的收入。但并不是每个展览都一定具备这四个收入来源,需要根据各个展览的具体情况来确定。

11. 场地提供方收益

如果展览场地属于展览主办方(或承办方)自身所有,则不需此项;如果展览场地是由展览主办方(或承办方)承租,则租金即为场地提供方的收益。

12. 展览服务商收益

展览服务商,指展览主办方(或承办方)之外的为展览提供服务的专业服务商,主要包括交通、饮食、住宿、设计搭建等方面,可根据实际情况进行取舍。展览服务商的收益包括交通服务商的收益、饮食服务商的收益、住宿服务商的收益、设计搭建服务商的收益以及其他服务商的收益。

13. 展览现场管理

对展览现场管理的评估可以从以下三个方面进行:一是展览的管理工作,主要包括展览工作人员是否合理,展览执行情况是否达到要求,展览进度安排是否合理,整个展览环节有无错漏,安保情况如何,由此得出的经验教训是什么等;二是展览的组织水平,包括主办方(或承办方)对整个展览的组织协调能力、维持良好秩序的能力、处理紧急或突发事件的能力等;三是展览的服务水平,包括主办方(或承办方)提供的场地设施、展台设施等基本服务,也包括专业服务商提供的交通、饮食、住宿、设计搭建以及其他服务,侧重评估服务项目的设置和服务质量的水准,可分别以问卷的方式对参展商、观众、新闻媒体进行调查来获取评估结果。

14. 展览印象

展览印象的评估包括观众满意度、是否参加下届(年)展览以及展览记忆率等。其中,观众的满意度包括所有观众的满意度、专业观众的满意度,可通过对现场观众的抽样问卷调查获得,所有观众与专业观众是否区分视具体情况而定。展览记忆率是反映参展效果的专业评估指数,该指数所反映的是参观者在参观某一展览8至10周后,仍能记住展览情况者所占的比例。展览记忆率与展出效果成正比,反映出参展企业留给参观者的印象和影响。记忆率高,表明展览由于出色组织和管理等原因给参观者留下了深刻印象;记忆率低,则表明展览工作尚有差距。

15. 新闻媒体的报道

新闻媒体的报道是对展览项目进行评估的一个重要方面。对新闻媒体报道的分析可以从两个方面进行:一是新闻媒体报道的次数,包括展览举办当地的新闻媒体、高一级行政区域单位乃至国家级的新闻媒体、展览专业媒体等,新闻媒体报道的次数可以说明该展览项目的影响力;二是新闻媒体报道的评价,报道的内容是正面还是负面,以及正负的程度,都能反映展览的效果和对社会的影响。对新闻媒体报道数据的收集与分析的工作量较大,专业性也较强,可请专业的媒体监控组织来进行,但这样会导致较高的成本。

(三)节事项目评估的内容

在大会展的概念中,节事是重要的组成部分,因此,对于节事项目也应进行评估,以获得更好的发展。

对于节庆活动,国际上尚无公认的权威标准。国内对于节事项目评估的研究目前主要集中在对其经济效益的评估上,停留在统计如参与人数、直接花费、经济影响、满意度等指标的层面,缺乏系统性。澳大利亚的约翰·艾伦在《大型活动项目管理》一书中,列出了21项对节事项目进行评估的相关要素,见表14-4。

表14-4 节事项目评估的内容

评估要素	满意程度	需要注意的问题	评价
活动的时间选择			
会议地点			
票务和入场			
筹备			
性能标准			
工作人员水平和职务表现			
人群控制			
安全			
通信			
信息和信号			
运输			
停车			
饮食设施			
旅馆			
急救			
小孩失踪			
感谢资助者			
集会安排			
广告			
宣传			
媒体联络			

需要注意的是,节事项目的特点是人员众多,因此在评估时要特别注意对其安全、急救方面的评估,特别是评估对应急事件的反应和处理紧急事件的能力。

第四节　会展项目评估的过程

开展会展项目评估,须遵循一定的程序与步骤。不同类型的会展项目评估,其评估的程序有所不同。会展项目评估的程序见图 14-1。

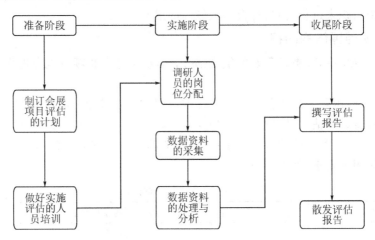

图 14-1　会展项目评估程序

一、会展项目评估的准备阶段

在准备阶段的主要工作包括以下几个方面:

(一)制订会展项目评估的计划

会展项目评估无论是由哪一个主体进行,都应先制订好详细的会展项目评估计划,明确会展项目评估的目的,指明评估的对象,确定评估的范围、内容,规定评估实施的时间范围等。

1. 评估的目标

会展项目评估的主要目标是为了掌握会展项目的效益及效率,会展项目评估的具体目标应该根据会展项目的主要目标来确立,并根据评估目标的主次,明确评估的重点。

2. 评估的内容

评估前要制定评估标准,而评估的标准必须要明确、客观、协调、具体、同一。根据待评会展项目的性质、类型与评估目标,确定评估的范围与标准,决定最后的评估内容,具体见本章第三节。

3. 需要的数据和资料

根据确定下来的所需评估内容,来确定需要哪些数据和资料。其中,数据是指可以量化的部分,而资料是指需要作出主观判断的部分。数据收集表格和调查问卷都必须在会展项目开始之前完成设计、制作,并送至会展项目地点妥善保存。

4. 收集数据资料的方式、时间及人选

首先,对于每一项数据与资料都需要明确通过何种方式或途径获取;其次,对每项数据资料的收集还需要明确在什么时间或时间段进行；最后，还需要明确有什么人具体执行数据与资料的收集工作，一般根据工作量的大小、难易程度、时间差异来安排。

5.分析数据的方法

对于收集到的数据资料如何加以分析也应在一开始就明确下来，通常可以采用层次分析法和德尔菲相结合的方法，具体见本章第二节。

6.评估报告采取的形式

评估包括采取何种形式，应根据各个会展项目的具体情况来定，一般以总结成书面报告（辅以表格或图）为主。

除了上述这几个必要的部分以外，有的会展项目评估计划还需指出评估结果的分布程序（包括什么样的受众、在什么时间、接受什么信息）以及除了评估主办方之外，可以在多大范围内公布评估结果等内容。

(二)做好评估人员的培训

做好参与会展项目评估有关人员的培训是很重要的，要使所有人了解评估的目的和任务，熟知评估对象的基本情况，掌握收集数据和调研的基本方法和手段，以求高质量完成数据采集这一重要的基础工作。

二、会展项目评估的实施阶段

本阶段是核心阶段，评估的质量如何完全取决于本阶段工作的质量。本阶段主要进行如下工作：

(一)调研人员的岗位分配

会展项目有时候是繁杂而又细致的活动，大多数会展项目的评估是全方位的，因此要收集全面的数据就必须对人员进行周密的组织安排，使评估工作人员明确各自的分工和要求，确保每一环节都能做到人员落实到位，各司其职，收集各类有效信息。

(二)数据资料的采集

会展项目的评估过程需要根据所需的信息运用不同的数据资料采集手段，主要有收集资料、观察法、问卷调查法、访谈法等。收集的资料一般包括历届(年)会展项目的统计资料、竞争对手的信息资料、报纸杂志的相关报道等。观察法就是评估人员在会展项目进行过程中对工作项目、工作环节、工作结果等方面进行记录，从中得出所需的评估数据。问卷调查是一种常用的调查方法，既可用来获得定量数据，也可用来获得定性的描述，而通常则是两者兼有，一般采用随机抽样的方式进行，同时为保证数据的科学、合理和真实，样本数要足够大，一般以千份为佳。对于需要作出主观判断的问题，访谈法是一种比较好的形式。这种方法需要经验丰富的采访者，而且需要大量的时间，不过可以得到一些与问卷调查法不同的数据，也要确保得到足够的样本，以保证具有一定的代表性。而且，在最终的分析报告中，应明确标出回收问卷的数量或采访的人数与全体人群之间的比例。

以展览为例，展览的举办次数、场地面积的大小、参展商的数量、场地提供方的收入这些数据在展览正式开始之前即可获得；参展商、展览主办方(或承办方)、展览服务商的收益可以在展览结束后从相关单位处获得。观众的数量有几种情况：如果该展览出售门票，观众的总数即等于出售的门票数；如果不出售门票，可根据经验估算观众总数；如果需要统计其中专业观众的数量,可通过对现场观众的抽样问卷调查估算得出。新闻媒体报道次数的数据需派专门人员加以监控统计。关于满意度的数据以及其他一些需要作出主观判断的数据,可通过问卷调查或访谈法等手段获得。

(三)数据资料的处理与分析

将收集到的各项数据资料汇总后,要先审查有无遗漏、是否足够客观真实,进而进行分类管理,将收集到的数据资料整理成系统化的、条例清晰的材料。再按照事先确定下来的方法进行数据资料的处理与分析。将相关的数据录入系统,再根据目标要求运用公式加以计算,最终可得出反映客观现实的数据结果。对这一最终的数据还要进行初步的比较与分析。首先可以得出一个总体的判断,即本次会展项目质量如何;其次还要分析各个因素的数值,哪些因素的表现较好,哪些因素的表现较差;最后还要进一步分析其表现好或差的原因,为之后撰写评估报告奠定良好的基础。

三、会展项目评估的收尾阶段

(一)撰写评估报告

会展项目评估收尾阶段的工作主要是撰写评估报告。会展项目评估报告是评估结果的书面载体。以调查数据为基础,结合专家访谈、文献资料及新闻媒体信息,汇总分析。在分析的基础上,作出总体的评价和结论,进而用能够反映会展项目情况的一系列数字、比例和陈述写出评估报告,最终提交符合要求的标准评估报告。

(二)散发评估报告

在报告完成之后要散发评估报告,将评估结果反馈到决策、策划、立项管理、评估、监督和项目实施等机构和部门,确保这些成果在新建或已有会展项目中得到采纳和应用。此评估结果还可在主要的会展专业网站以及会展行业媒体上公布、宣传。

在这里需要强调的是,会展项目评估结果报告的散发是一个公布和传达评估结果信息的动态过程,是评估过程中起着决定性作用的重要环节,却最容易被忽视。评估结果反馈的好坏是会展项目评估是否能达到其最终目的的关键。

第五节 会展项目评估报告

一、会展项目评估报告的撰写

会展项目评估报告是开展会展项目评估的最终成果,是对会展项目评价结果的汇总,用以指导会展项目今后工作的一种常用文书。会展项目的评估主体要能够拿出一份高质量的评估报告,客观揭示所评估的会展项目的现状,分析存在的问题,评判会展项目的价值,提出会展项目可持续发展的对策与建议。

(一)会展项目评估报告的撰写要求

会展项目评估报告一般具有固定的格式,其撰写应满足以下几点要求:

一是报告的结构要清晰、完整。标题处要写明评估会展项目的名称和"评估报告",要有摘要。正文一般是采用文字叙述与表格、数据相结合的文章形式,最后要标上提交日期。

二是注意仔细核对报告使用的全部数据和统计资料,确保其完整、准确、真实、有说服力。

三是报告的措辞必须严谨,语言要精练得体,尽可能使用通用词汇。将评估过程中各个阶段收集的全部有关材料整合起来,将有实际用处的材料纳入报告中,不能一味堆砌文字,罗列树立,要体现其理论价值。

四是报告要充分使用调查结果,客观地分析存在的问题,结论要与问题和分析相对应,最后应该对会展项目评估活动所要解决的问题提出明确且针对性强的结论及建议,总结的经验教训和给出的建议要把评估的结果和将来策划和政策的制定与修改联系起来。

(二)会展项目评估报告的主要内容

会展项目评估报告是会展项目评估活动过程的直接结果。会展项目评估报告因评估的客体不同,评估的具体内容也会有所分别,但通常都应该包含如下主要内容:

1. 会展项目的概述

项目概述包括该会展项目的历史,迄今为止共举办的届(年)数,本届(年)会展项目举办的时间、地点、主办(或承办)单位名称等。

2. 会展项目评估的背景

项目评估背景包括会展项目评估的具体原因以及主要目标,评估计划的实施过程。

3. 会展项目的评估方法

说明调研、调查问卷的发放与回收情况等。其中,要说明评估的对象(从什么样的对象中进行样本的抽取)、样本的容量(抽取多少观众作为样本,或选取多少试验单位)、样本的结构(根据什么样的抽样方法抽取样本,抽取样本后的结构如何,是否具有代表性等)、资料采集方法(说明是通过什么方式采集到资料的)、实施过程及问题处理(说明评估过程,在实施过程中如何解决出现的问题)、资料处理方法及工具(指出用什么方法、什么工具对资料进行简化和统计处理)、访问完成情况(说明访问完成率及部分未完成或访问无效的原因)。

4. 会展项目主要客观数据

数据包括参与者的数量、获得的收入金额等。用统计表和统计图来表现,同时必须对图表中的数据资料表现的趋势、关系和规律进行客观描述。

5. 会展项目的评估结果

通过充分的数据或者详细的评估指标体系,分析会展项目达到的实际结果,评价会展项目的实施成果。其中,应该对一些不宜或无法用定量方法作出评估的因素进行定性评估。同时,还需对历届(年)会展项目进行纵向比较,分析本届(年)会展项目所取得的进步;对相近主题的会展项目进行横向比较,分析该会展项目的特点、优势与不足。如果评估涵盖的内容太多,可列出分项评估的结果。会展项目的评估结果是报告的核心部分。

6. 结论以及建议

在评估结果的基础上,以简洁明晰的语言做出最终的评估结论,如阐述评估结果说明了什么问题,得到什么实际意义。在客观揭示该会展项目的现状,评判会展项目价值的基础上,为存在的问题提供有针对性的处理方案,对会展项目之后持续发展的可能性进行评价并预测会展项目的未来走向,针对评估结论提出可行性措施,对会展项目的发展趋势、完善方式和品牌建设作出合理的建议,为今后的决策提供参考和借鉴,以获得更好的效果。

二、会展项目评估报告的应用

从根本上讲,会展项目评估的价值一定要用它们的实用性来判定,在会展项目评估结果的应用方面要投入大量的思考。因此,撰写好会展项目评估报告之后,为使其有意义,就必须考虑会展项目评估报告的应用,使需要的人得到会展项目评估报告,发挥出其应有的作用。

(一)为主办方、承办方以及实施单位提供借鉴

会展项目的主办方、承办方应最先得到会展项目评估报告(无论会展项目评估报告是由会展项目主办方或承办方自己作出的,还是由地方会展行业主管机构、会展项目参与者或独立的专业中介机构作出的)。进而,要将会展项目评估的结果反馈到决策、策划、立项管理、评估、监督和项目实施等机构和部门,作为新会展项目立项和评估的基础以及调整策划和政策的依据。要强调评估结果的反馈,确保这些成果在新建或已有会展项目中得到采纳和应用,为会展项目的主办方、承办方今后运作会展项目提供借鉴。

(二)服务于行业主管部门的决策参考

地方会展行业主管机构也应该得到这一份会展项目评估报告,以便能对本次会展项目的质量、效益与影响等方面作出判断,并为今后会展项目主办方(或承办方)再次申办会展项目提供审批依据。

(三)应用于会展项目的参考者

会展项目参与者也应得到这一份会展项目评估报告。参与者通过评估报告,可以得出对本次会展项目的全面评价,以决定今后是否继续参加此会展项目。而会展项目主办方、承办方为了吸引参与者今后能够继续参加该会展项目,也应主动做好信息反馈工作,在把会展项目评估报告及时传达给参与者的同时,应收集参与者的反馈意见和建议,以便进一步提高会展项目管理的质量。当然,由于参与者数量众多,会展项目评估报告的给出情况可根据参与者的实际需求来决定。

(四)提供给场馆及服务商

最后,会展项目的场地提供方以及专业的服务商可能也会希望得到这一份会展项目评估报告。为了便于今后的继续合作,会展项目主办方、承办方也可根据实际情况决定是否提供。

基于上述的考虑,会展项目评估的成果才有可能应用到实处。只有在新建或已有会展项目中采纳和应用这些反馈的信息,会展项目评估的价值才能得到真正的体现。显然,获得信息反馈是应用会展项目评估报告的重要环节。需要提出的一点是,在反馈程序这样一个公布和传达评估结果信息的动态过程里,必须在会展项目评估主体及其评估结果与应用者之间建立明确的机制,以保持紧密的联系。

本章小结

本章主要讲述了会展项目评估的定义、会展项目评估的分类及其主要类型、会展项目评估的主体与客体、评估时间及其方法、会展项目评估的整体内容、会展项目评估的过程及各阶段的主要工作内容等。评估工作是现代经济管理的一个重要手段。对会展业来说通过对展览会项目进行全面综合评估,能系统深入了解会展业市场、会展项目的情况,并能正确评价和分析。

复习思考题

1. 会展项目评估的特点主要表现在哪些方面？
2. 会展项目评估的主体和客体分别有哪些？二者之间有哪些联系？
3. 会展项目分类评估时，三种会展形式评估内容的异同主要体现在哪些方面？
4. 简述我国会展项目质量评估体系现状及存在的问题。

单选题

1. 对会展项目进行评估的人员多为（　　）。
   A. 会展主办单位的员工　　　　B. 赞助商员工
   C. 政府工作人员　　　　　　　D. 中介组织员工
2. 会展评估程序正确的是（　　）。
   A. 专项评估→评估机构实地考察→跟踪资讯→被评估单位提出书面报告等→出具评估报告
   B. 评估机构实地考察→跟踪资讯→被评估单位提出书面报告等→专项评估→出具评估报告
   C. 被评估单位提出书面报告等→评估机构实地考察→跟踪资讯→专项评估→出具评估报告
   D. 被评估单位提出书面报告等→跟踪资讯→专项评估→评估机构实地考察→出具评估报告
3. 在展出质量评估中，最重要的参考因素是（　　）。
   A. 参展企业质量　　　　　　　B. 参展企业数量
   C. 平均参观时间　　　　　　　D. 平均参展时间

 多选题

1. 对会展成果的评估（　　）。
   A. 适用于单个重复会展　　　　B. 适用于整个会展活动
   C. 仅适用于特殊行业会展　　　D. 仅适用于特殊国际会展
2. 会展评估的意义在于（　　）。
   A. 有利于组办单位的健康运作　　B. 有利于得到更为客观的结果
   C. 有利于会展行业管理机构管理　D. 有利于净化会展市场
3. 会展评估的客体包括（　　）。
   A. 会展行业　　B. 会展城市　　C. 会展主办单位　　D. 单个会展项目
4. 有关参展企业的评估主要包括（　　）。
   A. 参展企业质量　　　　　　　B. 参展企业数量
   C. 平均参观时间　　　　　　　D. 平均参展时间
5. 对展览效果评估的内容包括（　　）。
   A. 参展效果评估　　　　　　　B. 参展时间评估
   C. 成本效益比评估　　　　　　D. 成本利润评估

参考文献

[1]钟颖,李小兰,兰铁民.会展理论与实务[M].大连:东北财经大学出版社,2014.
[2]许传宏.会展策划[M].上海:复旦大学出版社,2011.
[3]许传宏.会展项目策划与组织[M].重庆:重庆大学出版社,2007.
[4]张礼全.会展策划与管理[M].沈阳:辽宁美术出版社,2014.
[5]朱沁夫,雷春.会展策划与管理[M].哈尔滨:哈尔滨工程大学出版社,2012.
[6]刘嘉龙.会展策划与管理[M].北京:中国旅游出版社,2011.
[7]张学梅.旅游市场营销[M].北京:北京大学出版社,2011.
[8]郑彬.会展策划[M].北京:中国财政经济出版社出版,2008.
[9]马勇,肖轶楠.会展概论[M].北京:中国商务出版社,2004.
[10]马勇.会展项目策划与组织[M].重庆:重庆大学出版社,2010.
[11]卢小金.会展策划[M].大连:东北财政大学出版社,2008.
[12]罗松涛.会展管理实务[M].北京:对外经济贸易大学出版社,2007.
[13]华谦生.会展策划[M].浙江:浙江大学出版社,2014.
[14]华谦生.会展管理[M].广州:广东经济出版社,2008.
[15]刘松平.会展概论[M].广州:华南理工大学出版社,2005.
[16]包小忠.会展营销[M].广州:中山大学出版社,2012.
[17]丁萍萍.会展营销与服务[M].北京:高等教育出版社,2006.
[18]戚安邦.项目管理学[M].北京:科学出版社,2007.
[19]江金波.会展项目管理:理论、方法与实践[M].北京:清华大学出版社,2014.
[20]王春雷,陈小连.活动管理原理、方法与案例[M].北京:清华大学出版社,2013.
[21]王春雷,陈震.展览项目管理:从调研到评估[M].北京:中国旅游出版社,2012.
[22]王春雷,梁圣蓉.会展与节事营销[M].北京:中国旅游出版社,2010.
[23]胡芬,刘海燕,李恒.会展项目管理[M].武汉:武汉大学出版社,2014.
[24]莫志明.会展项目策划与管理[M].北京:机械工业出版社,2011.
[25]莫志明.会展项目管理实务[M].上海:上海交通大学出版社,2011.
[26]李如嘉.导游综合知识[M].北京:中国旅游出版社,2012.
[27]谭红翔.会展策划实务[M].北京:对外经济贸易大学出版社,2007.
[28]丁霞.会展策划与管理[M].北京:高等教育出版社,2006.
[29]镇剑虹,吴信菊,等.会展策划与实务[M].上海:上海交通大学出版社,2005.
[30]郑建瑜.大型活动策划与管理[M].重庆:重庆大学出版社,2007.
[31]郑建瑜.大型演艺活动策划与管理[M].重庆:重庆大学出版社,2014.
[32]郑建瑜.会议策划与管理[M].天津:南开大学出版社,2010.
[33]"会展策划与实务"岗位资格考试系列教材编委会.会展运营管理[M].北京:旅游教育出

版社,2007.
- [34]张佶,杨煌,等.庆典活动实务[M].重庆:重庆大学出版社,2013.
- [35]刘松萍.会展营销[M].重庆:重庆大学出版社,2014.
- [36]刘松萍.会展营销与策划[M].北京:首都经济贸易大学出版社,2010.
- [37]刘松萍.会展服务与管理[M].北京:科学出版社,2014.
- [38]马骐.会展策划与管理[M].北京:清华大学出版社,北京交通大学出版社,2011.
- [39]王起静.会展项目管理[M].北京:中国商务出版社,2004.
- [40]刘大可,陈刚,王起静.会展经济理论与实务[M].首都经济贸易大学出版社,2006.
- [41]魏仁兴.会展项目管理[M].大连:大连理工大学出版社,2011.
- [42]吴虹.会展项目管理[M].重庆:重庆大学出版社,2007.
- [43]崔益红.会展概论[M].北京:北京大学出版社,2012.
- [44]李菊霞.饭店会展产品开发与经营[M].沈阳:辽宁科学出版社,2003.
- [45]张金祥,步会敏.会展服务与管理[M].上海:上海交通大学出版社,2011.
- [46]丁荣贵,杨乃定.项目组织与团队[M].北京:机械工业出版社,2005.
- [47]庄玲.如何建设团队[M].北京:人民邮电出版社,2010.
- [48]武邦涛,柯树人.会展项目管理[M].北京:北京大学出版社,2010.
- [49]杨顺勇,施谊.会展项目管理[M].上海:复旦大学出版社,2014.
- [50]施谊.会展项目管理[M].北京:北京大学出版社,2015.
- [51]张艳玲.会展管理[M].北京:清华大学出版社,2009.
- [52]陈鲁梅.会展策划与管理[M].北京:化学工业出版社,2009.
- [53]赵玉甡,沈和江.现代会展理论与实务[M].北京:对外经济贸易大学出版社,2013.
- [54]张金祥,步会敏.会展服务与管理[M].上海:上海交通大学出版社,2011.
- [55]周彬.会展概论[M].上海:立信会计出版社,2004.
- [56]郑向敏.会展安全与危机管理[M].重庆:重庆大学出版社,2014.
- [57]付业勤.旅游危机事件网络舆情研究[M].吉林:吉林大学出版社,2014.
- [58]人民网舆情监测室.如何应对网络舆情?——网络舆情分析师手册[M].北京:新华出版社,2011.
- [59]中宣部舆情信息局.网络舆情信息工作理论与实务[M].北京:学习出版社,2010.
- [60]谢耘耕.中国社会舆情与危机管理报告2014[M].北京:社会科学文献出版社,2014.
- [61]唐钧.应急管理与危机公关:突发事件处置、媒体舆情应对和信任危机管理[M].北京:中国人民大学出版社,2012.
- [62]胡百精.危机传播管理——流派、范式与路径[M].北京:中国人民大学出版社,2009.
- [63]霍华德·弗里曼,马克·李普希,彼得·罗希.评估:方法与技术[M].重庆:重庆大学出版社,2007.
- [64]哈罗德·科兹纳.项目管理最佳实践方法[M].北京:电子工业出版社,2007.
- [65]项目管理协会.项目管理知识体系指南(PMBOK指南)[M].王勇,张斌,译.4版.北京:电子工业出版社,2009.
- [66]美国项目管理协会.项目管理知识体系指南[M].许江林,译.5版.北京:电子工业出版社,2013.

[67]JaAnna Abbott,Agnes DeFranco,王向宁.会展管理[M].北京:清华大学出版社,2004.

[68]Borodzicz, Edward. Risk, Crisis and Security Management [M]. New York: Wiley,2005.

[69]Rosenthal Uriel, Charles Michael T., Ed. Coping with Crises: the Management of Disasters, Riots and Terrorism[M]. Springfield: Charles C. Thomas, 1989.

[70]Gido,Clements. Successful Project Management [M]. Boston:South-Western College Publishing,1999.

[71]付业勤,郑向敏.旅游与会展的产业融合:产业价值链分析、路径与对策[J].西北农林科技大学学报(社会科学版),2014,14(2):146-153.

[72]付业勤,郑向敏.会展专业教育中的《安全管理》课程教学研究[J].高等财经教育研究,2012,15(3):53-59.

[73]付业勤,郑向敏.会展网络舆情危机:内涵、类型与管理策略[J].理论界,2014(4):190-193.

[74]童星,张海波.基于中国问题的灾害管理分析框架[J].中国社会科学,2010(1):132-146.

[75]佟瑞鹏,熊艳,冯志斌.会展活动事故风险分析与安全管理对策研究[J].安全,2009(7):1-4.

[76]吴海明,张兵武.化妆品展会招商攻略[J].中国化妆品,2002(1).

[77]刘秀枝,许海玉.如何不让展会招商成"鸡肋"[J].中国制衣,2006(11).

[78]邓祖勇.展会招商欲有效,深度营销是关键[J].中国制衣,2007(4).

[79]文志宏.提高展会招商成功率的几点注意[J].现代营销(经营版),2009(1).

[80]陈泽峰."中国好玩具"万里行(一) 2015第17届澄海玩博会玩具市场及展会招商[J].玩具世界,2014(12).

[81]李爽,王勇毅.大型社会活动安全风险评估指标研究[J].中国安全科学学报,2008,18(9):147-151.

[82]杨芳平.关于品牌会展评估指标体系的初探[J].上海应用技术学院学报(自然科学版),2009(1).

[83]高传杰.构建展览行业评估体系的研究[J].中国集体经济,2012(16).

[84]许传宏.论会展评估的SW问题[J].中国会展,2008(17).

[85]李云芳.我国展览项目评估理论与实践的现状探析[J].商场现代化,2007(7).

[86]倪杰.一个巡展的观众行为初探[J].中国博物馆,2013(2).

[87]李智玲.借鉴UFI认证模式建立我国展会评估体系[J].集团经济研究,2007(10X).

[88]丁萍萍,江俐蓉.你的展会评估了吗?[J].中国会展,2004(13).

[89]杨芳平,余明阳.基于AHP的品牌展览会项目评估指标研究[J].现代管理科学,2010(4).

[90]Silvers J, Bowdin G, O'Toole W, Nelson K. Towards an International Event Management Body of Knowledge (EMBOK) [J]. Event Management, 2006, 9(4):185-198.

[91]陈泽炎.关于会展项目评估的若干问题[C]//中国会展经济研究会学术年会论文集.2007.

[92]杨斌.德国展览会评估与认证初探[C]//2006首届中国会展经济研究会学术年会论文

集.2006.

[93]唐园园.展览项目评估研究——以中国国际消费电子博览会为例[D].青岛:中国海洋大学,2011.

[94]唐玉.基于区域化会展评估指标体系构建研究[D].重庆:重庆师范大学,2012.

[95]中国科技馆科研管理处.2013年中国科技馆观众满意度调查报告[R].2013.

参考答案

第一章
单选题　1. C　2. B　3. A　4. D
多选题　1. ABCD　2. ABCDE　3. ABCDEF

第二章
单选题　1. B　2. C
多选题　1. ABDE　2. ABCDE

第三章
单选题　1. B　2. D　3. C　4. A　5. C
多选题　1. ACF　2. ABD　3. BEF　4. ACDF　5. BCEF

第四章
多选题　1. ABCDE　2. ABC　3. ABCD　4. ABC　5. ABCDE　6. ABCDEF　7. ABCD

第五章
单选题　1. B　2. B　3. A　4. D　5. A　6. B
多选题　1. ABD　2. ABCD

第六章
单选题　1. B　2. A　3. D　4. A　5. C
多选题　1. BCEH　2. BDFG　3. ABCF　4. BDEG　5. CDEG

第七章
单选题　1. D　2. B
多选题　1. ABCDE　2. ABCDE

第八章
单选题　1. B　2. B　3. A　4. D　5. C　6. B　7. C　8. A　9. B　10. D
多选题　1. ABCDE　2. ACE　3. ABD　4. ABCD

第九章
单选题　1. A　2. B　3. C
多选题　1. ABCDE　2. AC　3. ABC

第十章
单选题　1. A　2. C　3. A　4. B　5. B　6. C　7. A　8. B　9. C　10. D
多选题　1. ABCD　2. ABCDE　3. ABCDE　4. ABCDE

第十一章

单选题　1．B　　2．D　　3．A　　4．B　　5．C

多选题　1．CD　　2．ABC　　3．ABCD　　4．ABCD　　5．BCD

练习题　347 个

第十二章

单选题　1．B　　2．C　　3．A　　4．D　　5．D

多选题　1．AC　　2．ACD　　3．BC　　4．ABCD　　5．ABC

第十三章

单选题　1．B　　2．C　　3．D　　4．B

多选题　1．BCG　　2．BDH　　3．ADF　　4．ABCG　　5．ACDE

第十四章

单选题　1．A　　2．C　　3．A

多选题　1．AB　　2．ABCD　　3．BCD　　4．ABCD　　5．ACD

图书在版编目(CIP)数据

会展项目策划与管理/张学梅,付业勤主编.—西安:西安交通大学出版社,2015.12(2020.1重印)
ISBN 978-7-5605-8109-5

Ⅰ.①会… Ⅱ.①张…②付… Ⅲ.①展览会-策划-高等学校-教材②展览会-组织管理-高等学校-教材 Ⅳ.①G245

中国版本图书馆 CIP 数据核字(2015)第 272415 号

书　　名	会展项目策划与管理
主　　编	张学梅　付业勤
责任编辑	史菲菲
出版发行	西安交通大学出版社 (西安市兴庆南路1号　邮政编码 710048)
网　　址	http://www.xjtupress.com
电　　话	(029)82668357　82667874(发行中心) (029)82668315(总编办)
传　　真	(029)82668280
印　　刷	西安五星印刷有限公司
开　　本	787mm×1092mm　1/16　印张 19　字数 460千字
版次印次	2016年1月第1版　2020年1月第3次印刷
书　　号	ISBN 978-7-5605-8109-5
定　　价	48.00 元

读者购书、书店添货,如发现印装质量问题,请与本社发行中心联系、调换。
订购热线:(029)82665248　(029)82665249
投稿热线:(029)82668133
读者信箱:xj_rwjg@126.com

版权所有　侵权必究